THE HOLY ISLAND

ICONS THROUGH THE CENTURIES
10th - 20th Century

**A MILLENNIUM CELEBRATION OF
THE ORTHODOX ARCHDIOCESE OF THYATEIRA AND GREAT BRITAIN**

THE HELLENIC CENTRE
1 NOVEMBER – 17 DECEMBER, 2000

The exhibition is organised by the
A. G. Leventis Foundation, The Hellenic Centre and the Centre of Cultural Heritage, Nicosia

ΚΥΠΡΟΣ
Η ΑΓΙΑ ΝΗΣΟΣ

ΕΙΚΟΝΕΣ ΔΙΑ ΜΕΣΟΥ ΤΩΝ ΑΙΩΝΩΝ
10ος - 20ός ΑΙΩΝΑΣ

**ΕΟΡΤΑΣΜΟΣ ΤΗΣ ΧΙΛΙΕΤΗΡΙΔΟΣ
ΑΠΟ ΤΗΝ ΑΡΧΙΕΠΙΣΚΟΠΗ ΘΥΑΤΕΙΡΩΝ ΚΑΙ ΜΕΓΑΛΗΣ ΒΡΕΤΑΝΙΑΣ**

ΕΛΛΗΝΙΚΟ ΚΕΝΤΡΟ ΛΟΝΔΙΝΟΥ
1 ΝΟΕΜΒΡΙΟΥ – 17 ΔΕΚΕΜΒΡΙΟΥ, 2000

Η έκθεση διοργανώνεται από
Το Ίδρυμα Α. Γ. Λεβέντη, το Ελληνικό Κέντρο Λονδίνου και το Κέντρο Πολιτιστικής Κληρονομιάς

Published by
The A. G. Leventis Foundation

Editor in Chief:
Sophocles Sophocleous

Assistant Editors:
Christos Argyrou and Phryni Hadjichristophi

Scientific Collaborators:
Phryni Hadjichristophi, Christos Argyrou, Antoinette Dheere, Stavros Fotiou, Georgios Kakouras, Lefkios Zaphiriou
Kyriaki Tsesmeloglou - Sophocleous, Ioanna Kakoulli, Andreas Pitsillides and Andreas Foulias

Linguistic editing:
Greek texts: Menelaos Christodoulou , English texts: Ian Todd and Linda Hulin

Translations by
Sophia Panayiotopoulos (articles), Christos Argyrou (S. Sophocleous article and entries)
and Phryni Hadjichristophi (entries)

Design and production:
Marcia Dallas

Architectural recording of the iconostasis of Panaghia Katholiki, Pelendri (fig. 7):
Architectural Department of the Centre of Cultural Heritage: Elena Kalliri and Chrysanthos Pissaridis.

Map design:
Selas Ltd

Photographs:
Xenofon Michael (nos 1-4, 6-11, 13, 15-23, 25, 27-36, 39-50, 52-54, 57-59, 62-63, 65-67 and figs 2, 4)
Centre of Cultural Heritage (nos 12, 14, 26, 37, 38, 51, 56, 64 and fig. 1)
Museum of the Monastery of Kykkos, Radomir Cvetič nos 5, 24, 55, 60, 61 and fig. 3
Doros Partassides: figs 5, 6

Colour separations:
Cosva Graphics Ltd
Typesetting and printing:
Options Cassoulides Ltd, Lefkosia (Nicosia), October 2000

Binding:
Lellos Bookbinding Ltd

ISBN 9963-560-40-7

© **The A. G. Leventis Foundation**
All rights reserved. No part of this publication can be reproduced or transmitted in any form or by any means, electronic or mechanical, including photocopy, recording or any information storage and retrieval system, without permission in writing from the publisher.

Front cover: Mother of God Eleimonitria. 16th century. Monastery of Panaghia Chrysorroïatissa (no. 48)
Back cover: Saint Mamas. Late 13th century. Pelendri, Church of the Panaghia Katholiki (no 23)

ACKNOWLEDGEMENTS

His Beatitude Archbishop of Cyprus Chrysostomos
His Eminence Metropolitan Chrysostomos of Paphos
His Eminence Metropolitan Chrysostomos of Kition
His Eminence Metropolitan Athanasios of Limassol
His Eminence Metropolitan Neophytos of Morphou
The Very Reverend Nikephoros Abbot of the Monastery of Kykkos
The Very Reverend Leontios Abbot of the Monastery of St Neophytos
The Very Reverend Arsenios Abbot of the Monastery of Machairas
The Very Reverend Dionysios Abbot of the Monastery of Chrysorroïatissa
The Very Reverend Symeon Abbot of the Monastery of St George Mavrovouniou
The Very Reverend Epiphania Abbess of the Monastery of Panaghia Amasgou
The Reverend Maria Head nun, Monastery of Panaghia Amirou
The Reverend hieromonk Kallinikos Stavrovouniotis

Ministry of Communications and Works, Department of Antiquities, Cyprus

Exhibition Curator:
Sophocles Sophocleous

Exhibition design:
Michael Anastasiades

Sponsor:
The A. G. Leventis Foundation

Lenders to the Exhibition

Archbishopric of Cyprus:
icons nos 7, 13, 33, 59

Bishopric of Paphos:
icons nos 3, 9, 10, 22, 26, 35a, 35b, 52

Bishopric of Kition:
icons nos 12, 17, 53

Bishopric of Limassol:
icons nos 1, 4, 8, 14, 19, 20, 23, 25, 27, 28, 29, 31, 34, 37, 38, 39, 40, 41, 42, 43, 44, 45, 46, 50, 51, 64

Bishopric of Morphou:
icons nos 6, 18, 21, 30a, 30b, 32, 47, 49, 63

Monastery of Kykkos:
icons nos 5, 24, 54, 55, 60, 61

Monastery of Aghios Neophytos:
icons nos 11, 16

Monastery of Machairas:
icon no. 2

Monastery of Chrysorroïatissa:
icons nos 36, 48, 57, 58, 62,

Monastery of Aghios Georgios Mavrovouniou:
icons nos 65, 66

Monastery of Panaghia Amasgou:
icon no. 15

Monastery of Panaghia Amirou:
icon no. 56

The Reverend hieromonk Kallinikos Stavrovouniotis:
icon no. 67

LIST OF CONTRIBUTORS

Sophocles Sophocleous,
Director, Centre of Cultural Heritage, Nicosia

Andreas Mitsides,
Director of the Office of the Church of Cyprus for Foreign Relations,
Archbishopric of Cyprus, Nicosia

Stylianos K. Perdikis,
Director, Museum of the Monastery of Kykkos, Cyprus

Stavros S. Fotiou,
Associate Professor, University of Cyprus, Nicosia

Charis Mettis
Orthodox Archdiocese of Thyateira and Great Britain, London

Makarios Tillyrides,
Metropolitan of Zimbabwe,
Patriarchate of Alexandria, Harare

Christodoulos Hadjichristodoulou,
Assistant Curator of Collections,
Bank of Cyprus Cultural Foundation, Nicosia

Georgios Philotheou
Archaeological Officer,
Department of Antiquities, Cyprus

Andreas Nicolaides
Maître de Conférences,
University of Provence (Aix-Marseille I), France

Archimadrite Porphyrios Machairiotis,
Bishopric of Limassol

Kypros Louis
Historian

Phryni Hadjichristophi
Centre of Cultural Heritage, Nicosia

TABLE OF CONTENTS

Prologue by His Eminence Archbishop Gregorios of Thyateira and Great Britain	10
Foreword by Constantine Leventis	16
Introduction	18
Sophocles Sophocleous, *Religious Painting in Cyprus over two Millennia.*	21
Andreas Mitsides, *The Church of Cyprus: a Historical Retrospective.*	41
Stylianos K. Perdikis, *Hermitages and Monasteries in Cyprus.*	55
Stavros S. Fotiou, *The Spiritual Tradition of Cypriot Saints.*	67
Charis Mettis, *The Archdiocese of Thyateira and Great Britain.*	79
Makarios Tillyrides, Metropolitan of Zimbabwe, *The Hellenic Presence in Great Britain.*	91
Map of Cyprus showing the provenance of the icons	102-103
Catalogue and plates of the icons	105
Glossary	257
Chronological table	282
Bibliography	296

Περιεχομενα

Πρόλογος Αρχιεπισκόπου Θυατείρων και Μεγάλης Βρετανίας Κ.Κ. Γρηγορίου	11
Πρόλογος Κωνσταντίνου Λεβέντη	17
Εισαγωγή	19
Σοφοκλής Σοφοκλέους, *Η θρησκευτική ζωγραφική δύο χιλιετιών στην Κύπρο.*	21
Ανδρέας Μιτσίδης, *Η Εκκλησία της Κύπρου. Μια ιστορική αναδρομή.*	41
Στυλιανός Κ. Περδίκης, *Ασκητήρια και μονές της Κύπρου.*	55
Σταύρος Σ. Φωτίου, *Η πνευματική παράδοση Κυπρίων αγίων.*	67
Χάρης Μεττής, *Η Αρχιεπισκοπή Θυατείρων και Μεγάλης Βρετανίας.*	79
Μακάριος Τηλλυρίδης, *Μητροπολίτης Ζιμπάπουε, Η ελληνική παρουσία στη Μεγάλη Βρετανία.*	91
Χάρτης της Κύπρου με τους χώρους προέλευσης των εικόνων	102-103
Κατάλογος και πίνακες των εικόνων	105
Γλωσσάριο	277
Χρονολογικός Πίνακας	283
Βιβλιογραφία	296

Prologue
by His Eminence Archbishop Gregorios
of Thyateira and Great Britain

In the context of the Biblical Archdiocese of Thyateira and Great Britain's observation of the year 2000 - during which Christians and all people of good will commemorate the Birth of Christ and reflect upon its significance for modern man - it has been thought appropriate to include a celebration of the religious art of the Island of Cyprus among those events marking this Jubilee. This exhibition has been entitled "Cyprus, the Holy Island" and the title reflects both the faith of the Island that has been watered with the blood of martyrs and the tears of ascetics and the character of its inhabitants, who are known for their devotion to the tenets of Christianity, implanted there through the preaching of those who fled from Jerusalem following the martyrdom of St Stephen [see: *Acts* 11, 19] and later by St Paul and Barnabas [see: *Acts* 13, 4-13]. Barnabas (so called by the Apostles and whose name means 'The son of consolation') was a Levite and a Cypriot in origin [*Acts* 4, 36] and, together with Paul, he heads a long list of saints and holy men and women who have shone forth on the Island of Cyprus and whom the local Church commemorates on the first Sunday of October. An eighteenth-century icon depicting this Choir of Saints is included among those on display here.

However, this is not simply an art exhibition - even if some may consider it as such - and herein lies the reason why this Archdiocese has decided that such a display of icons is in accordance with its understanding of its mission as an Eparchy of the Ecumenical Throne, the Prime See of Orthodoxy, namely the Patriarchate of Constantinople. This exhibition is a statement of spirituality, since a true icon, through its very existence, affirms "the possibility of the expression through a material medium of the divine realities". In the seventh century, Leontius of Neapolis wrote that: "We Christians, by bodily kissing an icon of Christ, or of an apostle or martyr, are in spirit kissing Christ Himself or His Martyr" and he likens icons to "opened books to remind us of God" - and, we might add, of His wondrous work of Creation. A century later, St John of Damascus carefully distinguished between "the relative honour or veneration shown to material symbols, and the worship due to God alone", while at the same time arguing that "now that God has appeared in the flesh and lived among men, I make an image of the God Who can be seen".

It is Vladimir Lossky who reminds us that icons "express things in themselves invisible, and render them really present, visible and active. An icon or a cross does not exist simply to direct our imagination during our prayers. It is a material centre in which there reposes an energy, a divine force, which unites itself to human art". The icon can therefore been seen as a theological statement affirming the truth of the Incarnation, whereby everything has become open to sanctification and matter itself has become a channel of the grace of the Holy Spirit. Consequently, this art has been referred to as "theocentric" and, indeed, iconography is an art which opens a new horizon for humanity in that the Faithful - like Moses and all the mystics before them - can see and envision the unseen.

The Fathers of the Seventh Ecumenical Council, held in Nicaea in 787, summed up the place of Icons in the life of the Church in the following words: "We therefore, proceeding as it were along a royal road and following the God-revealing teaching of the saints, our Fathers, and the tradition of the Universal Church ... with all circumspection and care do decree: that, like the image of the glorious and lifegiving Cross, there shall be placed in the Holy Churches of God, on the sacred vessels and vestments, on walls and on wood, in houses and along the roads, glorious and holy icons, painted in colours and made from mosaic and out of other substance expedient to this matter - icons of the Lord Jesus Christ - and ... of the Mother of God ... and of all saints and holy men".

Προλογος

Αρχιεπισκοπου Θυατειρων
και Μεγαλης Βρετανιας κ.κ. Γρηγοριου

Στο πλαίσιο των εορτασμών της Βιβλικής Αρχιεπισκοπής Θυατείρων και Μεγάλης Βρετανίας για το έτος 2000 - στη διάρκεια του οποίου οι Χριστιανοί, αλλά και όλοι οι άνθρωποι καλής θέλησης, τιμούν την Γέννηση του Χριστού και αναλογίζονται τη σημασία της για το σύγχρονο άνθρωπο - το θεωρήσαμε κατάλληλο να συμπεριλάβουμε στα γεγονότα που χαρακτηρίζουν αυτή την επέτειο και τον εορτασμό της ιερής τέχνης της νήσου της Κύπρου.

Η έκθεση φέρει τον τίτλο «Κύπρος, η Αγία Νήσος», και ο τίτλος καθρεπτίζει τόσο την πίστη της νήσου ποτισμένης με το αίμα μαρτύρων και τα δάκρυα ασκητών, όσο και τον χαρακτήρα των κατοίκων της που είναι γνωστοί για την αφοσίωσή τους στις αρχές της Χριστιανικής πίστης που φύτεψε εκεί το κήρυγμα εκείνων που έφυγαν από την Ιερουσαλήμ μετά το μαρτύριο του Αγίου Στεφάνου (*Πράξεις* 11.19), και ύστερα των αποστόλων Παύλου και Βαρνάβα (*Πράξεις* 13.4 - 13).

Ο Βαρνάβας (που ονομάστηκε έτσι από τους Αποστόλους και που το όνομά του σημαίνει «υιός παρηγορίας») ήταν Λευίτης και Κύπριος στην καταγωγή (*Πράξεις* 4.36). Μαζί με τον Παύλο βρίσκονται επικεφαλής μιας μακράς σειράς αγίων προσώπων που ακτινοβόλησαν στην Κύπρο, και που η τοπική Εκκλησία εορτάζει την πρώτη Κυριακή του Οκτωβρίου. Μια εικόνα του 18ου αιώνα, που παριστάνει τον Χορό αυτών των αγίων συμπεριλαμβάνεται σε αυτές που εκτίθενται εδώ.

Όμως δεν πρόκειται για απλή έκθεση τέχνης - όπως μερικοί ίσως την χαρακτηρίσουν - και εδώ ακριβώς έγκειται ο λόγος που η Αρχιεπισκοπή αποφάσισε ότι μια τέτοια έκθεση εικόνων ταιριάζει με την αντίληψή της για την αποστολή που αυτή έχει ως Επαρχία του Οικουμενικού Θρόνου, της Πρώτης Έδρας της Ορθοδοξίας, δηλαδή του Πατριαρχείου Κωνσταντινούπολης. Η έκθεση αυτή αποτελεί πνευματική κατάθεση, επειδή ακριβώς μια αληθινή εικόνα, με την ύπαρξή της, βεβαιώνει «τη δυνατότητα εκφράσεως των θείων πραγματικοτήτων».

Τον 7ο αιώνα, ο Λεόντιος Νεαπόλεως έγραψε ότι «Εμείς οι Χριστιανοί, με το να ασπαζόμαστε σωματικά εικόνα του Χριστού ή ενός αποστόλου ή κάποιου μάρτυρα, ασπαζόμαστε πνευματικά τον ίδιο τον Χριστό ή τον μάρτυρά Του». Παρομοιάζει τις εικόνες με ανοικτά βιβλία, που σκοπό έχουν να μας θυμίζουν τον Θεό».

Ένα αιώνα αργότερα, ο Άγιος Ιωάννης ο Δαμασκηνός, διακρίνει επιμελώς «τη σχετική τιμή, δηλαδή την προσκύνηση, που δείχνουμε στα υλικά σύμβολα, και τη λατρεία, που ανήκει μόνο στο Θεό», ενώ ταυτόχρονα υποστηρίζει ότι «τώρα πια που ο Θεός εμφανίστηκε ενσαρκωμένος και έζησε ανάμεσα στους ανθρώπους μπορώ να κάνω μια εικόνα του Θεού που να είναι ορατός».

Ο Vladimir Lousky μας υπενθυμίζει ότι οι εικόνες «εκφράζουν πράγματα που στην ουσία τους είναι αόρατα, και τα καθιστούν πράγματι παρόντα, ορατά και ενεργά». Μια εικόνα ή ένας σταυρός δεν υπάρχουν απλώς για να διεγείρουν τη φαντασία μας, όταν προσευχόμαστε, αλλά είναι υλικά κατασκευάσματα που συγκεντρώνουν μια ενέργεια, μια θεϊκή δύναμη, που ενώνεται με την ανθρώπινη τέχνη.

Μια εικόνα επομένως αποτελεί δήλωση θεολογική που βεβαιώνει την αλήθεια της ενσάρκωσης, διά της οποίας το κάθε τι έχει καταστεί προσιτό στον εξαγιασμό, ενώ η ίδια η ύλη γίνεται διώρυγα/κανάλι για τη χάρη του Αγίου Πνεύματος. Συνεπώς η τέχνη αυτή θεωρείται ως «θεοκεντρική» και πραγματικά η εικονογραφία είναι τέχνη που ανοίγει νέους ορίζοντες για την ανθρωπότητα, καθιστώντας τους πιστούς ικανούς - όπως, για παράδειγμα τον Μωϋσή και τους πιο παλαιούς μυστικούς - στο να βλέπουν και να φαντάζονται το αόρατο.

Οι Πατέρες της Έβδομης Οικουμενικής Συνόδου, που συνήλθε στη Νίκαια το 787, συνόψισαν τη θέση των

PROLOGUE

BY HIS EMINENCE ARCHBISHOP GREGORIOS
OF THYATEIRA AND GREAT BRITAIN

Thus, in addition to the portrayal of the 'Word made flesh' [*John* 1, 14], the Church depicts the Saints, the Friends of Christ who have carried out His commands [cf. *John* 15, 14] and who (like St Paul) bear His marks in their lives and bodies [cf. *Gal.* 6, 17], and especially she who was His Mother, the All-Holy Virgin, whom Greek-speaking people call the Theotokos (the 'God-bearer'). When speaking of an icon of the Mother of God in the Great Church of Christ, St Photius, Patriarch of Constantinople, declared that "the representation of the Virgin's form (cheers) us, inviting us to draw not from a bowl of wine, but from a fair spectacle, by which the rational part of our soul, being watered through our bodily eyes, and given eyesight in its growth towards the divine love of Orthodoxy, puts forth in the way of fruit the most exact vision of truth". The icon therefore helps us to grow and develop in faith and sanctity.

The hymnographer of the Church, praising the Restoration of Icons, writes "Depicting Your divine form in icons, O Christ, we openly proclaim Your Nativity, Your ineffable miracles and Your voluntary Crucifixion" and stresses the Orthodox teaching that "The honour and veneration that we show to the icon we ascribe to the prototype it represents, following the teaching of the saints inspired by God".

However, we must not forget that, in the Orthodox tradition, the painting or, more correctly, the 'writing' of an icon is undertaken with prayer and fasting, with the use of materials that have been blessed and sanctified. It is therefore the outcome of ascetic exercises and practices as well as of the spiritual life. We can therefore say that - in a way that is both divine and human - icons assert the Incarnation and remind us of the Friends of God and that, in addition, they also declare the beauty of creation and its sanctity, since it is God Who is its Creator and it is He Who inspires iconographers in the spiritual expression of their talents.

The humility of the earlier icon painters was such that they chose anonymity when producing their work. Others wrote simply that it was by the hand of one who was known to God. Tradition records only a few of their names. Indeed, sanctity is still to be found amongst icon painters, such as in the case of Fotis Kontoglou (1896-1965) (who also produced works of a secular nature), and examples of his religious painting in the forms of both icons and murals are to be found in churches and monasteries in Europe and the Americas, as well as in a few private collections. Kontoglou left a number of pupils (some of whom have become better known in the world of secular art). Through them, many artists have come to look at Orthodox iconography in a different light - as an expression and not simply of artistic talent and ability.

Exhibitions such as this also contribute to this understanding and we must remember that the expression of Faith through icons can lead to a better and a deeper understanding not simply of Orthodoxy but of the very essence of Christian teaching. Iconography is therefore of considerable significance and is one of the ways in which it is possible to overcome the prejudices and misunderstandings of the past centuries and, indeed, built bridges of reconciliation between separated brethren. The re-awakening of interest in iconography as a vehicle to express the spiritual, theological and dogmatic truths of Christianity can therefore have only one result - and that an extremely positive and fruitful one - namely, the even closer coming together of brothers and sisters who have known the estrangement of centuries but who now are pilgrims progressing along a common path to Him Who has declared "I am Alpha and Omega, the beginning and the ending, which is, and was, and which is to come" [*Rev.* 1,8]. He it was who instructed St John to write to the angel, the bishop, of the Apostolic Church of Thyateira, in the words: "Hold fast to that which you have" [*Rev.* 2,25]. Part

Πρόλογος
Αρχιεπισκοπου Θυατειρων
και Μεγαλης Βρετανιας κ.κ. Γρηγοριου

εικόνων στη ζωή της Εκκλησίας ως εξής: «Εμείς, επομένως, προχωρώντας ως κατά μήκος βασιλικής οδού, και ακολουθώντας τη διδασκαλία των Αγίων Πατέρων ημών που αποκαλύπτει τον Θεό, και την παράδοση της Παγκόσμιας Εκκλησίας..., με κάθε περίσκεψη και προσοχή θεσπίζουμε: ότι, όπως συμβαίνει με την εικόνα του ένδοξου και ζωοποιού Σταυρού, ένδοξες και άγιες εικόνες του Κυρίου Ιησού Χριστού και... της Θεοτόκου... και όλων των αγίων, θα τοποθετηθούν στις άγιες εκκλησίες του Θεού, πάνω στα άγια δοχεία και τα άμφια, στους τοίχους ή πάνω σε ξύλο, στις οικίες και στους δρόμους, έγχρωμα ζωγραφισμένες, ή καμωμένες από μωσαϊκά, ή οποιαδήποτε άλλη ύλη που είναι σκόπιμη».

Συνεπώς, πέραν από την απεικόνιση του Λόγου που «σάρξ εγένετο» (*Ιωαν.* 1.14), η Εκκλησία παριστάνει τους Αγίους, τους Φίλους του Χριστού που εκτέλεσαν τις εντολές Του (πρβλ. *Ιωαν.* 15.14), και οι οποίοι (όπως ο άγιος Παύλος) φέρουν τα σημάδια Του στις ζωές και τα σώματά τους (πρβλ. *Γαλ.* σ.17), ιδιαίτερα αυτήν που ήταν η μητέρα Του, την Υπεραγία Παρθένο, την οποία και οι Ελληνόφωνοι Χριστιανοί αποκαλούν Θεοτόκο.

Ομιλώντας για μία εικόνα της Θεοτόκου στη Μεγάλη του Χριστού Εκκλησία ο Άγιος Φώτιος, Πατριάρχης Κωνσταντινουπόλεως, δήλωσε ότι «η απεικόνιση της μορφής της Παρθένου μας ενθαρρύνει, προσκαλώντας μας να αντλήσουμε, όχι από κύλικα κρασιού, αλλά από ένα ωραίο θέαμα, από το οποίο το λογικό μέρος της ψυχής, αρδευόμενο μέσω των σωματικών μας οφθαλμών, και αφού του παραχωρηθεί όραση στην ανάπτυξή του προς τη θεία αγάπη της Ορθοδοξίας, παράγει ως καρπό το πιο ακριβές όραμα αληθείας». Οι εικόνες επομένως μας βοηθούν να αυξήσουμε και να αναπτύξουμε την πίστη και την αγιότητά μας.

Υμνώντας την Αναστήλωση των εικόνων ο Εκκλησιαστικός υμνογράφος γράφει: «Παριστάνοντας τη θεία Σου μορφή σε εικόνες, Χριστέ, διακηρύσσουμε φανερά τη Γέννησή Σου, τα ανείπωτά Σου θαύματα και την εκούσια Σταύρωσή Σου», και τονίζει την Ορθόδοξη διδασκαλία ότι: «Την τιμή και τον σεβασμό, που δείχνουμε σε μια εικόνα την αποδίδουμε στο πρωτότυπο που παριστάνει, ακολουθώντας έτσι τη διδασκαλία των θεοπνεύστων αγίων».

Δεν πρέπει να ξεχνούμε ωστόσο ότι στην Ορθόδοξη Παράδοση, η ζωγραφική ή, πιο σωστά, η «γραφή» μιας εικόνας, είναι κάτι που γίνεται με προσευχή και νηστεία, χρησιμοποιώντας υλικά που ευλογήθηκαν και εξαγιάσθηκαν. Είναι επομένως το αποτέλεσμα ασκητικών προσπαθειών και της πνευματικής ζωής. Συνεπώς, μπορούμε να πούμε ότι - με τρόπο που συνδυάζει το θεϊκό και το ανθρώπινο - οι εικόνες βεβαιώνουν την Ενσάρκωση, και μας υπενθυμίζουν τους Φίλους του Θεού. Επιπρόσθετα, δηλώνουν την ομορφιά της δημιουργίας και την αγιότητά της, αφού είναι ο Θεός που είναι ο Δημιουργός της, και είναι ο Θεός αυτός που εμπνέει τους εικονογράφους στην πνευματική έκφραση των ταλέντων τους.

Η ταπεινοφροσύνη των παλαιών εικονογράφων ήταν τέτοια ώστε αυτοί να προτιμούν την ανωνυμία στη δουλειά τους. Άλλοι πάλι απλώς σημείωναν ότι η εικόνα ήταν από το χέρι κάποιου αγαπητού στον Θεό. Η παράδοση αναφέρει τα ονόματα μερικών μόνον. Πράγματι, η αγιότητα είναι ένα από τα χαρακτηριστικά των εικονογράφων, όπως στην περίπτωση του Φώτη Κόντογλου (1896-1965) (ο οποίος ζωγράφισε επίσης έργα λαϊκού περιεχομένου), του οποίου παραδείγματα ζωγραφικής με θρησκευτικό περιεχόμενο βρίσκονται (είτε ως εικόνες, είτε ως τοιχογραφίες, τόσο σε εκκλησίες και μοναστήρια στην Ευρώπη και στην Αμερική, όσο επίσης και σε ιδιωτικές συλλογές. Το έργο του Κόντογλου συνέχισαν οι μαθητές του (μερικοί των οποίων είναι πιο γνωστοί στο χώρο της κοσμικής ζωγραφικής). Σ' αυτούς οφείλεται το γεγονός ότι πολλοί καλλιτέχνες

PROLOGUE
BY HIS EMINENCE ARCHBISHOP GREGORIOS
OF THYATEIRA AND GREAT BRITAIN

of this tradition is that which affirms the Incarnation of the Word and Son of God through the medium of Christian Iconography.

Indeed, as Patriarch Bartholomeos and his Synod have recently stressed: Our Holy Church reminds us through characterising (the) First Sunday of the (Great Lenten) Fast as the Sunday of Orthodoxy that true faith is the foundation of a true spiritual life. Thus the restoration of the veneration of the Holy Icons by the Seventh Oecumenical Council is not simply the specific matter of icons, but touches directly on our faith in the authentic Incarnation of the Lord, Whose real physical being is represented in the holy icons. This faith is the foundation-stone of our salvation and of the ability to discern spirits, by which we are protected from error. For, as St John the Evangelist writes: "By this you know the Spirit of God: every spirit that confesses that Jesus Christ has come in the flesh is from God, and every spirit that does not confess that Jesus has come in the flesh is not from God" [*John* 4,2-3].

May this celebration of the sacred art of our Mother Orthodox Church, as it has been conceived in its distinctive fashion on the Holy Island of Cyprus for the last one thousand years and more and which (as we see from the more recent icons displayed in this exhibition) continues to be conceived there, deepen our faith in the Incarnation of our Lord and Saviour Jesus Christ, Who was born in Judea in the time of King Herod [*Matt.* 2,1] and Who is indeed, as iconography boldly proclaims, the 'Word made flesh' [*John* 1,14]; and may He strengthen and renew us as we celebrate this Jubilee of His Birth in a cave in Bethlehem and prepare to enter the Third Millennium of that Era which is called 'Christian' due to His revealed presence amongst us.

Πρόλογος
Αρχιεπισκόπου Θυατείρων
και Μεγάλης Βρετανίας κ.κ. Γρηγορίου

(βλέπουν τώρα την Ορθόδοξη εικονογραφία υπό άλλο πρίσμα - ως μία έκφραση πνευματικότητας, και όχι απλώς ως μία ένδειξη ή επίδειξη καλλιτεχνικού ταλέντου και ικανότητας.

Εκθέσεις, λοιπόν, όπως αυτή, συμβάλλουν καλύτερα στην κατανόηση αυτής της πραγματικότητας και μας υπενθυμίζουν ότι η έκφραση της πίστης δια μέσου των εικόνων μπορεί να οδηγήσει σε μια καλύτερη και βαθύτερη κατανόηση όχι απλώς της Ορθοδοξίας αλλά αυτής της ίδιας της ουσίας της Χριστιανικής διδασκαλίας. Η εικονογραφία επομένως είναι ένα θέμα σπουδαίας σημασίας και ένας τρόπος, με τον οποίο είναι δυνατόν να ξεπερασθούν οι προκαταλήψεις και οι παρεξηγήσεις των περασμένων αιώνων και να ανεγερθούν στη θέση τους γέφυρες συμφιλίωσης μεταξύ αποξενωμένων αδελφών.

Η ανανέωση, λοιπόν, του ενδιαφέροντος στην εικονογραφία ως μέσου εκφράσεως των πνευματικών, θεολογικών και δογματικών αληθειών της Χριστιανικής πίστης μόνον ένα αποτέλεσμα μπορεί να έχει - αποτέλεσμα πολύ θετικό και γόνιμο - δηλαδή την ακόμη πιο στενή συνύπαρξη αδελφών που έχουν γνωρίσει την αποξένωση αιώνων, αλλά που τώρα είναι μαζί προσκυνητές, ακολουθώντας ένα κοινό μονοπάτι που οδηγεί σε Εκείνον που δήλωσε: «Εγώ ειμί το Α και το Ω, ο ων και ο ην και ο ερχόμενος, ο παντοκράτωρ». (*Αποκ.* 1.8). Εκείνος ήταν που έδωσε εντολή στον Άγιο Ιωάννη να γράψει στον άγγελο, τον επίσκοπο της Αποστολικής Εκκλησίας Θυατείρων, ως εξής: «πλην ο έχετε κρατήσατε» (*Αποκ.* 2.25). Μέρος της παράδοσης αυτής βεβαιώνει την Ενσάρκωση του Λόγου και Υιού του Θεού διά μέσου της Χριστιανικής εικονογραφίας.

Πράγματι ο Πατριάρχης Βαρθολομαίος και η Ιερά Σύνοδος πρόσφατα τόνισαν: «Η Αγία Εκκλησία μας, διά του χαρακτηρισμού της παρούσης Πρώτης Κυριακής των Νηστειών ως Κυριακής της Ορθοδοξίας, μας υπενθυμίζει ότι η ορθή πίστις είναι το θεμέλιον της ορθής πνευματικής ζωής. Έτσι, και η αποκατάσταση της προσκύνησης των Αγίων Εικόνων από την Έβδομη Οικουμενική Σύνοδο δεν αφορά μόνον το συγκεκριμένο θέμα των εικόνων, αλλά συνάπτεται και με την πίστη στην πραγματική ενσάρκωση του Κυρίου, του Οποίου η ορατή σωματική υπόσταση απεικονίζεται στις άγιες εικόνες. Η πίστις δε αυτή αποτελεί τον θεμέλιο λίθο της σωτηρίας μας και της ικανότητας αναγνώρισης των πνευμάτων εκείνων που μας βοηθούν να προφυλασσόμαστε από την πλάνη. Όπως θαυμάσια γράφει ο άγιος Ιωάννης ο Ευαγγελιστής «εν τούτω γινώσκετε το πνεύμα του Θεού· παν πνεύμα ο μη ομολογεί τον Ιησούν Χριστόν εν σαρκί εληλυθότα εκ του Θεού ουκ εστί» (Α΄ *Ιωαν.* 4.2-3).

Προσωπικά εύχομαι η ιερή τέχνη της Μητέρας Ορθόδοξης Εκκλησίας, όπως αυτή με αυτόν τον χαρακτηριστικό τρόπο έγινε κατανοητή στην Αγία Νήσο της Κύπρου για περισσότερο από χίλια χρόνια τώρα (όπως βλέπουμε από τα πιο πρόσφατα παραδείγματα εικόνων, που εκτίθενται στην εν λόγω έκθεση), να συνεχίσει να υπηρετεί την ίδια παράδοση, και να βαθαίνει την πίστη μας στην Ενσάρκωση του Κυρίου και Σωτήρος ημών Ιησού Χριστού, που γεννήθηκε στην Ιουδαία τον καιρό του βασιλέα Ηρώδη (*Ματθ.* 2.1) και ο οποίος είναι πραγματικά, όπως η εικονογραφία καθαρά αποδεικνύει, ο Λόγος που «σάρξ εγένετο» (*Ιωαν.* 1.14).

Εύχομαι επίσης ο Χριστός να μας ενισχύει και να μας ανανεώνει καθώς εορτάζουμε την Επέτειο της Γέννησής Του στο σπήλαιο της Βηθλεέμ και καθώς ετοιμαζόμαστε να μπούμε στην Τρίτη Χιλιετία της Εποχής εκείνης που ονομάζεται «Χριστιανική», γεγονός που οφείλεται στην αποκάλυψη και παρουσία Του ανάμεσά μας.

Foreword

For over twenty years the preservation and presentation of the cultural heritage of Cyprus has been a central concern of the A.G. Leventis Foundation, both in Cyprus and abroad. The Foundation has also provided support for culture and education in the large Cypriot community in Britain, which, like Cypriot communities elsewhere, has brought with it the Greek Orthodox heritage of the island. It is fitting that the Foundation's contribution to the Millennium celebrations of the Orthodox Church in Great Britain should involve an exhibition of icons from Cyprus.

Ecclesiastical monuments, wall-paintings and icons constitute perhaps the island's greatest spiritual and artistic achievement, a heritage the Church and the authorities have made particular efforts to protect and conserve during the years since independence in 1960, in contrast to reports of destruction and looting in the occupied area to which they have had no access since the 1974 invasion.

The icons in the exhibition were created over a period of more than one thousand years and among them are master-works that have never travelled outside the island - some few of them, indeed, have only recently been cleaned and conserved and can thus be properly seen for the first time in centuries.

We are most grateful to those who have loaned icons - His Beatitude Archbishop of Cyprus Chrysostomos, His Eminence Metropolitan Chrysostomos of Paphos, His Eminence Metropolitan Chrysostomos of Kition, His Eminence Metropolitan Athanasios of Limassol, His Eminence Metropolitan Neophytos of Morphou, The Very Reverend Nikephoros Abbot of the Monastery of Kykkos, The Very Reverend Leontios Abbot of the Monastery of Aghios Neophytos, The Very Reverend Dionysios Abbot of the Monastery of Chrysorroiatissa, The Very Reverend Arsenios Abbot of the Monastery of Machairas, The Very Reverend Symeon Abbot of the Monastery of Aghios Georgios Mavrovouniou, The Very Reverend Epiphania Abbess of the Monastery of Panaghia Amasgou and the hieromonk Kallinikos Stavrovouniotis and to the authors of the articles and entries in this catalogue. Finally, I must record our thanks to The Department of Antiquities of Cyprus and to Dr Sophocles Sophocleous and his collaborators at the Centre of Cultural Heritage of Cyprus.

Constantine Leventis

ΠΡΟΛΟΓΟΣ

Επί μια και πλέον εικοσαετία το Ίδρυμα Α. Γ. Λεβέντη επικεντρώνει το ενδιαφέρον του στη διατήρηση και προβολή της πολιτιστικής κληρονομιάς της Κύπρου. Υποστηρίζει επίσης την εκπαίδευση και πολιτιστική έκφραση των Κυπρίων της Βρετανίας, για τους οποίους, όπως και για όλους τους Κυπρίους, η Ελληνορθόδοξη παράδοση είναι ζωτικής σημασίας. Γι'αυτό, η συμβολή του Ιδρύματος στους εορτασμούς της Ορθόδοξης Εκκλησίας στη Μεγάλη Βρετανία περιλαμβάνει έκθεση εικόνων από την Κύπρο.

Τα εκκλησιαστικά μνημεία, οι τοιχογραφίες και οι εικόνες αποτελούν ίσως το πιο σημαντικό πνευματικό και καλλιτεχνικό επίτευγμα των Κυπρίων. Από την κήρυξη της ανεξαρτησίας το 1960 η Εκκλησία και η πολιτεία έχουν καταβάλει ιδιαίτερες προσπάθειες, για να προστατεύουν και να διατηρούν αυτή την κληρονομιά, σε αντίθεση με τις καταστροφές και λεηλασίες, που παρατηρούνται στην κατεχόμενη περιοχή από την εισβολή του 1974 μέχρι σήμερα.

Οι εικόνες στην έκθεση καλύπτουν μια περίοδο χιλίων και πλέον ετών κι ανάμεσά τους υπάρχουν αριστουργήματα, που ποτέ δεν έχουν βγει από το νησί, μερικές από αυτές, μάλιστα, καθαρίστηκαν και συντηρήθηκαν μόλις πρόσφατα κι είναι έτσι δυνατό να τις δει κανείς για πρώτη φορά μετά από αιώνες.

Εκφράζουμε την ευγνωμοσύνη μας σε εκείνους που δάνεισαν τις εικόνες: τον Μακαριότατο Αρχιεπίσκοπο Κύπρου Χρυσόστομο, τον Πανιερότατο Μητροπολίτη Πάφου Χρυσόστομο, τον Πανιερότατο Μητροπολίτη Κιτίου Χρυσόστομο, τον Πανιερότατο Μητροπολίτη Λεμεσού Αθανάσιο, τον Πανιερότατο Μητροπολίτη Μόρφου Νεόφυτο, τον Πανοσιολογιότατο Καθηγούμενο της Μονής Κύκκου Νικηφόρο, τον Πανοσιολογιότατο Καθηγούμενο της Μονής Αγίου Νεοφύτου Λεόντιο, τον Πανοσιολογιότατο Καθηγούμενο της Μονής Χρυσορροϊατίσσης Διονύσιο, τον Πανοσιολογιότατο Καθηγούμενο της Μονής Μαχαιρά Αρσένιο, τον Πανοσιολογιότατο Καθηγούμενο της Μονής Αγίου Γεωργίου Μαυροβουνίου Συμεών, την Πανοσιολογιότατη Καθηγουμένη της Μονής της Παναγίας Αμασγού Επιφανία, τον ιερομόναχο Καλλίνικο Σταυροβουνιώτη και τους συγγραφείς των άρθρων και των λημμάτων του καταλόγου αυτού. Τέλος, πρέπει να αναφέρω τις ευχαριστίες μας στο Τμήμα Αρχαιοτήτων Κύπρου και στον Δρα Σοφοκλή Σοφοκλέους και τους συνεργάτες του στο Κέντρο Πολιτιστικής Κληρονομιάς της Κύπρου.

Κωνσταντίνος Λεβέντης

INTRODUCTION

In the Orthodox Church, icons make a vital contribution to worship and many represent persons who, by their sanctity, are particularly fitted to mediate with God on behalf of the worshipper. Cyprus, the first European land to receive the Christian message - from the Apostles Paul and Barnabas during their first missionary journey - is rich in saints. Over two hundred are recorded in the early Christian and mediaeval periods and some of them are represented by icons in this exhibition. In this way, the long history of the Church of Cyprus, an Apostolic foundation, is brought to life.

The iconclastic movement that interrupted the creation and use of icons over most of the Eastern Roman (Byzantine) Empire - without in fact having any real effect in Cyprus - came to an end in 843 and the two earliest icons in the exhibition date from the period immediately following it. One of them is in the artistic tradition that derives from the former eastern provinces of the Empire and is well-represented at St Catherine's Monastery in Sinai. The full revival of metropolitan Byzantine art reached Cyprus in the period of the Comnenian emperors, from the late 11th to the late 12th centuries, when the island was a strategically important province of the Empire. The exhibition includes several masterpieces from this period.

The conquest of Cyprus by the Crusaders in 1191 instituted almost four centuries of Latin rule. During the earlier part of this period, icon-painting continued, slightly affected by western borrowings but having developed distinctively local features. Later, the Palaeologan style of the revived Byzantine empire began to influence the island's icon painters and, in the 15th century, there were increasing borrowings from western, mainly Italian, art; this process was especially intense after the rule of the Frankish Lusignan dynasty gave way to that of the Venetian Republic in 1489. The Lusignan and Venetian periods, and all their artistic trends, are well-represented in this exhibition. There are outstanding works of the local Cypriot art, as well as of the Italo-Byzantine style that attests to the impact of the Renaissance on Cyprus.

Under Ottoman rule, after the conquest of Cyprus by Selim II in 1571, contacts with the outside world decreased, but icon painting continued. Existing traditions were maintained, although levels of skill declined, and vivid and lively "naïve" styles flourished. Late in the 19th century, especially after the transfer of the island to British rule in 1878, new western realistic trends made their appearance in the icons of Cyprus, derived from Russian icons of the time. However, from the mid 20th century onwards, there has been a return to a more spiritual tradition under the influence of developments in the ecclesiastical painting, especially the reforms of Photis Kontoglou, who also had Cypriot pupils.

The history of Cyprus and its Church and the rich variety of Cypriot icon painting through the centuries are well-represented in the exhibition "Cyprus the Holy Island", but stylistic and historical aspects are always secondary in the art of the Orthodox Church. Icons were and are created to help the faithful to pray and to worship. It is this spiritual aspect that is primary and the visitor will not fail to notice that he or she is in the presence of something more than works of art.

Εισαγωγή

Η συμβολή των εικόνων στην ορθόδοξη λατρεία είναι πολύ σημαντική. Πολλές απεικονίζουν πρόσωπα, τα οποία με την αγιοσύνη τους μεσολαβούν στον Θεό υπέρ του προσκυνητή. Η Κύπρος, η πρώτη ευρωπαϊκή χώρα, που δέχτηκε το μήνυμα του Χριστιανισμού – από τους αποστόλους Παύλο και Βαρνάβα κατά τη διάρκεια της πρώτης τους ιεραποστολής – είναι πλούσια σε αγίους. Περισσότεροι από διακόσιοι άγιοι καταγράφονται στην πρωτοχριστιανική και μεσαιωνική περίοδο και μερικοί αναπαρίστανται σε εικόνες της έκθεσης. Με αυτόν τον τρόπο ζωντανεύει η μακρά ιστορία του αποστολικού ιδρύματος που είναι η Εκκλησία της Κύπρου.

Η εικονομαχία, που είχε αναστείλει τη δημιουργία και τη χρήση εικόνων σχεδόν παντού στην Ανατολική Ρωμαϊκή (Βυζαντινή) Αυτοκρατορία - στην Κύπρο δεν είχε ουσιαστική επίδραση - έληξε δε το 843. Οι δύο αρχαιότερες εικόνες της έκθεσης ανήκουν στην αμέσως μετέπειτα εποχή. Η μια από αυτές ανήκει στην καλλιτεχνική παράδοση που προέρχεται από τις ανατολικές πρώην επαρχίες της αυτοκρατορίας, αντιπροσωπευτικά δείγματα της οποίας ευρίσκονται στη Μονή της Αγίας Αικατερίνης στο Σινά. Η πλήρης αναβίωση της μητροπολιτικής Βυζαντινής τέχνης έφθασε στην Κύπρο κατά την περίοδο των Κομνηνών, από τα τέλη του 11ου μέχρι τα τέλη του 12ου αιώνα, όταν το νησί ήταν στρατηγικής σημασίας επαρχία της αυτοκρατορίας. Η έκθεση περιλαμβάνει αρκετά αριστουργήματα αυτής της περιόδου.

Με την κατάκτηση της Κύπρου από τους Σταυροφόρους το 1191 εγκαθιδρύθηκε λατινική κυριαρχία τεσσάρων σχεδόν αιώνων στο νησί. Σ'αυτή την περίοδο, αρχικά, η αγιογραφία συνεχίστηκε με λίγες μόνον δυτικές επιρροές, αναπτύσσοντας όμως σαφή τοπικά χαρακτηριστικά γνωρίσματα. Αργότερα, η τεχνοτροπία της εποχής των Παλαιολόγων στην αποκατασταθείσα Βυζαντινή Αυτοκρατορία άρχισε να επηρεάζει τους αγιογράφους της νήσου, ενώ κατά τον 15ο αιώνα παρουσιάζονται όλο και περισσότερα στοιχεία από τη δυτική, ιταλική κυρίως, τέχνη. Η επίδραση αυτή ήταν ιδιαίτερα έντονη αφότου την κυριαρχία της φραγκικής δυναστείας των Λουζινιανών αντικατέστησε εκείνη της Ενετικής Δημοκρατίας το 1489. Στην έκθεση αυτή ευρίσκονται αντιπροσωπευτικά δείγματα όλων των καλλιτεχνικών τάσεων των περιόδων των Λουζινιανών και των Ενετών. Υπάρχουν εξέχοντα έργα της τοπικής κυπριακής τέχνης, καθώς και έργα ιταλο-βυζαντινής τεχνοτροπίας, που δείχνουν την επιρροή της Αναγέννησης.

Υπό την οθωμανική κυριαρχία, μετά την κατάκτηση της Κύπρου από τον Σελίμ Β΄ το 1571, περιορίστηκαν οι επαφές με τον εξωτερικό κόσμο, όμως η αγιογραφία συνεχίστηκε. Οι υπάρχουσες παραδόσεις διατηρήθηκαν, αν και η δεξιοτεχνία δεν ήταν στα ίδια υψηλά επίπεδα, και άκμασαν οι ζωντανές και έντονα απλοϊκές τεχνοτροπίες. Κατά τα τέλη του 19ου αιώνα, ειδικά με την εκχώρηση της νήσου στη βρετανική κυριαρχία το 1878, νέες δυτικές ρεαλιστικές τάσεις έκαναν την εμφάνισή τους στις εικόνες της Κύπρου, προερχόμενες από τις ρωσικές εικόνες αυτής της περιόδου. Πάντως, από τα μέσα του 20ού αιώνα και πέρα υπήρξε επιστροφή σε μια πιο πνευματική παράδοση, ακολουθώντας την εξέλιξη στην αγιογραφία, κυρίως όπως την αναμόρφωσε ο Φώτης Κόντογλου, στον οποίο μαθήτευσαν και Κύπριοι.

Η ιστορία της Κύπρου και της Εκκλησίας της και η μεγάλη ποικιλία κυπριακών εικόνων διαμέσου των αιώνων παρουσιάζονται εμπεριστατωμένα στην έκθεση "Κύπρος, η Αγία Νήσος". Όμως, τόσο η ιστορική διάσταση όσο και η τυπολογία είναι δευτερεύοντα στοιχεία στην τέχνη της Ορθόδοξης Εκκλησίας. Οι εικόνες δημιουργήθηκαν, για να βοηθούν τους πιστούς στην προσευχή και τη λατρεία. Αυτός ο πνευματικός σκοπός κυριαρχεί, και ο επισκέπτης δεν μπορεί παρά να νιώσει ότι αυτό στο οποίο γίνεται κοινωνός υπερβαίνει τα έργα τέχνης.

Sophocles Sophocleous

Religious Painting in Cyprus Over Two Millennia

Σοφοκλής Σοφοκλέους

Η Θρησκευτική Ζωγραφική Δυο Χιλιετιών στην Κύπρο

Fig. 1
The Ascension of Christ, detail. Wall-painting, Monastery of Panaghia Arakiotissa, Lagoudera, 1192. Attributed to Theodoros Apsevdis and his workshop.

Εικ. 1
Ανάληψη του Χριστού, λεπτομέρεια. Τοιχογραφία, Μονή Παναγίας Αρακιωτίσσης, Λαγουδερά, 1192. Αποδίδεται στον Θεόδωρο Αψευδή και τον περίγυρό του.

Though little material evidence remains from the first millennium AD, nevertheless surviving texts, together with the scarce remains of mosaics, wall-paintings and some rare portable icons, can give a more or less satisfactory idea of Byzantine painting in Cyprus during this period. It is known, for example, from literature that the basilica of Salamis built by Saint Epiphanius, Bishop of Salamis in the late 4th century, was decorated with paintings, possibly aniconic, for it is known that Epiphanius was against figural representation.

The rare mural mosaics that have survived into the 20th century date from the 6th and 7th centuries, that is before iconoclasm. Those of Kanakaria at Lythrankomi, from the second quarter of the 6th century, show an enthroned Virgin holding the Child, and a series of busts of the Apostles on the triumphal arch of the church. A second mosaic is that in the church of Angeloktistos at Kiti, and a third was in the chapel of Panagia Kyra at Livadia, dating from the first half of the 7th century. Unfortunately, after 1974, the third one has been completely destroyed, whilst the mosaics of Kanakaria were removed and sold abroad. Some of them have been repatriated. Both were in the area of Cyprus occupied by Turkey. Fragments and other evidence of mosaic or painted mural decoration can be encountered on the walls of many excavated churches of the first millennium on the island.

One of the oldest wall-paintings in Cyprus is that at the Agiasma tou Nikodimou in Salamis, dating from the 6th century. New discoveries add to our knowledge, such as the non-figural frescoes of the first layer in the dome over the sanctuary of the church of Aghia Paraskevi in Yeroskipou; these can be dated to the 8th or 9th century, during the iconoclastic disputes. Some fragments of frescoes, including a Crucifixion in the church of Saint

Αν και ελάχιστα υλικά τεκμήρια έχουν επιβιώσει από την πρώτη μετά Χριστόν χιλιετία, εντούτοις σωζόμενα κείμενα μαζί με τα σπάνια κατάλοιπα ψηφιδωτών, τοιχογραφιών και μερικές σπάνιες φορητές εικόνες μπορούν να μας δώσουν μια σχετικά ικανοποιητική ιδέα για τη βυζαντινή ζωγραφική στην Κύπρο κατά την περίοδο αυτή. Είναι γνωστό, για παράδειγμα, από φιλολογικές μαρτυρίες ότι η Βασιλική της Σαλαμίνας κτισμένη από τον άγιο Επιφάνιο, επίσκοπο Σαλαμίνος στα τέλη του 4ου αιώνα, διακοσμήθηκε με ζωγραφικά σύνολα, πιθανώς ανεικονικά, καθώς είναι γνωστό ότι ο Επιφάνιος ήταν πολέμιος των παραστάσεων με εικονικό διάκοσμο.

Τα σπάνια εντοίχια ψηφιδωτά που επιβίωσαν μέχρι τις μέρες μας, χρονολογούνται στον 6ο και 7ο αιώνα, στους προεικονομαχικούς δηλαδή χρόνους. Αυτά της Κανακαριάς στη Λυθράγκωμη, του β΄ τετάρτου του 6ου αιώνα, απεικονίζουν την Παναγία ένθρονη να φέρει το Θείο Βρέφος και μια σειρά στηθαρίων με τις μορφές των Αποστόλων στο θριαμβευτικό τόξο του ναού. Ένα δεύτερο ψηφιδωτό είναι αυτό της εκκλησίας της Αγγελόκτιστης στο Κίτι και ένα τρίτο ήταν στο παρεκκλήσιο της Παναγίας Κυράς στα Λιβάδια, χρονολογημένο στο α΄ μισό του 7ου αιώνα. Δυστυχώς, μετά το 1974, το τρίτο ψηφιδωτό καταστράφηκε ολοκληρωτικά, ενώ τα ψηφιδωτά της Κανακαριάς αποκολλήθηκαν και πωλήθηκαν στο εξωτερικό και στη συνέχεια μερικά επαναπατρίστηκαν. Και τα δύο σύνολα βρίσκονταν στο κατεχόμενο από τους Τούρκους τμήμα της Κύπρου. Σπαράγματα και άλλα τεκμήρια εντοίχιου ψηφιδωτού και γραπτού διακόσμου συναντώνται σε τοίχους πολλών ανεσκαμμένων εκκλησιών της πρώτης χιλιετίας στο νησί.

Μία από τις παλαιότερες τοιχογραφίες στην Κύπρο είναι αυτή στο *Αγίασμα του Νικοδήμου* στη Σαλαμίνα, χρονολογημένη στον 6ο αιώνα. Νέες ανακαλύψεις εμπλουτίζουν τις γνώσεις μας, όπως οι

Anthony at Kellia, murals in the cave chapel of Aghia Mavra near Kyrenia and in Aghia Solomoni near Koma tou Yialou in the Karpas peninsula, as well as other, unpublished, examples, date to the 9th and 10th centuries.

The period from the 7th/8th to the 10th centuries was marked not only by the iconoclastic dispute, but also by the Arab expansion in the Mediterranean. As early as 649, Cyprus was the victim of the first naval attack of the Caliphate of Damascus, ordered by Muawiya. A precarious political, military and economic balance of power, between the Caliphate and Byzantium, was established on the island from the second half of the 7th century until 963/64. In that year, the Emperor Nikephoros Phokas expelled the Arabs from Crete, the Dodecanese, Cyprus and other areas. The ambivalent political status of Cyprus during these centuries made the island a place where the iconoclastic policy of Constantinople was probably not imposed. A very few portable icons of the period of the Arab condominium on the island are so far known in Cyprus. These are the icon of Saint Marina from Fylousa Kelokedaron, in the Byzantine Museum of Paphos, dating from the 7th or 8th century, the oldest Cypriot surviving icon according to the most up to date research, and an icon in the encaustic technique of the Virgin Orans with the Child in a medallion on her breast, dating from the 8th or the 9th century, from the church of Panaghia Phaneromeni (Nicosia) and now in the Byzantine Museum in Nicosia. Important examples from the 10th century are those of Saints Menas, Victor and Vincent and of Saint James the Persian, both in the present exhibition (nos. 12,13), as well as the cult icon of the Virgin Machairiotissa in the eponymous monastery.

Cyprus was again fully part of the Byzantine Empire during the Middle Byzantine Period from

ανεικονικές τοιχογραφίες του πρώτου στρώματος στον τρούλο πάνω από το Ιερό της εκκλησίας της Αγίας Παρασκευής στη Γεροσκήπου. Οι τοιχογραφίες αυτές μπορούν να χρονολογηθούν στον 8ο ή 9ο αιώνα, κατά τη διάρκεια της εικονομαχίας. Μερικά σπαράγματα τοιχογραφιών τα οποία συμπεριλαμβάνουν τη Σταύρωση στην εκκλησία του Αγίου Αντωνίου στα Κελλιά, οι τοιχογραφίες στο σπήλαιο-παρεκκλήσιο της Αγίας Μαύρας κοντά στην Κερύνεια και στην Αγία Σολομωνή κοντά στην Κώμα του Γιαλού στη χερσόνησο της Καρπασίας, καθώς και άλλα αδημοσίευτα παραδείγματα χρονολογούνται στον 9ο και τον 10ο αιώνα.

Η περίοδος από τον 7ο/8ο μέχρι τον 10ο αιώνα δεν σφραγίστηκε μόνο από τις εικονομαχικές έριδες, αλλά επίσης από την αραβική επέκταση στη Μεσόγειο. Ήδη από το 649, η Κύπρος ήταν το θύμα της πρώτης ναυτικής επιδρομής του Χαλιφάτου της Δαμασκού, η οποία διετάχθη από τον Μωαβία. Μια επισφαλής πολιτική, στρατιωτική και οικονομική συγκυριαρχία, μεταξύ του Χαλιφάτου και του Βυζαντίου, εγκαθιδρύθηκε στο νησί από το β΄ μισό του 7ου αιώνα μέχρι το 963/64. Κατά το έτος αυτό, ο αυτοκράτορας Νικηφόρος Φωκάς εκδίωξε τους Άραβες από την Κρήτη, τα Δωδεκάνησα, την Κύπρο και άλλες περιοχές. Η ασταθής πολιτική κατάσταση στους αιώνες αυτούς κατέστησε το νησί ένα χώρο όπου η εικονομαχική πολιτική της Κωνσταντινούπολης πιθανώς δεν μπόρεσε να εφαρμοστεί. Ελάχιστες εικόνες από την περίοδο της αραβικής συγκυριαρχίας στο νησί είναι γνωστές μέχρι σήμερα. Αυτές είναι η εικόνα της αγίας Μαρίνας από τη Φυλούσα Κελοκεδάρων, στο Βυζαντινό Μουσείο Πάφου, χρονολογημένη στον 7ο ή 8ο αιώνα, η παλαιότερη διασωθείσα κυπριακή εικόνα, σύμφωνα με τη μέχρι τώρα έρευνα, και μια εικόνα ζωγραφισμένη με την εγκαυστική τεχνική, της Παναγίας Πλατυτέρας με το Βρέφος σε μετάλλιο στο στήθος της, χρονολογημένη στον 8ο ή 9ο αιώνα, από τον

963/64 to 1191, receiving the metropolitan art emanating from the capital, Constantinople. During the 11th and 12th centuries, the number of monasteries and churches on the island greatly increased under the patronage of the emperors, the Byzantine governors, and of the nobility and the Church of Cyprus. From that period, a rich architectural heritage, as well as frescoes and icons, have been preserved.

Frescoes of the 11th century have survived in different churches of the island, for example in the churches of Saint Anthony at Kellia and Saint Nicholas 'of the roof' at Kakopetria. The icon of Saint John the Baptist from the church of Asinou, which is dated approximately to 1105/1106, shows the changes which occurred in the technical and aesthetic concepts of Byzantine painting at the beginning of the rule of the Comnenian dynasty in Constantinople (1081 to 1185). It is the work of the same artist's workshop that executed the murals of Asinou in 1105/1106, as well as the murals in Panaghia Theotokos at Trikomo. Many other icons and murals complete our knowledge of painting in Cyprus in what we call the Comnenian style (see, for instance, the church of the Holy Apostles at Pera Chorio, that of the Archangel Michael at Kato Lefkara and others).

The art of this period achieves complete dematerialisation and spiritualisation of figures by an emphasis on line and flat colours, avoiding plastic, illusionistic and/or naturalistic effects. The aesthetical canon of the period accentuates the contours, defining the facial characteristics with red, brown and black lines. An eloquent example of this style is the icon of Christ at the foot of the Cross (no. 14), which is a supreme example of 12th century Byzantine art world wide, as well as the Anastasis from Amasgou monastery (no. 15). Other examples are those of the Virgin Eleousa from the hermitage ναό της Παναγίας Φανερωμένης και τώρα στο Βυζαντινό Μουσείο στη Λευκωσία. Έξοχα παραδείγματα από τον 10ο αιώνα είναι αυτά των Αγίων Μηνά, Βίκτωρα και Βικεντίου και του Αγίου Ιακώβου του Πέρση, και τα δύο στην παρούσα έκθεση (αρ. 12,13), καθώς και η λατρευτική εικόνα της Παναγίας Μαχαιριώτισσας στην ομώνυμη μονή.

Η Κύπρος αποτέλεσε και πάλι τμήμα της Βυζαντινής αυτοκρατορίας κατά τη βυζαντινή περίοδο από το 963/64 μέχρι το 1191, δεχόμενη τη μητροπολιτική τέχνη, που προερχόταν από την πρωτεύουσα Κωνσταντινούπολη. Κατά τον 11ο και 12ο αιώνα ο αριθμός των μονών κι εκκλησιών στο νησί αυξήθηκε σημαντικά με τη χορηγία των αυτοκρατόρων, των βυζαντινών διοικητών της νήσου, της αριστοκρατίας και της Εκκλησίας της Κύπρου. Από αυτή την περίοδο μια πλούσια αρχιτεκτονική κληρονομιά, καθώς και τοιχογραφίες και φορητές εικόνες, έχουν σωθεί.

Τοιχογραφίες του 11ου αιώνα έχουν επιβιώσει σε διάφορες εκκλησίες του νησιού, για παράδειγμα σε εκείνες του Αγίου Αντωνίου στα Κελλιά και του Αγίου Νικολάου "της Στέγης" στην Κακοπετριά. Η εικόνα του αγίου Ιωάννη του Προδρόμου από την εκκλησία της Ασίνου, η οποία χρονολογείται γύρω στα 1105/1106, καταδεικνύει τις αλλαγές στις τεχνικές και αισθητικές αντιλήψεις της βυζαντινής ζωγραφικής, οι οποίες έλαβαν χώραν στις αρχές της διακυβέρνησης της δυναστείας των Κομνηνών στην Κωνσταντινούπολη (1081-1185). Είναι έργο του εργαστηρίου του καλλιτέχνη, που φιλοτέχνησε τις τοιχογραφίες της Ασίνου στα 1105/1106, καθώς και εκείνες της Παναγίας Θεοτόκου στο Τρίκωμο. Πολλές άλλες εικόνες και τοιχογραφίες συμπληρώνουν τη γνώση μας για τη ζωγραφική στην Κύπρο για ό,τι αποκαλούμε κομνήνεια τεχνοτροπία. Τέτοια παραδείγματα είναι ο ναός των Αγίων Αποστόλων στο Πέρα Χωριό, ο Αρχάγγελος Μιχαήλ στα Κάτω Λεύκαρα καθώς και άλλα.

of Saint Neophytus (no. 16), which is of the iconographic type known as *Agiosoritissa* and the Sanctuary Doors from Lefkara (no. 17).

The Virgin of Valanas at the village of Laneia dates from the same period, being the oldest Cypriot icon to bear relief adornment over the entire background, a feature of Cypriot icons to be found from the 12th to the early 19th centuries. Some groups of wall-paintings of the 12th century, together with icons mainly from the same churches, can be attributed to the same artists or to their entourage. A representative example are the murals signed by the painter Theodoros Apsevdis in the hermitage of Saint Neophytus, dating to 1183, (fig. 4) and the icons of Christ and the Virgin (no. 16) from the same hermitage, now in the monastery's museum. The same artist with his entourage seem to be the painters of the murals in the monastery of Arakiotissa (fig. 1), dated 1192, the year of the installation of the Lusignans in Cyprus. To the same artistic milieu can be attributed the two original icons of that monastery, those of the Virgin and of Christ, now in the Byzantine Museum in Nicosia and the two "despotic icons" of Christ and the Virgin from the former monastery of Megas Agros, as well as the double-sided icon of the Virgin with Child (*recto*) and Saint James the Persian (*verso*) from the church of *Theoskepasti* at Kato Paphos.

Apsevdis brought to Cyprus the latest developments of Constantinopolitan painting of the late 12th century, marked by manneristic tendencies expressed by a predilection for detail and by elongated willowy figures in theatrical poses, draped in rich garments with sinuous and sophisticated folds giving an impression of extravagance and affectation. The Royal Doors from Lefkara (no. 17) display some elements of this style, which began by the third quarter of the 12th century.

The end of the 12th and the beginning of the

Η τέχνη της περιόδου αυτής φτάνει στην πλήρη εξαΰλωση και πνευματικοποίηση των μορφών. Δίνει έμφαση στα περιγράμματα και στα επίπεδα χρώματα, αποφεύγοντας πλαστικές, ιλλουζιονιστικές (ψευδαισθησιακές) ή και γενικότερες φυσιοκρατικές εντυπώσεις. Ο αισθητικός κανόνας της εποχής τονίζει τα περιγράμματα, που προσδιορίζουν χαρακτηριστικά του προσώπου, με κόκκινες, καφέ και μαύρες γραμμές. Εύγλωττα παραδείγματα αυτής της τεχνοτροπίας είναι η εικόνα του Ελκομένου (αρ. 14), η οποία αποτελεί ένα εξαίσιο παράδειγμα της τέχνης του 12ου αιώνα σε ολόκληρο τον βυζαντινό κόσμο, καθώς επίσης και η εικόνα της Εις Άδου Καθόδου από την Παναγία Αμασγού (αρ. 15). Άλλα παραδείγματα είναι αυτό της Παναγίας Ελεούσας από την Εγκλείστρα του Αγίου Νεοφύτου (αρ. 16), η οποία ανήκει στον εικονογραφικό τύπο, γνωστό ως Αγιοσορίτισσα, και τα βημόθυρα από τα Λεύκαρα (αρ. 17).

Στην ίδια περίοδο χρονολογείται η Παναγία του Βαλανά στο χωριό Λάνεια, η αρχαιότερη κυπριακή εικόνα, που φέρει ανάγλυφη διακόσμηση σε όλο της τον κάμπο, ένα στοιχείο των κυπριακών εικόνων που συναντάται από τον 12ο μέχρι τον 19ο αιώνα. Μερικά τοιχογραφημένα σύνολα του 12ου αιώνα, μαζί με εικόνες κυρίως από τις ίδιες εκκλησίες, μπορούν να αποδοθούν στους ίδιους καλλιτέχνες ή στο συνεργείο τους. Ένα αντιπροσωπευτικό παράδειγμα είναι οι τοιχογραφίες υπογραμμένες από τον ζωγράφο Θεόδωρο Αψευδή στην Εγκλείστρα του Αγίου Νεοφύτου, χρονολογημένες στα 1183, και οι εικόνες του Χριστού και της Παναγίας (εικ. 4 και αρ. 16) από την ίδια Εγκλείστρα, τώρα στο μουσείο του μοναστηριού. Ο ίδιος καλλιτέχνης με το συνεργείο του φαίνεται ότι φιλοτέχνησε και τις τοιχογραφίες στη μονή της Αρακιώτισσας (εικ. 1), χρονολογημένες στα 1192, έτος εγκατάστασης των Λουζινιανών στην Κύπρο. Στον ίδιο καλλιτεχνικό περίγυρο μπορούν να αποδοθούν οι δύο αρχικές

Religious Painting in Cyprus Over Two Millenia

13th century constitutes a period marked by very important geopolitical events both for Constantinople and the Eastern Mediterranean. It was the time of the Third Crusade, during which the English king, Richard the Lion-Heart, occupied Cyprus after a dispute with Isaac Comnenus, the Byzantine governor of the island who had interrupted links with Constantinople. As soon as Richard became master of Cyprus, he sold the island to the Knights Templar; they did not succeed in establishing their power and after a revolt of the people in Nicosia on 5th April 1192, Cyprus was given back to Richard and then sold to the Lusignan rulers of the Kingdom of Jerusalem, who governed Cyprus until 1489. Saint Neophytus, who lived in the second half of the 12th century and until 1219 in his hermitage near Tala at Paphos, described and commented on these events in his writings.

The mediaeval kingdom of Cyprus lasted longer than any other Crusader state established in the Eastern Mediterranean. The capital of Byzantium also fell into the hands of the Crusaders in 1204. The imperial family and the patriarchate of Constantinople moved to Nicaea until 1261, when the new dynasty of the Palaiologoi recaptured the capital and restored the empire; this last phase of Byzantium lasted until 1453, when Constantinople fell to the Ottomans, on 29th May.

The political and social vicissitudes from 1191 until 1261 had repercussions on artistic production. Because of a lack of "official policy" on artistic matters in Constantinople, the Comnenian style of the 12th century was prolonged into the 13th. It was so deeply-rooted in Cyprus that some of its elements can be traced even in the 14th century. The murals of 1280 in the chapel of the Virgin at Moutoullas show the later evolution of Comnenian art, its complete stylisation, stiffness and rigidity, in contrast with the flexibility, fluidity and manneristic grace

εικόνες της μονής αυτής, της Παναγίας και του Χριστού, τώρα στο Βυζαντινό Μουσείο στη Λευκωσία, οι δύο "δεσποτικές εικόνες" του Χριστού και της Παναγίας από το μη σωζόμενο πια μοναστήρι του Μεγάλου Αγρού, καθώς και η αμφιπρόσωπη εικόνα της Παναγίας Βρεφοκρατούσας (εμπρόσθια όψη) και του αγίου Ιακώβου του Πέρση (οπίσθια όψη) από τον ναό της Θεοσκέπαστης στην Κάτω Πάφο.

Ο Αψευδής έφερε στην Κύπρο τις τελευταίες εξελίξεις της Κωνσταντινουπολίτικης ζωγραφικής του ύστερου 12ου αιώνα, η οποία χαρακτηρίζεται από μανιεριστικές τάσεις, εκφραζόμενες μέσα από μια προτίμηση για λεπτομέρειες και από επιμηκισμένες, ραδινές μορφές σε θεατρικές στάσεις, ενδεδυμένες πλούσια φορέματα με ελικοειδείς και εξεζητημένες οφιοειδείς πτυχώσεις, οι οποίες δημιουργούν μια εντύπωση υπερβολής, σοφιστικοποίησης και επιτήδευσης. Τα βημόθυρα από τα Λεύκαρα (αρ. 17) αναγγέλλουν μερικά στοιχεία της τεχνοτροπίας αυτής, τα οποία άρχισαν ήδη να εμφανίζονται στο γ´ τέταρτο του 12ου αιώνα.

Τα τέλη του 12ου και οι αρχές του 13ου αιώνα αποτελούν μια περίοδο, η οποία χαρακτηρίζεται από σημαντικά γεωπολιτικά γεγονότα για την Κωνσταντινούπολη και την Ανατολική Μεσόγειο. Είναι η περίοδος της Τρίτης Σταυροφορίας, κατά την οποία ο Άγγλος βασιλιάς Ριχάρδος ο Λεοντόκαρδος καταλαμβάνει την Κύπρο μετά από τη σύγκρουση, που είχε με τον Ισαάκιο Κομνηνό, Βυζαντινό κυβερνήτη του νησιού, ο οποίος είχε ήδη διακόψει κάθε πολιτικό δεσμό με την Κωνσταντινούπολη. Μόλις ο Ριχάρδος έγινε κύριος της Κύπρου, πώλησε το νησί στους Ναΐτες Ιππότες. Αυτοί όμως δεν πέτυχαν να εδραιώσουν την εξουσία τους, και μετά από μια επανάσταση του λαού στη Λευκωσία στις 5 Απριλίου 1192 η Κύπρος δόθηκε πίσω στον Ριχάρδο, για να πωληθεί αμέσως μετά στους Λουζινιανούς ηγεμόνες του Βασιλείου της

that it possessed at the end of the 12th century. As late as 1317, at the chapel of Aghios Dimitrianos near Dali, can be seen the continuity of an art reminiscent of 12th century Comnenian aesthetic values. In contrast to this conservatism, some artists felt free to express their more personal temperament, such as the anonymous painter who, in the late 13th century, bequeathed to Cyprus' Byzantine heritage the oldest known portable icon of Saint Mamas (no. 23). The anonymous author of the Virgin of Doros (no. 20) similarly expressed himself; while his contemporary who created the Virgin from Kalopanagiotis (no. 21) followed the trends of the late 12th century, but in a stylised and stiff fashion. The same artist created wall-paintings in the monastery of Lampadistis, where this icon was found. But the majority of production during the 13th century was in the framework of the Post-Comnenian stylistic trend, more or less readapted according to the painters' taste, background and capacities, conferring thus on 13th century Cypriot painting a very particular character (see, for instance, icons nos. 19-24).

The Palaeologan artistic innovations in Constantinople after the establishment of this new dynasty in 1261, were to be introduced to Cyprus only at a later stage, as a result of special conditions prevailing on the island under Latin rule. Influenced by early Palaeologan art is the icon of Saint Philip at Arsos village, which dates from around 1300, as well as the 14th century icon of Saint Peter from the church of Chrysaliniotissa, now in the Byzantine Museum of Nicosia. The icon of Christ from Kolossi (no. 27), is an extraordinary figure created in the Palaeologan stylistic trend of the 14th century as developed by the so-called "Macedonian School" typified by vivid radiating white highlights (*psimythies* or *phota*) around the ocular cavities.

Ιερουσαλήμ, οι οποίοι κυβέρνησαν την Κύπρο μέχρι το 1489. Ο άγιος Νεόφυτος, ο οποίος έζησε στο Β΄ μισό του 12ου αιώνα και μέχρι το 1219 στην Εγκλείστρα του κοντά στην Τάλα της Πάφου, περιέγραψε και σχολίασε τα γεγονότα στα γραφόμενά του.

Το μεσαιωνικό βασίλειο της Κύπρου ήταν το μακροβιότερο από οποιοδήποτε άλλο σταυροφοριακό κράτος, που ιδρύθηκε στην Ανατολική Μεσόγειο. Η πρωτεύουσα του Βυζαντίου έπεσε επίσης στα χέρια των Σταυροφόρων στα 1204. Η αυτοκρατορική οικογένεια και το Πατριαρχείο Κωνσταντινουπόλεως μεταφέρθηκαν στη Νίκαια μέχρι το 1261, έτος κατά το οποίο η νέα δυναστεία των Παλαιολόγων ανακατέλαβε την πρωτεύουσα και παλινόρθωσε την αυτοκρατορία. Αυτή η τελευταία φάση του Βυζαντίου διήρκεσε μέχρι το 1453, όταν η Κωνσταντινούπολη έπεσε στους Οθωμανούς, στις 29 Μαΐου.

Οι πολιτικές και κοινωνικές περιπέτειες από το 1191 μέχρι το 1261 είχαν αντίκτυπο και στην καλλιτεχνική παραγωγή. Εξαιτίας της απουσίας "επίσημης πολιτικής" σε καλλιτεχνικά θέματα στην Κωνσταντινούπολη, η κομνήνεια τεχνοτροπία του 12ου αιώνα επεκτάθηκε στον 13ο και ρίζωσε τόσο βαθιά στην Κύπρο, που κάποια από τα στοιχεία της μπορούν να ανιχνευθούν ακόμη και μέχρι τον 14ο αιώνα. Οι τοιχογραφίες του 1280 στο παρεκκλήσιο της Παναγίας του Μουτουλλά δείχνουν την ύστερη εξέλιξη της κομνήνειας τέχνης, την ολοκληρωτική της τυποποίηση, δυσκαμψία και αυστηρότητα, σε αντίθεση με την ευκαμψία, ρευστότητα, ραδινότητα και την ανώτερη, επιτηδευμένη χάρη, που την χαρακτήριζε στο τέλος του 12ου αιώνα. Μέχρι και το 1317 στο παρεκκλήσιο του Αγίου Δημητριανού κοντά στο Δάλι μπορεί να δει κανείς τη συνέχεια μιας τέχνης, που παραπέμπει στις κομνήνειες αισθητικές αξίες του 12ου αιώνα. Σε αντίθεση με αυτό τον συντηρητισμό, κάποιοι καλλιτέχνες ένοιωσαν ελεύθεροι να εκφραστούν περισσότερο σε προ-

The coexistence of Latins and Orthodox on the island during Frankish (1192-1489) and later under Venetian rule (1489 - 1571) produced influences and borrowings from one community to the other, and special stylistic syncretisms which took in certain artistic entourages the form of an amalgamation of Byzantine and Gothic painting and later on of Italian Renaissance painting. The 14th century Presentation of Christ in the Temple (no. 29) shows the impact of Italian primitive painting in Cyprus, amalgamated with the Palaeologan style. The faces, the chromatology and the architectural background are Italian, but the iconographic constitution and treatment of the garments are more Byzantine.

Two icons of the late 13th century, probably the work of the same anonymous artist, show how one painter could work both in the Western manner and in the Byzantine one, according to the demand of the clientèle. The first icon is that of Saint Nicholas, which was presented to the monastery of Saint Nicholas of the Roof by the Crusader family portrayed on the lower part of the icon. Here the style is within the framework of the post-Comnenian trend, and it bears Greek inscriptions. The second icon is that of the Virgin and Child, bearing Latin inscriptions, presented by Carmelite monks to an unidentified Latin church in Nicosia. Their portraits appear in the lower left-hand corner. Both the iconographical type of the enthroned Virgin and the style are here more western than Byzantine. Both icons are now in the Byzantine Museum in Nicosia.

The interaction of the Palaeologan style and Gothic painting is also to be seen in the murals of painted churches of mediaeval Famagusta, as well as in those of 1421 in the royal chapel of Pyrga which bear French inscriptions with mistakes that could suggest that the painter was probably a local

σωπικό επίπεδο, όπως ο ανώνυμος ζωγράφος, ο οποίος στον ύστερο 13ο αιώνα κληροδότησε στη βυζαντινή παρακαταθήκη της Κύπρου την αρχαιότερη γνωστή φορητή εικόνα του Αγίου Μάμα (αρ. 23). Ανάλογα εκφράζεται και ο ανώνυμος καλλιτέχνης της Παναγίας του Δωρού (αρ. 20). Αντιθέτως, ο δημιουργός της Παναγίας του Καλοπαναγιώτη (αρ. 21) ακολουθεί τις τάσεις του λήγοντος 12ου αιώνα, αλλά με πιο σχηματοποιημένο και σκληρό τρόπο. Ο ίδιος άφησε και τοιχογραφημένα δείγματα της τέχνης του στη Μονή του Λαμπαδιστή, όπου βρέθηκε και η εικόνα αυτή.

Οι Παλαιολόγειες καλλιτεχνικές καινοτομίες στην Κωνσταντινούπολη μετά την εγκαθίδρυση αυτής της νέας δυναστείας στα 1261 εισήχθησαν στην Κύπρο μόνο σε μεταγενέστερο στάδιο, ως αποτέλεσμα των ειδικών συνθηκών, που επικρατούσαν στο νησί κάτω από τη λατινική διοίκηση. Επηρεασμένη από την πρώιμη παλαιολόγεια τέχνη είναι η εικόνα του αγίου Φιλίππου στο χωριό Άρσος, η οποία χρονολογείται γύρω στο 1300, καθώς και η εικόνα του αγίου Πέτρου, του 14ου αιώνα, από την εκκλησία της Χρυσαλινιώτισσας, τώρα στο Βυζαντινό Μουσείο στη Λευκωσία. Η εικόνα του Χριστού από το Κολόσσι (αρ. 27), είναι μια εκπληκτική μορφή, ζωγραφισμένη σύμφωνα με τις παλαιολόγειες τεχνοτροπικές τάσεις του 14ου αιώνα, όπως αναπτύχθηκαν στη λεγόμενη "Μακεδονική Σχολή". Τα έντονα ακτινοβολούντα λευκά φώτα (ψιμυθιές) γύρω από τις οφθαλμικές κοιλότητες είναι πολύ αντιπροσωπευτικά αυτής της τάσης.

Η συνύπαρξη Λατίνων και Ορθοδόξων στο νησί κατά τη Φραγκοκρατία (1192-1489) κι αργότερα κατά την Ενετοκρατία (1489-1571) δημιούργησε επιδράσεις και δάνεια από τη μια κοινότητα στην άλλη, και ιδιαίτερους τεχνοτροπικούς συγκερασμούς, οι οποίοι πήραν σε ορισμένους καλλιτεχνικούς περίγυρους τη μορφή ενός συγκρητισμού της βυζαντινής και γοτθικής ζωγραφικής κι αργότερα

Greek who did not know well the French spoken on the island by the Frankish nobility. King Janus and Queen Charlotte de Bourbon, whose portraits appear in the scene of the Crucifixion, erected the chapel. Finally, the Italian type of the *Madre della Consolazione*, and its various adaptations by the Cretan and Cypriot artists both in Italy, and in Crete and in Cyprus, shows the impact of the late phase of the Gothic international style on the painting of the Eastern Mediterranean.

Similar syncretism between the Latin rulers and the indigenous Greek Orthodox people is evident, not only in painting, but also in architecture. The so-called Franco-Byzantine order is a combination of Gothic and Byzantine architectural elements and later with Renaissance borrowings. Equivalent reciprocal influences can also be found in literature and in the language: the Cypriot dialect borrowed many French mediaeval words, some of which it still retains today. The Franks themselves embraced local Greek influences. When in early November 1461 the dethroned Queen Charlotte met Pope Pius II at the Vatican, an interpreter was needed, since the queen spoke Greek, learned from her mother, the Greek princess, Eleni Palaeologina. Her father, John II de Lusignan, had at the same time a Greek mistress, Marietta of Patras. Their son became the last king of Cyprus, known as James II the bastard and married the Venetian lady Caterina Cornaro. Caterina was the means for Venice to incorporate Cyprus into its empire. After a series of intrigues lasting some years, James II and his son died in suspicious circumstances. Caterina was left alone and under pressure from the Venetian authorities, she ceded her kingdom to Venice. Cyprus thus became the most easterly Mediterranean country to participate in the innovations of the Italian Renaissance, while at the same time keeping its Byzantine traditions.

της ιταλικής αναγεννησιακής. Η Υπαπαντή (αρ. 29) καταδεικνύει την επίδραση της πρώιμης ιταλικής ζωγραφικής στην Κύπρο, συγχωνευμένης με την παλαιολόγεια τεχνοτροπία. Οι μορφές, η χρωματολογία και το αρχιτεκτονικό βάθος είναι ιταλικής προέλευσης, αλλά η εικονογραφική συγκρότηση και η απόδοση των ενδυμάτων είναι περισσότερο βυζαντινές.

Δύο εικόνες του ύστερου 13ου αιώνα, πιθανώς έργο του ίδιου ανώνυμου καλλιτέχνη, δείχνουν πως ο ίδιος ζωγράφος μπορούσε να εφαρμόζει στη δουλειά του και τη δυτική τεχνοτροπία της περιόδου αλλά και τη βυζαντινή, ανάλογα με τις απαιτήσεις της πελατείας του. Η πρώτη εικόνα είναι αυτή του αγίου Νικολάου, η οποία είχε αφιερωθεί στη μονή του Αγίου Νικολάου της Στέγης, από μια οικογένεια Σταυροφόρων, της οποίας οι προσωπογραφίες απεικονίστηκαν στο κάτω μέρος της εικόνας. Εδώ η τεχνοτροπία εντάσσεται στο πλαίσιο της μετακομνήνειας τάσης, και φέρει ελληνικές επιγραφές. Η δεύτερη εικόνα είναι αυτή της Παναγίας Βρεφοκρατούσας, η οποία φέρει λατινικές επιγραφές και αποτελεί αφιέρωση Καρμηλιτών μοναχών σε μια άγνωστη σ' εμάς σήμερα λατινική εκκλησία στη Λευκωσία. Τα πορτραίτα τους παρουσιάζονται στην κάτω αριστερή γωνία της εικόνας. Τόσο ο εικονογραφικός τύπος της ένθρονης Παναγίας, όσο και η τεχνοτροπία είναι εδώ περισσότερο δυτικά παρά βυζαντινά. Και οι δύο εικόνες βρίσκονται στο Βυζαντινό Μουσείο στη Λευκωσία.

Η αλληλεπίδραση της παλαιολόγειας τεχνοτροπίας και της γοτθικής ζωγραφικής φαίνεται σε διάφορους τοιχογραφημένους ναούς της Αμμοχώστου, καθώς επίσης και στις τοιχογραφίες του 1421 στο βασιλικό παρεκκλήσιο στα Πυργά, το οποίο φέρει γαλλικές ανορθόγραφες επιγραφές, κάτι που σημαίνει ότι ο ζωγράφος ήταν πιθανώς ένας ντόπιος Έλληνας ο οποίος μάλλον δεν γνώριζε καλά τη μεσαιωνική Γαλλική, η οποία ομιλείτο στο νησί από

Under Venetian rule, which lasted from 1489 to 1570, two main groups of artists emerged. One was very open to Renaissance influence and produced the so-called Italo-Byzantine style. The other, made up of conservative artists, remained faithful to the Byzantine Palaeologan tradition, with its mutations and local adaptations from 1453 onwards. Of course, other trends co-existed along with the two main groups, as well as naïve tendencies.

The painters more influenced by the Renaissance produced works such as the icons of the iconostasis of Panaghia Katholiki at Pelendri (Fig. 7 and nos. 38-46) and the mural of the Last Judgement in the same church, the works of an anonymous master and his workshop who were active around 1500. To the same or connected workshops can be attributed the murals of the north chapel of the monastery of Aghios Ioannis Lampadistis at Kalopanagiotis (the so-called "Latin Chapel") and those of the Panaghia Podithou at Galata, as well as individual icons, for instance the Panaghia ton Konnaron (no. 37). All these works can be dated to about 1500, since the date 1502 is found in the dedicatory inscription of Podithou. These are examples of the most westernising tendency in Cypriot painting during the Renaissance.

Contemporary with the master of Pelendri and the artists of his milieu was Philippos Goul, who painted the katholikon of the monastery of Stavros tou Agiasmati in 1494 and the chapel of Saint Mamas at Louvaras in 1495. Philippos Goul worked in the same stylistic framework as his predecessor Minas, who was probably his master. Minas is the painter of the murals in the chapel of the Archangel Michael at Pedoulas, which bear his signature and the date 1474. Although contemporaries, Philippos Goul and the anonymous artist of Pelendri worked in different styles. The former

τους Φράγκους ευγενείς. Ο βασιλιάς Ιανός και η βασίλισσα Καρλόττα των Βουρβόνων, των οποίων οι προσωπογραφίες εμφανίζονται στη σκηνή της Σταύρωσης, ανήγειραν το παρεκκλήσιο αυτό. Τέλος ο ιταλικός τύπος της *Madre della Consolazione*, και οι ποικίλες προσαρμογές του από τους Κρήτες και Κυπρίους καλλιτέχνες στην Ιταλία, αλλά επίσης στην Κρήτη και στην Κύπρο, φανερώνει την επίδραση της ύστερης φάσης της διεθνούς γοτθικής τεχνοτροπίας στη ζωγραφική της Ανατολικής Μεσογείου.

Παρόμοια συγχώνευση στοιχείων μεταξύ των Λατίνων κυβερνητών και του γηγενούς ελληνορθόδοξου λαού είναι καλά τεκμηριωμένη, όχι μόνο στη ζωγραφική, αλλά επίσης στην αρχιτεκτονική. Ο λεγόμενος φραγκοβυζαντινός ρυθμός είναι ένας συνδυασμός γοτθικών και βυζαντινών αρχιτεκτονικών στοιχείων και αργότερα αναγεννησιακών δανείων. Ισοδύναμες αμοιβαίες επιδράσεις μπορούν επίσης να εντοπιστούν στη λογοτεχνία και τη γλώσσα: η κυπριακή διάλεκτος δανείστηκε πολλές γαλλικές μεσαιωνικές λέξεις, μερικές από τις οποίες διατηρούνται μέχρι σήμερα. Αλλά και οι ίδιοι οι Φράγκοι δέχτηκαν εντόπιες ελληνικές επιδράσεις. Όταν στις αρχές του Νοέμβρη του 1461 η έκπτωτη βασίλισσα Καρλόττα συνάντησε τον Πάπα Πίο Β΄ στο Βατικανό, ήταν αναγκαία η παρουσία ενός διερμηνέα, καθώς η βασίλισσα μιλούσε ελληνικά, αφού η μητέρα της ήταν η Ελληνίδα πριγκίπισσα Ελένη Παλαιολογίνα. Ο πατέρας της Ιωάννης Β΄ Λουζινιανός είχε παράλληλα μια Ελληνίδα ερωμένη, τη Μαριέττα εκ Πατρών. Ο γιος τους υπήρξε ο τελευταίος βασιλιάς της Κύπρου, γνωστός ως Ιάκωβος Β΄ ο Νόθος και παντρεύτηκε την Ενετή αρχόντισσα Αικατερίνη Κορνάρο. Η Αικατερίνη ήταν το μέσο για τη Βενετία, για να ενσωματώσει την Κύπρο στην αυτοκρατορία της. Μετά από μια σειρά δολοπλοκιών, που κράτησαν μερικά χρόνια, ο Ιάκωβος Β΄ και ο γιος του πέθαναν κάτω από ύποπτες συνθήκες. Η Αικατερίνη ήταν μόνη, και υπό την πίεση των Ενετικών Αρχών

perpetuated the Palaeologan tradition in a personal interpretation and the latter worked in the syncretist Italo-Byzantine style that belongs both to Italian and to Byzantine painting.

Artists, ecclesiastical authorities and art patrons were aware of the differences in style and many artists were in a position to respond to both the Latin and the Orthodox clientèle. An example of this is the work of the painter John the Cypriot, active in Venice at the end of the 16th century. John was commissioned to execute the frescoes in the dome and the apse of the Greek church in Venice, dedicated to Saint George. We know from archival sources that those responsible for the church drew his attention to the need to paint in the Byzantine and not the western manner.

The generation of artists of conservative mind who stayed more faithful to the Palaeologan tradition, but adapted that style to personal taste, is represented by individuals such as the painter Vasilios, whose icons at Aghios Theodoros tou Agrou and at Trimiklini date to the first half of the 16th century, the painter Titos, whose icons are on the iconostasis of *Chryseleousa* at Emba and elsewhere in the Paphos area, the painter Christodoulos whose one icon is in Chrysorroïatissa monastery and by many other artists, most frequently anonymous. The wall paintings of Symeon Axentis in two churches in Galata (Aghios Sozomenos, dating to 1513 and the church of Theotokos, dated 1514) also fall into this category. Other examples are the murals of the church of the Transfiguration at Palaichori, attributed to the activity of the workshop of Symeon Axentis, and those of the church of Saint Nicholas at Klonari. Sometimes this group of painters produced work equivalent to that of the Cretan painters. Cretan icons were also imported into Cyprus directly from Crete or indirectly from other places of Cretan artistic activity, especially Venice. The

παραχώρησε το Βασίλειό της στη Βενετία. Έτσι η Κύπρος έγινε η ανατολικότερη μεσογειακή χώρα, που συμμετείχε στις καινοτομίες της ιταλικής Αναγέννησης, κρατώντας όμως παράλληλα τις βυζαντινές της παραδόσεις.

Κάτω από την ενετική διοίκηση, η οποία κράτησε από το 1489 μέχρι το 1570, αναφάνηκαν δύο κύριες ομάδες καλλιτεχνών. Η μία ήταν πολύ δεκτική σε αναγεννησιακές επιδράσεις, και δημιούργησε τη λεγόμενη ιταλοβυζαντινή τεχνοτροπία, και η άλλη αποτελείτο από συντηρητικούς καλλιτέχνες, οι οποίοι έμειναν πιστοί στη βυζαντινή παλαιολόγεια παράδοση με τις τοπικές μεταβολές και διαφοροποιήσεις της από το 1453 και εξής. Συνυπήρξαν φυσικά κι άλλα καλλιτεχνικά ρεύματα, παράλληλα με τις δύο κύριες ομάδες, καθώς και ζωγράφοι με απλοϊκές τάσεις.

Οι ζωγράφοι, που επηρεάστηκαν περισσότερο από την Αναγέννηση, παρήγαγαν έργα, όπως οι εικόνες του εικονοστασίου της Παναγίας Καθολικής στο Πελένδρι (εικ. 7 και αρ. 38-46) και η τοιχογραφία της Δευτέρας Παρουσίας στην ίδια εκκλησία, έργα ανώνυμου καλλιτέχνη και του εργαστηρίου του, το οποίο έδρασε γύρω στο 1500. Στο ίδιο ή σε συνδεδεμένα με αυτό εργαστήρια μπορούν να αποδοθούν οι τοιχογραφίες του βόρειου παρεκκλησίου της Μονής του αγίου Ιωάννη του Λαμπαδιστή στον Καλοπαναγιώτη (το λεγόμενο "Λατινικό παρεκκλήσιο") και αυτές της Παναγίας Ποδίθου στη Γαλάτα, καθώς και μεμονωμένες εικόνες, όπως το παράδειγμα της Παναγίας των Κοννάρων (αρ. 37). Όλα αυτά τα έργα μπορούν να χρονολογηθούν γύρω στο 1500, καθώς η χρονολογία 1502 εντοπίζεται στην αφιερωματική επιγραφή της Ποδίθου. Αυτά είναι τα παραδείγματα της πλέον δυτικίζουσας τάσης στην κυπριακή ζωγραφική κατά την Αναγέννηση.

Σύγχρονος με τον καλλιτέχνη του Πελενδρίου και τους καλλιτέχνες του περιβάλλοντος του ήταν ο Φίλιππος Γουλ, ο οποίος ιστόρησε το Καθολικό της

island of Crete was also under Venetian rule and with their common national and historical background and their strong Byzantine tradition, both islands developed analogous styles in painting. For example, Iosif Chouris, active in 1544 in the *katholikon* of the monastery of Aghios Neophytos, painted murals and icons for the iconostasis in a style analogous to the Cretan. His work is of high academic level, strongly reminiscent of Palaeologan art with some well-integrated western borrowings.

In 1571, Cyprus fell to the Ottoman Turks. Having become used to western rule, it was difficult for the population to adapt to a new oriental Muslim regime. Many artists and intellectuals abandoned the country and settled mainly in Italy and particularly in Venice, where a thriving Greek community existed. However, the Orthodox Autocephalous Church of Cyprus initially profited from a freedom that had been restricted under Latin rule. But as early as 1587 the phenomenon of Islamisation is attested to in the letter of Archbishop Timotheos to the King of Spain, in which he asks the king's aid to liberate Cyprus and states that in recent years Christians were obliged to convert to the Muslim faith, because of the heavy taxes imposed on them.

The few icons bearing dates between 1571 and 1600 allow the study of the stylistic evolution of the post-Byzantine painting of Cyprus during this period. From the late 16th century we know the names of a few painters signing icons, such as those of Dimitrios, Loutzios and Loukas. Many others are anonymous, but in some cases leave dates and/or dedicatory inscriptions on their works; this is the case of the anonymous master of the icon of the Pantocrator presented by the donor Pavlos Damaskinos in 1581 to the church of Saint Anthony in Limassol, as well as the two icons from Emba (nos. 35a, 35b).

μονής του Σταυρού του Αγιασμάτη στα 1494 και το παρεκκλήσιο του αγίου Μάμα στον Λουβαρά στα 1495. Ο Φίλιππος Γουλ εργάστηκε στο ίδιο τεχνοτροπικό πλαίσιο με τον προκάτοχό του Μηνά, ο οποίος πιθανώς να ήταν ο δάσκαλός του. Ο Μηνάς είναι ο ζωγράφος των τοιχογραφιών του παρεκκλησίου του αρχαγγέλου Μιχαήλ στον Πεδουλά, το οποίο φέρει την υπογραφή του και τη χρονολογία 1474. Αν και σύγχρονοι, ο Φίλιππος Γουλ και ο ανώνυμος καλλιτέχνης στο Πελένδρι εργάζονται σε ένα διαφορετικό τεχνοτροπικό ρεύμα. Ο πρώτος διαιωνίζει την παλαιολόγεια παράδοση μέσα από μια προσωπική έκφραση, εμπλουτισμένη με περιορισμένα δυτικά δάνεια, ενώ ο δεύτερος εργάζεται στον συγκρητιστικό ιταλοβυζαντινό ρυθμό, ο οποίος ανήκει τόσο στην ιταλική Αναγέννηση, όσο και στη βυζαντινή ζωγραφική.

Καλλιτέχνες, εκκλησιαστικές αρχές και προστάτες των τεχνών ήταν ενήμεροι των τεχνοτροπικών διαφορών, και πολλοί καλλιτέχνες ήταν σε θέση να ανταποκριθούν τόσο στη λατινική, όσο και στην ορθόδοξη πελατεία. Ένα τέτοιο παράδειγμα είναι το έργο του ζωγράφου Ιωάννη του Κυπρίου, ο οποίος δρούσε στη Βενετία στα τέλη του 16ου αιώνα. Ο Ιωάννης δέχτηκε την παραγγελία, για να εκτελέσει τις τοιχογραφίες στον τρούλλο και την αψίδα της ελληνικής εκκλησίας στη Βενετία, αφιερωμένης στον άγιο Γεώργιο. Γνωρίζουμε από αρχειακές πηγές ότι οι υπεύθυνοι του ναού επέστησαν την προσοχή του στην ανάγκη να ζωγραφίσει με τον βυζαντινό κι όχι με τον δυτικό τρόπο.

Η γενιά των καλλιτεχνών με συντηρητικό πνεύμα, οι οποίοι έμειναν περισσότερο πιστοί στην παλαιολόγεια παράδοση, αλλά υιοθέτησαν μια τεχνοτροπία με προσωπικό χαρακτήρα, αντιπροσωπεύεται από διάφορους καλλιτέχνες, όπως για παράδειγμα ο ζωγράφος Βασίλειος, του οποίου οι εικόνες βρίσκονται στον Άγιο Θεόδωρο Αγρού και στην Τριμήκληνη, χρονολογημένες στο α΄ μισό του

From the early 17th century onwards, a great number of signed and dated icons open the way to a more comprehensive study of Post-byzantine painting in Cyprus under Ottoman rule. Clearly religious artistic production became increasingly confined to the ecclesiastical milieu and only a few painters were producing academic work. A great number of painters were clergymen, in contrast to previous periods, when they had been in the majority lay artists. Naïve or very personal tendencies became commoner and more pronounced, acquiring some times a very original character as in the case of the works of the monk Leontios (no. 56). The production of wall-paintings was reduced, although not abandoned, in favour of icon painting. A general decline of the old Byzantine tradition, as well as new trends in a great variety can be seen, although the iconographic, technical and theological background of Byzantine painting was preserved. There is frequently an obvious tendency to copy artistic trends or even specific icons of previous periods, exemplified by the Annunciation (no. 54) from the monastery of Kykkos and the series of the festive cycle in the church of the Archangel at Pelendri, which is more or less a faithful copy of the festive cycle of the second half of the 14th century found in the chapel of the Holy Cross in the same village (no. 29).

The dated icons of the early 17th century testify to the stylistic changes from the painting of the 16th century before the Ottoman occupation in 1570. One evident point is the increasing predilection for gilded garments ornamented with rich coloured motifs mainly in the *sgraffito* technique and the use of lacquer and glazes. Among the Cypriot painters of the 17th century are Ioannikios Loukas, Pavlos, the monk Leontios (see no. 56), the priest Dimitrios and the priest Thomas. The last, who signs as "Οικονόμος Νεμεσού", is known in the Limassol

16ου αιώνα, ο ζωγράφος Τίτος, του οποίου οι εικόνες είναι τοποθετημένες στο εικονοστάσιο της Χρυσελεούσας στην Έμπα και αλλού στην περιοχή της Πάφου, ο Χριστόδουλος, εικόνα του οποίου διαφυλάσσεται στη Μονή Χρυσορροϊάτίσσης, και πολλοί άλλοι καλλιτέχνες, κυρίως ανώνυμοι. Οι τοιχογραφίες του Συμεών Αξέντη σε δύο εκκλησίες στη Γαλάτα (Άγιος Σωζόμενος, με χρονολογία 1513, και ο ναός της Θεοτόκου, με χρονολογία 1514) επίσης ανήκουν σε αυτή την κατηγορία. Άλλα παραδείγματα είναι οι τοιχογραφίες της Μεταμορφώσεως του Σωτήρος στο Παλαιχώρι, οι οποίες αποδίδονται στον καλλιτεχνικό περίγυρο του Συμεών Αξέντη, και εκείνες του Αγίου Νικολάου στο Κλωνάρι. Μερικές φορές αυτή η ομάδα ζωγράφων δημιουργεί έργο ανάλογο με εκείνο των Κρητών ζωγράφων. Κρητικές εικόνες είχαν εισαχθεί και στην Κύπρο, είτε κατευθείαν από την Κρήτη ή με έμμεσο τρόπο από άλλους χώρους κρητικής καλλιτεχνικής παραγωγής, και ιδιαίτερα από τη Βενετία. Η Κρήτη ήταν επίσης υπό ενετική διακυβέρνηση. Λόγω του κοινού εθνικού και ιστορικού υπόβαθρου και της ισχυρής βυζαντινής παράδοσής τους, και τα δυο νησιά ανέπτυξαν ανάλογες τεχνοτροπικές αντιλήψεις. Ο Ιωσήφ Χούρης για παράδειγμα, ο οποίος ζωγραφίζει στα 1544 στο Καθολικό της Μονής του Αγίου Νεοφύτου, έκανε τοιχογραφίες και εικόνες για το εικονοστάσιο, σε μια τεχνοτροπία ανάλογη με την κρητική. Το έργο του χαρακτηρίζεται από υψηλό ακαδημαϊσμό, παραπέμπει έντονα στην παλαιολόγεια τέχνη και αφομοιώνει επιτυχώς δυτικά δάνεια.

Το 1571 η Κύπρος καταλήφθηκε από τους Οθωμανούς Τούρκους. Έχοντας συνηθίσει στον δυτικό τρόπο διακυβέρνησης, ήταν δύσκολο για τον πληθυσμό να προσαρμοστεί σε ένα νέο ανατολικό μουσουλμανικό καθεστώς. Πολλοί καλλιτέχνες και διανοούμενοι εγκατέλειψαν τη χώρα και εγκαταστάθηκαν κυρίως στην Ιταλία και ιδιαίτερα στη Βενετία, όπου υπήρχε ήδη μια ευημερούσα ελληνική παροι-

area. He was active for an extensive period, at least from 1648 (see the icon at Aghia Phyla) until the first decade of the 18th century (see the icon at Phasoula); his work exhibits a naïve tendency with an easily recognizable personal taste.

The 18th century is dominated by the plethoric work of the Monk Ioannikios and his pupils, who were mostly monks of the Monastery of Aghios Herakleidios at Tamasos (near Politiko village). The great number of inscriptions, signatures and dates on their works gives us much information, including the names Nektarios, Lavrentios, Leontios, Philaretos and Philotheos, all pupils of Ioannikios. They formed a consistent and homogeneous group of artists that gave to Cypriot post-Byzantine painting of the 18th century, both icons and wall-paintings, a sort of last local "renaissance". Representative works of this eponymous artistic milieu are the murals in the Cathedral of Nicosia, those in the chapel of Aghios Georgios tis Arperas at Tersefanou, the iconostasis of the former church of Aghia Napa in Limassol and other iconostases and individual icons and murals all over Cyprus. In addition to the entourage of Ioannikios, the work of other artists flourished during the 18th century, some of which are on display in the present exhibition (see nos 1,7,8,57,59). The impact of baroque decorative elements is apparent in the taste of the masters of the 18th century, a tendency which was particularly pronounced in the wood carving of the iconostases, the work of the gold and silver smiths producing metallic covers for icons and the engravings of the period.

The introduction of baroque from the 17th/18th centuries onwards, and of Rococo decorative elements in the second half of the 18th century, determined the evolution of painting in the island. The culmination of that trend can be seen in the work of the Cretan painter Ioannis Kornaros (no. 5), who

κία. Εντούτοις, η Ορθόδοξη Αυτοκέφαλη Εκκλησία της Κύπρου αρχικά επωφελήθηκε κερδίζοντας ελευθερίες, οι οποίες είχαν περιοριστεί κατά τη λατινοκρατία. Όμως μαρτυρείται ήδη από το 1587 το φαινόμενο των εξισλαμισμών στην επιστολή του Αρχιεπισκόπου Τιμοθέου στον Βασιλιά της Ισπανίας, στην οποία ζητά τη βοήθεια του βασιλιά να ελευθερώσει την Κύπρο και δηλώνει ότι στα πρόσφατα χρόνια ομάδες Χριστιανών αναγκάσθηκαν να ασπασθούν τη μουσουλμανική θρησκεία εξαιτίας της βαριάς φορολογίας, η οποία τους επιβλήθηκε.

Οι λίγες εικόνες, που φέρουν χρονολογίες μεταξύ των ετών 1571 και 1600, επιτρέπουν τη μελέτη της τεχνοτροπικής εξέλιξης της μεταβυζαντινής ζωγραφικής της Κύπρου κατά την περίοδο αυτή. Από τον ύστερο 16ο αιώνα γνωρίζουμε τα ονόματα λιγοστών ζωγράφων, που υπογράφουν τις εικόνες τους, όπως ο Δημήτριος, ο Λούτζιος και ο Λουκάς. Πολλοί άλλοι είναι ανώνυμοι, ωστόσο σε μερικές περιπτώσεις αφήνουν στα έργα τους χρονολογίες και/ή αφιερωματικές επιγραφές και οικόσημα. Μια τέτοια περίπτωση είναι εκείνη του ανώνυμου καλλιτέχνη της εικόνας του Παντοκράτορα, αφιερωμένη στον ναό του Αγίου Αντωνίου στη Λεμεσό από τον δωρητή Παύλο Δαμασκηνό το 1581, καθώς και οι δύο εικόνες από την Έμπα (αρ. 35a, 35b).

Από τον 17ο αιώνα κι εξής ένας μεγάλος αριθμός υπογραμμένων και χρονολογημένων εικόνων ανοίγει τον δρόμο για μια πιο εμπεριστατωμένη μελέτη της μεταβυζαντινής ζωγραφικής στην Κύπρο κατά την οθωμανική κυριαρχία. Ως καθαρά θρησκευτική καλλιτεχνική παραγωγή, περιορίστηκε σταδιακά στο εκκλησιαστικό περιβάλλον και μόνο λίγοι ζωγράφοι παρήγαγον έργα ακαδημαϊκής στάθμης. Ένα μεγάλο αριθμό ζωγράφων τον αποτελούσαν κληρικοί, σε αντίθεση με τις προηγούμενες περιόδους, όπου στην πλειοψηφία τους οι καλλιτέχνες ήταν λαϊκοί. Απλοϊκές ή και εντελώς προσωπικές τάσεις έγιναν συχνότερες και πιο έκδηλες, αποκτώ-

lived in Cyprus during the last quarter of the 18th and the beginning of the 19th century and established a school which was continued by his pupils up to the late 19th century (no. 60). Kornaros' style is very personal, distinctive for the rococo influence expressed by the curvilinear design and motifs as well as by the oval faces. His work, overloaded with elegant curvilinear decorative motifs and inscriptions, reveals the so-called "fear of emptiness" (*horror vacui*) which is a basic feature of baroque art. Kornaros was not only a painter, but also an engraver, he also designed and collaborated with silversmiths in the execution of metal covers for icons.

Late in the 19th century and in the early 20th the Russian style of icon painting was introduced into the island (no. 64), largely by monks who came from Mount Athos, specifically the monk Nifon, at the monastery of Aghios Georgios tis Chavouzas outside Limassol and later in the monastery of Aghios Georgios Alamanos, as well as by the monks of Stavrovouni. They also produced murals in the same style. Characterised by strong naturalism, this style survived in Cyprus until the mid 20th century. One of the masters of this style on Mount Athos was the monk Ioannikios Mavropoulos, in whose workshop the hieromonk Kallinikos from Stavrovouni became a pupil. Although Kallinikos began by painting in this Russian manner, after studying with the pioneer painter Fotis Kontoglou in Athens in 1962, he converted to a style in the framework of traditional Byzantine painting (see no. 67) both for his icons and murals. Fotis Kontoglou, a refugee from Asia Minor, was active in Athens for many years. In his work, (both painted and written), he showed the way to a revival of the strict Byzantine tradition within its proper parameters. The painter Georgios Georgiou also studied in his workshop in Athens in

ντας μερικές φορές έναν πολύ πρωτότυπο χαρακτήρα, όπως για παράδειγμα στα έργα του μοναχού Λεοντίου (αρ. 56). Η παραγωγή τοιχογραφιών μειώθηκε, αν και δεν εγκαταλείφθηκε, υπέρ της παραγωγής εικόνων. Μπορεί να επιβεβαιωθεί μια γενική παρακμή της παλιάς βυζαντινής παράδοσης, καθώς και η εμφάνιση νέων τάσεων σε μια εντυπωσιακή ποικιλία, αν και το εικονογραφικό, τεχνικό και θεολογικό υπόβαθρο της βυζαντινής ζωγραφικής διατηρήθηκε. Είναι συχνά εμφανής μια τάση αντιγραφής καλλιτεχνικών ρευμάτων ή ακόμη και συγκεκριμένων εικόνων προηγούμενων περιόδων, όπως τεκμηριώνεται μέσα από το παράδειγμα του Ευαγγελισμού (αρ. 54) από τη Μονή Κύκκου και της σειράς του Δωδεκαόρτου στον ναό του Αρχαγγέλου στο Πελένδρι, η οποία είναι λίγο -πολύ ένα πιστό αντίγραφο του Δωδεκαόρτου του β΄ μισού του 14ου αιώνα, που βρίσκεται στο παρεκκλήσιο του Τιμίου Σταυρού στην ίδια κοινότητα (αρ. 29).

Οι χρονολογημένες εικόνες του πρώιμου 17ου αιώνα μαρτυρούν τις τεχνοτροπικές αλλαγές σε σχέση με τον 16ο αιώνα, πριν την οθωμανική κατάκτηση του 1570/71. Ένα καταφανές σημείο είναι η αυξημένη προτίμηση για επιχρυσωμένα ενδύματα διακοσμημένα με πλούσια σε χρώμα μοτίβα κυρίως με την τεχνική του *sgraffito* και τη χρήση λάκας και λαζούρας. Μεταξύ των Κυπρίων ζωγράφων του 17ου αιώνα είναι ο Ιωαννίκιος, ο Λουκάς, ο Παύλος, ο μοναχός Λεόντιος (αρ. 56), ο ιερέας Δημήτριος και ο ιερέας Θωμάς. Ο τελευταίος, ο οποίος υπογράφει ως "Οικονόμος Νεμεσού", είναι γνωστός στην περιοχή Λεμεσού. Έδρασε για μια εκτεταμένη χρονικά περίοδο, τουλάχιστον από το 1648 (εικόνα στην Αγία Φύλα) μέχρι την πρώτη δεκαετία του 18ου αιώνα (εικόνα στη Φασούλα). Το έργο του παρουσιάζει μια απλοϊκή τάση με μια εύκολα αναγνωρίσιμη προσωπική αισθητική.

Ο 18ος αιώνα κατακλύζεται από την πληθώρα έργων του Μοναχού Ιωαννικίου και των μαθητών

the 1960's. A great number of contemporary Cypriot religious artists are working within the context of this revival of Byzantine painting. One remarkable focus of such painters has been created by the Archimandrite Symeon at Aghios Georgios Kontos in Larnaca and subsequently at the Monastery of Aghios Georgios Mavrovouniou (nos. 65-66).

του, από τους οποίους οι πιο πολλοί ήταν μοναχοί της Μονής του Αγίου Ηρακλειδίου στην Ταμασσό (κοντά στο χωριό Πολιτικό). Ο μεγάλος αριθμός επιγραφών, υπογραφών και χρονολογιών στα έργα τους μας δίνουν πολλές πληροφορίες, συμπεριλαμβανομένων των ονομάτων Νεκτάριος, Λαυρέντιος, Λεόντιος, Φιλάρετος και Φιλόθεος, όλοι μαθητές του Ιωαννικίου. Σχημάτισαν μία πολύ συνεπή και ομοιογενή ομάδα καλλιτεχνών, η οποία έδωσε στην κυπριακή μεταβυζαντινή ζωγραφική του 18ου αιώνα εικόνες, αλλά και τοιχογραφίες, ένα είδος μιας τελευταίας τοπικής "αναγέννησης". Αντιπροσωπευτικά έργα του επώνυμου αυτού καλλιτεχνικού περιβάλλοντος είναι οι τοιχογραφίες του καθεδρικού ναού της Λευκωσίας, εκείνες στο παρεκκλήσιο του Αγίου Γεωργίου της Άρπερας στην Τερσεφάνου, το εικονοστάσιο της προηγούμενης εκκλησίας της Αγίας Νάπας στη Λεμεσό και άλλα εικονοστάσια και μεμονωμένες εικόνες και τοιχογραφίες σε όλη την Κύπρο. Εκτός του καλλιτεχνικού περίγυρου του ιερομόναχου Ιωαννικίου, η παραγωγή άλλων καλλιτεχνών βρίσκεται σε άνθηση κατά τη διάρκεια του 18ου αιώνα. Μερικά δείγματα εικόνων τέτοιων ζωγράφων βρίσκονται στην παρούσα έκθεση (αρ. 1,7,8,57,59). Η επίδραση διακοσμητικών στοιχείων μπαρόκ στην αισθητική των καλλιτεχνών του 18ου αιώνα είναι εμφανής, μια τάση η οποία είναι ιδιαίτερα έκδηλη στην ξυλογλυπτική των εικονοστασίων, στο έργο των χρυσοχόων και αργυροχόων, που παρήγαγαν μεταλλικά καλύμματα για εικόνες και στα χαρακτικά της περιόδου.

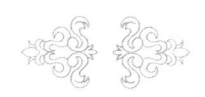

Η εισαγωγή διακοσμητικών στοιχείων μπαρόκ από τον 17ο/18ο αιώνα κι εξής και ροκοκό στο δεύτερο μισό του 18ου αιώνα επηρέασε την εξέλιξη της ζωγραφικής στο νησί. Η επικράτηση αυτής της τάσης μπορεί να φανεί στο έργο του Κρητός ζωγράφου Ιωάννη Κορνάρου (αρ. 5), ο οποίος έζησε στην Κύπρο κατά το τελευταίο τέταρτο του 18ου αιώνα και τις αρχές του 19ου, και ίδρυσε μια σχολή, η

οποία συνεχίστηκε από τους μαθητές του μέχρι το τέλος του 19ου αιώνα (αρ. 60). Η τεχνοτροπία του Κορνάρου είναι πολύ προσωπική, και διακρίνεται για την επίδραση ροκοκό, που φέρει, η οποία εκφράζεται μέσα από τα καμπυλόγραμμα σχέδια και μοτίβα, καθώς και από τα οβάλ πρόσωπα. Τα έργα του, παραφορτωμένα με κομψά διακοσμητικά μοτίβα και επιγραφές, αποκαλύπτουν τον λεγόμενο "φόβο του κενού", ο οποίος είναι κύριο χαρακτηριστικό της τέχνης του μπαρόκ. Ο Κορνάρος δεν ήταν μόνο ζωγράφος, αλλά και χαράκτης, έκανε δε επίσης σχέδια για αργυροχόους, και συνεργάστηκε μαζί τους στη δημιουργία μεταλλικών καλυμμάτων για εικόνες.

Αργά στον 19ο αιώνα και στον πρώιμο 20ό, η ρωσσική τεχνοτροπία ζωγραφικής εικόνων εισήχθη στο νησί (αρ. 64), κυρίως από μοναχούς, ερχόμενους από το Άγιον Όρος, όπως ο μοναχός Νήφων στη μονή του Αγίου Γεωργίου της Χαβούζας έξω από τη Λεμεσό και αργότερα στη μονή του Αγίου Γεωργίου του Αλαμάνου, καθώς και από μοναχούς του Σταυροβουνίου. Φιλοτέχνησαν επίσης τοιχογραφίες στην ίδια τεχνοτροπία. Χαρακτηριζόμενη από ισχυρή φυσιοκρατία και ρεαλισμό, αυτή η τεχνοτροπία επιβίωσε στο νησί μέχρι τα μέσα του 20ού αιώνα. Ένας από τους ζωγράφους αυτής της τάσης στο Άγιον Όρος ήταν ο Ιωαννίκιος Μαυρόπουλος, στο εργαστήριο του οποίου μαθήτευσε ο ιερομόναχος Καλλίνικος από το Σταυροβούνι. Αν και ο Καλλίνικος άρχισε να ζωγραφίζει σε αυτό τον ρωσσικό τρόπο, μετά τη μαθητεία του στον πρωτοπόρο ζωγράφο Φώτη Κόντογλου στην Αθήνα το 1962 στράφηκε σε μια τεχνοτροπία στα πλαίσια της παραδοσιακής βυζαντινής ζωγραφικής (αρ. 67), τόσο στην παραγωγή εικόνων, όσο και τοιχογραφιών. Ο Φώτης Κόντογλου, Μικρασιάτης πρόσφυγας, έδρασε στην Αθήνα για πολλά χρόνια. Με το ζωγραφικό και συγγραφικό του έργο άνοιξε τον δρόμο της αναβίωσης της αυστηρής βυζαντινής παράδοσης εντός των δικών της παραμέτρων. Ο ζωγράφος Γεώργιος Γεωργίου ήταν επίσης μαθητής στο εργαστήριο του Κόντογλου στην Αθήνα στη δεκαετία του 1960.

Ένας μεγάλος αριθμός σύγχρονων Κυπρίων αγιογράφων εργάζονται σε αυτό το πλαίσιο της αναβίωσης της βυζαντινής ζωγραφικής. Μια αξιοσημείωτη εστία τέτοιων ζωγράφων έχει δημιουργηθεί από τον Αρχιμανδρίτη Συμεών στον άγιο Γεώργιο τον Κοντό στη Λάρνακα και ακολούθως στη Μονή Αγίου Γεωργίου Μαυροβουνίου (αρ. 65,66).

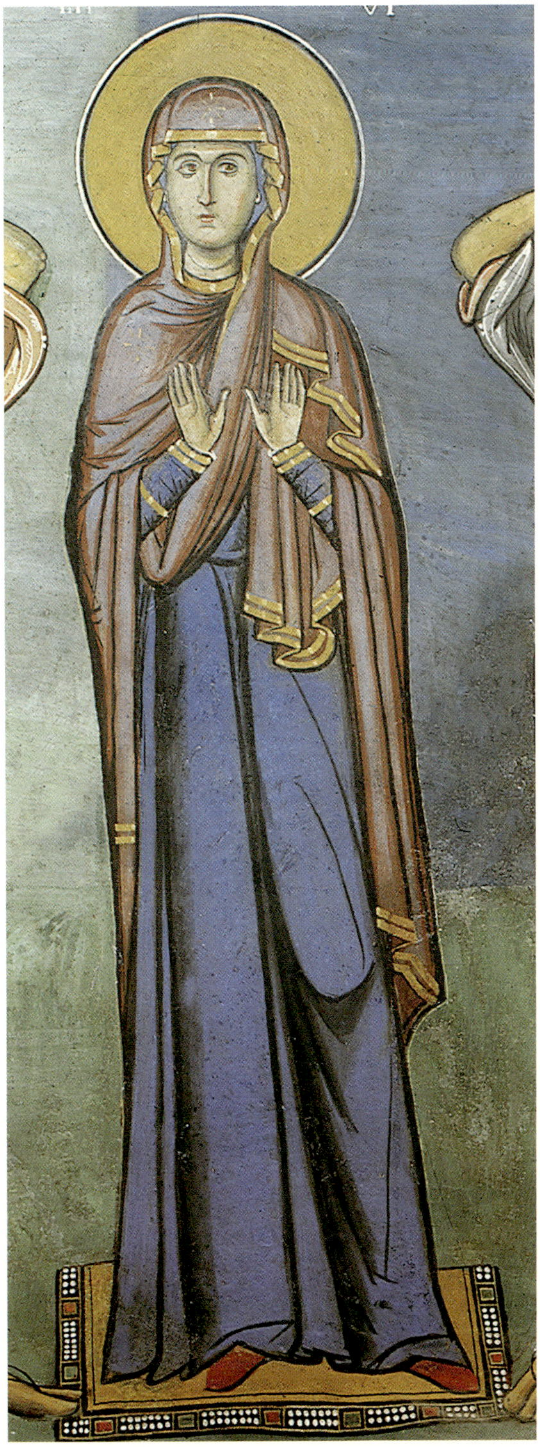

Andreas Mitsides

The Church of Cyprus a Historical Retrospective

Ανδρέας Μιτσίδης

Η Εκκλησια της Κυπρου Μια Ιστορικη Αναδρομη

Η ΕΥΡΕCΙC ΤȢ
ΜΕΤΑȢ ΙΕΡȢ

ΒΙΒΛΟ
ΓΕΝΕC
ΟΣ ΙΥ

ΜȢ ΚΥΠΡȢ ΕΚΚΛΗCΙΑC
Ν ΤΟ ΠΡΩΤΟΝ ΕΞΑΠΟCΤΟΛ
ΗΙ ΑΥΘΙC ΥΠΟΤΙCΤΗ
C CΥΝΟΔȢ ΤΗC ΑΓΙΑC
ΕC ΔΕ ΟΧΛȢΝΤΩΝ ΠΑΛΙΝ
C ΛΙΨΑΝȢ ΤȢ ΒΑΡΝΑΒȢ
ΘȢ ΕΥΑΓΓΕΛΙȢ
ΧΗΝΩΝ ΩΡΙCΑΙ ΠΑCΑ
ΑΙ ΑΥΤΟΝΟΜΟC ΤΟ ΚΥΠΡȢ
ΡΕΙΝ ΠΡΑCΗΝ CΕΒΕΓΕΙ

Fig. 2
The Discovery of the Relics of St. Barnabas by the Archbishop Anthemius of Cyprus in 478. Wall-painting, Cathedral Church of St. John the Evangelist, Nicosia, 1736. Attributed to the hieromonk Ioannikios and his workshop.

Εικ. 2
Η εύρεση του λειψάνου του αποστόλου Βαρνάβα από τον Αρχιεπίσκοπο Κύπρου Ανθέμιο το 478. Τοιχογραφία από τον καθεδρικό ναό Αγίου Ιωάννη Θεολόγου, Λευκωσία, 1736. Αποδίδεται στον Ιωαννίκιο ιερομόναχο και στον περίγυρό του.

Christianity was introduced into Cyprus by Christians from Jerusalem, who dispersed after the martyrdom of the Archdeacon Stephen (33 AD) and "... travelled as far as Phoenicia, and Cyprus, and Antioch, preaching the word to none but unto the Jews only" (Acts 11,19). Amongst these Christians, "some of them were men of Cyprus..." (Acts 11,20).

However, the great achievement of teaching Christianity and imparting the faith to the people of Cyprus is mostly due to the Apostles Paul and Barnabas "of Cypriot descent" (Acts 4, 36), who arrived in Salamis in around 45 AD, accompanied by Barnabas's nephew, John, also known as Mark. Together, they spread the word of the new religion in the synagogues.

The Apostles went from Salamis to Paphos, the then capital of Cyprus and seat of the Roman Proconsul. Along the way, they preached the message of Christianity to the communities they encountered. It was in Paphos that the first Roman official, the Proconsul Sergius Paulus, was converted to Christianity.

The Apostles then left for Pamphylia, in Asia Minor. However, Barnabas returned to Paphos later (c. 50 AD) with Mark. Tradition has it that he travelled all over Cyprus, visiting the island's Christian communities and confirming their faith. He also formed new Christian communities and appointed bishops in each one. Finally, he reached Salamis and from there presided over the Church of Cyprus. Barnabas was stoned to death by Jews in 57 AD just outside Salamis, where he is buried.

During the journey of the Apostles Paul, Barnabas and Mark to Cyprus, Christ's friend Lazarus, who had come to Cyprus after the persecution of Christians had begun, was ordained Bishop of Kition, as was Herakleidios, as Bishop of Tamasos. Together with Tychikos, Bishop of

Ο Χριστιανισμός εκηρύχθη για πρώτη φορά στην Κύπρο από τους χριστιανούς της Ιερουσαλήμ, οι οποίοι διασκορπίσθηκαν μετά τον μαρτυρικό θάνατο του Αρχιδιακόνου Στεφάνου (33 μ.Χ.) και «διῆλθον ἕως Φοινίκης καὶ Κύπρου καὶ Ἀντιοχείας, μηδενὶ λαλοῦντες τὸν λόγον εἰ μὴ μόνον Ἰουδαίοις» (Πράξ. 11,19). Μερικοί μάλιστα από τους χριστιανούς αυτούς ήταν Κύπριοι. "Ἦσαν δέ τινες ἐξ αὐτῶν ἄνδρες Κύπριοι...", αναφέρουν οι «Πράξεις Ἀποστόλων» (11,20).

Αλλά το έργο, το πραγματικά μεγάλο, της διάδοσης και εξάπλωσης του Χριστιανισμού στην Κύπρο οφείλεται κυρίως στους αποστόλους Παύλο και τον «Κύπριον τῷ γένει» (Πράξ. 4,36) Βαρνάβα, οι οποίοι ήλθαν γύρω στο 45 μ.Χ. στη Σαλαμίνα με τη συνοδεία του ανεψιού του Βαρνάβα Ιωάννη, του γνωστού και ως Μάρκου, και κήρυξαν τη νέα θρησκεία στις συναγωγές των Ιουδαίων.

Οι δύο απόστολοι, αφού αναχώρησαν από τη Σαλαμίνα, προχώρησαν προς την Πάφο, την πρωτεύουσα τότε της Κύπρου και έδρα του Ρωμαίου Ανθυπάτου. Καθ' οδό δίδασκαν τον Χριστιανισμό στις κοινότητες, από τις οποίες διέρχονταν. Άξιο παρατήρησης δε είναι ότι στην Πάφο έγινε χριστιανός ο πρώτος επίσημος Ρωμαίος, ο Ανθύπατος Σέργιος Παύλος.

Οι απόστολοι μετά την Πάφο πήγαν στην Παμφυλία της Μικράς Ασίας. Αλλά ο Βαρνάβας επανήλθε αργότερα, γύρω στο 50 μ.Χ., μαζί με τον Μάρκο και, κατά την παράδοση, διέσχισε όλη την Κύπρο. Κατά την περιοδεία του αυτή επισκέφθη και στήριξε στην πίστη τις διάφορες χριστιανικές κοινότητες της νήσου και ίδρυσε σε πολλά μέρη νέες, στις οποίες και εγκατέστησε επισκόπους. Τέλος πήγε στη Σαλαμίνα, από όπου ποίμανε την Εκκλησία της Κύπρου ως η ανώτερή της αρχή. Ο Βαρνάβας λιθοβολήθηκε από τους Ιουδαίους το έτος 57 μ.Χ. ολίγον έξω από τη Σαλαμίνα, όπου σώζεται μέχρι σήμερα ο τάφος του.

Neapolis, Philonides and Philagrios of Kourion, Mnason and Rodon of Tamassos and Auxibios of Soloi and Theodotos of Kyreneia, as well as Aristokleianos, Timon, Ariston, Epaphras and Nicanor, they contributed to the Christian faith in Cyprus. Many others, notably Athanasios, Demetrianos, Didymos, Diomedes, Conon, Loukios, Nemesios and Potamios boldly confessed their faith in Christ and, during the persecutions, suffered martyrdom.

The Church of Cyprus played an active role in all the struggles against heresy through the ages. Bishops represented the Church of Cyprus at all the Ecumenical Councils.

REPRESENTATIVES OF THE CHURCH OF CYPRUS AT THE ECUMENICAL COUNCILS

First Ecumenical Council
- Cyril or Kyriakos of Paphos
- Gelasios of Salamis
- Spyridon the Miracle Worker of Trimythous

Second Ecumenical Council
- Ioulios of Paphos
- Theopompos of Trimythous
- Tychon of Tamassos
- Mnemios of Kition

Third Ecumenical Council
- Archbishop Reginos of Constantia
- Saprikios of Paphos
- Zenon of Kourion
- Euagrios of Soli
- Suffragan Bishop Kaisarios

Κατά τη διάρκεια της παραμονής των αποστόλων Παύλου, Βαρνάβα και Μάρκου στην Κύπρο χειροτονήθηκαν ο φίλος του Χριστού Λάζαρος, ο οποίος μετά τον διωγμό, που κήρυξαν οι Ιουδαίοι κατά των Χριστιανών, ήλθε στην Κύπρο, ως επίσκοπος Κιτίου, και ο Ηρακλείδιος ως επίσκοπος Ταμασσού. Αυτοί και οι επίσκοποι Νεαπόλεως Τυχικός, Κουρίου Φιλάγριος και Φιλωνίδης, Ταμασσού Μνάσων και Ρόδων, Σόλων Αυξίβιος και Κυρηνείας Θεόδοτος, καθώς και οι Τίμων, Αρίστων, Αριστοκλειανός, Επαφράς και Νικάνωρ συνέβαλαν στη διάδοση και εδραίωση του Χριστιανισμού στην Κύπρο. Μερικοί από αυτούς, όπως και οι Αθανάσιος, Δημητριανός, Δίδυμος, Διομήδης, Κόνων, Λούκιος, Νεμέσιος, Ποτάμιος και άλλοι πολλοί, ομολόγησαν τον Χριστό θαρραλέα κατά τη διάρκεια των διωγμών, και υπέστησαν μαρτυρικό θάνατο.

Η Εκκλησία της Κύπρου μετέσχε σ' όλους τους αγώνες ενάντια στις αιρέσεις. Θεήλατοι επίσκοποι την εξεπροσώπησαν σ' όλες τις Οικουμενικές Συνόδους.

ΕΚΠΡΟΣΩΠΟΙ ΤΗΣ ΕΚΚΛΗΣΙΑΣ ΤΗΣ ΚΥΠΡΟΥ ΣΤΙΣ ΟΙΚΟΥΜΕΝΙΚΕΣ ΣΥΝΟΔΟΥΣ

Α' Οικουμενική Σύνοδος
- Επίσκοπος Πάφου Κύριλλος ή Κυριακός
- Επίσκοπος Σαλαμίνος Γελάσιος
- Επίσκοπος Τριμυθούντος Σπυρίδων ο θαυματουργός

Β' Οικουμενική Σύνοδος
- Επίσκοπος Πάφου Ιούλιος
- Επίσκοπος Τριμυθούντος Θεόπομπος
- Επίσκοπος Ταμασσού Τύχων
- Επίσκοπος Κιτίου Μνήμιος

Fourth Ecumenical Council
- Archbishop Olympios of Constantia
- Epiphanios of Soli
- Soter of Theodosiani (or Neapolis?)
- Epaphroditos of Tamassos
- Theodosios of Amathus
- Deacon Dionysios

Sixth Ecumenical Council
- Stratonikos of Soloi
- Tychon of Kition
- Theodoros of Trimythous

Seventh Ecumenical Council
- Archbishop Constantine of Constantia
- Spyridon of Kythroi
- Eustathios of Soloi
- Theodoros of Kition
- Georgios of Trimythous
- Alexandros of Amathous
- Abbot Kallistos

By the end of the fourth century, the Christian faith had spread throughout the whole island. St Epiphanios, who was a great scholar, was a famous archbishop of the time. His seat, Salamis, was renamed Constantia.

The Church of Cyprus is one of the oldest autocephalous Churches. When the Archbishop of Antioch, capital of the province of which Cyprus was a part, tried to abolish the independence of its Church, the Cypriot prelates reported this to the third Ecumenical Council, held in 431 AD at Ephesus. This Council secured the autocephalous status of the Church of Cyprus with its eighth canon.

In 478 AD, Archbishop Anthemius of Cyprus, following a vision, discovered the grave and remains of Saint Barnabas, on whose chest lay a copy of the gospel of St Matthew. Archbishop

Γ′ Οικουμενική Σύνοδος
- Αρχιεπίσκοπος Κωνσταντίας Ρηγίνος
- Επίσκοπος Πάφου Σαπρίκιος
- Επίσκοπος Κουρίου Ζήνων
- Επίσκοπος Σόλων Ευάγριος
- Χωρεπίσκοπος Καισάριος

Δ′ Οικουμενική Σύνοδος
- Αρχιεπίσκοπος Κωνσταντίας Ολύμπιος
- Επίσκοπος Σόλων Επιφάνιος
- Επίσκοπος Θεοδοσιανής (=Νεαπόλεως;) Σωτήρ
- Επίσκοπος Ταμασσού Επαφρόδιτος
- Επίσκοπος Αμαθούντος Θεοδόσιος
- Διάκονος Διονύσιος

ΣΤ′ Οικουμενική Σύνοδος
- Επίσκοπος Σόλων Στρατόνικος
- Επίσκοπος Κιτίου Τύχων
- Επίσκοπος Τριμυθούντος Θεόδωρος

Ζ′ Οικουμενική Σύνοδος
- Αρχιεπίσκοπος Κωνσταντίας Κωνσταντίνος
- Επίσκοπος Κύθρων Σπυρίδων
- Επίσκοπος Σόλων Ευστάθιος
- Επίσκοπος Κιτίου Θεόδωρος
- Επίσκοπος Τριμυθούντος Γεώργιος
- Επίσκοπος Αμαθούντος Αλέξανδρος
- Ηγούμενος Κάλλιστος

Περί το τέλος του 4ου αιώνα η επικράτηση του Χριστιανισμού σ' όλη τη νήσο ήταν πια οριστική. Επιφανής Αρχιεπίσκοπος της περιόδου αυτής με έδρα τη Σαλαμίνα, που μετονομάσθη σε Κωνσταντία, ήταν ο άγιος Επιφάνιος.

Η Εκκλησία της Κύπρου είναι μια από τις αρχαιότερες αυτοκέφαλες Εκκλησίες. Όταν ο Αρχιεπίσκοπος Αντιοχείας, στο Θέμα της οποίας πολιτικά υπαγόταν η Κύπρος, επεδίωξε να καταργήσει το αυτοκέφαλό της, οι Κύπριοι αρχιερείς κατήγγειλαν την επέμβαση στην Γ′ Οικουμενική Σύνοδο,

Anthemius offered this Gospel to the Emperor Zenon of Byzantium, who in turn granted him and every Archbishop of Cyprus the three imperial privileges: the use of red ink, the deep purple mantle and the imperial sceptre, thus replacing the traditional bishop's pastoral staff.

During the Arab invasions in the seventh, eighth and ninth centuries, the Church of Cyprus underwent many trials. Constantia, Kourion and Paphos were destroyed. On the advice of Emperor Justinian II (*Rinotmitos*) and with the Emperor's help, in order to save his flock Archbishop Ioannis of Cyprus led the survivors to the Cyzicus area, near the Hellespont. This area was renamed *Nea Ioustiniani*, in honour of the Emperor.

In its 39th canon, the Ecumenical Council of 691 named *Nea Ioustiniani* the seat of the Archbishop of Cyprus, granting it all rights and privileges the Church of Cyprus had held until then outside Cyprus. After the expulsion of the Arabs from Cyprus and the end of the Arab raids, the Archbishop returned to the island with his flock in 698. Since then, the Archbishop's official title has been "of New Ioustiniani and all Cyprus".

Over the next four centuries, there was a renaissance of the Church in every sector. Ruined cities and churches were rebuilt, the Christian faith was reinstated and monastic life developed.

This renaissance was halted by the Latin occupation of the island (1191 to 1571). The Archbishop and the Bishops were ousted and replaced by the Latin prelacy. Consequently, for a long period, one could say that the Orthodox Church of Cyprus lost its independence. The Latin rulers would intervene in the selection process of Bishops and even in the selection of Abbots of Orthodox monasteries. Up until that time, there had been fourteen Orthodox dioceses in Cyprus, of which only four survived, a number equal to that of

που συνήλθε το 431 μ.Χ. στην Έφεσο. Η Οικουμενική αυτή Σύνοδος κατοχύρωσε το αυτοκέφαλο της Εκκλησίας της Κύπρου με τον 8ο κανόνα της.

Το 478 μ.Χ. ο Αρχιεπίσκοπος Κύπρου Ανθέμιος κατόπιν οράματος βρήκε τον τάφο και το λείψανο του αποστόλου Βαρνάβα, στο στήθος του οποίου υπήρχε αντίγραφο του κατά Ματθαίον Ευαγγελίου. Το Ευαγγέλιο τούτο πρόσφερε ο Αρχιεπίσκοπος Ανθέμιος στον Αυτοκράτορα του Βυζαντίου Ζήνωνα, ο οποίος και παραχώρησε τα γνωστά τρία αυτοκρατορικά προνόμια στον εκάστοτε Αρχιεπίσκοπο Κύπρου: να υπογράφει με κιννάβαρι (κόκκινο μελάνι), να φέρει κατά τις ιεροτελεστίες πορφυρούν μανδύα και να κρατεί αντί επισκοπικής πατερίτσας αυτοκρατορικό σκήπτρο.

Κατά τις αραβικές επιδρομές (7ο, 8ο και 9ο αιώνα) η Εκκλησία της Κύπρου υπέστη πολλές δοκιμασίες. Η Κωνσταντία, το Κούριο και η Πάφος μετατράπηκαν σε ερείπια. Για τον λόγο αυτό και για άλλα κακά, που έπληξαν την Κύπρο, ο Αρχιεπίσκοπος Κύπρου Ιωάννης, για να σώσει το ποίμνιό του από τη σφαγή και την ερήμωση, κατόπιν συμβουλής και βοήθειας του Αυτοκράτορα Ιουστινιανού Β΄ του Ρινότμητου, μετέφερε όσους διασώθηκαν στην περιοχή της Κυζίκου, κοντά στον Ελλήσποντο. Η περιοχή αυτή ονομάσθηκε Νέα Ιουστινιανή, από το όνομα του Αυτοκράτορα.

Η Πενθέκτη Οικουμενική Σύνοδος το 691 μ.Χ. αναγνώρισε με τον 39ο κανόνα της τη νέα αυτή έδρα του Αρχιεπισκόπου Κύπρου, ως και τα δίκαια και τα προνόμια, που εκάστοτε απολάμβανε η Εκκλησία της Κύπρου. Μετά την εκδίωξη των Αράβων και αφού σταμάτησαν οι αραβικές επιδρομές, ο Αρχιεπίσκοπος επανήλθε μαζί με το ποίμνιό του στην Κύπρο, το 698 μ.Χ., φέροντας έκτοτε τον τίτλο «Νέας Ιουστινιανής και πάσης Κύπρου».

Κατά την εποχή αυτή παρατηρείται μια αναγέννηση και άνθηση της Εκκλησίας της Κύπρου σ'

the Latin dioceses.

There was active resistance from the Orthodox clergy and from the people. The Orthodox Church of Cyprus would once again, face the brutal reality of persecution, this time by other Christians. A notable example of resistance is the martyrdom of the thirteen Orthodox monks of the Kantara monastery in 1231. This event deeply moved the Cypriot people and other Orthodox Christians. Persecution, pressure, seizure of property and all other methods employed by the representatives of the Latin Church, could not destroy the Orthodox faith of the Greek Orthodox Cypriots. Therefore, immediately after the Venetian Rule, the Orthodox Church became predominant on the island again.

After the Venetians came the Ottomans. They removed all traces of the Latins. Wanting to achieve peaceful domination of the island, they returned all former privileges to the clergy. They also returned its dioceses, its monasteries and much of the property seized by the representatives of the Latin Church. The Archbishop was to be the leader of the Orthodox Church of Cyprus and also the Cypriots' national leader. Though the Ottoman invasion freed the Cypriot people from pressures put upon their faith by the Latin Church, it led to increasing servitude. Cypriots lived in constant insecurity. Their lives and fortunes were at the mercy of the Ottoman rulers and could be lost at a whim. Under such conditions a considerable number converted to Islam and many others left the country.

The church consoled the enslaved Cypriot Greeks, supported them in their hardship and helped them find the strength to carry on. Churches were not only places of worship, but also schools and centres where morale and national consciousness were stimulated. Archbishops and Metropolitans maintained a judicious policy in dealing with their ruthless masters and so secured

όλους τους τομείς: Ανοικοδόμηση των πόλεων και των ναών, που καταστράφησαν, επανεδραίωση του Χριστιανισμού και ανάπτυξη του μοναχικού βίου.

Την άνθηση αυτή της Εκκλησίας της Κύπρου ήλθε να ανακόψει η κατάληψη της νήσου από τους Φράγκους, από το 1191 μέχρι το 1489, και τους Ενετούς, από το 1489 μέχρι 1571. Ο αρχιεπίσκοπος και οι επίσκοποι εκδιώχθηκαν από τις επισκοπικές έδρες τους, τις οποίες κατέλαβε η Λατινική Ιεραρχία. Έτσι για μια αρκετά μεγάλη περίοδο η Ορθόδοξη Εκκλησία της Κύπρου, μπορεί κανείς να πει, πως έμμεσα έχασε την ανεξαρτησία της, γιατί οι Λατίνοι κατακτητές επενέβαιναν στις εκλογές των επισκόπων, και σ' αυτές ακόμη τις εκλογές των ηγουμένων των ορθοδόξων Μονών. Οι μέχρι τότε 14 ορθόδοξες επισκοπές της Κύπρου περιορίσθηκαν σε 4, όσες δηλαδή ήταν και οι ρωμαιοκαθολικές επισκοπές.

Τούτο δεν έγινε χωρίς τη μαχητική αντίδραση, τόσο του ορθοδόξου κλήρου, όσο και του λαού. Η Ορθόδοξη Εκκλησία της Κύπρου αντιμετώπιζε για μια ακόμη φορά διωγμούς, όχι πια από αλλοθρήσκους, αλλά από ετεροδόξους. Χαρακτηριστικό είναι το μαρτύριο των 13 ορθοδόξων μοναχών της Μονής Καντάρας, το 1231, που προκάλεσε τη ζωηρή συγκίνηση, όχι μόνο μεταξύ των Κυπρίων, αλλά και μεταξύ των άλλων ορθοδόξων Χριστιανών.

Οι διωγμοί, οι πιέσεις, η αρπαγή των περιουσιών των ορθοδόξων, ως και των Μονών, και τα τόσα άλλα μέσα, που χρησιμοποίησαν οι εκπρόσωποι της Λατινικής Εκκλησίας, δεν μπόρεσαν να ξεριζώσουν την ορθόδοξη πίστη και παράδοση από τις ψυχές των ορθοδόξων Ελλήνων Κυπρίων. Γι' αυτό ευθύς, μετά την περίοδο των Ενετών, μόλις οι Λατίνοι αναγκάσθηκαν να εγκαταλείψουν την Κύπρο, η Ορθόδοξη Εκκλησία έγινε και πάλι η κυρίαρχη Εκκλησία από τη μία ως την άλλη άκρη της νήσου μας.

Αλλά τους Ενετούς διαδέχθηκαν οι αλλόθρησκοι

the survival of the Greek Orthodox Cypriots.

The rulers took advantage of the Church leaders' efforts for their own benefit. They recognised the Archbishop as the national leader of the Cypriot people. They held the Church responsible for collecting taxes and for upholding law and order. The first Archbishop to be officially recognised by the Sublime Porte as the national leader was Nikeforos, in 1660. Archbishops and Bishops were at the mercy of the Ottoman rulers. By order of the Sultan they could be removed and replaced. They were often exiled or killed. At the same time, the island's hierarchy never ceased searching for ways to liberate its flock from the Ottomans.

To this end, Archbishops Timotheos, Benjamin, Christodoulos I and Nikeforos initiated discussions with the Spanish kings and the dukes of Savoy to free the island from the Ottomans. The Archbishops and Church hierarchs strived to reduce taxes and to save their flock from intrigues and false accusations. The martyrdom, in 1821, of Archbishop Kyprianos, of Metropolitans Chrysanthos of Paphos, Meletios of Kition and Lavrentios of Kyreneia, of Abbot Joseph of Kykkos and other notables, both clergy and laity, were amongst the most terrible trials that the Church and all the Cypriot Greeks suffered during the Ottoman occupation.

The Ottoman rule ended in 1878 with the leasing of Cyprus to the British. News of the transfer of power to Christian rulers was received with joy by the Church of Cyprus and its people. It was interpreted not only as a liberation from the Ottoman yoke, but also as the first step towards complete freedom. As it turned out, these hopes were dashed. During the period of British rule, law and order were reinstalled and people did feel more secure. Schools were built with less restriction and the development of all facets of the peoples' lives progressed. However, the new rulers also intervened,

Τούρκοι. Αυτοί στην αρχή και για να εξουδετερώσουν τα υπολείμματα των Λατίνων, που βρίσκονταν στην Κύπρο, αλλά και για να επιτύχουν μια ειρηνική κατοχή της νήσου, επανέδωσαν στην Ορθόδοξη Εκκλησία της Κύπρου όλα τα προνόμια, που είχε προηγουμένως, τις επισκοπές, τα μοναστήρια και αρκετή από την περιουσία, που άρπαξαν οι εκπρόσωποι της Ρωμαιοκαθολικής Εκκλησίας, αναγνωρίζοντας μάλιστα και τον εκάστοτε αρχιεπίσκοπο, όχι μόνο ως αρχηγό της Ορθόδοξης Εκκλησίας της Κύπρου, αλλά και ως εθνικό αρχηγό των Κυπρίων. Ο κυπριακός λαός με την τουρκική κατοχή απαλλάχθηκε μεν από τη θρησκευτική καταπίεση της Ρωμαιοκαθολικής Εκκλησίας, αλλά και οδηγήθηκε σε μια σκληρότερη δουλεία. Ζούσε σε μια συνεχή ανασφάλεια. Η ζωή του και η περιουσία του βρίσκονταν στη διάθεση και στον ετσιθελισμό του Τούρκου κατακτητή. Κάτω απ' αυτές τις συνθήκες κατά τη διάρκεια της Τουρκοκρατίας αρκετοί, για να σώσουν τη ζωή τους, αναγκάσθηκαν να εξισλαμισθούν, και πολλοί να εκπατρισθούν.

Η Εκκλησία ως στοργική μητέρα παρηγορούσε, υποβάσταζε, ενίσχυε και συγκρατούσε τον δούλο Κυπριακό Ελληνισμό. Οι ναοί δεν ήταν μόνο κέντρα λατρευτικά, αλλά γίνονταν και σχολεία και εστίες εθνικού φρονηματισμού και εμψύχωσης. Οι εκάστοτε αρχιεπίσκοποι και μητροπολίτες, «ἐξαγοραζόμενοι τὸν καιρόν», κατόρθωναν με μια συνετή πολιτική απέναντι στους αιμοσταγείς και αδίστακτους τυράννους να εξασφαλίσουν την επιβίωση του ελληνικού χριστιανικού πληθυσμού της νήσου.

Οι κατακτητές, έξυπνα φερόμενοι, εκμεταλλεύονταν την προσπάθεια αυτή των ηγετών της Εκκλησίας, γι' αυτό και για δική τους διευκόλυνση, μαζί με την αναγνώριση τούτων ως εθνικών ηγετών του λαού, τους καθιστούσαν υπεύθυνους και για την είσπραξη των φόρων και για την ομαλότητα στη νήσο. Ο πρώτος Αρχιεπίσκοπος, που αναγνωρίσθη-

often with restrictive laws, in the administration of the Church, as well as in education and in other aspects of national, economic and cultural life.

In 1914, the British government annexed Cyprus and in March 1925 it was proclaimed a crown colony. The Greeks of Cyprus realised that the British were trying to entrench their presence on the island and consolidate their rule. So they began to organise their struggle for freedom, with the Church at the forefront. A popular rising finally broke out in 1931, but the British quelled the effort by force. Two Metropolitans, Nikodimos of Kition and Makarios of Kyreneia, were exiled, as were other notables of the island, while the movement and authority of Archbishop Kyrillos III and Metropolitan Leontios of Paphos were restricted by special laws. In 1933 the Archbishop died and the Church was left without an Archbishop and with only one Metropolitan, Leontios of Paphos. It was not until 1946 that the restrictions on the election of an Archbishop and Metropolitans, imposed by the British administration, were lifted and Metropolitan Makarios of Kyreneia returned from his place of exile, alone as Metropolitan Nikodemos of Kition had died in exile in 1937.

After the lifting of the restrictions, an Electoral Synod was called by the two existing Metropolitans, of Paphos and of Kyreneia, and Metropolitan Ioakim of Derkon of the Ecumenical Patriarchate. In accordance with the Church's constitution, the Synod in 1947 named Metropolitan Leontios of Paphos as Archbishop of Cyprus. He died thirty-six days after his election. Two other Metropolitans from the Ecumenical Patriarchate, Adamantios of Pergamos and Maximos of Sardis arrived on the island in the same year, 1947, at the invitation of the Church to help constitute another Electoral Synod, which announced the elections of a new Archbishop and Metropolitans for the available

κε επίσημα και από την Υψηλή Πύλη ως εθνικός ηγέτης του λαού της νήσου, ήταν ο Νικηφόρος, το 1660 μ.Χ. Αλλά και οι αρχιεπίσκοποι και οι επίσκοποι βρίσκονταν σε οποιαδήποτε στιγμή στη διάθεση των Τούρκων κατακτητών. Με φιρμάνια της Πύλης απομακρύνονταν από τους θρόνους τους, πολλές φορές εξορίζονταν ή και θανατώνονταν έμμεσα και άμεσα και αντικαθίσταντο από άλλους. Παράλληλα, όμως, και η ιεραρχία της νήσου δεν σταματούσε να μελετά τρόπους και να ενεργεί μυστικά για την απελευθέρωση του ποιμνίου της από τους Τούρκους.

Έτσι οι Αρχιεπίσκοποι Τιμόθεος, Βενιαμίν, Χριστόδουλος Α΄ και Νικηφόρος προσήλθαν σε διαπραγματεύσεις με τους βασιλείς της Ισπανίας και τους δούκες της Σαβοΐας για την απαλλαγή της νήσου από την τουρκική κυριαρχία. Πάντοτε δε όλοι οι αρχιεπίσκοποι και γενικά οι ιεράρχες της νήσου έκαναν ό,τι μπορούσαν για την ελάττωση των φόρων, τη διάσωση του ποιμνίου τους από τις ραδιουργίες και τις συκοφαντίες των Τούρκων και από τα άλλα κακά, που οι Τούρκοι κατακτητές προέβαιναν σε βάρος του κυπριακού λαού. Ο μαρτυρικός θάνατος, το 1821, του Αρχιεπισκόπου Κυπριανού, των Μητροπολιτών Πάφου Χρυσάνθου, Κιτίου Μελετίου και Κυρηνείας Λαυρεντίου, του Ηγουμένου Κύκκου Ιωσήφ και άλλων προκρίτων, κληρικών και λαϊκών, υπήρξε το αποκορύφωμα των φοβερών δεινών, που υπέφερε η Εκκλησία και όλος ο Κυπριακός Ελληνισμός κατά τη διάρκεια της Τουρκοκρατίας.

Η Τουρκοκρατία τερματίσθηκε το 1878 με την ενοικίαση της Κύπρου στους Άγγλους. Η είδηση για μεταβίβαση της εξουσίας σε μια χριστιανική δύναμη έγινε δεκτή με πολλή χαρά από την Εκκλησία της Κύπρου και το πλήρωμά της, γιατί την είδαν όλοι όχι μόνον ως απαλλαγή από τον τουρκικό ζυγό, αλλά και ως απαρχή της πλήρους απελευθέρωσης. Τα πράγματα, όμως, δεν δικαίωσαν αυτές τις ελπίδες. Βέβαια κατά τη διάρκεια της Αγγλοκρατίας απο-

sees. Makarios of Kyreneia was named Archbishop (Makarios II) and Cleopas of Paphos, Makarios of Kition and Kyprianos of Kyreneia were elected Metropolitans.

After the members of the Holy Synod had been elected, the Church of Cyprus urgently started its reorganisation in all sectors: religious, social, educational, cultural and national. In 1949, the "Apostle Barnabas" Seminary was established to educate the clergy. Seminars were organised, Sunday schools, Christian movements and religious societies were set up and the Ethnarchy Council founded with distinguished representatives of the Cypriot people as its members. In 1950, the Ethnarchy office, presided over by the Metropolitan of Kition, organised a referendum to decide the future of the Cypriot people. The vast majority voted for the union of Cyprus with Greece.

Archbishop Makarios II died in 1950 and Makarios of Kition was elected Archbishop. Makarios III was particularly concerned with the spiritual wellbeing of both the clergy and the laity. He did much to improve the stipends of the clergy, encouraged the charitable organisations, strengthened the spirit of the people and organised the national struggle for liberation on a national and international basis. The result was the campaign against British occupation (1955-1959), under the political leadership of Archbishop Makarios III and the military direction of Georgios Grivas-Digenis.

After Independence and at the insistence of the people, Archbishop Makarios III became the first president of the Republic of Cyprus in 1960. He used all his energy to breathe new life into all aspects of the island's life. Cyprus, in a short period of time and despite its small size, achieved a much-respected position among the world's developed countries.

During the reign of Archbishop Makarios III,

καταστάθηκε κάπως ο νόμος και η τάξη, και ο λαός αισθανόταν κάποια ασφάλεια. Ήταν πιο ελεύθερη η ίδρυση σχολείων και η ανάπτυξη δραστηριότητας σ' όλους τους τομείς της ζωής. Παρά ταύτα, και οι νέοι κατακτητές επενέβαιναν πολλές φορές με περιοριστικούς νόμους, τόσο στη διοίκηση της Εκκλησίας, όσο και στην παιδεία και στους άλλους τομείς της εθνικής, οικονομικής και πολιτιστικής δραστηριότητας του λαού.

Το 1914 η αγγλική κυβέρνηση προσάρτησε την Κύπρο και τον Μάρτιο του 1925 την κήρυξε σε αποικία. Ο ελληνικός πληθυσμός της Κύπρου αντελήφθη ότι οι Άγγλοι προσπαθούσαν να εδραιώσουν και μονιμοποιήσουν την κυριαρχία τους πάνω στη νήσο. Γι' αυτό άρχισε να συστηματοποιεί με επικεφαλής την Εκκλησία τον αγώνα για απελευθέρωση της νήσου. Μέσα σ' αυτά τα πλαίσια εντάσσεται η λαϊκή εξέγερση του 1931, που οι Άγγλοι κατακτητές κατέστειλαν κατά τρόπο ωμό. Δύο Μητροπολίτες, ο Κιτίου Νικόδημος και ο Κυρηνείας Μακάριος, εξορίσθηκαν, όπως και άλλοι πρόκριτοι της νήσου, του δε Αρχιεπισκόπου Κυρίλλου Γ΄ και του Μητροπολίτη Πάφου Λεοντίου περιορίσθηκαν με ειδικούς νόμους οι κινήσεις και οι ενέργειες. Το 1933 ο Αρχιεπίσκοπος πέθανε και έτσι η Εκκλησία της Κύπρου έμεινε χωρίς αρχιεπίσκοπο και με ένα μόνο ιεράρχη, τον Μητροπολίτη Πάφου Λεόντιο, μέχρι το 1946, οπότε ήρθηκαν οι περιορισμοί στην εκλογή αρχιεπισκόπου και μητροπολιτών, που επέβαλε η αγγλική διοίκηση, και επετράπη η επάνοδος από την εξορία του Μητροπολίτη Κυρηνείας Μακαρίου. Ο Μητροπολίτης Κιτίου Νικόδημος πέθανε στην εξορία το 1937.

Μετά την άρση των περιορισμών καταρτίσθη Εκλογική Σύνοδος από τους υπάρχοντες δύο ιεράρχες, Πάφου και Κυρηνείας, και τον Μητροπολίτη Δέρκων Ιωακείμ του Οικουμενικού Πατριαρχείου, η οποία, με βάση τις πρόνοιες του Καταστατικού Χάρτη της Εκκλησίας της Κύπρου, προέβη το 1947

after the Metropolitans of Paphos, Kition and Kyreneia had been dethroned and charged with scheming against their Archbishop, two new dioceses were created: Limassol, which had been part of the Metropolis of Kition, and Morphou, which had been part of the Metropolis of Kyreneia.

The island's progress was interrupted by the ecclesiastical crisis of 1972-1973, the coup of 15th July 1974 (organised and encouraged by external factions, forcing Makarios to leave the island for a time) and the barbaric Turkish invasion which followed. The invaders seized 37% of the land and drove a third of the population out of their homes. Several thousand Greek Cypriots were killed by the Turkish invaders and almost two thousand were kidnapped as prisoners of war and are still missing. Churches in the occupied area were pillaged, some were demolished and many turned into mosques, stables or warehouses. Beautiful frescoes, mosaics, exquisite icons and vessels of worship were looted and sold abroad. Cemeteries were desecrated.

Makarios returned to Cyprus in 1974 to share his people's grief, agony and struggle. His return inspired the nation's faith in a better future and encouraged all to join efforts to restore the economy of the country and achieve freedom for the occupied area. However, the division of Cyprus, the pain and agony of the nation, the pillaging of sacred places and the indifferent, if not conspiratorial, attitude of other nations, all took their toll on Makarios' health and led to his death on 3rd August 1977.

Archbishop Makarios III's successor is Archbishop Chrysostomos, formerly Metropolitan of Paphos. One achievement of his tenure, among others, is the drafting and adoption, in 1979, of a new constitution for the Church of Cyprus, to replace that of 1914.

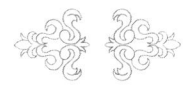

στην πλήρωση του αρχιεπισκοπικού θρόνου με την εκλογή ως αρχιεπισκόπου του Μητροπολίτη Πάφου Λεοντίου, ο οποίος 36 μέρες μετά την εκλογή του πέθανε. Δύο άλλοι Μητροπολίτες του Οικουμενικού Πατριαρχείου, ο Περγάμου Αδαμάντιος και ο Σάρδεων Μάξιμος, ύστερα από πρόσκληση της Εκκλησίας της Κύπρου, ήλθαν το ίδιο έτος 1947 στη νήσο προς καταρτισμό νέας Εκκλογικής Συνόδου, η οποία προκήρυξε εκλογές για την ανάδειξη νέου αρχιεπισκόπου και μητροπολιτών για τους κενούς θρόνους. Εκλέγηκαν τότε αρχιεπίσκοπος ο από Κυρηνείας Μακάριος ο Β΄ και Μητροπολίτες οι Πάφου Κλεόπας, Κιτίου Μακάριος και Κυρηνείας Κυπριανός.

Μετά την εκλογή των μελών της Ιεράς Συνόδου, η Εκκλησία της Κύπρου ρίχθηκε στη μάχη για την ανασυγκρότησή της, επιτυγχάνοντας την αναδιοργάνωση όλων των τομέων: θρησκευτικού, κοινωνικού, εκπαιδευτικού, πολιτιστικού, εθνικού. Το 1949 ιδρύεται η Ιερατική Σχολή «Απόστολος Βαρνάβας» για τη μόρφωση του κλήρου, διοργανώνονται Σεμινάρια, Κατηχητικά Σχολεία και Χριστιανικές Κινήσεις, ιδρύονται Θρησκευτικοί Σύλλογοι και καταρτίζεται από επιφανείς εκπροσώπους του κυπριακού λαού το Εθναρχικό Συμβούλιο. Το 1950 το Γραφείο Εθναρχίας, του οποίου προήδρευε ο τότε Μητροπολίτης Κιτίου [και μετέπειτα Αρχιεπίσκοπος Μακάριος Γ΄] προκήρυξε δημοψήφισμα για το μέλλον του Κυπριακού λαού, ο οποίος στο σύνολό του τάχθηκε υπέρ της ενώσεως της Κύπρου με την Ελλάδα.

Το 1950 πέθανε ο Αρχιεπίσκοπος Μακάριος Β΄ και εκλέγηκε Αρχιεπίσκοπος ο από Κιτίου Μακάριος ο Γ΄. Ο Μακάριος Γ΄ έδωσε ιδιαίτερη προσοχή στην πνευματική ανύψωση του κλήρου και του λαού και στη βελτίωση της μισθοδοσίας του κλήρου, μερίμνησε για τη δημιουργία φιλανθρωπικών ιδρυμάτων, ανύψωσε το εθνικό φρόνημα και οργάνωσε συστηματικά τον εθνικό αγώνα, τόσο σε

διεθνή κλίμακα, όσο και στο εσωτερικό για απελευθέρωση της νήσου. Αποτέλεσμα αυτής της δράσης του Μακαρίου Γ΄ ήταν και ο κατά της αγγλικής κατοχής απελευθερωτικός αγώνας του 1955-59 κάτω από την πολιτική καθοδήγηση του ιδίου και τη στρατιωτική ηγεσία του Γεωργίου Γρίβα-Διγενή.

Μετά την ανεξαρτησία, ύστερα από την επίμονη απαίτηση και την ψήφο του λαού, ο Αρχιεπίσκοπος Μακάριος Γ΄ ανέλαβε και την προεδρία της Δημοκρατίας της Κύπρου (1960). Με τη δραστηριότητά του, την αγάπη του προς τον λαό του και την ευρύτητα της σκέψης του εμφύσησε μοναδική δημιουργική πνοή σ' όλους τους τομείς, ώστε η Κύπρος σε σύντομο χρονικό διάστημα, παρά το μικρόν του μεγέθους της, πέτυχε να πάρει αξιόλογη θέση ανάμεσα στα προηγμένα κράτη του κόσμου.

Κατά την αρχιεπισκοπεία του Μακαρίου Γ΄, κατόπιν καθαιρέσεως των Μητροπολιτών Πάφου, Κιτίου και Κυρηνείας, λόγω παρασυναγωγής εναντίον του πρώτου, ιδρύθηκαν δύο νέες μητροπόλεις: η Μητρόπολη Λεμεσού, η οποία αποσπάσθηκε από τη Μητρόπολη Κιτίου, και η Μητρόπολη Μόρφου, η οποία αποσπάσθηκε από τη Μητρόπολη Κυρηνείας.

Δυστυχώς, όμως, η εκκλησιαστική κρίση του 1972-73, το πραξικόπημα της 15ης Ιουλίου 1974, που σχεδιάσθηκε και ενθαρρύνθηκε από εξωγενείς παράγοντες και που εξανάγκασε τον Αρχιεπίσκοπο Μακάριο Γ΄ να εγκαταλείψει την Κύπρο για σύντομο χρονικό διάστημα, ως και η βάρβαρη τουρκική εισβολή, που ακολούθησε, ανέκοψαν την προς τα εμπρός πορεία της νήσου μας. Το 37% του εδάφους της αρπάγηκε από τον εισβολέα και το ένα τρίτο του πληθυσμού αναγκάσθηκε να ξεριζωθεί από τις πατρογονικές του εστίες. Επτά χιλιάδες Ελληνοκύπριοι θανατώθηκαν από τους εισβολείς Τούρκους και περί τις δύο χιλιάδες απήχθηκαν ως όμηροι και έκτοτε αγνοείται η τύχη τους. Οι ευρισκόμενοι στην υπό κατοχή περιοχή της Κύπρου ιεροί ναοί συλήθηκαν και αρκετοί απ' αυτούς κατεδαφίσθηκαν ή μετατράπηκαν σε μουσουλμανικά τεμένη, σε στάβλους αλόγων ζώων και σ' αποθήκες. Οι ωραίες τοιχογραφίες, οι πολύτιμες εικόνες και τα ιερά σκεύη των ναών αυτών εκλάπησαν κι επωλήθησαν σε διάφορες χώρες του εξωτερικού. Επίσης τα κοιμητήρια στην περιοχή αυτή καταστράφηκαν και λεηλατήθηκαν.

Ο Μακάριος επέστρεψε στην Κύπρο τον Δεκέμβριο του 1974. Η επιστροφή του ενέπνευσε στον λαό την πίστη στη δικαίωσή του, και τον ενθάρρυνε στον αγώνα για την ανασυγκρότηση και αναστήλωση των ερειπίων και την απελευθέρωση της σκλαβωμένης γης του. Το μοίρασμα, όμως, της νήσου, ο πόνος και η αγωνία του λαού του, και η αδιαφορία, αν όχι και η συνωμοσία, των ξένων, δεν άφησαν ανεπηρέαστο τον Μακάριο, ο οποίος πέθανε στις 3 Αυγούστου 1977.

Σε διαδοχή του Αρχιεπισκόπου Μακαρίου Γ΄ εκλέγηκε ο σημερινός Αρχιεπίσκοπος, ο από Πάφου Χρυσόστομος. Κατά την αρχιεπισκοπεία του Χρυσοστόμου, μεταξύ άλλων, συντάχθηκε και εγκρίθηκε, το 1979, ο νέος Καταστατικός Χάρτης της Εκκλησίας της Κύπρου, ο οποίος αντικατέστησε εκείνον του 1914.

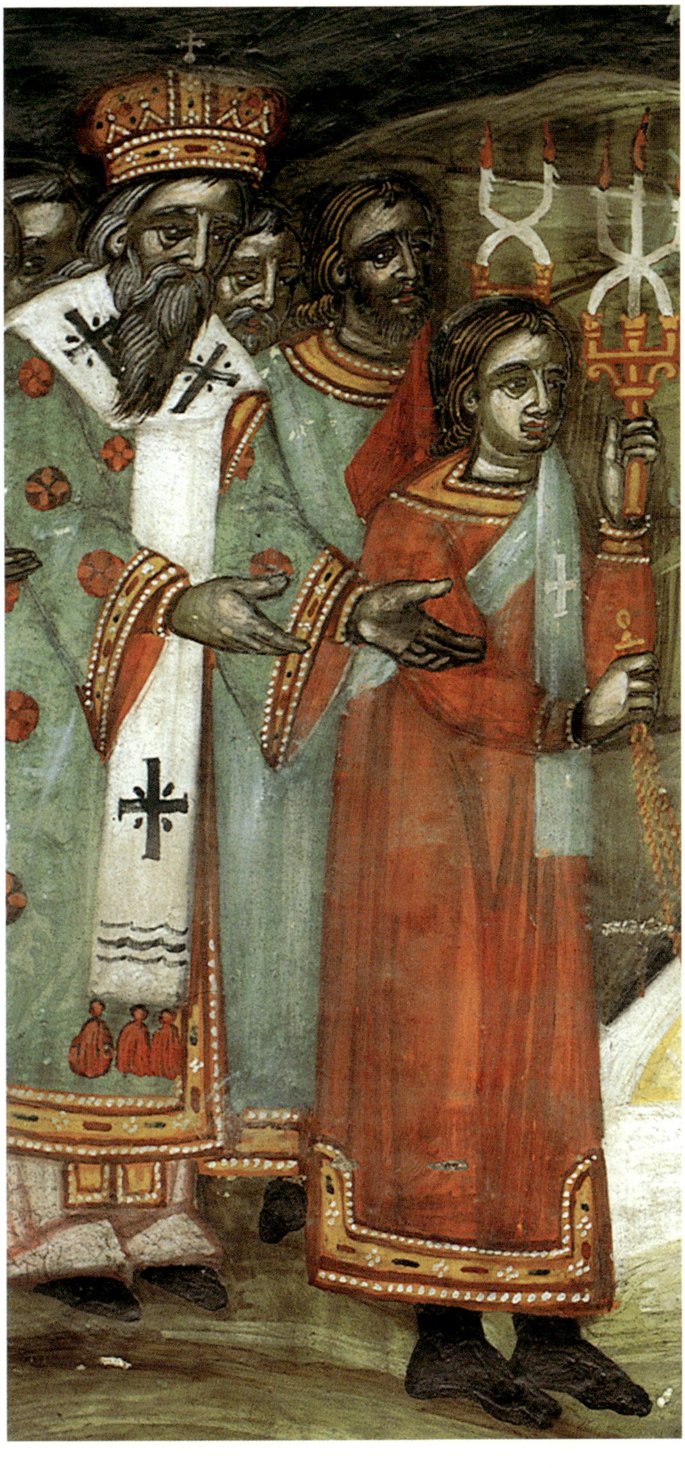

Stylianos K. Perdikis

HERMITAGES AND MONASTERIES IN CYPRUS

Στυλιανός Κ. Περδίκης

ΑΣΚΗΤΗΡΙΑ ΚΑΙ ΜΟΝΕΣ ΤΗΣ ΚΥΠΡΟΥ

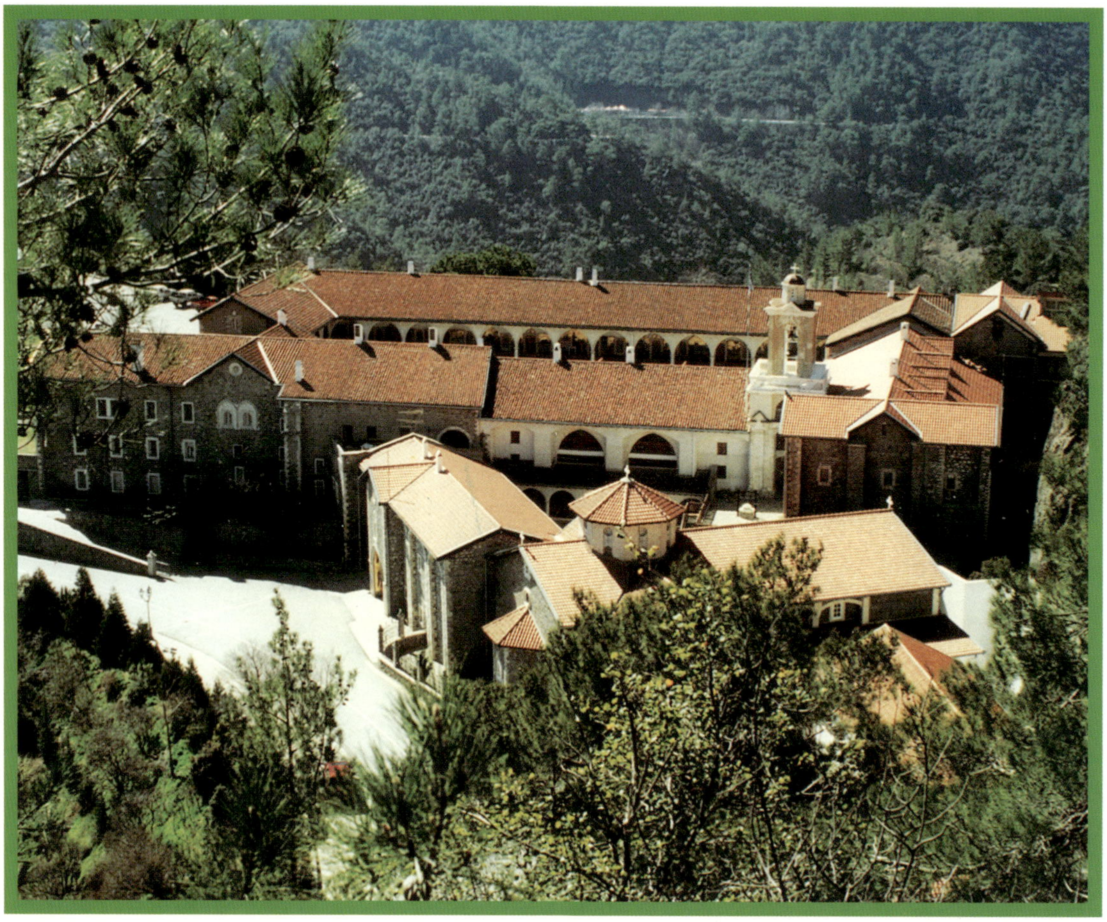

Fig. 3
The Monastery of Panaghia tou Kykkou.
Its foundation goes back to the reign of the Byzantine Emperor Alexius I Comnenus (1081-1118).

Εικ. 3
Η Μονή της Παναγίας του Κύκκου.
Η ίδρυσή της ανάγεται στα χρόνια του Βυζαντινού Αυτοκράτορα Αλέξιου Α΄ Κομνηνού (1081-1118).

"Cyprus: holy island dear to Christ for her right and unshakeable faith in the teaching of Christ's Eastern Church". This is how Archimandrite Kyprianos, the 18th century historian, describes Christian Cyprus.

The island received Christianity very early, largely due to its geographical location and to the existence, on the island, of a significant population of hellenised Jews. Tradition has it that Lazarus, whom Christ had resurrected from the dead, lived out the remainder of his life in Cyprus, serving as first bishop of Kition. Cyprus was one of the first places the apostles visited on their journeys to spread the message of Christianity. The Apostles Paul, Barnabas and Mark (the Evangelist) established the primary centres of organised Christianity. The world-events of the 4th century, when Christianity was officially recognised and the empire's capital was moved from Rome to Constantinople, with Saint Helen's journey to the Holy Land to find Christ's tomb (c. 326), did not leave Cyprus unaffected. Again according to tradition, the queen mother, Helen, visited the island and, amongst other activities, had a church built on Mount Olympus, which she endowed with a piece from Christ's cross. The church is now known as the Monastery of Stavrovouni.

One of the earliest Cypriot monasteries is Aghia Moni at Paphos, built, according to extracts from Ephraim the Athenian's *Life of St Eutychius*, (1751) by Saints Eutychius and Nicholas (before the latter became Bishop of Lycia) on the ancient site of the pagan temple of Hera. Eutychius became an ascetic, residing in the monastery, which was dedicated to the Mother of God. The few unearthed archaeological discoveries confirm the historical record. The monastery of Aghia Moni, over the course of the Byzantine period, became a thriving monastic centre, developing into one of the most

"Κύπρος νήσος ίερὰ καὶ φίλη τοῦ Χριστοῦ διὰ τὸ ὀρθὸν αὐτῆς καὶ ἀπαράτρεπτον δόγμα τῆς Ἀνατολικῆς τοῦ Χριστοῦ Ἐκκλησίας". Έτσι σκιαγραφεί τη χριστιανική Κύπρο ο ιστορικός του 18ου αιώνα Αρχιμανδρίτης Κυπριανός.

Ως γνωστό, η Κύπρος από πολύ νωρίς δέχθηκε τον χριστιανισμό, υποβοηθούσης της γεωγραφικής της θέσης και της ύπαρξης στο νησί σημαντικού αριθμού εξελληνισμένων Εβραίων. Κατά την παράδοση στην Κύπρο κατέλυσε το υπόλοιπο της ζωής του ο εκ νεκρών αναστηθείς Λάζαρος, ο οποίος διετέλεσε πρώτος επίσκοπος Κιτίου. Στις αποστολικές περιοδείες για διάδοση του Χριστιανισμού η Κύπρος εντάσσεται στις πρώτες περιοχές, με πρωτοστάτες τους Αποστόλους Παύλο, Βαρνάβα και τον Ευαγγελιστή Μάρκο, οι οποίοι συστήνουν πυρήνες οργανωμένου Χριστιανισμού. Τα κοσμογονικά γεγονότα, που έλαβαν χώρα τον 4ο αιώνα, με την επίσημη αναγνώριση του Χριστιανισμού, τη μεταφορά της πρωτεύουσας της αυτοκρατορίας από τη Ρώμη στην Κωνσταντινούπολη και το ταξίδι της Αγίας Ελένης στους Αγίους Τόπους για ανεύρεση του Τάφου του Χριστού, γύρω στα 326, δεν αφήνουν ανεπηρέαστη την Κύπρο. Σύμφωνα με την παράδοση η βασιλομήτωρ Ελένη στάθμευσε στο νησί, και μεταξύ των άλλων δραστηριοτήτων της ίδρυσε ναό στο όρος Όλυμπος, τη μετέπειτα γνωστή ως μονή Σταυροβουνίου, την οποία προικοδότησε με τεμάχιο από τον σταυρό του Χριστού.

Από τις αρχαιότερες κυπριακές μονές είναι η Αγία Μονή στην Πάφο, την οποία, σύμφωνα με απόσπασμα από τον βίο του Αγίου Ευτυχίου, που μας διέσωσε ο Εφραίμ ο Αθηναίος (1751), οι Άγιοι Ευτύχιος και Νικόλαος, προτού ο δεύτερος γίνει επίσκοπος Λυκίας, έκτισαν σε χώρο όπου υπήρχε ειδωλολατρικός ναός της Ήρας. Στον ναό, ο οποίος ήταν αφιερωμένος στη Θεοτόκο, ασκήτεψε ο Ευτύχιος. Τα ελάχιστα αρχαιολογικά ευρήματα, τα οποία είδαν το φως, επιβεβαιώνουν πτυχές της όλης

important workshops for copying manuscripts. It was here that Saint Athanasius the Athonite sought refuge in the 10th century. He was the founder of the Great Lavra Monastery and one of the founders of organised monasticism on Athos.

One of the pivotal events for the establishment of the ascetic tradition in Cyprus was the presence of the Hermit Hilarion (3rd-4th centuries). Saint Hilarion retired in the desert of Egypt, where he lived an ascetic life as a pupil of St Anthony. He then settled in Gaza, where he became the founder of monasticism in Palestine. Later, he went to Libya and then to Sicily, where he remained for years. According to his biographer, St Jerome, who drew information from St Epiphanius, after leaving Sicily, Hilarion came to Cyprus, where he disembarked at Paphos and settled in a cave in the area of the present village of Episkopi. Saint Epiphanius, who later becoming Archbishop of Constantia, was one of his students. In his *Life*, there are references to monks who lived in Salamis. From this, we can infer that the Basilica of Campanopetra, in Salamis/Constantia, was also monastic. In the 5th century, Archbishop Anthemius (487/8) founded the monastery of the Apostle Barnabas near his recently-discovered grave in the vicinity of Salamis, with a donation from the Emperor Zeno (474-491). During this time, another monastery was thriving, on the cape of Dades, near the modern-day village of Pyla. During the time of Archbishop Arkadius II (627-641), there were monasteries around Famagusta and also stylites and ascetics (the most famous being Abba Kaioumas). They cultivated a close bond with the ascetic communities of the East (in Sinai, Klysma, Palestine and Egypt) and can be considered as an extension of those communities. Another distinguished figure in the early years of the Byzantine Empire was Saint Arkadius. Before he became Bishop of Arsinoe, he lived a strictly ascetic

ιστορίας. Η Αγία Μονή καθ' όλη τη βυζαντινή περίοδο εξελίσσεται σε ακμάζουσα μοναστική πολιτεία, διατηρώντας ένα από τα σημαντικότερα κέντρα αντιγραφής χειρογράφων. Εδώ κατέφυγε τον 10ο αιώνα για κάποιο διάστημα ο άγιος Αθανάσιος ο Αθωνίτης, ιδρυτής της μονής της Μεγίστης Λαύρας και από τους θεμελιωτές του αγιορείτικου μοναχισμού.

Σταθμός στη θεμελίωση του ασκητισμού στην Κύπρο υπήρξε η εγκατάσταση στο νησί του ερημίτη αγίου Ιλαρίωνα (3ος-4ος αιώνας). Ο άγιος Ιλαρίων απεσύρθη στην έρημο της Αιγύπτου, όπου ασκήτεψε ως μαθητής του αγίου Αντωνίου. Στη συνέχεια μετέβη στη Γάζα, όπου κατέστη ο ιδρυτής του μοναχισμού στην Παλαιστίνη. Αργότερα πήγε στη Λιβύη κι ακολούθως στη Σικελία, παραμένοντας εκεί για αρκετά χρόνια. Φεύγοντας από τη Σικελία, σύμφωνα με τον βιογράφο του, άγιο Ιερώνυμο, ο οποίος αντλεί τις πληροφορίες του από τον άγιο Επιφάνιο, ήρθε στην Κύπρο και απεβιβάσθη στην Πάφο, όπου εγκατεστάθη σε σπήλαιο στην περιοχή του σημερινού χωριού Επισκοπή. Μεταξύ των μαθητών του αγίου Ιλαρίωνα συγκαταλέγεται και ο άγιος Επιφάνιος, μετέπειτα αρχιεπίσκοπος Κωνσταντίας, στον βίο του οποίου συναντούμε αναφορές για ύπαρξη μοναχών στη Σαλαμίνα. Προφανώς μοναστηριακή ήταν και η βασιλική της Καμπανόπετρας στην Κωνσταντία. Τον 5ο αιώνα ο αρχιεπίσκοπος Ανθέμιος (487/8) ιδρύει στην ευρύτερη περιοχή της Σαλαμίνας το μοναστήρι του αποστόλου Βαρνάβα, πλησίον του νεοευρεθέντος τάφου του, με χορηγία του αυτοκράτορα Ζήνωνα (474-491). Την αυτή εποχή μια άλλη μονή λειτουργεί στο ακρωτήριο Δάδες, πλησίον του σημερινού χωριού Πύλα. Επί αρχιεπισκόπου Αρκαδίου Β΄ (627-641) αναφέρονται στην περιοχή της Αμμοχώστου μοναστήρια, στυλίτες και έγκλειστοι ασκητές, με γνωστότερη φυσιογνωμία τον αββά Καϊουμά, οι οποίοι διατηρούσαν στενές σχέσεις με ασκητικές κοινότητες της

Hermitages and Monasteries in Cyprus

life. "He lived in mountains and caves, hidden by the earth and his life was embellished by fasting, vigils and prayer" (St Neophytus, *Enkomion Theoseviou*). In 655, Theodore, Bishop of Paphos, refers to the Monastery of the *Symboulos* (west of Kourion). On the cape, there was another monastery, the Monastery of St Nicholas of the Cats and in Anogyra there was the Monastery of the Holy Cross.

Saint John the Almoner, before ascending the Patriarchal Throne of Alexandria (610), founded two monasteries in Amathus and established two orders of monks there. We also know of the 9th century monastery of St Anthony in Chytroi (Kythrea) and in 10th century testimonies we find mention of the monastery of St George Oriatis (of the mountains).

After the Arab conquest of Syria, Palestine and Egypt, areas where asceticism had flourished, many monks found shelter in Cyprus, the nearest safe haven. During the iconoclastic dispute which shook Byzantium, many iconophile monks found refuge in Cyprus because of its fairly neutral position between Byzantine and Arab control and because it was among the areas which supported icons. The period of unrest during the Arab invasions fortified the Church's expanding role (in the community, economy and politics) and aided the developement of monasticism. In periods of unrest, man's nature seeks out peace for the soul and the soul's salvation; these can be found in a monastic existence. With Cyprus' reintegration into the Byzantine Empire (965) and in the context of a more effective defence policy to protect the island, many castles and monasteries were built in crucial locations.

In 1090, in the southern foothills of the Pentadactylos, the Monastery of Aghios Ioannis tou Koutsoventi was founded, with the involvement of Eumathios Philokalis, the military governor of the

Ανατολής (Σινά, Κλύσμα, Παλαιστίνη, Αίγυπτος), και μπορούν να χαρακτηρισθούν ως προέκτασή τους στον κυπριακό χώρο. Άλλη εξέχουσα ασκητική μορφή των πρωτοβυζαντινών χρόνων υπήρξε ο άγιος Αρκάδιος, ο οποίος, πριν γίνει επίσκοπος Αρσινόης, ζούσε αυστηρά ασκητικό βίο· *"ἐν ὄρεσι καὶ σπηλαίοις καὶ ταῖς ὀπαῖς τῆς γῆς κατεκρύπτετο, νηστείαις καὶ ἀγρυπνίαις καὶ προσευχαῖς διεκοσμεῖτο"* (Αγίου Νεοφύτου, *Εγκώμιον Θεοσεβίου*). Δυτικά του Κουρίου αναφέρεται από τον επίσκοπο Πάφου Θεόδωρο, στα 655, η μονή του Συμβούλου, ενώ στο Ακρωτήρι λειτουργεί η μονή του Αγίου Νικολάου των Γάτων και στην Ανώγυρα η μονή του Τιμίου Σταυρού.

Ο άγιος Ιωάννης ο Ελεήμων, προτού ανέβη στον πατριαρχικό θρόνο Αλεξανδρείας (610), έκτισε στην Αμαθούντα δύο μοναστήρια, και συνήγαγε εκεί δύο τάγματα μοναχών. Τον 9ο αιώνα αναφέρεται η μονή του Αγίου Αντωνίου στους Χύτρους (Κυθρέα) και τον 10ο η μονή του Αγίου Γεωργίου του Οριάτη.

Με την κατάκτηση της Συρίας, Παλαιστίνης και Αιγύπτου από τους Άραβες, περιοχές όπου ανθούσε ο ασκητισμός, πληθώρα μοναχών ζήτησαν καταφύγιο στην Κύπρο, ως το πλησιέστερο ασφαλές μέρος. Κατά την περίοδο της εικονομαχίας, η οποία συντάραξε το Βυζάντιο, αρκετοί εικονόφιλοι μοναχοί βρήκαν άσυλο στην Κύπρο λόγω του καθεστώτος ουδετερότητας, που απελάμβανε μεταξύ Βυζαντινών και Αράβων και γιατί αυτή συγκαταλεγόταν ανάμεσα στις κατ' εξοχήν εικονόφιλες περιοχές. Η ανώμαλη περίοδος των αραβικών επιδρομών ενίσχυσε τον ρόλο, που διαδραμάτιζε η Εκκλησία σε ευρύτερους τομείς (κοινωνία, οικονομία, πολιτική), κάτι που συνέτεινε και στην ανάπτυξη του μοναχισμού. Επίσης σε έκρυθμες περιόδους ο άνθρωπος επιζητεί τη σωτηρία της ψυχής και τη γαλήνη, που αναμφίβολα βρίσκει στον μοναχισμό. Με την πλήρη επανένταξη της Κύπρου στη Βυζαντινή αυτοκρατορία (965), μέσα στην ευρύτερη πολιτική για αμυντική

island. The following year (1091) another Byzantine officer, Magistros Epiphanios of Paschalis, founded the Theotokos Alypos monastery in Yeri, on the outskirts of Nicosia.

Toward the end of the 11th century, according to tradition, the Panaghia tou Kykkou Monastery in the mountainous terrain of the Troodos range was founded by the hermit Isaias, the Byzantine governor of the island, Manuel Voutomytis and with the generous support of Emperor Alexius Comnenus (1081-1118). The Emperor donated to the monastery one of the most important relics of Christianity, its Holy Icon of the Virgin Mary, one of three painted by the Apostle Luke. Ephraim the Athenian testifies: "In the famed Akamas, there were then many ascetic monks, also on the mount of Kokkos, near Myrianthousa, there lived, naked in a cave, a virtuous monk whose name was Isaias". The monastery of Kykkos grew in size and importance, especially during the years of Ottoman domination. It eventually became the most important monastic centre of the island, with a varied range of activity and involvement.

A Byzantine magistros, Nikephoros Ischirios, founded (in 1100) the Monastery of Panaghia ton Phorvion, which is today known as that of Asinou, near the village of Nikitari. In the early 12th century, aided by Emperor Manuel Comnenus, the Panaghia tou Machaira monastery was founded. This still exists today and is one of the most famous active monasteries in Cyprus. Near Polis tis Chrysochou, there is also the Moni tou Aghiou Arkadiou. In Agros there is the Moni tou Megalou Agrou and on the Pentadaktylos mountain range the monasteries of Krinia, of the Katharoi, of Apsinthiotissa and of Panaghia tis Kantaras; also the monasteries of the Asomatoi (at Lefkara), of Acheiropoiitos (at Lambousa), of Antiphonitis (at Kalogrea), of Aghios Nikolaos tis Stegis, and of

ενίσχυση της νήσου εντάσσεται και η ίδρυση σειράς κάστρων και μοναστηριών σε νευραλγικά σημεία.

Στα 1090 ιδρύεται στους νότιους πρόποδες του Πενταδακτύλου η μονή του Αγίου Ιωάννη του Κουτσοβέντη με εμπλοκή και του Βυζαντινού στρατιωτικού διοικητή της νήσου Ευμάθιου Φιλοκάλη, ενώ την επόμενη χρονιά (1091) ένας άλλος Βυζαντινός αξιωματούχος, ο μάγιστρος Επιφάνιος του Πασχάλη, ιδρύει τη μονή της Θεοτόκου Αλύπου στο Γέρι, έξω από τη Λευκωσία.

Στα τέλη του 11ου αιώνα σύμφωνα με την παράδοση ιδρύεται στα δύσβατα βουνά του Τροόδους η μονή της Παναγίας του Κύκκου με πρωτεργάτες τον αναχωρητή Ησαΐα και τον Βυζαντινό διοικητή του νησιού Μανουήλ Βουτομύτη και με χορηγία του αυτοκράτορα Αλεξίου Κομνηνού (1081-1118), ο οποίος προικοδότησε τη μονή με ένα από τα σημαντικότερα κειμήλια της χριστιανοσύνης, την εικόνα της Παναγίας, η οποία σύμφωνα με την παράδοση είναι μια από τις τρεις εικόνες της Θεοτόκου, που ζωγράφισε ο απόστολος Λουκάς. Γράφει ενδεικτικά ο Εφραίμ ο Αθηναίος: *"Ἦσαν δὲ τότε εἰς τὸν Ἀκάμαν τὸν περιβόητον μάλιστα πλήθη μοναχῶν ἀναχωρητῶν, καθὼς καὶ εἰς τὸ ὄρος τοῦ Κόκκου, ἐγγὺς ὄντος τῆς Μυριανθούσης, εὑρίσκετο μοναχός τις ἐνάρετος Ἡσαΐας ὀνόματι, γυμνὸς καὶ ἐν σπηλαίῳ τινὶ κρυπτόμενος".* Η μονή Κύκκου έμελλε να εξελιχθεί στους επόμενους αιώνες, και κυρίως στην περίοδο της τουρκοκρατίας και εντεύθεν, στο σημαντικότερο μοναστηριακό κέντρο του νησιού, με ποικίλη δράση και προσφορά.

Ένας άλλος Βυζαντινός μάγιστρος, ο Νικηφόρος Ισχίριος ιδρύει στα 1100 τη μονή της Παναγίας των Φορβίων, της γνωστής σήμερα ως Ασίνου, κοντά στο χωριό Νικητάρι. Αρχές 12ου αιώνα με βοήθεια του αυτοκράτορα Μανουήλ Κομνηνού (1143-1180) ιδρύεται η μονή της Παναγίας του Μαχαιρά, η οποία επιβιώνει μέχρι σήμερα, και είναι ένα από τα γνωστότερα εν ενεργεία

Hermitages and Monasteries in Cyprus

Panaghia tou Arakos (at Lagoudera), whose church was decorated with frescoes in 1192, at the expense of Leon Authentis.

The paths of asceticism and monasticism coexisted during the Byzantine period. Apart from the organised monasteries, many ascetics' dwellings were scattered all over Cyprus (some known and others unknown today). Ascetics resided in caves which were either natural or which they themselves had carved out of the mountains and also in underground pagan tombs which they adapted to their needs. Hundreds of ascetics, monks and saints shone forth the illustriousness of their existence on the island. Many names of ascetics and their dwellings have been recorded, for others all that we have is their names: Ioannis, Potamitis, Artemon (etc). In other cases, well-known cells (dating from the 4th century) have no ascetic attached to their history (*Aghiospilios* at Fylleri, *Kremmouchas* at Lapithos etc) and some ascetics have been completely forgotten. Leontios Machairas testifies that, during the Byzantine period, 300 monks arrived in Cyprus from Palestine and that they settled in various caves all over the island. We only know the names of fifty-four of these men. Important catalogues of the saints and anchorites of Cyprus have been preserved in the work of Leontios Machairas, Etienne de Lusignan (16th century), Neophytos Rodinos (17th century) and Archimandrite Kyprianos (18th century).

A cave that can still be visited today is that of Saint Sozomenos, in a village of the same name (near Nicosia). It is decorated almost entirely with frescoes, the oldest of which date back to the 10th century. Cells are known of Saint Theodore in Dali, and of Saint Eutychius in Nisou. In the Turkish-occupied area there are the cells of the Saints Synesius and Thyrsus in Karpasia; of Saint Auxentius in Eptakomi; in the province of Kyreneia

μοναστήρια της Κύπρου. Στην περιοχή της Πόλης της Χρυσοχούς λειτουργεί η μονή του Αγίου Αρκαδίου, στον Αγρό η μονή του Μεγάλου Αγρού, στην οροσειρά του Πενταδακτύλου οι μονές των Κρινίων, των Καθάρων, της Αψινθιώτισσας και της Παναγίας της Καντάρας, των Ασωμάτων στα Λεύκαρα, της Αχειροποιήτου στη Λάμπουσα, του Αντιφωνητή στην Καλογραία, του Αγίου Νικολάου της Στέγης στην Κακοπετριά, της Παναγίας του Άρακος στα Λαγουδερά, ο ναός της οποίας διακοσμήθηκε με τοιχογραφίες στα 1192, με έξοδα του Λέοντα του Αυθέντη.

Ο ασκητισμός και ο μοναχισμός παρουσιάζουν συνύπαρξη και παράλληλη πορεία καθ' όλη τη βυζαντινή περίοδο. Πέρα από τα οργανωμένα μοναστήρια, η Κύπρος είναι διάσπαρτη από πάμπολα ασκητήρια, όπου έζησαν και αγίασαν πληθώρα γνωστών και αγνώστων αναχωρητών. Ως χώρους διαμονής χρησιμοποιούσαν σπήλαια, φυσικά ή λαξευτά στον βράχο, καθώς και υπόγειους ειδωλολατρικούς τάφους, τους οποίους προσάρμοζαν στις ανάγκες τους. Πρόκειται για εκατοντάδες ασκητών, αναχωρητών και αγίων, οι οποίοι διέλαμψαν με τον βίο τους σε όλη την έκταση της Μεγαλονήσου. Πλείστων τα ονόματα και οι χώροι, όπου ασκήτευσαν, διεσώθησαν στην ιστορική μνήμη, άλλων γνωρίζομε μόνο τα ονόματα και τίποτα επιπλέον (Ιωάννης, Ποταμίτης, Αρτέμων κλπ.). Γνωστά ασκητήρια, που χρονολογούνται από τον 4ο αιώνα, είναι ανώνυμα (Αγιόσπηλιος στο Φυλλέρι, Κρεμμουχάς στη Λάπηθο κλπ.), ενώ άλλοι ασκητές εξαλείφθηκαν τελείως από την ανθρώπινη μνήμη. Ο Λεόντιος Μαχαιράς αναφέρει ότι κατά τη βυζαντινή περίοδο κατέφυγαν στην Κύπρο 300 μοναχοί από την Παλαιστίνη, οι οποίοι εγκαταστάθηκαν σε διάφορα σπήλαια. Από αυτούς γνωρίζομε τα ονόματα μονάχα 54. Αξιόλογους καταλόγους αγίων και αναχωρητών της Κύπρου μας διέσωσαν στα έργα τους, εκτός του Λεόντιου Μαχαιρά, οι Στέφανος

those of Saint Eulambius at Lampousa and Saint Epiktetus in the eponymous village. Other known dwellings include that of Saints Barnabas and Timon at Vasa Koilaniou and those of Saints Ionas, Nomon, Kendeas and Onesiphorus in Paphos. Saint Eliophotus, with Saints Auxouthenius, Pamphoditus, Choulelaeus, Kournoutas and Pammegistus, all served at Achera. Panygirius served at Malounta; Polemius at Morphou; Cassian served near Alektora; Euxiphius at Astromeritis. Eirinikus served in a cell on the way to Zoteia and there are hundreds more, whose names have sunk into oblivion over time.

Moreover, monasteries carved in rock have survived which housed small brotherhoods. Examples are Aghia Mavra at Chrysokava (Keryneia), Panaghia Chrysospiliotissa at Deftera and Panaghia Galaterousa at Karavas. The most important of these, not only in size and present condition, but also because of the importance of its founder, is the monastic hermitage (εγκλείστρα) of St Neophytus in the Paphos area. Founded in 1159 by Neophytus himself, it contains a church dedicated to the Holy Cross, cells and the Saint's tomb. In 1183 it was decorated with fresco masterpieces. St Neophytus the Anchorite is regarded as the most important figure in Cypriot asceticism, faithful to the Byzantine ascetic tradition and a prolific writer.

During the years of the island's Frankish occupation, the Cypriot tradition of Orthodox asceticism declined, finally becoming synonymous with coenobitic monasticism as the Orthodox Church of Cyprus came under great pressure and persecution by the Frankish conquerors. This culminated in the Bulla Cypria (1260) of Pope Alexander IV and the martyrdom of the thirteen monks of Kantara (1231) when Orthodox Cypriots were forced unwillingly to become Uniates. The foundation of Orthodox monasteries was restricted (Stavros

Λουζινιανός (16ος αιώνας), Νεόφυτος Ροδινός (17ος αιώνας), και Αρχιμανδρίτης Κυπριανός (18ος αιώνας).

Από τα γνωστά και διασωζόμενα μέχρι σήμερα ασκητήρια αναφέρομε ενδεικτικά του Αγίου Σωζομένου, στο ομώνυμο χωριό της Λευκωσίας, κοσμημένο κατά το μεγαλύτερο μέρος με τοιχογραφίες, οι παλαιότερες των οποίων μπορούν να αναχθούν στον 10ο αιώνα, στο χωριό Δάλι το ασκητήριο του Αγίου Θεοδώρου και στο χωριό Νήσου του Ευτυχίου. Στις κατεχόμενες από τα τουρκικά στρατεύματα βόρειες περιοχές της Κύπρου διασώζονταν: στην Καρπασία τα ασκηταριά των Αγίων Συνεσίου και Θύρσου, του Αγίου Αυξεντίου στην Επτακώμη, στην επαρχία Κερύνειας του Αγίου Ευλαμπίου στη Λάμπουσα και του Αγίου Επικτήτου στο ομώνυμο χωριό. Στη Βάσα Κοιλανίου διατηρούνται οι σκήτες του οσίου Βαρνάβα και Αγίου Τίμωνα και στην Πάφο των Αγίων Ιωνά, Νόμωνα, Κενδέα και Ονησιφόρου. Στην Αχερά ασκήτεψε ο άγιος Ηλιόφωτος με τον Αυξουθένιο, Παμφόδιτο, Χουλέλαιο και Παμμέγιστο, καθώς και ο άγιος Κουρνούτας, στη Μαλούντα ο Πανηγύριος, στη Μόρφου ο Πολέμιος, προς την Αλέκτορα ο Κασσιανός, στον Αστρομερίτη ο Ευξίφιος, στη στράτα της Ζώτειας ο Ειρηνικός και εκατοντάδες άλλοι, των οποίων τα ονόματα εκάλυψε ο χρόνος και η λήθη.

Επιπλέον διασώζεται αριθμός λαξευτών μοναστηριών, όπου λειτούργησαν μικρές αδελφότητες, όπως η Αγία Μαύρα της Χρυσοκάβας (Κερύνεια), η Παναγία Χρυσοσπηλιώτισσα στη Δευτερά και η Παναγία η Γαλατερούσα στον Καραβά. Σημαντικότερη από όλα, όχι μόνο ως προς το μέγεθος και τη διατήρησή της, αλλά και ως προς την προσωπικότητα, που τη σύστησε, είναι η γνωστή εγκλείστρα του Αγίου Νεοφύτου, στα περίχωρα της Πάφου. Λαξεύεται στα 1159 από τον ίδιο τον Νεόφυτο, και περιλαμβάνει ναό, αφιερωμένο στον Τίμιο Σταυρό, κελλιά, καθώς και τον τάφο του

Phaneromenos near Nicosia in 1341, the convent of Panaghia Vlachernitissa in the 13th century) and Orthodox monasteries were taken over by the Latin Establishment (for example, Stavrovouni by the Benedictines). Some time in the 15th century, Helen Palaeologina, the Greek wife of the Frankish King John II of Cyprus, supported Orthodox monasticism and re-established some deserted Orthodox monasteries (Aghios Georgios Manganon, in Nicosia). She also took care to secure the welfare of monks arriving from Constantinople after its fall to the Turks in 1453.

During the years of Turkish domination (1571-1878), the Orthodox Church reverted to the previously-established order and there were efforts to reconstitute monasticism, albeit restricted to the coenobitic tradition. However, one after the other, most of the monasteries were depopulated. This continued through out the years of British rule (1878-1959). The very few monasteries in which monks continued to live and worship became almost detached from their original Byzantine ascetic roots.

With the declaration of the Republic of Cyprus, the Church of Cyprus made efforts to gather strength and to revive monasticism in the contex of present-day, more-worldly, circumstances. Ruined monasteries were reconstructed and populated with new brotherhoods and sisterhoods. These are growing in number (for example: Aghios Herakleidios, Aghios Panteleimon Acheras, Aghios Georgios Mavrovouniou etc.). Today, in the free part of Cyprus, there are eight monasteries and fifteen convents, where monks and nuns live and worship in communities. In the Turkish-occupied area, there are important monasteries which are subject to neglect, looting and continued destruction (for example, that of the Apostle Barnabas, of Christ Antiphonitis, of Aghios Spyridon etc.). However,

αγίου. Στα 1183 διακοσμήθηκε με τοιχογραφίες αγέραστης τέχνης. Ο έγκλειστος άγιος Νεόφυτος θεωρείται ως η σημαντικότερη μορφή Κυπρίου ασκητή, προσηλωμένου στη βυζαντινή ασκητική παράδοση και συνάμα πολυγραφότατου συγγραφέα.

Επί φραγκοκρατίας ο ορθόδοξος ασκητισμός σταδιακά θα συρρικνωθεί και θα συγχωνευθεί στον κοινοβιακό μοναχισμό, αφού η ορθόδοξη Εκκλησία της Κύπρου θα τεθεί υπό πίεση-διωγμό από τους Φράγκους κατακτητές με αποκορύφωμα την Κυπριακή Διάταξη (1260) του Πάπα Αλεξάνδρου Δ΄ και το μαρτύριο των δεκατριών μοναχών της Καντάρας (1231), και θα εξαναγκαστεί σε καθεστώς ακούσιας ουνίας. Η ίδρυση ορθοδόξων μονών περιορίζεται (Σταυρός Φανερωμένος κοντά στη Λευκωσία 1341, Παναγία Βλαχερνίτισσα γυναικείο μοναστήρι, 13ος αιώνας), ενώ ορθόδοξα μοναστήρια περιέρχονται στην κατοχή των Λατίνων (Μονή Σταυροβουνίου σε Βενεδικτίνους). Κατά τον 15ο αιώνα η Ελληνίδα Ελένη Παλαιολογίνα, σύζυγος του Φράγκου Βασιλιά της Κύπρου Ιωάννη Β΄, θα ενισχύσει τον ορθόδοξο μοναχισμό, θα επανιδρύσει εγκαταλειμμένες ορθόδοξες μονές (άγιος Γεώργιος Μαγγάνων, Λευκωσία) και θα περιθάλψει πρόσφυγες μοναχούς από την Κωνσταντινούπολη, μετά την άλωσή της από τους Τούρκους (1453).

Με την τουρκοκρατία (1571-1878) η ορθόδοξη Εκκλησία επανέρχεται στην παλιά καθεστηκυία τάξη, και ο μοναχισμός προσπαθεί να ανασυγκροτηθεί, περιοριζόμενος στην κοινοβιακή μορφή. Το ένα μετά το άλλο τα πλείστα μοναστήρια συρρικνώνονται πληθυσμιακά και ερημώνονται. Η αυτή κατάσταση θα συνεχισθεί και στα χρόνια της αγγλοκρατίας (1878-1959). Οι ελάχιστες μονές, που λειτουργούσαν, απεκόπησαν σχεδόν πλήρως από τις αρχέγονες βυζαντινές ρίζες του ασκητισμού.

Με την ανακήρυξη της Κυπριακής Δημοκρατίας η Εκκλησία της Κύπρου προσπαθεί να ανασυντάξει τις δυνάμεις της και να ανασυγκροτήσει και τον

according to the Archimandrite Kyprianos, with whom we began: "Although (Cyprus) has been dominated by different peoples, of other faiths and impious at various times, she has endured much danger thankfully and patiently and never the less, day by day, endures".

μοναχισμό μέσα στα σύγχρονα δεδομένα, που προκαλούν τάσεις εκκοσμίκευσης. Ανοικοδομούνται ερειπωμένες μονές και επανδρώνονται με νέες αδελφότητες, οι οποίες όλο και αυξάνουν πληθυσμιακά (άγιος Ηρακλείδιος, άγιος Παντελεήμονας Αχεράς, άγιος Γεώργιος Μαυροβουνίου κλπ.). Σήμερα στο ελεύθερο τμήμα της Κύπρου λειτουργούν 23 μονές, από τις οποίες οι 15 είναι γυναικείες. Σημαντικά μοναστήρια βρίσκονται στις κατεχόμενες από την Τουρκία περιοχές, παραδομένα στην εγκατάλειψη, τη βάναυση λεηλασία και συνεχή καταστροφή (Αποστόλου Βαρνάβα, Χριστού Αντιφωνητή, Αγίου Σπυρίδωνα κλπ.). Αλλά κατά τον Αρχιμανδρίτη Κυπριανό, με τον οποίο κάναμε αρχή, η μεγαλόνησος Κύπρος, *"καίτοι εἰς διάφορα γένη ὑποταχθεῖσα ἑτερόδοξά τε καὶ ἀσεβῆ κατὰ διαφόρους καιρούς, πολλοὺς κινδύνους μετ' εὐχαριστίας ὑπέμεινεν καὶ οὐδέν ἧττον καθ' ἑκάστην ὑπομένει ἔτι νῦν"*.

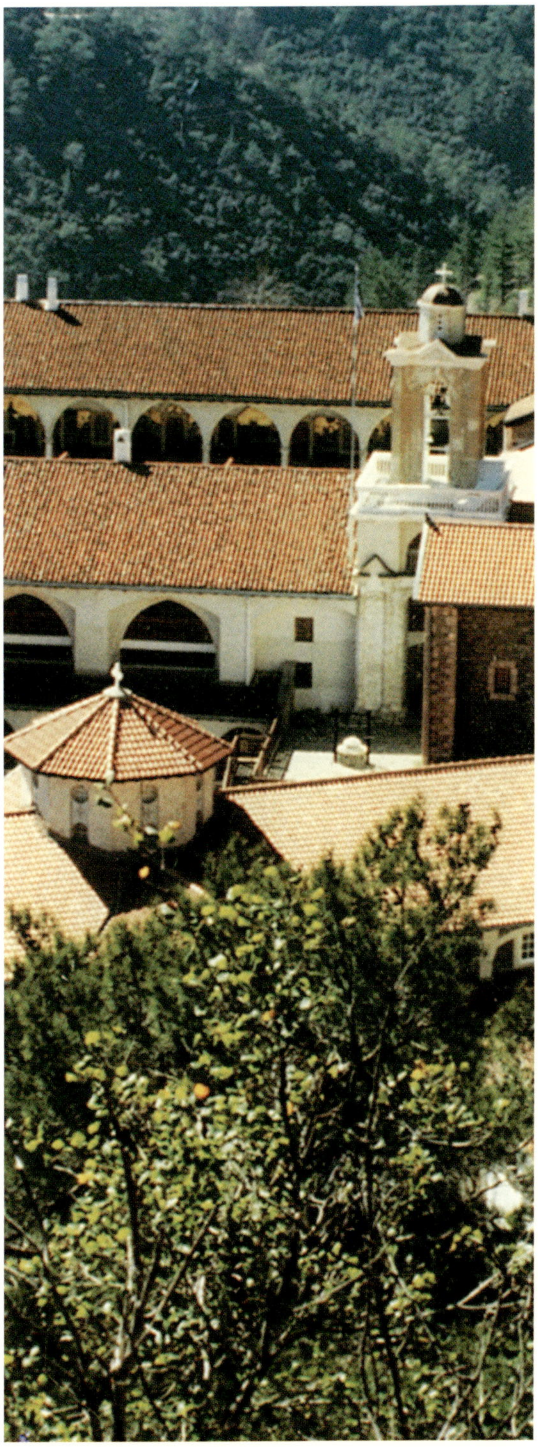

Stavros S. Fotiou

THE SPIRITUAL TRADITION OF CYPRIOT SAINTS

Σταύρος Σ. Φωτίου

Η ΠΝΕΥΜΑΤΙΚΗ ΠΑΡΑΔΟΣΗ ΚΥΠΡΙΩΝ ΑΓΙΩΝ

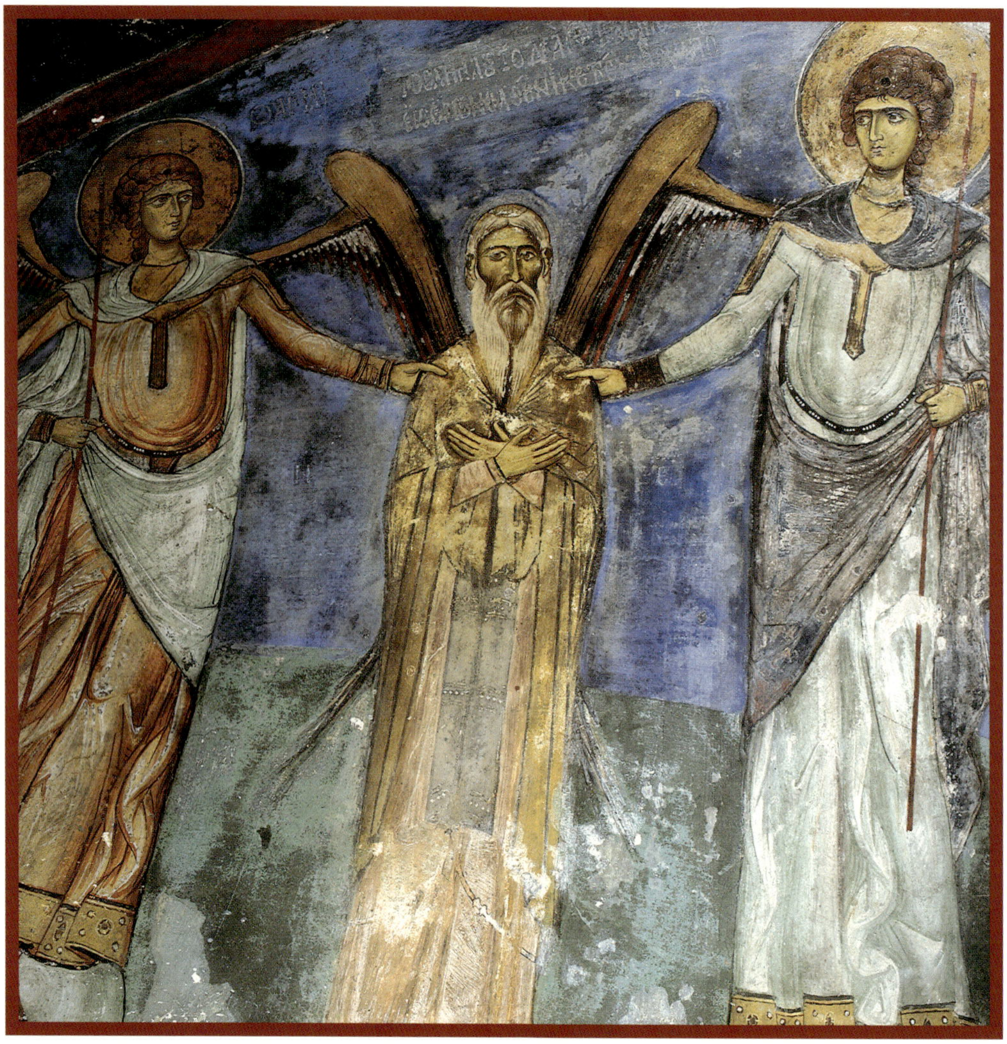

Fig. 4
St. Neophytus between Angels, detail. Wall-painting, Hermitage of Aghios Neophytos, 1183. The work of Theodoros Apsevdis.

Εικ. 4
Ο άγιος Νεόφυτος μεταξύ αγγέλων, λεπτομέρεια. Τοιχογραφία, Εγκλείστρα του αγίου Νεοφύτου, 1183. Έργο του Θεοδώρου Αψευδούς.

In 46 AD, the Apostles Paul and Barnabas brought the vitalising message of the Gospel to Cyprus: God is our Father, we are all brothers and nature is a blessed dwelling place. Finding peaceful union with God, and by extension, within ourselves, with our fellow men and with nature is the way of life that the Church offers to mankind.

Cyprus's passage from idolatry to Christianity was marked by the decision of Sergius Paulus (the Roman proconsul) in favour of the Apostle Paul rather than the magus Elymas. This change is eloquently described in an inscription found in the house of Eustolius at ancient Kourion. "This house is no longer decorated with large stones, sturdy iron, fair bronze and steel; it is now adorned with the most venerable symbols of Christ". Cyprus was no longer Aphrodite's island; it would become the island of Saints.

A Saint, is a person who accepts his/her calling: to flood his/her being with God's ever-flowing gift of love, which is why a Saint's life is made meaningful by love and is distinguished by altruism and self-sacrifice. For the Saint, everything ought to serve human need – physical and spiritual – otherwise, it fails in its purpose. We are enriched increasingly the more we give of ourselves to our fellow men; we live in dying for others. The Apostles Paul and Barnabas wrote to Herakleidius, Bishop of Tamassos: "You, good shepherd, do not resist the irascible temperament of the inhabitants, but let us instead transcribe, on their souls, the teachings of the Gospel ... keep all babies nourished with a flow of milk, let every child come under your wing as if you were a mother, her hands full of bread. Be a support to the old and offer your kind words healing their pain, reach-

Το 46 μ.Χ. οι Απόστολοι Παύλος και Βαρνάβας κομίζουν στην Κύπρο το ζωοποιό μήνυμα του Ευαγγελίου: ο Θεός είναι πατέρας, οι άνθρωποι αδελφοί και η φύση μέγας οίκος. Η αγαπητική ενότητα του ανθρώπου με τον Θεό, και κατ' επέκταση με τον εαυτό του, τον συνάνθρωπό του και τη φύση, αποτελεί τον τρόπο ζωής, που η Εκκλησία φανερώνει ενώπιον των ανθρώπων.

Η εκλογή του Ρωμαίου ανθύπατου της Κύπρου Σέργιου Παύλου προς τον πνευματοφόρο Παύλο, και όχι προς τον μάγο Ελύμα, σημάδεψε το πέρασμα της Κύπρου από την ειδωλολατρία στον Χριστιανισμό. Τη μεταβολή αυτή παρουσιάζει εύγλωττα μια επιγραφή από τον οίκο του Ευστόλιου στο αρχαίο Κούριο: «Το σπίτι αυτό αντί του παλιού στολισμού του από μεγάλες πέτρες, στερεό σίδερο, ξανθό χαλκό και ακόμη χάλυβα, έχει τώρα ζωστεί με τα πολυσέβαστα σύμβολα του Χριστού». Η Κύπρος από νησί της Αφροδίτης έμελλε να γίνει νήσος των Αγίων.

Άγιος είναι ο άνθρωπος, που δέχεται να πλημμυρίσει την ύπαρξή του η διαρκώς δωρούμενη αγάπη του Θεού, γι' αυτό και ολόκληρη η ζωή του νοηματοδοτείται απ' την αγάπη. Κύρια έτσι γνωρίσματά του καθίστανται η αυτοπροσφορά και η αυτοθυσία. Για τον άγιο τα πάντα οφείλουν να υπηρετούν τις ανθρώπινες ανάγκες –σωματικές και ψυχικές– άλλως εκπίπτουν του σκοπού τους. Ο άνθρωπος πλουτίζει όσο περισσότερο προσφέρεται, ζει όταν πεθαίνει για τους άλλους. Γράφουν οι Απόστολοι Παύλος και Βαρνάβας προς τον Επίσκοπο Ταμασσού Ηρακλείδιο: «Εσύ, ως καλός ποιμένας, μην αντισταθείς στη θυμώδη διάθεση των κατοίκων, αλλά ας μεταγράψουμε στις ψυχές τους διδαχές του Ευαγγελίου. (...) Στα βρέφη δίνε τους κρουνούς του γάλακτος, στο παιδί άπλωνε μητρικό χέρι γεμάτο ψωμί. Στον γέροντα να γίνεσαι στήριγμα, και με γλυκιά νουθεσία θεράπευσε τους πόνους, προτείνοντας με το χέρι ψωμί και με τον λόγο

ing out and offering them bread in your hands and hope in your words".

Saints give life to the transcendental dimension of existence, they respect the sanctity of humanity. Their vision is the universal brotherhood of man. Hence, any form of oppression and any debasement of human life constitutes a menacing threat to the Saint's vision. Saints subvert the ideological foundation on which every self-seeking and ruthless institution of power is based, proclaiming liberation from every form of slavery -material and spiritual- throwing doubt on gender bias and racism, exploitation and violence. For this, they are persecuted. Even before their executioners, Saints testify that love is the rule by which we all should live, a message of peace and prayer for the salvation of all people. In the presence of his torturers St Tychon says: "That is why, even if our life is in danger, we will never stop pleading with every person to come to Christ. That is why we bless those who revile us and bear persecution ... to enlighten those who cross our path in this life. We behave mildly toward all, we teach those who trespass against God and ourselves, with tolerance and we disarm with our kindness those who stand against us ".

Saints personify love, freedom, unity, brotherhood and faith in the possibility of the world's fundamental renewal; and for that they are persecuted. Their sole answer to persecution is the sacrifice they undergo in the name of Truth. The sermon of St Theodotus of Kyreneia during his martyrdom is characteristic: "My existence is sacrifice, in the name of the One who sacrificed Himself for me. Just as I have mystically received communion of His Body and Blood, so now I will sacrifice my own ... As my whole being is His, I pray that my whole being will be sacrificed

ελπίδα». Υποθήκη πολύτιμη για κάθε Χριστιανό.

Η βίωση της υπερβατικής διάστασης της ύπαρξης, ο σεβασμός της ιερότητας του ανθρώπινου προσώπου, το όραμα της παγκόσμιας αδελφικής κοινωνίας, φέρνουν τους αγίους σε σύγκρουση και αντιπαράθεση με οτιδήποτε ποδηγετεί τον άνθρωπο και εξαθλιώνει τη ζωή. Κηρύττοντας την απελευθέρωση του ανθρώπου από κάθε μορφής δουλεία –υλική και πνευματική– αμφισβητώντας τον ανδροκεντρισμό και τον φυλετισμό, την εκμετάλλευση και τη βία, οι άγιοι υπονομεύουν τα ιδεολογικά θεμέλια κάθε ιδιοτελούς και απάνθρωπης εξουσίας. Γι' αυτό και διώκονται. Αλλά ακόμη και ενώπιον των δημίων τους οι άγιοι καταθέτουν την αγάπη ως γνώμονα ζωής, ήθος καταλλαγής και προσευχής για τη σωτηρία του σύμπαντος κόσμου. Ενώπιον των βασανιστών του ο άγιος Τύχων αναφέρει: «Γι' αυτό και εμείς δεν θα παύσουμε, όσο ζούμε, να παρακαλούμε κάθε άνθρωπο να έλθει στον Χριστό, έστω και αν κινδυνεύουμε με θάνατο. Γι' αυτό λοιδορούμενοι ευλογούμε, διωκόμενοι ανεχόμαστε (...), ώστε τους πλανώμενους στον κόσμο να φωτίσουμε. Συμπεριφερόμαστε έτσι ήπια προς όλους, διδάσκοντας με ανεξικακία τους θρασυνομένους στον Θεό και σ' εμάς, και παιδεύοντας με πραότητα τους αντιτιθεμένους».

Στα πρόσωπα των αγίων διώκεται η αγάπη και η ελευθερία, η ενότητα και η αδελφοσύνη, η πίστη στη ριζική ανακαίνιση του κόσμου. Μόνιμη απάντησή τους σε κάθε διωγμό η θυσία της ζωής τους χάριν της αλήθειας. Ο λόγος του αγίου Θεοδότου Κυρηνείας κατά το μαρτύριό του είναι χαρακτηριστικός: «Σπεύδω να γίνω θυσία καθαρή σ' αυτόν, που για μένα θυσιάστηκε. Όπως μυστικά ιερουργούσα το σώμα και το αίμα του, έτσι και τώρα θα θυσιάσω το δικό μου (...). Αφού ολόκληρος είμαι δικός του, ολόκληρος εύχομαι να θυσιαστώ, ολόκληρη τη ζωή μου παραδίδω σ' αυτόν». Η γήινη πολιτεία οφείλει να εικονίζει την ουράνια, στην

and relinquish my life, into His hands". The earthly kingdom should reflect the heavenly kingdom, where love is the measure of everything: this is the vision for which Saints are martyred.

The Saint, who has tasted God's love, does not keep this gift to himself, but he offers it to others, attesting to the profundity of his faith and the magnitude of his spirituality. His love is modelled on God's love and transcends colour, religion, language, race. This is why it was said of St Spyridon that: "this was the deepest desire of this blessed and truly wise man: to love God and man. He was altruistic, charitable and hospitable ... and received all, with great joy". For the Saint, his fellow man is a friend and brother whose existence is the founding energy of life. That is why all he possesses and all he is, he will offer to other people. Even when the other person sins, the Saint's love for him is not diminished. The Saint hates sin, not the sinner. He knows that the Church is a hospital and not a court room. That is why his every act is aimed at curing his fallen brothers. "In the middle of the night, a long time ago, thieves came to the sheep [of St Spyridon] and they tried to steal some sheep. However, an invisible force tied their hands and they could not escape. They had to stay there till morning. St Spyridon, when he found them in that state, understood what had happened. He freed the thieves, admonished them and advised them to make a living with their own labour, not to take anything dishonestly. Following this, he let them go, giving them a sheep, so that, as he said, they would not have lost a night's sleep in vain".

In order to live love –towards all, always the same– the Saint knows that effort is needed, to struggle to minimize himself, so he can offer the

οποία τα πάντα αλληλοπεριχωρούνται στην αγάπη: να το όραμα για το οποίο μαρτυρούν οι άγιοι.

Ο άγιος, ο άνθρωπος, που γεύθηκε την αγάπη του Θεού, δεν κρατάει την αγάπη αυτή μόνο για τον εαυτό του, αλλά την προσφέρει στους άλλους. Η αγάπη προς τον συνάνθρωπο πιστοποιεί το μέγεθος της πίστης και το ύψος της πνευματικότητάς του. Η αγάπη του –μιμούμενη την αγάπη του Θεού– υπερβαίνει χρώμα, θρησκεία, γλώσσα, έθνος, χαρακτηριστικά. Ιδού γιατί ο άγιος Σπυρίδων «αυτόν τον πόθο είχε, ο μακάριος και αληθινά σοφός άνδρας: να έχει αγάπη προς τον Θεό και τους ανθρώπους. Φιλάδελφος, φιλάνθρωπος και φιλόξενος καθώς ήταν (...), δεχόταν τους πάντες με μεγάλη χαρά».

Για ένα άγιο ο συνάνθρωπος είναι φίλος και αδελφός, η ύπαρξή του είναι ιδρυτική πράξη της ζωής. Γι' αυτό ό,τι έχει μα, προπάντων, ό,τι είναι, το προσφέρει στους άλλους. Ακόμη και όταν ο άλλος αμαρτάνει, η αγάπη του αγίου γι' αυτόν δεν μειώνεται καθόλου. Ο άγιος μισεί την αμαρτία, και όχι τον αμαρτωλό. Γνωρίζει ότι η Εκκλησία είναι νοσοκομείο, και όχι δικαστήριο. Γι' αυτό και κάθε του πράξη αποβλέπει στη θεραπεία του πεπτωκότος αδελφού του: «Στο μέσο, κάποτε, μιας νύκτας ήλθαν κλέφτες στη μάντρα των προβάτων [του αγίου Σπυρίδωνος] και προσπάθησαν να κλέψουν μερικά. Όμως, από αόρατη δύναμη δέθησαν τα χέρια τους και με αυτόν τον τρόπο έμειναν εκεί μέχρι το πρωί. Ο άγιος Σπυρίδων, μόλις τους βρήκε έτσι, κατάλαβε τι είχε γίνει. Έλυσε τους κλέφτες από τα δεσμά τους, τους νουθέτησε με πολλά, συμβουλεύοντάς τους να βγάζουν το ψωμί με τον δικό τους κόπο, τίποτε δε να μην παίρνουν με αδικία. Στη συνέχεια τους απέλυσε, χαρίζοντάς τους κι ένα πρόβατο, ώστε, όπως είπε, να μην πάει η ξαγρύπνια τους χαμένη».

Για τη βίωση της αγάπης –προς όλους, το ίδιο, συνεχώς– ο άγιος γνωρίζει ότι απαιτείται άσκηση,

maximum to his fellow man. His "ascesis", or training, although essential in the battle to transform his interior world, as well as the world outside, is only a means and not an end in itself. The Saint's supreme aim remains always to minister to his fellow man: "Long ago, St Epiphanius sent a message to St Hilarion, inviting him to a meeting, before death overtook them. And when he came, they were both very happy. The table had been laid, there was cockerel for dinner, and St Epiphanius offered some to Abba Hilarion "Please forgive me", said Hilarion. "When I took Holy Orders I vowed never to eat a slaughtered being". Epiphanius replied: "Since I took Holy Orders, I have not let anyone retire for the night with something against me in their heart and neither have I ever slept with a grudge against anybody. Then, the wise old man said: "Forgive me, for your code of conduct is wiser than mine".

The Saint, because he is living out his faith, is the human embodiment of the Christian Gospel, and that is why he resists every attempt by others to obscure the truth. So, in the face of every heresy that denies the incarnation of God and therefore the deification of man, the Saint, through his life experience, bears witness to the God-man, Jesus Christ, where God's love for us meets our love for Him. For the Saint, as Leontius of Neapolis, defending the veneration of the icons, writes: "Man is made in the image of God as a dwelling-place for the Holy Spirit. So, rightly do I honour and venerate the image of God's subjects and rightly do I glorify the dwelling place of the Holy Spirit". Here is why we should venerate and honour our icons; they reveal God's new world, pictorially; they present the transformation of man and the world in union with God. Theosebus in the admolition of

αγώνας, για να μειώσει το εγώ του στο ελάχιστο, ώστε να προσφέρει στον συνάνθρωπο το μέγιστο. Η άσκηση όμως, μολονότι απαραίτητη στον αγώνα για μεταμόρφωση του ένδοθεν και έξωθεν κόσμου, είναι μέσο, και όχι αυτοσκοπός. Έσχατος σκοπός του αγίου παραμένει πάντοτε η διακονία του συνανθρώπου: «Έστειλε κάποτε ο άγιος Επιφάνιος μήνυμα στον άγιο Ιλαρίωνα, καλώντας τον να συναντηθούν, πριν τους προλάβει ο θάνατος. Και όταν αυτός ήλθε, εχάρησαν πολύ. Και όταν κάθισαν στο τραπέζι, υπήρχε και πετεινός, και ο άγιος Επιφάνιος τον πρόσφερε στον Αββά Ιλαρίωνα. "Συγχώρεσέ με", του λέει τότε ο Ιλαρίωνας. "Αφότου έλαβα το μοναχικό σχήμα, δεν έφαγα σφαγμένο". Και λέει σ' αυτόν ο Επιφάνιος: "Εγώ αφότου έλαβα το σχήμα δεν αφήκα κανένα να κοιμηθεί, έχοντας κάτι εναν, τίον μου, ούτε εγώ εκοιμήθηκα, έχοντας κάτι εναντίον κάποιου". Λέγει τότε σ' αυτόν ο γέρων: "Συγχώρεσέ με, γιατί η πολιτεία η δική σου είναι καλύτερη απ' τη δική μου"».

Ο άγιος, βιώνοντας την πίστη του, αποτελεί ένσαρκη μαρτυρία του χριστιανικού Ευαγγελίου, γι' αυτό και αντιστέκεται σε κάθε απόπειρα νόθευσης της αλήθειας. Έτσι, απέναντι σε κάθε αίρεση, που αρνείται την ενανθρώπηση του Θεού, και άρα τη θέωση του ανθρώπου, ο άγιος καταθέτει εμπειρικά τη μαρτυρία για τον Θεάνθρωπο Χριστό, τη συνάντηση της κατερχόμενης αγάπης του Θεού με την ανερχόμενη αγάπη του ανθρώπου. Για τον άγιο ο άνθρωπος δεν είναι τίποτε ολιγότερο από εικόνα της Εικόνας του Θεού. Γράφει ο άγιος Λεόντιος Νεαπόλεως, υπερασπιζόμενος τις εικόνες: «Εικόνα Θεού είναι ο κατ' εικόνα του πλασμένος άνθρωπος, και μάλιστα δέχεται την ενοίκηση του Αγίου Πνεύματος. Δίκαια λοιπόν τιμώ και προσκυνώ την εικόνα των δούλων του Θεού και δίκαια δοξάζω τον οίκο του Αγίου Πνεύματος». Να γιατί αρμόζει προσκύνηση και τιμή στις εικόνες, αφού αυτές υπομνηματίζουν ζωγραφικά τον καινούργιο κόσμο

The Spiritual Tradition of Cypriot Saints

an old man states about the icons: "If, many, in their houses, have pictures of people ... so they don't forget them and the love in their relationship, how much more should we, for the love we feel in our souls towards Jesus Christ, the living Son of God, and his Saints, especially those who shed their blood for our faith, constantly honour and venerate their icons and have them in our houses." Christ is the archetype of man and man is the eternal beloved of God.

For the Saint, power is synonymous with service. The Saint knows that a ruler must serve his people, that a spiritual father must sacrifice himself for his children. This means that the shepherd lives and breathes and participates fully in the trials of his flock. Here is why, following a raid by the Arabs, when a part of the local population was removed to Babylon, St Demetrianus, Bishop of Chytroi, even at an advanced age, did not hesitate to accompany his flock to their place of captivity, sharing with them their trials and tribulations. And this because the Saint, separated from his flock, sighed and "with many tears prayed for God's mercy, to free his people from the grip of the wild wolves who had exhausted and dispersed them. And as he could no longer bear this sorrow in his heart, he followed in the footsteps of the prisoners. In his mind two things only were important: by sharing their trials he would assuage their pain, or he would free them from danger and lead them back home". Saint Demetrianus was successful in persuading the Caliph of Bagdad to free his people and let them return to Cyprus. The Saint knows that man is saved by saving others. He lives a life of total self-sacrifice for others. Otherwise, he is like a dead man without a burial place.

The late-Byzantine era and the period of

του Θεού, παρουσιάζουν τη μεταμόρφωση του ανθρώπου και του κόσμου στην ενότητά τους με τον Θεό. Αναφέρεται από τον Θεόσεβο στη νουθεσία γέροντα για τις εικόνες: «Εάν πολλοί στα σπίτια τους έχουν ζωγραφιές ανθρώπων (...) λόγω της αγάπης και της σχέσης, που είχαν μεταξύ τους, ώστε να μη λησμονηθούν, πόσο μάλλον εμείς για την αγάπη, που η ψυχή μας έχει προς τον Χριστό, τον Υιό του Θεού του ζώντος, και τους αγίους του, εξαιρέτως δε αυτούς που έχυσαν το αίμα τους για την πίστη μας, πρέπει να έχουμε συνεχώς και να τιμούμε και να προσκυνούμε τις εικόνες τους;» Ο Χριστός είναι το αρχέτυπο του ανθρώπου· ο άνθρωπος είναι ο αιώνιος αγαπημένος του Θεού.

Για τον άγιο η εξουσία είναι συνώνυμη της διακονίας. Ο άγιος γνωρίζει ότι ο άρχοντας οφείλει να υπηρετεί τον λαό του, ότι ο πνευματικός πατέρας πρέπει να θυσιάζεται για τα παιδιά του. Τούτο σημαίνει ότι ο ποιμένας ζει και συμμετέχει στον οποιονδήποτε πόνο του ποιμνίου του. Ιδού γιατί, όταν μετά από αραβική επιδρομή και μεταφορά τμήματος του τοπικού πληθυσμού στη Βαβυλώνα, ο άγιος Δημητριανός, επίσκοπος Χύτρων, μολονότι σε προχωρημένη ηλικία, δεν δίστασε να συμμερισθεί την περιπέτεια του ποιμνίου του, και να το ακολουθήσει στην αιχμαλωσία. Και τούτο, γιατί ο άγιος, χωρισμένος από το ποίμνιό του, στέναζε «και με δάκρυα πολλά επεκαλείτο το έλεος του Θεού για την ανάρρυσή του από άγριους λύκους διεσπαρμένου και εξουθενωμένου ποιμνίου του. Και μην μπορώντας να αντέξει για πολύ τη λόγω του συμβάντος αυτού θλίψη στην καρδιά του, ακολουθεί και αυτός τον δρόμο των αιχμαλώτων, δύο πράγματα έχοντας κατά νου: ή συμμετέχοντας και αυτός στις κακουχίες τους να τους ανακουφίζει στον πόνο τους ή να τους λυτρώσει από τους κινδύνους και να τους φέρει πίσω στην πατρίδα». Με τις ενέργειές του ο άγιος Δημητριανός κατάφερε να πετύχει από τον Χαλίφη της Βαγδάτης την απελευ-

Frankish domination were harsh, testing times for Cyprus. Drought and earthquakes, mismanagement of national affairs and invasions, led to subjugation to foreign conquerors. In these crucial times, once again, a Saint, Neophytus the Recluse, became the spiritual leader of the nation. Saint Neophytus highlighted, for his compatriots, the deeper reason that had led to disaster: "Each made his own will, his own law". At the same time, however, he showed them how to overcome "the roughness of the land": through the institution and cultivation of spiritual freedom. The essential pre-requisite for liberation – of a human being and of the nation – is internal resistance, spiritual wakefulness, a sense of historical perspective: "Let it be known by all, that it is not the place, but his way of life that saves man». This lesson is supremely relevant to our times.

During the years of Turkish rule, again it was the Saints who led the way to salvation for the people, by safeguarding their spiritual identity, keeping the faith. Faith, however, is first and foremost cultivated by worship, where all experience unity and harmony that keeps their spirituality alive and saves them from fatalism. In church, the faithful are united beyond any discrimination, biological or social. In Communion, they share that which keeps them alive – God's love and sacrifice – they become brothers, in that way resisting every tribulation. That is why one of the main concerns of a saint of that time, Panaretos, Bishop of Paphos, was the reconstruction of existing churches and the construction of new ones. Saint Panaretos knew that in churches, people can walk unharmed through the transient difficulties of the present, because there they have a foretaste of the Eternal.

θέρωση και την επιστροφή του λαού του στην Κύπρο. Ο άγιος γνωρίζει ότι ο άνθρωπος σώζεται σώζοντας τους άλλους. Ζει όταν η ζωή του είναι διαρκής αυτοπαράδοση στους άλλους. Διαφορετικά είναι ένας άταφος νεκρός.

Τα ύστερα βυζαντινά χρόνια και η Φραγκοκρατία αποτελούν περίοδο μεγάλης δοκιμασίας για την Κύπρο. Ανομβρία και σεισμοί, κακή διοίκηση και εισβολή οδήγησαν στην υποταγή σε ξένους κατακτητές. Στην κρίσιμη αυτή περίοδο ένας και πάλι άγιος, ο Νεόφυτος ο Έγκλειστος, έγινε ο πνευματικός καθοδηγητής ενός ολόκληρου λαού. Ο άγιος Νεόφυτος έδειξε στους συμπατριώτες του τη βαθύτερη αιτία που οδήγησε στη συμφορά: «Ως δικό του νόμο έκανε ο καθένας το δικό του θέλημα». Ταυτόχρονα όμως έδειξε και τον τρόπο υπέρβασης «τῶν κατὰ χώραν Κύπρον σκαιῶν»: την εδραίωση και καλλιέργεια της πνευματικής ελευθερίας. Απαραίτητη προϋπόθεση για κάθε απελευθέρωση –ανθρώπου και πατρίδας– είναι η εσωτερική αντίσταση, η ψυχική εγρήγορση, η ιστορική προοπτική. «Ας μάθουν όλοι ότι όχι ο τόπος, αλλά ο τρόπος [ζωής] είναι που σώζει τον άνθρωπο». Μάθημα εξόχως επίκαιρο.

Στην Τουρκοκρατία και πάλι οι άγιοι δείχνουν την οδό για τη σωτηρία των ανθρώπων. Αυτή είναι η διαφύλαξη της πνευματικής ιδιοπροσωπίας, είναι η εμμονή στην πίστη. Η πίστη όμως καλλιεργείται πρωτίστως στη λατρεία, εκεί που οι άνθρωποι προικίζονται με βιώματα ομόνοιας και ομοτροπίας, ικανά να τους κρατήσουν μακριά από κάθε πνευματική λιποψυχία και ιστορική μοιρολατρία. Μέσα στους ναούς οι πιστοί ενώνονται πέρα από κάθε διάκριση –βιολογική και κοινωνική. Κοινωνώντας αυτό που τους κρατεί στη ζωή –τη θυσιαζόμενη αγάπη του Θεού– γίνονται αδελφοί, αντιστεκόμενοι έτσι σε κάθε δοκιμασία. Να γιατί από τα κύρια μελήματα αγίου της εποχής εκείνης, του αγίου Παναρέτου, επισκόπου Πάφου, είναι η επι-

The Spiritual Tradition of Cypriot Saints

A Saint, with his life and experience, reminds us of what is fundamentally at the core of our existence, the revelation of God and the perfection of humanity. A Saint is master of the art of internal purification, the science of sociability, the theory of worldly beauty. The Saint also teaches spiritual calm, creative learning and the acceptance of God's grace into one's life.

This is why, Archbishop Chrysanthos of Cyprus summarised well our Christian duty to the Saints: "We bow to their icons, regarding them as living images of Christ on earth, who distinguished themselves by living in imitation of God. We construct Churches in their name, as they have been glorified by Him with miracles and signs. We celebrate their feast days, and we perform our religious duty to them, in our psalms and with our hymns, which tell of their toil, their fasting, their vigils, the temptations they vanquished, their struggles and martyrdom, which they suffered with gladness in their hearts, for His love in this life. But this is acceptable to them and beneficial when we also try to imitate as far as possible their lives and good deeds; when our faith in God remains untainted, like theirs; when our love for Him and for our fellow man is unfeigned".

In this day and age, as always, the Saints, the hidden just men of the Bible, embellish this world and make life sweeter. And this because the Church is a loving community, where we meet with our brothers in peaceful unity, for "Christ, the sun of justice", is with us.

In this grand gathering are present alike those who walk this terrestrial earth and the citizens of heaven, the guardians of truth and the lovers of beauty, those who represent the Eternal and the friends of the Bridegroom. They come to take communion and delight at the great dining

διόρθωση και η συνεχής οικοδομή ναών. Ο άγιος Πανάρετος –«πανάρετος, ζωντανή αρετή»– γνωρίζει καλά ότι μέσα στους ναούς οι άνθρωποι διέρχονται αλώβητοι τις δυσκολίες του παροδικού. Και τούτο, γιατί εκεί προγεύονται το αιώνιο.

Ένας άγιος με τον βίο και την πολιτεία του υπενθυμίζει στους άλλους τα πρωτεύοντα και ουσιώδη της ζωής, την αποκάλυψη του Θεού και την τελείωση του ανθρώπινου προσώπου. Φανερώνει την τέχνη της εσωτερικής κάθαρσης, την επιστήμη της κοινωνικότητας, τη θεωρία της κοσμικής ομορφιάς. Ο άγιος ασκεί τους ανθρώπους στην πνευματική ησυχία, τη δημιουργική μαθητεία, τη χαρίτωση της ζωής.

Γι' αυτό ο Αρχιεπίσκοπος Κύπρου Χρύσανθος συνόψισε καίρια το χρέος των πιστών προς τους αγίους: «Προσκυνοῦμεν τὰς εἰκόνας αὐτῶν, ὡς ἐμψύχους εἰκόνας αὐτοῦ [τοῦ Χριστοῦ] ἐπὶ γῆς, διὰ τῆς θεομιμήτου πολιτείας, ἀναδειχθέντας. Ναοὺς ἐγείρομεν ἐπὶ τῷ ὀνόματι αὐτῶν, ὡς δοξασθέντας παρ' αὐτοῦ μὲ θαύματα καὶ σημεῖα. Πανηγυρίζομεν τὰς ἑορτὰς καὶ τὰς μνήμας αὐτῶν ἐπιτελοῦμεν μετὰ Ψαλμῶν καὶ Ὕμνων, διηγούμενοι τοὺς κόπους, τὰς νηστείας, τὰς ἀγρυπνίας, τοὺς πειρασμούς, τοὺς ἀγῶνας, καὶ τὰ μαρτύρια, τὰ ὁποῖα ὑπέμειναν, μὲ εὐχάριστον καρδίαν διὰ τὴν ἀγάπην αὐτοῦ, εἰς τὴν παροῦσαν ζωήν. Ἀλλὰ καὶ αὕτη, τότε εἶναι δεκτὴ ἀπὸ αὐτοὺς καὶ ἐπωφελὴς εἰς ἡμᾶς, ὅταν μιμούμεθα κατὰ τὸ δυνατὸν τὰ κατορθώματα αὐτῶν. Ὅταν φυλάττωμεν τὴν πίστιν ἀμώμητον πρὸς τὸν Θεόν, καθὼς καὶ ἐκεῖνοι· τὴν ἀγάπην ἀνυπόκριτον πρὸς αὐτὸν καὶ πρὸς τὸν πλησίον».

Και σήμερα, όπως σε κάθε εποχή, οι άγιοι, οι κεκρυμμένοι δίκαιοι του Ευαγγελίου, αγλαΐζουν τον κόσμο και γλυκαίνουν τη ζωή. Και αυτό, γιατί στην Εκκλησία, την κοινότητα αγάπης, την κοινωνία αδελφοσύνης, την ενότητα ειρήνης, είναι μαζί μας «ο Χριστός, ο ήλιος της δικαιοσύνης». Στη

table of the children of God. There, one can find Auxibius of Soloi and Theodoulus the Fool, the Martyrs Therapon and St Hilarion the Great, St Irene and St Photini, John Lambadistis and Trifyllios of Ledroi, St Mavra and St Constantia and all the Saints, known or unknown. With their intercession, the faithful, rejecting the transient, touch and taste the true life, the life that transcends decay and death, revealing to us life in heaven, where every division and distinction amongst people and nations ceases to be. Because there: God is "all in all" (I *Corinthians* 15:28).

σύναξή του αυτή είναι παρόντες –για να κοινωνήσουν και να ευφρανθούν στο μεγάλο δείπνο των τέκνων του Θεού– οι οδίτες της γης και οι πολίτες τ' ουρανού, οι φύλακες της αλήθειας και οι εραστές του κάλλους, οι τοποτηρητές του αιώνιου και οι φίλοι του Νυμφίου. Εκεί είναι παρόντες ο Αυξίβιος Σόλων και ο Θεόδουλος ο Σαλός, ο Ιερομάρτυς Θεράπων και ο Μέγας Ιλαρίων, η Αγία Ειρήνη και η Αγία Φωτεινή, ο Ιωάννης ο Λαμπαδιστής και ο Τριφύλλιος Λήδρων, η Αγία Μαύρα και η Αγία Κωνσταντία, και πάντες οι άγιοι –γνωστοί και άγνωστοι. Με τις πρεσβείες τους οι πιστοί, αρνούμενοι το εφήμερο, ψηλαφούν και γεύονται την όντως ζωή, τη ζωή, που υπερβαίνει τη φθορά και τον θάνατο, φανερώνοντας την άνω πολιτεία, στην οποία κάθε διαίρεση και χωρισμός, που τεμαχίζει ανθρώπους και λαούς, παύει να υπάρχει. Γιατί εκεί «τὰ πάντα ἐν πᾶσιν» Θεός (Α´ *Κορ.* 15:28).

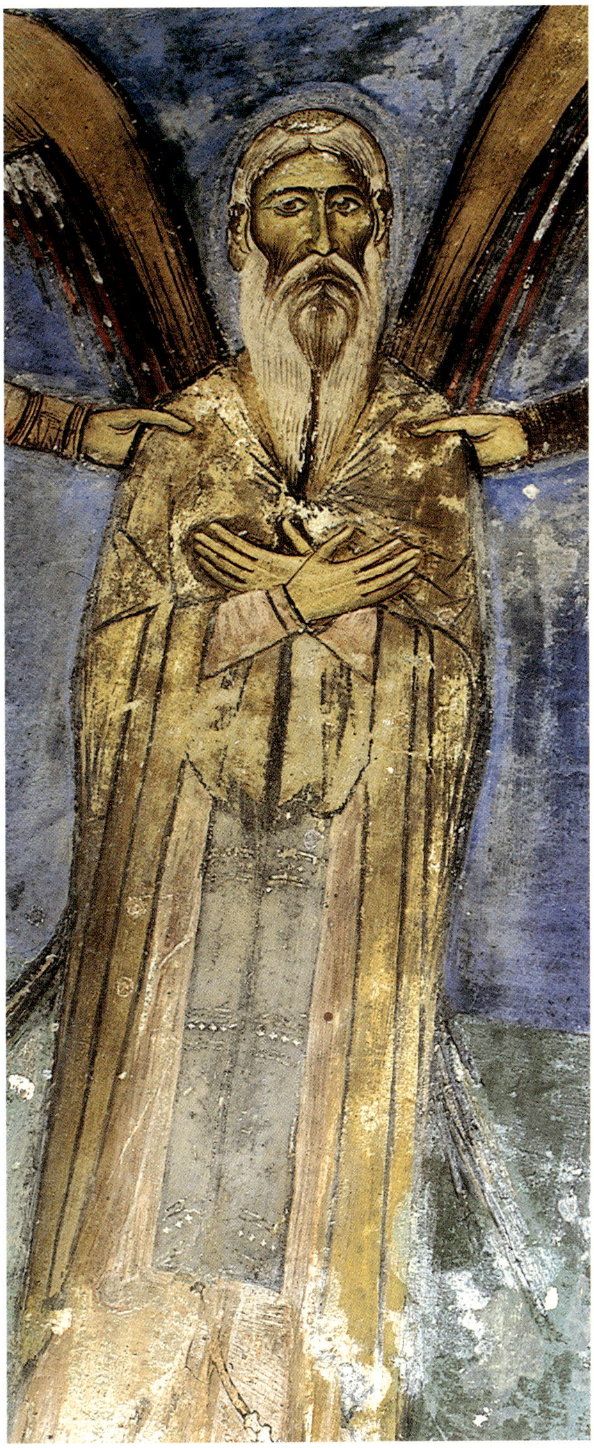

ΟΙ ΑΓΙΟΙ ΠΑΝΤΕΣ

Origins

The Greek Orthodox presence in Britain can be traced back to the first century AD, when the Apostle Aristobulus, a pupil of St Paul and brother of St Barnabas, preached the message of Christianity to the pagan Celts. Six centuries later another Greek, Theodore, from Tarsus in Cilicia, became Archbishop of Canterbury.

Ten centuries later, in 1677, Joseph Georgirinis, Archbishop of Samos, built the first known Greek Orthodox Church in London, in Soho. Dedicated to the Virgin Mary, one hundred Greek immigrant families attended there and the priest was Daniel Voulgaris.

The church was confiscated by the Authorities and handed over to the French Huguenots and the Greeks had to find shelter in the so called Romaic-Russian Church in the Strand and later in the chapel of the Russian Embassy in London's Welbeck Street.

Organised Greek communities were established early in the nineteenth century in the main city-ports of Britain: Manchester, Liverpool, Cardiff and, most importantly, London, where the commercial and financial activity of the British Empire was concentrated. The most important concern of all Greek settlers, once they had secured homes, was to organise their Community, at the centre of which was the Greek Orthodox Church and, if possible, a Greek School.

Following Greece's independence in the early 1830s and with the mass settlement of Greek merchants in London and the cities mentioned above, it was considered of vital importance that a Greek Orthodox Church should be constructed. An apartment at 9 Finsbury Circus, in the centre of the business district in London, was secured to house the Greek Chapel. By 1849, the Chapel was found to be

Fig. 5
The All Saints.
Portable icon, Church of All Saints, London, 20th century.

Εικ. 5
Οι άγιοι Πάντες.
Φορητή εικόνα, Ναός Αγίων Πάντων, Λονδίνο, 20ός αιώνας.

Η Προϊστορία

Η ιστορία της Χριστιανικής παρουσίας στη Βρετανία αρχίζει τον πρώτο μ.Χ. αιώνα, όταν ο απόστολος Αριστόβουλος, μαθητής του Παύλου και αδελφός του Βαρνάβα, κηρύττει τον Χριστιανισμό στους ειδωλολάτρες Κέλτες. Έξι αιώνες αργότερα ένας άλλος Έλληνας, ο Θεόδωρος από την Ταρσό της Κιλικίας, γίνεται Αρχιεπίσκοπος Καντερβουρίας.

Δέκα αιώνες μετά ο Αρχιεπίσκοπος Σάμου Ιωσήφ Γεωργηρίνης κτίζει, στα 1677, τον πρώτο γνωστό ελληνικό Χριστιανικό Ναό στο Σόχο του Λονδίνου, αφιερωμένο στην Παναγία, για εκατόν οικογένειες Ελλήνων προσφύγων υπό τον ιερέα Δανιήλ Βούλγαρη.

Όταν δε ο Ναός κατασχέθηκε από τους Άγγλους, για να δοθεί στους Γάλλους Ουγενότους, οι Έλληνες βρήκαν καταφύγιο στη λεγόμενη Ρωμαϊκο-Ρωσσική Εκκλησία στην περιοχή του Strand και στη συνέχεια στο Παρεκκλήσιο της Ρωσσικής Πρεσβείας στη Welbeck Street Λονδίνου.

Οργανωμένη όμως Ομογένεια στη Βρετανία δημιουργείται στις αρχές του 19ου αιώνα στις πόλεις - λιμάνια Manchester, Liverpool, Cardiff, κυρίως δε στο Λονδίνο, όπου συγκεντρωνόταν η εμπορική και γενικά η οικονομική δραστηριότητα της πανίσχυρης τότε Βρετανικής Αυτοκρατορίας.

Όπως δε υπήρξε ο γενικός κανόνας όλων των ελληνικών αποικιών, από τα πρώτα μελήματα των εγκατασταθέντων στην Αγγλία Ελλήνων ήταν μετά την εξασφάλιση στέγης η οργάνωσή τους σε Κοινότητα με επίκεντρο τον Ελληνικό Ορθόδοξο Ναό και, ει δυνατόν, η ίδρυση Ελληνικού Σχολείου.

Με τη μαζική εγκατάσταση, τόσο στο Λονδίνο, όσο και στις προαναφερθείσες πόλεις, Ελλήνων εμπόρων μετά την ανακήρυξη της Ελλάδας σε ελεύθερο κράτος στις αρχές της δεκαετίας του 1830, θεωρήθηκε σκόπιμη η ίδρυση καθαρά Ελληνικού

too small to accommodate the increasing number of newcomers, so the Faithful moved to another church - this one at London Wall - which, like that in Finbury Circus, was dedicated to Christ the Saviour.

The Cathedral of the Divine Wisdom in Bayswater

By the early 1870s, this church too was found to be both too small and too far away from the new places of abode of the, by now, prosperous Greek Community of London. So it was decided to move westwards to the area of Bayswater, where most of the prominent Greeks had bought magnificent dwellings for their families. This new and truly magnificent church was dedicated to the Divine Wisdom of God and it took about two years to complete. The first service was held on 1st June 1879 which, that year, coincided with the feast of Pentecost; and it was consecrated on 5th February 1882 by Archbishop Antonios of Corfù.

We should mention here, however, that the activities of the Greeks in Britain were not confined to the building of St Sophia (as the church became known). Permanent churches were built to replace missions in Manchester (the Annunciation of the Mother of God, 1860), Liverpool (St Nicholas, 1867) and the Welsh capital of Cardiff (St Nicholas, 1906) - all of which were paid for by voluntary contributions from the Greeks living in those cities. In addition, a cemetery chapel (dedicated to St Stephen) was built in South London and for a time during the 19th century there were Greek missions in Wolverhampton and Bristol.

Unfortunately, apart from the chapel of the Annunciation at Thyateira House in Craven Hill, the church of the Holy Trinity and the Annunciation in Oxford and the church attached to the Magnet Centre in Birmingham, no other Greek

Ναού. Έτσι εξασφαλίζεται ως ευκτήριος οίκος ένα διαμέρισμα στον αριθμό 9 Finsbury Circus στην καρδιά της εμπορικής συνοικίας του Λονδίνου, όπου στεγάζεται η αποκληθείσα Ελληνική Καπέλλα - Greek Chapel. Μέχρι το 1849 η Καπέλλα αποδείχτηκε πολύ μικρή για τους αυξανόμενους αριθμούς των νέων μεταναστών, γι' αυτό οι πιστοί μετακόμισαν σε άλλο Ναό - στο London Wall του Σίτυ - ο οποίος, όπως και η Καπέλλα, ήταν αφιερωμένος στον Σωτήρα Χριστό.

Ο Καθεδρικός Ναός της Αγίας Σοφίας Bayswater

Μέχρι τις αρχές της δεκαετίας του 1878, και ο ναός αυτός του Σωτήρος αποδείχτηκε πολύ μικρός, αλλά και πολύ απομακρυσμένος για τους ήδη ευημερούντες Έλληνες, που εγκαταστάθηκαν σε καινούργια σπίτια. Έτσι αποφασίστηκε να μετακινηθούν δυτικά, στην περιοχή του Bayswater, όπου οι πλείστοι των εξεχόντων Ελλήνων είχαν αγοράσει μεγαλοπρεπείς οικίες για τις οικογένειές τους. Ο νέος αυτός και πραγματικά μεγαλοπρεπής ναός, αφιερωμένος στην του Θεού Σοφία, χρειάστηκε δύο σχεδόν χρόνια, για να ανεγερθεί. Η πρώτη Θεία Λειτουργία τελέσθηκε την 1η Ιουνίου 1879, που συνέπεσε εκείνη τη χρονιά με την εορτή της Πεντηκοστής, εγκαινιάστηκε δε στις 5 Φεβρουαρίου 1882 από τον Αρχιεπίσκοπο Κερκύρας Αντώνιο.

Σημειωτέον εδώ, όμως, ότι οι εκκλησιαστικές δραστηριότητες των Ελλήνων της Βρετανίας δεν περιορίστηκαν μόνο στην ανέγερση του ναού της Αγίας Σοφίας Λονδίνου. Μόνιμοι ναοί ανεγέρθησαν επίσης για ν' αντικαταστήσουν προσωρινούς ευκτηρίους οίκους, στο Manchester (του Ευαγγελισμού της Θεοτόκου, 1860), στο Liverpool (του Αγίου Νικολάου, 1867), στην πρωτεύουσα της Ουαλίας Cardiff (του Αγίου Νικολάου, 1906), τα έξοδα για την ανέγερση των οποίων είχαν καλύψει εξ ολοκλή-

The Archdiocese of Thyateira and Great Britain

Orthodox church has yet been built. What are at present used are church-buildings, which either have been bought or are rented from various denominations in the United Kingdom.

The Founding of the Archdiocese of Thyateira and Great Britain

The Archdiocese of Thyateira and Great Britain was initially established as a Metropolitan See during the Patriarchate of Meletios Metaxakis, in 1922. The first Metropolitan was Germanos Strinopoulos (1922-1951), whose base was London and whose jurisdiction covered all Western and Central Europe.

On Germanos' death in 1951, the Holy Synod of the Ecumenical Patriarchate decided that Athenagoras Kavadas (1951-1962), then Metropolitan of Philadelphia (based in Vienna) would succeed him. The Metropolitan See was promoted to an Archdiocese in 1954, and three Assistant Bishops were ordained: in London, in Paris and in Vienna. Athenagoras Kokkinakis (1963-1979), then Bishop of Elaia (based in Canada), succeeded him on his death in 1962, and the diocese reverted to a Metropolitan See. The Archdiocese was reinstated in 1968 and, in 1970, two Assistant Bishops were ordained, to be based in London. In the meantime, as the number of Greek immigrants massively increased, new dioceses were established throughout Western and Central Europe. However, to this day the Archdiocese of Thyateira, a province of the Ecumenical Throne, has under its ecclesiastical jurisdiction, apart from Great Britain, also Ireland and Malta. The Archbishop of Thyateira still has the title "Most Esteemed Exarch of Western Europe" as well as "*Apokrisarios* (Representative) of the Ecumenical Patriarchate to the Archbishopric of Canterbury". Following the death of Athenagoras in September

ρου με οικειοθελείς εισφορές οι Έλληνες κάτοικοι των πόλεων αυτών. Επιπλέον, οικοδομήθηκε ένα κοιμητηριακό παρεκκλήσιο (του Αγίου Στεφάνου) στο Νότιο Λονδίνο, υπήρχαν δε για λίγο χρονικό διάστημα προσωρινά ευκτήριοι οίκοι του 19ου αιώνα στις πόλεις Wolverhampton και Bristol.

Δυστυχώς, εκτός από το παρεκκλήσιο του Ευαγγελισμού στον Οίκο των Θυατείρων (αρχιεπισκοπικό Μέγαρο), όπως και τον ναό της Αγίας Τριάδος και Ευαγγελισμού της Θεοτόκου στην Οξφόρδη και τον ναό της Αγίας Τριάδος και Αποστόλου Λουκά στο Birmingham, δεν έχει οικοδομηθεί σήμερα κανένας άλλος Ορθόδοξος Ναός. Αυτοί που χρησιμοποιούνται σήμερα είναι ευκτήριοι οίκοι, που αγοράστηκαν ή ενοικιάστηκαν από διάφορα Χριστιανικά Δόγματα στο Ηνωμένο Βασίλειο.

Ίδρυση Αρχιεπισκοπής Θυατείρων και Μ. Βρετανίας

Η Αρχιεπισκοπή Θυατείρων και Μ. Βρετανίας ιδρύθηκε αρχικά ως Μητρόπολις, επί Πατριάρχου Μελετίου Μεταξάκη, το 1922. Πρώτος Μητροπολίτης εξελέγη ο Γερμανός Στρηνόπουλος (1922-1951), με έδρα του το Λονδίνο και με δικαιοδοσία πάνω σε ολόκληρη τη Δυτική και Κεντρώα Ευρώπη.

Μετά το θάνατο του Γερμανού τον Ιανουάριο του 1951, στη θέση του εξελέγη από την Ιερά Σύνοδο του Οικουμενικού Πατριαρχείου ο μέχρι τότε Μητροπολίτης Φιλαδέλφειας (με έδρα του τη Βιέννη) Αθηναγόρας Καββάδας (1951-1962), η δε Μητρόπολη Θυατείρων προβιβάστηκε σε Αρχιεπισκοπή (1954), χειροτονήθηκαν δε τότε τρεις Βοηθοί Επίσκοποι, ένας στο Λονδίνο, ένας στο Παρίσι και ένας στη Βιέννη. Έγινε ξανά Μητρόπολη μετά τον θάνατο του Αρχιεπισκόπου Αθηναγόρα Καββάδα το 1962, τον οποίο διαδέχθηκε ο μέχρι τότε Επίσκοπος Ελαίας (που υπηρετούσε στον Καναδά) Αθηναγόρας Κοκκινάκης (1963-1979),

1979, Methodios Fouyias (1979-1988) was appointed. He was replaced on 16 April 1988 by the present Archbishop, Gregorios Theocharous, who had been Bishop of Tropaeou (London, 1970-1988).

What distinguishes the Archdiocese of Thyateira and Great Britain from the other dioceses of Western Europe is that the members of the community in Britain are mainly Greek emigrants who have taken up permanent residence and are British citizens. In the rest of Europe, the members of the local Greek Orthodox communities are mainly Greek nationals who have taken up short-term residence in those countries.

All Saints' Church, London

Around 95% of Greeks in Great Britain are of Cypriot origin. They started arriving in the early 1930s and the flow of immigrants was strongest at the end of the 1950s. It ebbed after 1970 due to stricter immigration controls. Today, the Greek population in Great Britain is estimated at around 250,000. The founding of All Saints' Church in London, in 1948, constituted a vital chapter in the history of Greek Orthodoxy in Great Britain. It aimed to meet the needs of the large numbers of Cypriot Greeks settling in London. At the same time, this church came to serve as the prototype for the foundation of other churches in cities all over Britain, where Greek Cypriots also settled.

Those within the Greek community who are not of Cypriot origin make up a remarkably dynamic force in the organisation, running and promotion of the community. While some amongst them are descendants of old families who had settled in the United Kingdom in the mid-19th century, most came to Britain after the end of the Second World War and are involved in shipping and other comparable business activities.

έγινε δε και πάλιν Αρχιεπισκοπή το 1968, το δε 1970 χειροτονήθηκαν δύο Βοηθοί Επίσκοποι με έδρα τους το Λονδίνο. Στο μεταξύ όμως η Δυτική και Κεντρώα Ευρώπη, με τη μεγάλη αύξηση του αριθμού των Ελλήνων μεταναστών, διαιρέθηκε σε διάφορες Μητροπόλεις, ώστε η Αρχιεπισκοπή Θυατείρων, ως επαρχία του Οικουμενικού θρόνου, να έχει σήμερα υπό την Εκκλησιαστική δικαιοδοσία της, εκτός από το Ηνωμένο Βασίλειο, την Ιρλανδία και τη Μελίτη (Μάλτα). Ο Αρχιεπίσκοπος Θυατείρων όμως εξακολουθεί να φέρει τον τίτλο του υπερτίμου και Εξάρχου Δυτικής Ευρώπης. Είναι επίσης Αποκρισάριος του Οικουμενικού Πατριαρχείου στην Αρχιεπισκοπή Καντερβουρίας. Μετά τον θάνατο του Αθηναγόρα τον Σεπτέμβριο του 1979 νέος Αρχιεπίσκοπος Θυατείρων εξελέγη ο Αξώμης Μεθόδιος Φούγιας (1979-1988), τον οποίο όμως το Πατριαρχείο αντικατέστησε με τον μέχρι τότε Επίσκοπο Τροπαίου (Λονδίνο, 1970-1988) και σημερινό Αρχιεπίσκοπο Θυατείρων και Μ. Βρετανίας Γρηγόριο Θεοχάρους στις 16 Απριλίου 1988.

Η Αρχιεπισκοπή Θυατείρων και Μ. Βρετανίας έχει τούτο το ξεχωριστό αναφορικά με τις λοιπές Μητροπόλεις της Δυτικής Ευρώπης. Η Ομογένεια στο Ηνωμένο Βασίλειο αποτελείται, στη συντριπτική πλειοψηφία της, από μόνιμα εγκατεστημένους Έλληνες αποδήμους, οι οποίοι είναι Βρετανοί υπήκοοι, ενώ στη λοιπή Ευρώπη το πλήρωμα της τοπικής Ορθόδοξης Ελληνικής Μητρόπολης αποτελείται ως επί το πλείστον από προσωρινά εγκατεστημένους Έλληνες υπηκόους.

Ο Ναός των Αγίων Πάντων Λονδίνου

Το 95% περίπου της Ομογένειας στη Μ. Βρετανία προέρχεται από την Κύπρο λόγω του μεγάλου μεταναστευτικού ρεύματος, που είχε αρχίσει στις αρχές της δεκαετίας του '30, φούντωσε περί το τέλος της δεκαετίας του '50, και μετά το 1970 άρχισε να

Structure and Organisation of the Archdiocese of Thyateira and Great Britain

The Archdiocese of Thyateira and by extension the Greek Orthodox Church in Great Britain was always the centre around which all the Greek immigrants gathered and which embodies the spirit of the community. The constant concern of the Church is to forge links with the motherland and maintain Greek traditions and virtues.

Until 1964, there were only four Greek Orthodox churches (Haghia Sophia, All Saints, St Andrew and the Nativity of the Mother of God) in the Greater London area. Today, there are 23 churches and parishes and 7 chapels. Outside London, there are presently 89 churches and communities. Around each church there is an organised community led by the priest and the Community Council and other Committees (Ladies' Auxiliary Societies, School Boards, Youth Groups etc).

In all (as of July 2000), there are 113 bishops, priests and deacons and 10 monks and nuns within the Archdiocese of Thyateira and Great Britain. In addition to the Archbishop, there are six assistant bishops. Among the priests, 18 are archimandrites, one is a priest-monk (hieromonk), 70 are parochial clergy (mostly married), and 17 are deacons. Of these, we should mention that 35 are not native-Greek-speaking clergy, and that one is a bishop. In addition, there are 3 archimandrites, one hieromonk, three deacons and 17 monks and nuns belonging directly to the Ecumenical Patriarchate (with all, apart from one deacon, being at the Monastery of St John the Baptist at Tolleshunt Knights in Essex). Three young men of the Community are studying at the Theological School of the University of Thessaloniki with a view to being ordained and serving in the United Kingdom. There is also another young man currently studying

κάμπτεται αισθητά λόγω των περιοριστικών μεταναστευτικών μέτρων, που εφάρμοσε η Βρετανική Κυβέρνηση. Σήμερα ο αριθμός των Ελλήνων στη Μ. Βρετανία υπολογίζεται γύρω στις 250-300 χιλιάδες άτομα. Γι' αυτό και η ίδρυση το 1948 του Ναού των Αγίων Πάντων Λονδίνου απετέλεσε πραγματική τομή στην όλη ιστορική διαδρομή των Ελλήνων Ορθοδόξων του Ηνωμένου Βασιλείου, επειδή αποσκοπούσε στην αντιμετώπιση των προβλημάτων, που δημιουργήθηκαν μετά τη μαζική εγκατάσταση Ελλήνων της Κύπρου στο Λονδίνο, αλλά και σε όλες σχεδόν τις πόλεις του Ηνωμένου Βασιλείου. Ταυτόχρονα, όμως, ο ναός αυτός απετέλεσε στη συνέχεια το πρότυπο για την ίδρυση και άλλων ναών σε όλη τη Μ. Βρετανία.

Οι Ομογενείς εξάλλου, οι προερχόμενοι από ελληνικούς χώρους, πλην της Κύπρου, αποτελούν έναν εξαιρετικά δυναμικό παράγοντα στην οργάνωση, διοίκηση και προβολή της Ομογένειας. Μερικοί από αυτούς είναι γόνοι ιστορικών οικογενειών αποδήμων, που είχαν εγκατασταθεί στο Ηνωμένο Βασίλειο περί τα μέσα του 19ου αιώνα. Οι περισσότεροί τους όμως εγκαταστάθηκαν στη Μ. Βρετανία μετά το τέλος του Β΄ Παγκοσμίου Πολέμου, και ασχολούνται με τη ναυτιλία και άλλες παρεμφερείς επιχειρηματικές δραστηριότητες.

Δομή και οργάνωση της Αρχιεπισκοπής Θυατείρων και Μ. Βρετανίας

Η Αρχιεπισκοπή Θυατείρων, και γενικότερα η Ελληνική Ορθόδοξη Εκκλησία στη Μ. Βρετανία, απετέλεσε πάντοτε το κέντρο, γύρω από το οποίο είχαν ανέκαθεν συσπειρωθεί οι Απόδημοι, αλλά και από το οποίο εκπήγαζε και εκπηγάζει συνεχώς η ακτινοβολία του παροικιακού ελληνισμού. Κάτω δε από τη συνεχή μέριμνα της Εκκλησίας σφυρηλατούνται οι δεσμοί με τη γενέτειρα και διαιωνίζονται οι αρετές και παραδόσεις της Φυλής.

Μέχρι το 1964 στην περιοχή του Μείζονος

at the seminary in Nicosia, with the same purpose.

The Archdiocese and the communities aim to acquire for each parish its own church and associated facilities. This has been achieved mainly in the richest and more densely-populated Greek communities. Otherwise, they use churches which belong to other denominations and are rented to the communities or which welcome them on occasion. That is how almost all the local communities started out: by renting such places of worship. With time, and as the financial situation of a parish improved, they each tried to purchase the church building and make the necessary alterations to transform it into a conventional Greek Orthodox Christian church. Often a parish was obliged to take out substantial loans, using as guarantors various members of the community, who would often re-mortgage their own homes and businesses in order to secure the loan.

Aims and Goals of the Archdiocese

Greek culture survived the long years of Ottoman domination intact and finally triumphed mainly due to its Church. This historical reality is a precedent for the programmes and activities of the Archdiocese of Thyateira. Adapting to contemporary society and the special circumstances faced by the Community the Church continues to guide and unite its members. It encourages them to strive, not just to survive, but to thrive in a foreign environment which is competitive and forever changing.

First and foremost, the Archdiocese aims to preserve the Greek Orthodox identity of the Community by making best use of all potential resources such as churches, local communities, clubs, organisations, schools and businesses. Some communities are much richer than others; they own their churches and associated facilities and, sometimes, even school buildings, the priest's resi-

Λονδίνου υπήρχαν μόνο τέσσερεις Ελληνορθόδοξοι Ναοί (της Αγίας Σοφίας, των Αγίων Πάντων, του Αγίου Ανδρέα και του Γενεσίου της Θεοτόκου). Σήμερα υπάρχουν 23 ναοί και κοινότητες και 7 παρεκκλήσια.

Εκτός Λονδίνου υπάρχουν σήμερα 89 ναοί και κοινότητες. Γύρω από τον κάθε ναό υπάρχει οργανωμένη κοινότητα με ηγέτες τον κατά τόπους ιερέα και το Κοινοτικό Συμβούλιο και άλλες Επιτροπές (Βοηθητικές Αδελφότητες, Σχολικές Εφορείες, Σύλλογοι Νεολαίας κτλ.).

Συνολικά υπάγονται στην Αρχιεπισκοπή (Ιούλιος 2000) 113 επίσκοποι, ιερείς και διάκονοι και 10 μοναχοί και μοναχές.

Εκτός από τον Αρχιεπίσκοπο, υπάρχουν 6 βοηθοί επίσκοποι. Από τους ιερείς 18 είναι αρχιμανδρίτες, ένας ιερομόναχος, 70 είναι εφημέριοι (οι πλείστοι έγγαμοι) και 17 διάκονοι. Σημειωτέον ότι από αυτούς οι 35 δεν είναι ελληνικής καταγωγής, εκ των οποίων 1 είναι επίσκοπος.

Επιπλέον υπάρχουν 3 αρχιμανδρίτες, ένας ιερομόναχος, τρεις διάκονοι και 17 μοναχοί και μοναχές, που υπάγονται απευθείας στο Οικουμενικό Πατριαρχείο (όλοι τους, πλην ενός, εγκαταβιώνουν στην Ιερά Μονή Αγίου Ιωάννου Βαπτιστού στο Tolleshunt Knights στο Essex Αγγλίας). Τρεις ομογενείς νέοι φοιτούν στη Θεολογική Σχολή του Πανεπιστημίου Θεσσαλονίκης με σκοπό να ιερωθούν και υπηρετήσουν στο Ηνωμένο Βασίλειο. Υπάρχει ένας ακόμη νέος, που σπουδάζει τώρα στην Ιερατική Σχολή "Απόστολος Βαρνάβας" στη Λευκωσία για τον ίδιο σκοπό.

Από την Αρχιεπισκοπή και τις κατά τόπους Κοινότητές της καταβάλλονται προσπάθειες όπως το κτίριο του ναού και οι βοηθητικοί χώροι αποτελούν απόλυτη ιδιοκτησία της Κοινότητας. Τούτο επιτεύχθηκε ως επί το πλείστον στις πλουσιότερες και πολυανθρωπότερες Κοινότητες. Διαφορετικά στεγάζονται σε κτίρια - ναούς, που ανήκουν σε άλλα

dence, old people's homes, and halls for the communities' activities. There are also poorer communities who nevertheless are making constant efforts to succeed in their mission.

The Clergy of the Archdiocese

In order for the Archdiocese to succeed in its goals, it needs a zealous and energetic clergy. They need to be properly trained in order to overcome the numerous difficulties faced by the Community. Thus one of the most important aims of the Archdiocese is to prepare the clergy for service in a foreign land and, today, one of its main projects is to establish a Theological and Ecclesiastical seminary where young people who want to be ordained can study, where already serving members of the clergy can receive further training and also where members of the laity, both men and women, can be trained to serve as lay leaders of local Churches within the Archdiocese.

With very few exceptions, the clergy of the Archdiocese are not subsidised, nor are their salaries or pensions covered by any Greek or Cypriot governmental organisation. The truth is that the Archdiocese does not have the funds to undertake any such responsibility. The clergy depend totally on the financial support of their local community. This has a negative effect on the recruitment of priests into the Church and, therefore, must be addressed at the earliest opportunity.

The Archdiocese of Thyateira and Ecumenical Hellenism

Greeks and Cypriots abroad have always played a very important role in the history of their Nation. Today, as always, the motherlands need the support of those who live abroad, to fortify and encourage them in their efforts to gain their proper place in the European and international communities. Their small geographical size has never been a disadvan-

Δόγματα, και που μας παραχωρούνται επί ενοικίω ή μας φιλοξενούν περιστασιακά. Άλλωστε έτσι ξεκίνησαν σχεδόν όλες οι τοπικές Κοινότητες - δηλαδή να ενοικιάζουν τέτοιους ευκτηρίους χώρους. Με τον καιρό όμως και εφόσον η τοπική Κοινότητα αποκτούσε κάποια οικονομική άνεση, προσπαθούσε ν' αγοράσει το κτίριο του ναού και με κατάλληλες διαρρυθμίσεις να το μετατρέψει σε κανονικό Ελληνικό Ορθόδοξο Χριστιανικό Ναό. Προς τον σκοπό αυτό αναγκαζόταν η Κοινότης να δανεισθεί σημαντικά ποσά χρημάτων, με εγγυητές διαφόρους ομογενείς, οι οποίοι πολλές φορές υποθήκευαν τα δικά τους σπίτια και επιχειρήσεις για την εξασφάλιση του σχετικού δανείου.

Σκοπός και επιδιώξεις της Αρχιεπισκοπής

Όπως είναι γνωστό, ο Ελληνισμός κατόρθωσε να επιβιώσει κατά τη διάρκεια των μακρών χρόνων της οθωμανικής του δουλείας και στο τέλος να θριαμβεύσει χάρις κυρίως στην Εκκλησία του.

Αυτήν ακριβώς την ιστορική πραγματικότητα χρησιμοποιεί ως βάση των προγραμμάτων και των ενεργειών της η Αρχιεπισκοπή Θυατείρων. Τηρουμένων δε των αναλογιών και των σημερινών ιδιόμορφων συνθηκών και καταστάσεων, κάτω από τις οποίες δρα και ανδρούται η Ομογένεια, η Εκκλησία ποδηγετεί και συνενώνει. Εμψυχώνει τους αποδήμους στον άνισο, κάποτε, αγώνα τους όχι απλώς να επιβιώσουν, αλλά και να θριαμβεύσουν μέσα σε μια κοινωνία ξένη και τόσο πολύ ανταγωνιστική και συνεχώς εναλλασσόμενη.

Πρωταρχικός σκοπός της Αρχιεπισκοπής είναι η συντήρηση της ελληνορθόδοξης ταυτότητας των αποδήμων με την πλήρη αξιοποίηση του ήδη υπάρχοντος δυναμικού, έμψυχου και άψυχου, των Κοινοτήτων μας (Ναοί, Κοινότητες, Σωματεία, Σύλλογοι, Οργανώσεις, Σχολεία, Επιχειρήσεις κτλ). Υπάρχουν Κοινότητες, που είναι οπωσδήποτε πολύ πλουσιότερες από άλλες, με ιδιόκτητα κτίρια ναών, με βοηθητικές αίθουσες και, κάποτε, και σχολικά

tage internationally, largely due to the Greeks abroad. They are the vital links with the rest of the world, a living bridge that helps spiritual renewal through the exchange of ideas with those countries where Greeks have settled and distinguished themselves and which they consider, to a great extent, to be their second homelands.

Today, the Greeks of Britain, led by their Church, offer much to their motherlands. The Church is anxious to encourage an ever-greater participation of the laity in its efforts and activities. Shipping, trade and every kind of business bring millions of pounds to the Greek economy each year. However, the contribution of the Greeks of Britain is not restricted to the economic sector. The Community has many scientists and academics to be proud of: university professors, heads of important organisations and distinguished medical consultants, musicians, artists, writers, architects and lawyers. Our country needs these people to cure local problems but, also, more importantly, to promote its name and culture internationally.

κτίρια, κατοικία ιερέως, οίκους ευγηρίας, αίθουσες κοινωνικών εκδηλώσεων, κτλ. Υπάρχουν, όμως, και φτωχές Κοινότητες, αλλά και αυτές καταβάλλουν φιλότιμες προσπάθειες ν' ανταποκριθούν στην αποστολή τους.

Ο Κλήρος της Αρχιεπισκοπής

Για να επιτευχθεί, όμως, αυτό, απαιτούνται Κληρικοί ενθουσιώδεις, με ιεραποστολική διάθεση και ζήλο, και ειδικά καταρτισμένοι, ώστε να μπορούν να αντεπεξέλθουν στα πολλαπλά και ιδιάζοντα προβλήματα, που αντιμετωπίζει η Ομογένεια. Γι' αυτό κι ένας από τους βασικότερους στόχους της Αρχιεπισκοπής είναι η δημιουργία ειδικών επιμορφωτικών φροντιστηρίων, ώστε οι Κληρικοί, που υπάγονται στην πνευματική δικαιοδοσία της, να προετοιμάζονται ανάλογα για τη διακονία τους στην ξενητειά. Και τούτο αποτελεί σήμερα έναν από τους βασικούς της στόχους, η ίδρυση, δηλαδή, Θεολογικού και Εκκλησιαστικού Σεμιναρίου, στο οποίο να φοιτούν, όχι μόνο νέοι, που προτίθενται να ιερωθούν, αλλά και να επιμορφώνονται οι ήδη υπηρετούντες Κληρικοί, να γίνονται δε δεκτοί και λαϊκοί - άνδρες και γυναίκες - οι οποίοι να εκπαιδεύονται, για ν' αναλάβουν διακονία ως λαϊκοί άρχοντες στους κατά τόπους ναούς της Αρχιεπισκοπής.

Εκτός ελαχίστων εξαιρέσεων, οι Κληρικοί της Αρχιεπισκοπής δεν επιχορηγούνται, ούτε και υπάγονται οργανικά σε οιονδήποτε κυβερνητικό οργανισμό της Ελλάδας ή της Κύπρου για θέματα μισθοδοσίας, συνταξιοδότησης κλπ., ή δε Αρχιεπισκοπή δεν έχει την οικονομική ευρωστία να αναλάβει μια τέτοια ευθύνη. Γι' αυτό και οι Κληρικοί της εξαρτούν την οικονομική τους υπόσταση αποκλειστικά από τις τοπικές Κοινότητες. Τούτο όμως αποτελεί οπωσδήποτε ουσιώδη αδυναμία όσον αφορά στην προσέλκυση ιερέων, γι' αυτό και απαιτούνται άμεσοι τρόποι θεραπείας της.

Η Αρχιεπισκοπή Θυατείρων και ο Οικουμενικός Ελληνισμός

Ο Απόδημος Ελληνισμός ωσαύτως απετέλεσε ανέκαθεν μέγα εθνικό κεφάλαιο στην ιστορική πορεία του Έθνους. Σήμερα η Γενέτειρα χρειάζεται, όπως ποτέ άλλοτε, τα ξενιτεμένα παιδιά της να της συμπαρασταθούν, να την ενισχύσουν και να την ενθαρρύνουν στις προσπάθειες, όπως καταλάβει τον αρμόζοντα ρόλο στην Ευρωπαϊκή, προπάντων, αλλά και στην Παγκόσμια Κοινότητα Εθνών. Ο περιορισμένος γεωγραφικός της χώρος ουδέποτε στάθηκε ανασταλτικός παράγοντας στη διεθνή ακτινοβολία της. Και αυτό σε πολύ μεγάλο βαθμό χάρη στους Αποδήμους της, οι οποίοι απετέλεσαν τον συνεκτικό κρίκο και τη ζωντανή γέφυρα για τη συνεχή ανανέωση των πνευματικών μας χαρισμάτων με την αλληλομεταλαμπάδευση ιδεών και σκέψεων ανάμεσα στη Γενέτειρά μας και στις χώρες, όπου είχαν μεταναστεύσει και διαπρέψει τα παιδιά της, και τις οποίες έκαναν, σε μεγάλο βαθμό, δεύτερες τους πατρίδες.

Σήμερα ο Ελληνισμός της Βρετανίας, με επικεφαλής την Εκκλησία του, μέσα στους κόλπους της οποίας καλλιεργείται συνεχώς η αμεσότερη συμμετοχή του λαϊκού στοιχείου στις ανανεωτικές και δημιουργικές της προσπάθειες, προσφέρει πολλά στη Γενέτειρα: Η ναυτιλία, το εμπόριο, οι κάθε λογής επιχειρήσεις προσφέρουν στη χώρα μας εκατομμύρια λίρες τον χρόνο. Όμως η προσφορά του Απόδημου Ελληνισμού της Βρετανίας ούτε σταματά, ούτε και πρέπει να περιορίζεται μόνο στον καθαρά οικονομικό τομέα. Και πράγματι στον πνευματικό τομέα η Ομογένεια της Βρετανίας έχει να επιδείξει επιστήμονες και πνευματικούς άνδρες πρώτου μεγέθους: Καθηγητές Πανεπιστημίων, διευθυντές και διακεκριμένους γιατρούς νοσοκομείων, μουσικούς, καλλιτέχνες, συγγραφείς, αρχιτέκτονες, δικηγόρους. Αυτούς τους πνευματικούς ανθρώπους η Πατρίδα μας τους χρειάζεται, τόσο για να θεραπεύσει καθαρά τοπικές ανάγκες, όσο κυρίως για να προβάλλουν το όνομα και τον πολιτισμό της διεθνώς.

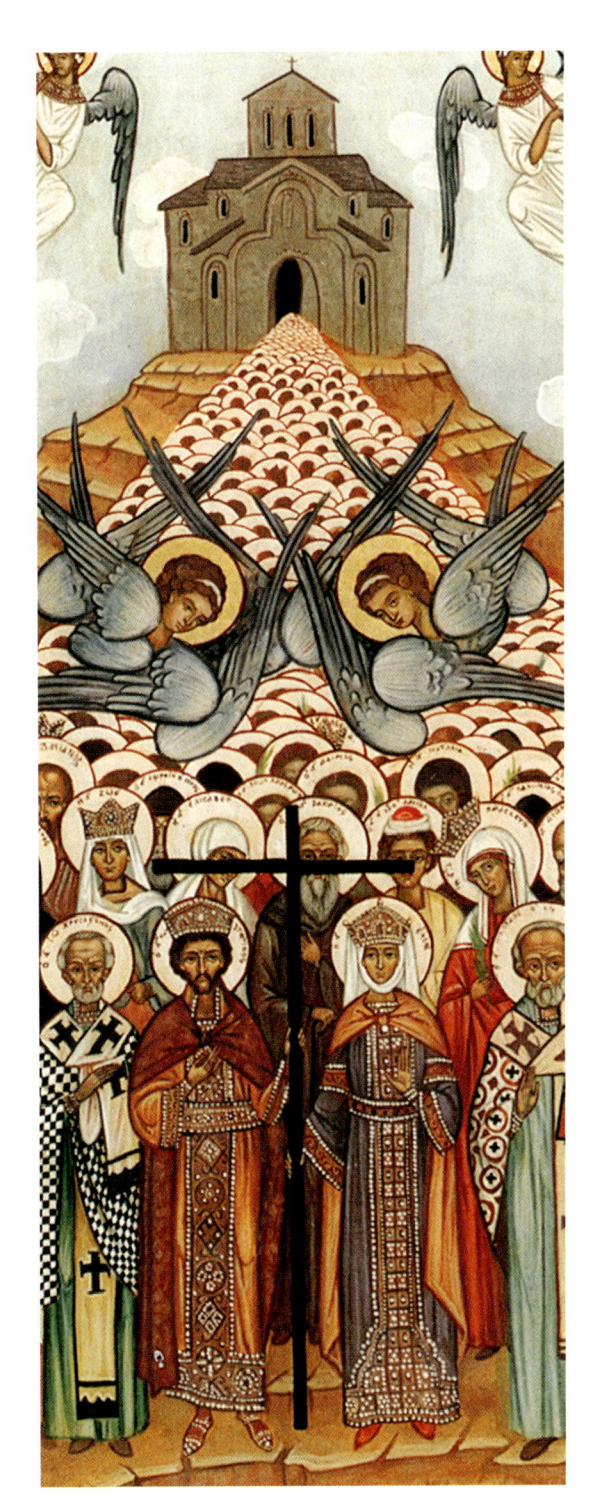

Makarios Tillyrides
Metropolitan of Zimbabwe

THE HELLENIC PRESENCE IN GREAT BRITAIN

Μακάριος Τηλλυρίδης
Μητροπολίτης Ζιμπάμπουε

Η ΕΛΛΗΝΙΚΗ ΠΑΡΟΥΣΙΑ ΣΤΗ ΜΕΓΑΛΗ ΒΡΕΤΑΝΙΑ

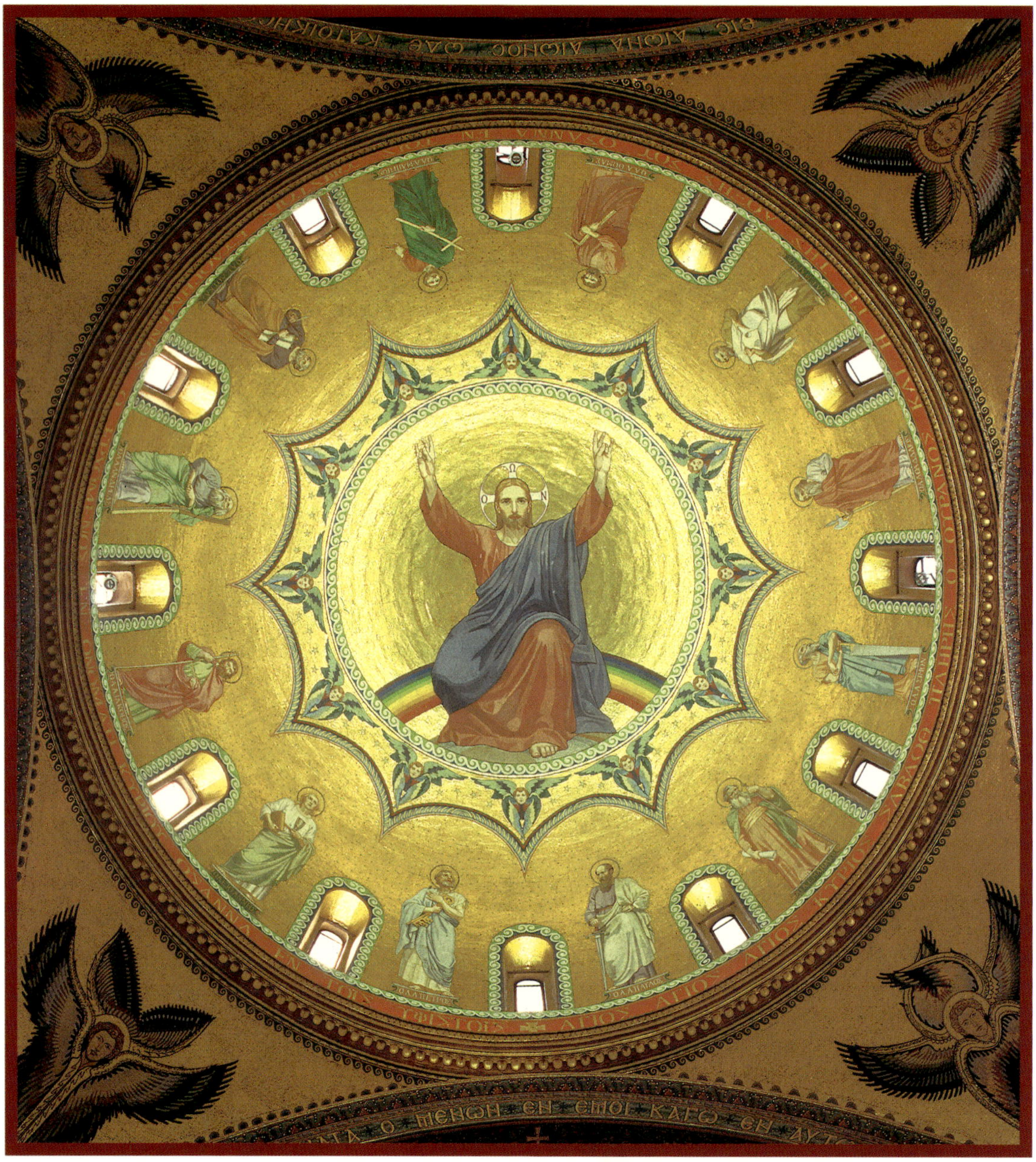

Fig. 6
The Cathedral Church of Saint Sophia, London.
Panoramic view of the dome.

Εικ. 6
Ο Μητροπολιτικός Ναός Αγίας Σοφίας, Λονδίνο.
Πανοραμική όψη του τρούλλου.

A study of Hellenism in the diaspora must refer to ancient and pre-Christian times, as Greeks have always been seafarers, distinguishing themselves throughout history as traders, as well as in the countries where they settled. Embodying the spirit of the universality of their Greek heritage wherever they go, they are today established in their second homes - having created a second Greece covering the globe.

There have been Greeks in Britain since ancient times; not the organised communities we have today, but individuals who have marked the course of history in many different sectors. We do not know exactly when Greeks first arrived in England. However, prehistoric monuments bear testimony to the Greek influence and contribution in many areas of Britain, even during the Mycenaean period.

A name that is linked with Great Britain is that of Pytheas, a contemporary of the great philosopher Aristotle. He lived in the then- flourishing Greek city of Marseilles. This Greek seafarer was also a lover of Physics and Astronomy who made many voyages of discovery, reaching the, until then, unknown shores of Britain. Its native population lived simply, dressing in sheepskins and making sacrifices to their gods and ancestors. Pytheas and his companions stayed there for almost two years. He noted down all his experiences and these serve as the basis for his three written works: "Εἶς περίπλους", "Γῆς περίοδος" "Τὰ περὶ Ὠκεανοῦ". Sadly, only fragments of this body of work survive today. It is important to note that, with his knowledge and experience, Pytheas was the first to measure the length of the coast of Britain, as well as the distance between Marseilles and Northern Scotland. It is also said that Pytheas brought Macedonian coins (from Philip's reign) with him and that they served as prototypes for

Όταν κανείς καταπιάνεται με την πορεία του Ελληνισμού της Διασποράς, είναι υποχρεωμένος να αναφέρεται στην αρχαία και προχριστιανική περίοδο, γιατί οι Έλληνες από τότε αγαπούσαν τις θάλασσες και τις περιηγήσεις, γι' αυτό και κρατούσαν τα πρωτεία στον τομέα του εμπορίου, αλλά και στις νέες χώρες, που ανακάλυψαν σε διάφορες εποχές. Εκφράζοντας το πνεύμα της οικουμενικότητας της ελληνικής καταγωγής, όπου κι αν βρίσκονται, είναι σήμερα εδραιωμένοι στις δεύτερες πατρίδες τους - έχοντας δημιουργήσει μιαν ακόμη Ελλάδα - στα πέρατα της Οικουμένης.

Στη Βρετανία υπήρχαν Έλληνες από αρχαιοτάτων χρόνων, όχι βέβαια ως οργανωμένες κοινότητες, όπως τις γνωρίζουμε σήμερα, αλλά ως πρόσωπα, γνωστά στην ιστορία σε διάφορους τομείς. Χωρίς να γνωρίζουμε με ακρίβεια την πρώτη άφιξη Ελλήνων στην Αγγλία, διάφορα μνημεία, που χρονολογούνται από τους προϊστορικούς χρόνους, μαρτυρούν την επίδραση και τη συμβολή των Ελλήνων στις διάφορες περιοχές της Μεγάλης Βρετανίας, ακόμα και κατά τη Μυκηναϊκή εποχή.

Εκείνος που δύναται ονομαστικώς να συνδέσει το όνομά του με την, άγνωστη μέχρι τότε, Βρετανία είναι ο Έλληνας Πυθέας, που κατοικούσε στην τότε ακμάζουσα ελληνική πόλη της Μασσαλίας και ήταν σύγχρονος του μεγάλου φιλοσόφου Αριστοτέλη. Αυτός ο Έλληνας θαλασσοπόρος, αλλά και γνώστης της Φυσικής και Αστρονομίας, έκανε εξερευνήσεις κι ανακαλύψεις σε τόπους άγνωστους, ένας από τους οποίους ήταν η σημερινή Βρετανία. Οι τότε κάτοικοι της χώρας αυτής ζούσαν πρωτόγονα, ντύνονταν με προβιές κι έκαναν θυσίες σε θεούς και προγόνους. Ο Πυθέας έμεινε εδώ περίπου δύο χρόνια μαζί με τους συντρόφους του. Απ' όπου περνούσε κρατούσε σημειώσεις, κι αυτές συγκρότησαν τα τρία έργα του "Εἶς περίπλους", "Γῆς περίοδος" και "Τὰ περὶ Ὠκεανοῦ". Δυστυχώς κανένα από τα έργα του δεν διασώθηκε, εκτός από μερικά αποσπάσμα-

the minting of British coins in later times.

In the early years of Christianity, Aristobulus the Cypriot, brother of the Apostle Barnabas, is credited with spreading the word of the Gospel to the British Isles and having served as their first Bishop. His presence signaled the spread and establishment of the Christian faith amongst the residents of the British Isles and deacons and priests continued his mission after his martyrdom. Later, a Greek monk named Theodore, from Tarsus, was elected and consecrated Archbishop of Canterbury in the 7th century AD.

The influence of Byzantium was undoubtedly very important, given that the founder of the Byzantine state, Constantinus the Great, crowned emperor in 306, had previously accompanied his father, Constantinus Chloros, to Britain. It is said that upon leaving England he took with him 30,000 mercenaries. The Byzantine Empire went into decline in the 14th century, due to the great menace posed by the Ottoman Empire. Byzantine emperors would turn to rulers in the West, seeking support and refuge. Manuel Palaeologus arrived in London on 21 December 1400, accompanied by many members of the clergy and also laymen of the Byzantine court, having first stayed in Canterbury for a few days. The emperor and his circle received the greatest honours and hospitality from the then king of England, Henry IV.

The fall of Constantinople and of the Byzantine Empire in 1453 meant that many Byzantine officials and others had to escape to the West to save themselves from the barbarism of the invaders. In England, a great number of immigrants recorded with great precision and in great detail their trials and tribulations under the rule of the Ottomans. These poor Greeks, upon arrival in Britain, requested an audience with the king and his offi-

τα. Εκείνο το οποίο αξίζει να σημειώσουμε σε σχέση με την Αγγλία είναι ότι με τις γνώσεις και την πείρα του καθόρισε, πρώτος εκείνος, το μήκος των παραθαλασσίων περιοχών της Βρετανίας, όπως και την απόσταση της Μασσαλίας από το βόρειο τμήμα της Σκωτίας. Λέγεται ακόμη ότι ο Πυθέας κατά την επίσκεψή του εδώ έφερε μαζί του νομίσματα της εποχής του Φιλίππου του Μακεδόνα, τα οποία απετέλεσαν πρότυπα για την έκδοση βρετανικών νομισμάτων σε μεταγενέστερες εποχές.

Με την εμφάνιση του Χριστιανισμού ο Αριστόβουλος ο Κύπριος, αδελφός του Αποστόλου Βαρνάβα, θεωρείται ότι έφερε το μήνυμα του Ευαγγελίου στις Βρετανικές νήσους, κι ήταν ο πρώτος επίσκοπός τους. Η παρουσία του σηματοδότησε την εξάπλωση και εδραίωση της χριστιανικής θρησκείας ανάμεσα στους τότε κατοίκους των Βρετανικών νήσων, και το έργο του συνέχισαν διάκονοι και πρεσβύτεροι, που άφησε στη χώρα μετά τον μαρτυρικό του θάνατο. Αργότερα ένας άλλος Έλληνας, ο μοναχός Θεόδωρος από την Ταρσό, εκλέγεται και χειροτονείται Αρχιεπίσκοπος Καντερβουρίας τον 7ο αιώνα.

Η επίδραση του Βυζαντίου ήταν αναμφίβολα σημαντική, δεδομένου ότι ο ιδρυτής του Κράτους του Βυζαντίου Κωνσταντίνος ο Μέγας, που στέφθηκε Αυτοκράτορας το έτος 306, είχε συνοδεύσει τον πατέρα του Κωνστάντιο Χλωρό στην Αγγλία. Λέγεται μάλιστα ότι, φεύγοντας από την Αγγλία, πήρε μαζί του 30.000 μισθοφόρους. Η Βυζαντινή Αυτοκρατορία άρχισε να παρακμάζει από τον 14ο αιώνα εξαιτίας του μεγάλου κινδύνου, που διέτρεχε από τους Οθωμανούς. Διάφοροι Βυζαντινοί Αυτοκράτορες στρέφονταν προς την Δύση, αναζητώντας υποστήριξη και καταφύγιο στους ηγεμόνες διαφόρων χωρών. Ο Μανουήλ Παλαιολόγος έφθασε στο Λονδίνο στις 21 Δεκεμβρίου του 1400 με συνοδεία πολλών κληρικών και λαϊκών της Βυζαντινής

cials. The number of Greek immigrants rose, particularly at the end of the 16th century and the beginning of the 17th. Upon arrival, they requested permission to organise charitable collections to release family members and friends who had been imprisoned by the Ottomans. Two of these documents attest: "We approve that Contarinis Palaiologos, Greek, conducts a charitable collection in churches, to free his wife, children and relatives from captivity by the Turks." Also, "we grant permission to Ioannis Alvertos, Greek, to organise a charitable collection in England, to relieve him of his troubles".

Scholars, both clerics and laymen, also arrived in Britain, but their case is different since many had the opportunity, aided by the English authorities and the Anglican Church, to study at the renowned universities of Oxford and Cambridge and, following that, become professors or, returning to the Turkish-dominated areas of the East, to become teachers or even Patriarchs. The presence of learned Greeks at these universities meant that Greek studies were developed and established in English Universities; this bears testament to the affection and sympathy of the English towards the suffering Greeks. Nikandros Noukios, the Corfiot traveller who had visited Britain earlier, around the middle of the 16th century (1545-46), gives a wonderful description of London in his "Memoirs". At about the same time, the presence of Theodoros Palaeologus is recorded. He claimed to be a descendent of the last Byzantine emperor and settled in England, married an English woman and died in Clifton on 21 January, 1636.

Among the Greek intellectuals who came and made their mark in England are: Mitrophanis Kritopoulos, Christoforos Angelos, Nikodimos

Αυλής, αφού προηγουμένως έμεινε λίγες μέρες στην Καντερβουρία. Τόσο ο Αυτοκράτορας, όσο και η συνοδεία του έτυχαν μεγάλων τιμών και περιποιήσεων από τον Άγγλο Βασιλιά Ερρίκο τον Δ΄.

Η μεγάλη καταστροφή, που επήλθε με την άλωση της Κωνσταντινούπολης και την κατάλυση της Βυζαντινής Αυτοκρατορίας το 1453, υποχρέωσε πολλούς Βυζαντινούς επίσημους και άλλους να καταφύγουν στη Δύση, για να σωθούν από τη βαρβαρότητα των κατακτητών. Στην περίπτωση της Αγγλίας αναφέρεται ένας μεγάλος αριθμός προσφύγων, που περιέγραψαν με μεγάλη ακρίβεια και λεπτομέρεια τα δεινά και τα μαρτύριά τους κάτω από τη διοίκηση των Οθωμανών. Οι ταλαίπωροι αυτοί Έλληνες, φθάνοντας στη Βρετανία, ζητούσαν ακρόαση από τους εκάστοτε βασιλείς και άλλους επισήμους. Ο αριθμός των Ελλήνων προσφύγων αυξήθηκε ιδιαίτερα περί το τέλος του 16ου αιώνα και τις αρχές του 17ου. Ερχόμενοι στην Αγγλία, ζητούσαν άδεια από τις αρχές για τη διενέργεια εράνων, ώστε να κατορθώσουν να ελευθερώσουν συγγενείς και φίλους από τις οθωμανικές φυλακές. Χαρακτηριστικά δύο από αυτές τις άδειες αναφέρουν: "Ἐγκρίνομεν, ὅπως ὁ Κονταρίνης Παλαιολόγος, Ἕλλην, διενεργήσῃ ἔρανον εἰς τὰς ἐκκλησίας, διὰ νὰ ἀπελευθερώσῃ τὴν σύζυγον, τὰ τέκνα καὶ τοὺς συγγενεῖς ἀπὸ τὴν τουρκικὴν αἰχμαλωσίαν" και "Ἐπιτρέπεται εἰς τὸν Ἰωάννην Ἀλβέρτον, Ἕλληνα, ἡ διενέργεια γενικοῦ ἐράνου εἰς τὴν Ἀγγλίαν πρὸς ἀνακούφισίν του". Οι περιπτώσεις λογίων κληρικών και λαϊκών, που κατέφθαναν στην Αγγλία, είναι ένα ξεχωριστό κεφάλαιο, γιατί σε πολλούς από αυτούς δόθηκε η δυνατότητα, με τη βοήθεια των αγγλικών Αρχών αλλά και της Αγγλικανικής Εκκλησίας, να σπουδάσουν στα ξακουστά Πανεπιστήμια της Οξφόρδης και του Καίμπριτζ, και στη συνέχεια να γίνουν καθηγητές ή, επιστρέφοντας στις τουρκοκρατούμενες περιοχές

Metaxas and Nathaniel Konopios. We should also mention the scholar Ioannis Argyropoulos, Emmanouel Palaiologos (who helped to draw up the statutes for Eton College), Andronikos Kallistos, the great teacher who was considered an equal to Theodoros Gazis, Georgios Ermonymos, Dimitrios Kantakouzinos, Ioannis Servopoulos and others. From the above mentioned, Mitrophanis Kritopoulos, who studied at Balliol College, Oxford, developed friendly relations with members of the English aristocracy, with politicians, with the Royal House and with the Anglican Church. He later returned to the East and was elected Patriarch of Alexandria. Christoforos Angelos was one of the most distinguished personalities of the Greek diaspora in the 17th century. He studied at Cambridge and Oxford, where Greek Studies was one of the most important courses. He taught and lived there until his death in 1638. Another great figure, Nikodimos Metaxas, managed, with the help of English friends, to purchase all the necessary equipment required to print books and, having mastered the art, printed the first Greek books in London. He managed to move his press to Constantinople, the first of its kind in the post-Fall period. Later, he was elected Metropolitan of Cephallenia and it is said that he moved his printing-house there, having been found out by the Turks and exiled from Constantinople. Another important personality, Nathaniel Konopios, studied at Balliol College Oxford and is renowned for instituting there the custom of coffee-drinking, which the English adopted from him! Upon his return home from England, he was elected Metropolitan of Smyrna.

Among the Greeks who distinguished themselves in 17th century Britain are also recorded

της Ανατολής, να αναδειχθούν σε διδασκάλους, ακόμα και Πατριάρχες. Με την παρουσία των Ελλήνων λογίων οι ελληνικές σπουδές αναπτύχθηκαν και εδραιώθηκαν στα αγγλικά Πανεπιστήμια, γεγονός που δείχνει την αγάπη και τη συμπαράσταση των Άγγλων προς τους δεινοπαθούντες Έλληνες. Ο Κερκυραίος περιηγητής Νίκανδρος Νούκιος, που είχε επισκεφθεί τη Βρετανία ενωρίτερα, περί τα μέσα του 16ου αιώνα (1545-1546), μας κληροδότησε τις «Αναμνήσεις» του, όπου δίνει, μεταξύ άλλων, μια θαυμάσια περιγραφή του Λονδίνου. Την ίδια εποχή αναφέρεται μάλιστα η παρουσία του Θεόδωρου Παλαιολόγου, απογόνου του τελευταίου Βυζαντινού Αυτοκράτορα, που εγκαταστάθηκε στην Αγγλία, παντρεύτηκε Αγγλίδα και πέθανε στο Κλίφτον την 21 Ιανουαρίου 1636.

Από τους Έλληνες διανοούμενους, που έφθασαν και άφησαν αγαθή μνήμη στην Αγγλία, αναφέρονται τα ονόματα των Μητροφάνη Κριτοπούλου, Χριστόφορου Άγγελου, Νικοδήμου Μεταξά, Ναθαναήλ Κονωπίου και άλλων. Θα πρέπει επίσης να αναφέρουμε τα ονόματα των λογίων Ιωάννη Αργυρόπουλου, Εμμανουήλ Παλαιολόγου, που βοήθησε στη σύνταξη του κανονισμού του κολλεγίου του Ήτον, Ανδρονίκου Καλλίστου μεγάλου διδασκάλου, που θεωρήθηκε εφάμιλλος του Θεόδωρου Γαζή, Γεωργίου Ερμωνύμου, Δημητρίου Καντακουζηνού, Ιωάννη Σερβόπουλου και άλλων. Από τους προαναφερθέντες ο Μητροφάνης Κριτόπουλος, που σπούδασε στο Κολλέγιο Βάλλιολ της Οξφόρδης, ανέπτυξε φιλικές σχέσεις, τόσο με Άγγλους ευγενείς και πολιτικούς, όσο και με τον Βασιλικό Οίκο και την Αγγλικανική Εκκλησία. Επιστρέφοντας αργότερα στην Ανατολή, εξελέγη Πατριάρχης Αλεξανδρείας. Ο Χριστόφορος Άγγελος απετέλεσε εξέχουσα φυσιογνωμία του Ελληνισμού της διασποράς κατά τον 17ο αιώνα. Εφοίτησε στο Καίμπριτζ και την Οξφόρδη, όπου οι ελληνικές

Ierotheos Avatios, Constantinos Rodokanakis who studied at Oxford, Iakovos Vlastos, Grigorios Argyropoulos, Pankratios Grammatikos, Dionysios Koroneus, Anastasios Comninos, Theodoros Ioannou, Ioannis Milos, Georgios Alexandrou and many others. Under difficult circumstances, they succeeded in establishing themselves in a foreign country, where the English authorities and the Anglican Church offered them hospitality and protection.

Due to the great number of Greeks in the English capital, it was necessary to establish a Greek church. The first was in Soho. At about the end of the 17th century, the first Greek College was founded, to educate the Greek youth arriving from Turkish-occupied Greece and from other areas of the East. The college was based in Oxford between 1699 and 1705 and gave young Greeks the opportunity to study Aristotle, Plato, the ancient authors, the Greek Holy Fathers and the Bible. Among other students of the college, the names of Symeon Omiros, Georgios Maroulis, Stefanos Constantinou, Alexandros Elladiou and Georgios Omirou are mentioned.

When the Metropolitan of Samos, Iosif Georgerinis, was in London (1666-71) he ensured that permission was granted to construct the first church for the Greeks of London. This first church, dedicated to the Virgin Mary, was completed by 1677. At that time, various clerical personalities visited Britain, such as Metropolitans Neophytos of Philippoupolis and Arsenios of Thebes. They were welcomed with respect by the English. As the Greeks established themselves in England, gradually the call for a more-organised community became more urgent.

The 19th century was the most productive and important in the history of the Greeks in London

σπουδές ήταν από τα σημαντικότερα θέματα. Εδίδαξε κι έζησε εκεί μέχρι τον θάνατό του το 1638. Ο Νικόδημος Μεταξάς, μια άλλη μεγάλη μορφή, που είχε αποδημήσει στην Αγγλία, κατόρθωσε με τη βοήθεια των Άγγλων να αγοράσει όλα τα απαραίτητα στοιχεία και μηχανές τυπογραφείου και, αφού έμαθε ο ίδιος την τέχνη, τύπωσε τα πρώτα βιβλία στα Ελληνικά στο Λονδίνο. Το τυπογραφείο αυτό επέτυχε να το μεταφέρει ολόκληρο στην Κωνσταντινούπολη, όπου υπήρξε και το πρώτο στο είδος του στη μετά την άλωση εποχή. Αργότερα εξελέγη Μητροπολίτης Κεφαλλονιάς, όπου λέγεται ότι, μετά την ανακάλυψη του τυπογραφείου του από τους Τούρκους και την εκδίωξή του από την Κωνσταντινούπολη, το μετέφερε και το λειτούργησε στην Κεφαλλονιά. Μια άλλη σημαντική προσωπικότητα, ο Ναθαναήλ Κονώπιος, εφοίτησε στο Κολλέγιο Βάλλιολ της Οξφόρδης, και φημίζεται για το γεγονός ότι εισήγαγε εκεί τη συνήθεια του καφέ, την οποία μάλιστα από αυτόν υιοθέτησαν και οι Άγγλοι! Με τον επαναπατρισμό του από την Αγγλία εξελέγη Μητροπολίτης Σμύρνης. Μεταξύ των Ελλήνων, που διακρίθηκαν κατά τον 17ον αιώνα στην Αγγλία, αναφέρονται οι Ιερόθεος Αβάτιος, Κωνσταντίνος Ροδοκανάκης, που σπούδασε στην Οξφόρδη, Ιάκωβος Βλαστός, Γρηγόριος Αργυρόπουλος, Παγκράτιος Γραμματικός, Διονύσιος Κορωνεύς, Αναστάσιος Κομνηνός, Θεόδωρος Ιωάννου, Ιωάννης Μήλος, Γεώργιος Αλεξάνδρου κι άλλοι πολλοί. Κάτω από δύσκολες συνθήκες επέτυχαν να δημιουργήσουν τη ζωή τους σε μια ξένη χώρα, όπου οι αγγλικές Αρχές και η Αγγλικανική Εκκλησία τους παρείχαν φιλοξενία και προστασία.

Λόγω του μεγάλου αριθμού των Ελλήνων στην αγγλική πρωτεύουσα κατέστη αναγκαία η ίδρυση της πρώτης ελληνικής Εκκλησίας στο Σόχο. Περί το τέλος του 17ου αιώνα ιδρύεται και το πρώτο ελληνικό Κολλέγιο για την εκπαίδευση των Ελλήνων

and other parts of Britain. Apart from the people involved in commerce, there were also very powerful businessmen. Greeks arrived in significant numbers at the start of the Greek Revolution in 1821 and settled in London, Manchester, Liverpool and Cardiff. Their first and foremost concern was to construct a Greek Orthodox church in each of these places.

The Greek population in Britain grew so much that in 1840 it was judged that it was absolutely necessary to organise themselves into communities. The Greek Community in London was supported in its first steps by Spyridon Trikoupis, the distinguished historian who specialised in the Greek Revolution and who was Greek Ambassador to Britain and, later, the first Prime Minister of Greece. As the Greek community of London was now an organised entity in the city, it became necessary to acquire a church solely for the needs of worship and liturgy of the Greek Orthodox population and, in about 1836, the church of Christ the Saviour was constructed in the City. Among the founders of the Greek Orthodox community of London are mentioned the names of Efstratios, Pantias, Antonios, Constantinos and Alexandros Rallis, Ioannis Rodokanakis, Ambrosios Argentis, Spyridon Mavroyiannis; they were all distinguished personalities and successful businessmen of their time. Very soon, the Greeks of London felt the need to build an impressive Greek Orthodox Church in Bayswater; they dedicated it to the Wisdom of God. The Cathedral was first used in 1879, with the Cypriot scholar Ieronymos Myriantheus as its head.

As they grew in number, the Greeks gathered in communities, each of which had its church and, naturally, a school. So magnificent churches

νέων, που έρχονται από την τουρκοκρατούμενη Ελλάδα και από άλλα μέρη της Ανατολής. Το Κολλέγιο αυτό στεγάστηκε στην Οξφόρδη από το 1699 ως το 1705, κι έδινε τη δυνατότητα στους νεαρούς Έλληνες να μελετούν Αριστοτέλη, Πλάτωνα, τους αρχαίους συγγραφείς, τους Έλληνες Πατέρες και την Αγία Γραφή. Μεταξύ άλλων αναφέρονται τα ονόματα των Συμεών Ομήρου, Γεωργίου Μαρούλη, Στέφανου Κωνσταντίνου, Αλεξάνδρου Ελλαδίου και Γεωργίου Ομήρου ως φοιτητών του ελληνικού Κολλεγίου.

Όταν ο Μητροπολίτης Σάμου Ιωσήφ Γεωργερίνης βρέθηκε στο Λονδίνο μεταξύ 1666-1671, τον απασχόλησε πρωταρχικά η εξασφάλιση της σχετικής άδειας για το χτίσιμο του πρώτου ναού των Ελλήνων κατοίκων του Λονδίνου, πράγμα που έφερε σε πέρας με μεγάλη επιτυχία. Ο πρώτος αυτός ναός, αφιερωμένος στην Παναγία, ήταν ήδη έτοιμος το 1677. Την ίδια εποχή επισκέφθηκαν την Αγγλία διάφορες εκκλησιαστικές προσωπικότητες, όπως οι Μητροπολίτες Φιλιππουπόλεως Νεόφυτος και Θηβαΐδος Αρσένιος, που έτυχαν μεγάλων τιμών από τους Άγγλους. Με την παρουσία των Ελλήνων στο Λονδίνο γίνεται βαθμιαία επιτακτική η ανάγκη για καλύτερη οργάνωσή τους.

Ο 19ος αιώνας είναι ο πιο σημαντικός για την παρουσία και τη δημιουργικότητα των Ελλήνων, όχι μόνο στο Λονδίνο, αλλά και σε άλλες περιοχές της Αγγλίας. Εκτός από εμπόρους, έχουμε τώρα και φημισμένους επιχειρηματίες. Βλέπουμε τους Έλληνες να καταφθάνουν μετά την έναρξη της Ελληνικής Επανάστασης του 1821 και να εγκαθίστανται, εκτός από το Λονδίνο, στο Μάντσεστερ, το Λίβερπουλ, το Κάρντιφ, όπου πρώτο μέλημά τους είναι η ανέγερση ελληνορθόδοξων ναών.

Ο αριθμός των Ελλήνων αυξήθηκε τόσο, που το 1840 κρίθηκε αναγκαίο να οργανωθούν ως κοινότητα. Την Ελληνική Κοινότητα του Λονδίνου στήριξε

were constructed in other cities: Manchester, Liverpool and Cardiff. The Greeks of Britain included a great many intellectuals and artists. Many of those involved in commerce and many successful businessmen became distinguished intellectuals and poets, authors and artists. It was in this spirit that the first organised Greek community in England was able to grow and develop. At about the same time, c. 1870, a Greek school was founded, to educate the children of families living in London. At the same time, Greek newspapers were in circulation and other publications record lectures that took place at the Hellenic College or elsewhere, where Greeks gathered for reflection and intellectual improvement. The first Hellenic College of London functioned for only fifteen years, but was re-started in September 1980, with the same name.

The 20th century has been the golden age of the Greek presence in England. The foundation of the Metropolis of Thyateira in 1922 by the Ecumenical Patriarchate contributed to this blossoming. The first Metropolitan was Germanos Strinopoulos, distinguished in the circles of the ecumenical movement but also more widely known for his great academic contribution in Halki, where he had been head of the college. This was the time when Greeks in Britain were most active, when businesses and shipping offices multiplied and prospered. A little later, in the 1930s, great numbers of Cypriots arrived and the Greek-Cypriot Brotherhood was founded. As the numbers of Greek Cypriots increased after World War II, the church of All Saints was founded becoming the focus of the community and of all important community events. Subsequently, more churches were founded in London and other cities of Britain, as well as schools, cultural centres, brotherhoods, charitable societies, night

στα πρώτα της βήματα ο Σπυρίδων Τρικούπης, επιφανής ιστοριοδίφης, ιδιαίτερα της Ελληνικής Επανάστασης, Πρέσβης στη Βρετανική πρωτεύουσα και μετέπειτα πρώτος Πρωθυπουργός της Ελλάδας. Με την οργανωμένη πια ελληνική κοινότητα του Λονδίνου έγινε απαραίτητη και η απόκτηση ιδιόκτητου ναού για τις θρησκευτικές τελετές των Ελλήνων Ορθοδόξων, και γύρω στο 1836 ιδρύεται στο Σίτυ ο ναός του Σωτήρος Χριστού. Ανάμεσα στους ιδρυτές της Ελληνικής Κοινότητας του Λονδίνου αναφέρονται τα ονόματα των Ευστρατίου Παντιά, Αντωνίου Κωνσταντίνου, Αλέξανδρου Ράλλη, Ιωάννη Ροδοκανάκη, Αμβροσίου Αργέντη, Σπυρίδωνα Μαυρογιάννη, που ήταν εξέχουσες προσωπικότητες και επιτυχημένοι επιχειρηματίες της εποχής. Σε πολύ σύντομο χρονικό διάστημα οι Έλληνες ένοιωσαν την ανάγκη να κτίσουν μεγαλοπρεπή Ελληνικό Ορθόδοξο Ναό στο Κέντρο του Λονδίνου, αυτή τη φορά στο Μπέϊσγουώτερ, που τον αφιέρωσαν στη Σοφία του Θεού. Ο ναός λειτούργησε για πρώτη φορά το 1879 με πρώτο προϊστάμενο τον Κύπριο λόγιο Ιερώνυμο Μυριανθέα.

Πληθαίνοντας οι Έλληνες, συγκροτούσαν κοινότητες με τον ναό τους και φυσικά το σχολείο. Έτσι ιδρύθηκαν μεγαλοπρεπείς ναοί και σε άλλες πόλεις της Αγγλίας, όπως το Μάντσεστερ, Λίβερπουλ και Κάρντιφ. Οι Έλληνες της Αγγλίας δημιούργησαν ένα μεγάλο αριθμό ανθρώπων των γραμμάτων και των τεχνών. Πολλοί από τους εμπόρους και τους μεγαλοεπιχειρηματίες ανεδείχθησαν εξαίρετοι λόγιοι και ποιητές, συγγραφείς και καλλιτέχνες. Μέσα σε ένα τέτοιο κύκλο αναπτύχθηκε η πρώτη οργανωμένη ελληνική παρουσία στην Αγγλία. Την ίδια εποχή, δηλαδή γύρω στο 1870, ιδρύεται η Ελληνική Σχολή για την ελληνοπρεπή μόρφωση των παιδιών των οικογενειών, που ζούσαν στο Λονδίνο. Ταυτόχρονα κυκλοφορούσαν ελληνικές εφημερίδες, αλλά και άλλα έντυπα από διαλέξεις σε χώρους του ελληνι-

schools and libraries.

A landmark in the life of the Greeks in London is the Hellenic Centre, founded in London in 1993, which aims to present and promote Greek arts and letters in Great Britain.

κού Κολλεγίου ή άλλους, όπου συγκεντρωνόταν το ελληνικό στοιχείο για πνευματική ανάταση και περισυλλογή. Το πρώτο ελληνικό Κολλέγιο του Λονδίνου λειτούργησε μόνο δεκαπέντε χρόνια, για να επαναλειτουργήσει τον Σεπτέμβριο του 1980 με το ίδιο ακριβώς όνομα.

Ο εικοστός αιώνας υπήρξε ο χρυσούς αιώνας της ελληνικής παρουσίας στην Αγγλία. Σε αυτό συνετέλεσε και η ίδρυση το 1922 της Μητροπόλεως Θυατείρων από το Οικουμενικό Πατριαρχείο με πρώτο Μητροπολίτη τον Γερμανό Στρηνόπουλο, γνωστό στους κύκλους της οικουμενικής κίνησης, αλλά και του ευρύτερου χώρου για τη μεγάλη ακαδημαϊκή του προσφορά στη Χάλκη, όπου διετέλεσε Σχολάρχης. Είναι η εποχή, που οι Έλληνες της Αγγλίας δραστηριοποιούνται, πληθαίνουν οι εμπορικοί οίκοι και τα εφοπλιστικά γραφεία. Λίγο αργότερα, στη δεκαετία του '30, καταφθάνουν μεγάλοι αριθμοί Κυπρίων, και ιδρύεται η Ελληνική Κυπριακή Αδελφότητα. Με την αύξηση του αριθμού των Ελληνοκυπρίων μετά τον Β΄ Παγκόσμιο Πόλεμο δημιουργείται ο ναός των Αγίων Πάντων, πέριξ του οποίου δραστηριοποιούνται και λαμβάνουν χώρα όλα τα σημαντικά παροικιακά γεγονότα. Στη συνέχεια ιδρύουν ναούς στο Λονδίνο και σε άλλες πόλεις της Βρετανίας, καθώς και σχολεία, πολιτιστικά κέντρα, αδελφότητες, συλλόγους, νυχτερινές σχολές, βιβλιοθήκες. Τη ζωή των Ελλήνων στην Αγγλία σημαδεύει η ίδρυση του Ελληνικού Κέντρου του Λονδίνου το 1993, που φιλοδοξία του έχει την προβολή και προαγωγή των ελληνικών γραμμάτων και τεχνών στο Ηνωμένο Βασίλειο.

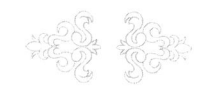

101

MAP OF CYPRUS WITH TH

PROVENANCE OF THE ICONS

34°

FAMAGUSTA

✝ Ag.Georghios
  Mavrovouniou

35°

LARNACA

rovouni

MEDITERRANEAN SEA

0 10km

34°

ΚΑΤΑΛΟΓΟΣ
ΚΑΙ ΠΙΝΑΚΕΣ ΤΩΝ ΕΙΚΟΝΩΝ

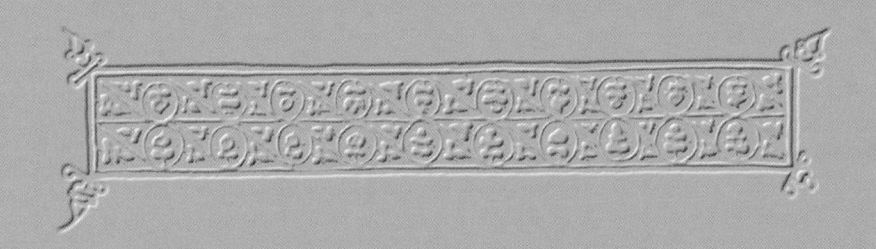

CATALOGUE
AND PLATES OF THE ICONS

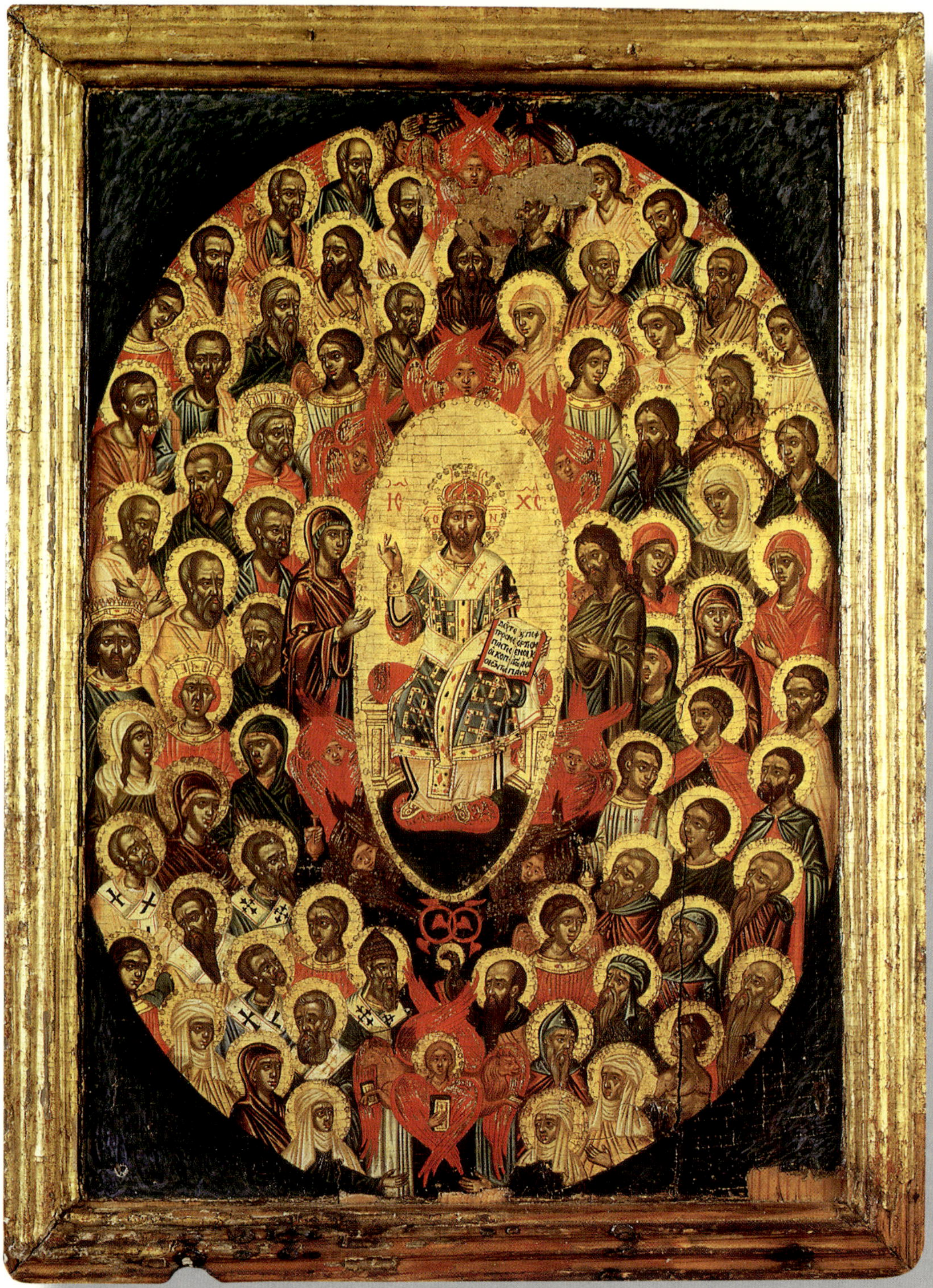

1. ALL SAINTS

18th century
Louvaras, Church of Saint John the Baptist
85 x 60 cm

Anonymous painter who worked in a characteristic style bearing reminiscences of the painting of the previous centuries, mainly of the 16th.

Egg tempera, gold leaf and lacquers on wooden support, primed with cloth, gesso and bole.

Conserved at the Atelier for Conservation of the Centre of Cultural Heritage by Valentina Cican in 2000.

The saints encircle Christ seated on the Throne, in golden glory, vested as Great Priest, blessing with His right hand and holding in the other an open Gospel Book with the excerpt: "COME UNTO ME ALL YE WHO LABOUR..." (*Matthew*, 11,28).

In the first tier of the saints surrounding Christ, a distinctive place among the Angels (Cherubim, Seraphim and Thrones) is occupied by the Virgin and St John the Baptist on either side of Him, thus forming the *Trimorphon* of the *Deisis*; they intercede before the Lord for the salvation of Humanity.

Around the central scene are deployed choirs of saints, apostles, prelates, hosioi, interrupted by Cherubim on the upper part and by the symbols of the four Evangelists (angel, eagle, bull, lion) below. The chorus of saints is crowded into an oval on a deep blue background, bordered by a gilded frame.

Archimadrite Porphyrios Machairiotis

Bibliography: Unpublished.

1. ΟΙ ΑΓΙΟΙ ΠΑΝΤΕΣ

18ος αιώνας
Λουβαράς, ναός Τιμίου Προδρόμου
85 x 60 εκ.

Ανώνυμος ζωγράφος, που εργάζεται σε μια χαρακτηριστική τεχνοτροπία, η οποία φέρει το στίγμα των αναμνήσεων της ζωγραφικής των προηγούμενων αιώνων, κυρίως του 16ου αιώνα.

Αυγοτέμπερα, φύλλα χρυσού και λάκες πάνω σε ξύλινη βάση, προετοιμασμένη με ύφασμα, γύψινο επίχρισμα και αμπόλιο.

Συντηρήθηκε στο Εργαστήριο Συντήρησης του Κέντρου Πολιτιστικής Κληρονομιάς από τη Βαλεντίνα Cican το 2000.

Παράσταση των Αγίων Πάντων, στο κέντρο της οποίας, σε χρυσή δόξα, παρουσιάζεται ο Κύριος ένθρονος και ενδεδυμένος ως Μέγας Αρχιερεύς, ευλογώντας με το δεξί χέρι και κρατώντας στο αριστερό ανοικτό Ευαγγέλιο με την περικοπή: «ΔΕΥΤΕ ΠΡΟΣ ΜΕ ΠΑΝΤΕΣ ΟΙ ΚΟΠΟΙΩΝΤΕΣ...» (*Ματθαίος*, ΙΑ΄, 28).

Στην πρώτη σειρά αγίων μορφών, που πλαισιώνουν τον Κύριο, ξεχωριστή θέση καταλαμβάνουν μεταξύ των αγγέλων (Χερουβείμ, Σεραφείμ, Θρόνοι) η Παναγία στα δεξιά και ο άγιος Ιωάννης ο Πρόδρομος στα αριστερά, οι οποίοι διαμεσολαβούν ενώπιον του Κυρίου για τη σωτηρία της Ανθρωπότητος σχηματίζοντας εικονογραφικά το τρίμορφο της Δέησης.

Γύρω από αυτήν την κεντρική σκηνή της εικόνας παρατάσσονται κυκλοειδώς χοροί αγίων, αποστόλων, ιεραρχών, οσίων, οι οποίοι διακόπτονται στο πάνω μέρος από Χερουβείμ και στο κάτω μέρος από τα εμβλήματα των τεσσάρων Ευαγγελιστών (άγγελος, αετός, ταύρος, λέων). Ο χορός των αγίων συνωστίζεται μέσα σε ελλειψοειδές σχήμα, το οποίο προβάλλει πάνω σε βαθυγάλαζο κάμπο περίκλειστο σε χρυσό πλαίσιο.

Αρχιμανδρίτης Πορφύριος Μαχαιριώτης

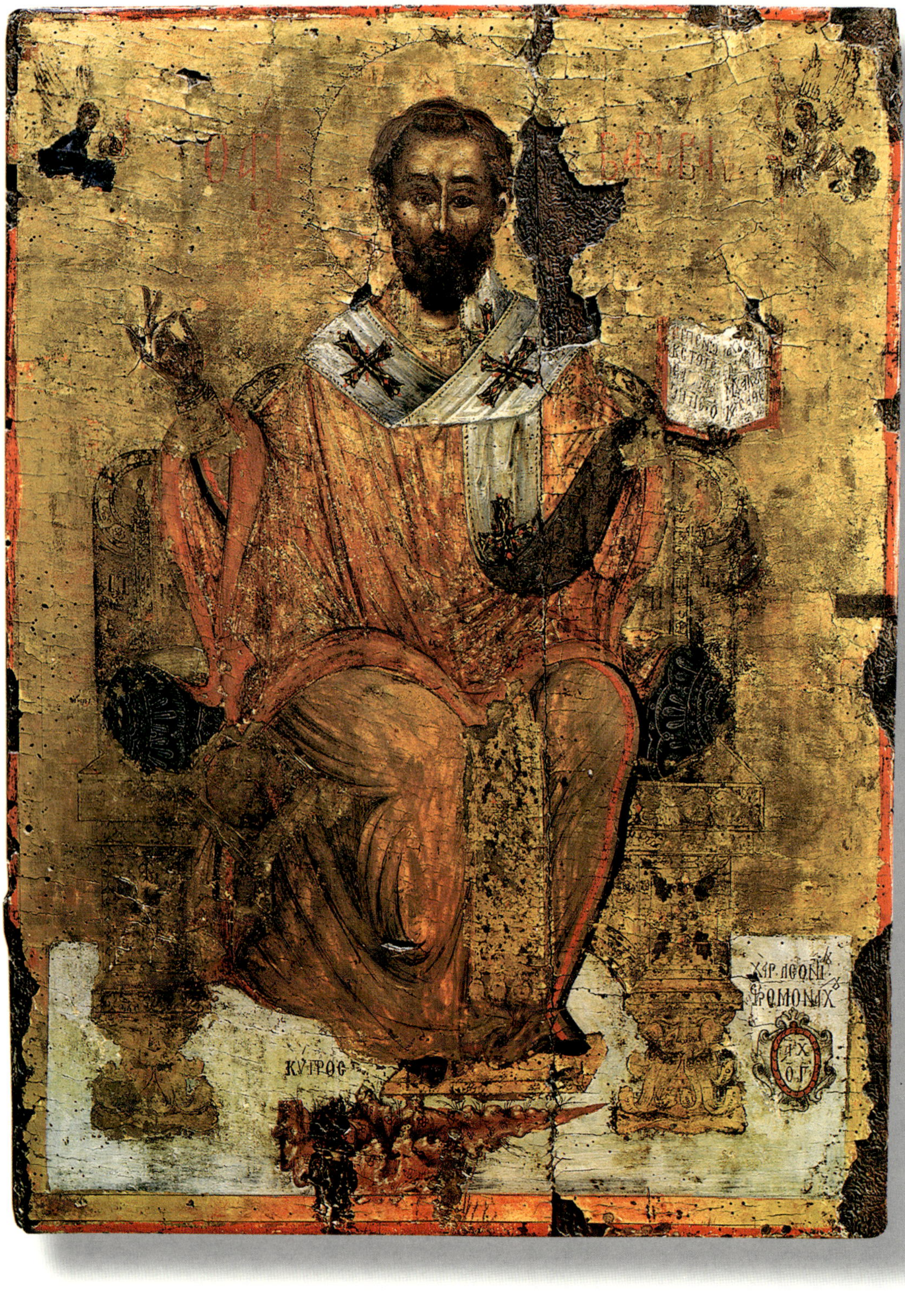
ΚΥΠΡΟΣ

2. SAINT BARNABAS
1673
Nicosia, Church of Saint George
Now in the Treasury of the Monastery of Machairas
49 x 37.5 cm

Signed by the hieromonk Leontios, who is considered one of the most skilful painters of the 17th century in Cyprus. His work is characterised by stylistic variety, as he used various models, each with a different style.

Egg tempera, gold leaf and lacquers on wooden support, primed with cloth, gesso and bole.

Conserved by Kostas Gerasimou and Kyriakos Papaïoakeim in 1998.

The icon is painted on a re-used plank of a chest, which bears a Venetian coat of arms belonging to an unidentified family of the 16th century. It represents the founder and patron of the Autocephalous Church of Cyprus, Apostle Barnabas, seated on a throne. Below him there is a depiction of the island of Cyprus. He wears archiepiscopal vestments, right hand blessing and left hand holding an open Gospel Book with the passage "THE LORD SAID TO HIS DISCIPLES HE WHO HEARS YOU HEARS ME AND HE WHO REJE[CTS YOU REJECTS ME]" (*Luke*, 10,16). On the two upper corners are represented two archangels making the gesture of prayer and offering to the saint the mitre, the staff, a golden inkstand with cinnabar ink and the archbishop's imperial sceptre with the globe (=sphere of the Universe), imperial privileges conferred on the Cypriot Archbishop and his successors. The insertion of the symbols of these three privileges constitutes an "iconographic anachronism", as these were conferred by the Emperor Zeno on the Archbishop of Cyprus Anthemius in 488 AD.

The presence of a map on a portable icon is a unique phenomenon in the Byzantine and Post-Byzantine painting of Cyprus. Under the *suppedaneum* of the throne is painted the map of Cyprus accompanied by the legend CYPRUS. The outline of the island and particularly the rendering of the north coast suggests that its prototype might be the map published by Paolo Forlani in 1570. At the lower right corner the painter signs: BY THE HAND OF LEONTIOS THE HIEROMONK; there follows the date 1673 in an ornament imitating the shield of a coat of arms.

The icon bears the nominal inscription SAINT BARNABAS.

Christodoulos Hadjichristodoulou

2. Ο ΑΓΙΟΣ ΒΑΡΝΑΒΑΣ
1673
Λευκωσία, Εκκλησία Αγίου Γεωργίου
Τώρα στο Σκευοφυλάκιο της Μονής Μαχαιρά
49 x 37.5 εκ.

Υπογραμμένη από τον Λεόντιο ιερομόναχο, ο οποίος θεωρείται ένας από τους καλούς ζωγράφους του 17ου αιώνα στην Κύπρο. Το έργο του χαρακτηρίζεται από ποικιλία τεχνοτροπιών, αφού χρησιμοποιούσε διάφορα πρότυπα με διαφορετική τεχνοτροπία το καθένα.

Αυγοτέμπερα, φύλλα χρυσού και λάκες πάνω σε ξύλινη βάση, προετοιμασμένη με ύφασμα, γύψινο επίχρισμα και αμπόλιο.

Συντηρήθηκε από τους Κώστα Γερασίμου και Κυριάκο Παπαϊωακείμ το 1998.

Η εικόνα είναι ζωγραφισμένη σε σανίδα από κασέλα, που φέρει ενετικό οικόσημο αδιάγνωστης οικογένειας του 16ου αιώνα. Παρουσιάζει τον ιδρυτή και προστάτη της Αυτοκέφαλης Εκκλησίας της Κύπρου, τον απόστολο Βαρνάβα, ένθρονο και στο κάτω μέρος το νησί της Κύπρου. Φορεί αρχιερατική στολή, ευλογεί με το δεξί χέρι και με το αριστερό κρατεί ανοικτό ενεπίγραφο Ευαγγέλιο: "ΕΙΠΕΝ Ο ΚΥΡΙΟC ΤΟΙC ΕΑΥΤΟΥ ΜΑΘΗΤΑΙC. Ο / ΑΚΟΝΩΝ ΥΜΩΝ ΕΜΟΥ ΑΚΟΥΕΙ ΚΑΙ Ο ΑΘΕ[ΤΩΝ ΥΜΑΣ ΕΜΕ ΑΘΕΤΕΙ]" (*Λουκάς*, Ι΄, 16). Στις δύο πάνω γωνίες εικονίζονται σεβίζοντες δύο αρχάγγελοι να προσκομίζουν στον άγιο τη μίτρα, χρυσό μελανοδοχείο με κιννάβαρι και αρχιεπισκοπικό βασιλικό σκήπτρο με τη σφαίρα της Οικουμένης, αυτοκρατορικά προνόμια, που δόθηκαν στον Κύπριο Αρχιεπίσκοπο. Η ενσωμάτωση των συμβόλων των τριών αυτών προνομίων αποτελεί εικονογραφικό αναχρονισμό, καθότι αυτά δόθηκαν από τον Αυτοκράτορα Ζήνωνα στον Αρχιεπίσκοπο Κύπρου Ανθέμιο το 488.

Μοναδικό φαινόμενο στη βυζαντινή και μεταβυζαντινή ζωγραφική της Κύπρου αποτελεί η παρουσία ενός χάρτη σε φορητή εικόνα. Κάτω από το υποπόδιο του θρόνου ζωγραφίζεται ο χάρτης της Κύπρου, συνοδευόμενος από την επιγραφή: ΚΥΠΡΟC. Το περίγραμμα του χάρτη, και ιδιαίτερα η απόδοση της βόρειας ακτογραμμής, οδηγεί στο συμπέρασμα ότι πρότυπό του πρέπει να ήταν ο χάρτης, που εξέδωσε το 1570 ο Paolo Forlani. Στην κάτω δεξιά γωνία παρατίθεται η υπογραφή του αγιογράφου: ΧΕΙΡ ΛΕΟΝΤΙΟΥ / ΙΕΡΟΜΟΝΑΧΟΥ και ακολουθεί η χρονολογία ΑΧ/ΟΓ (1673) μέσα σε κόσμημα, που μιμείται ασπίδα οικόσημου.

Η εικόνα φέρει την ονομαστική επιγραφή Ο ΑΓΙΟC ΒΑΡΝΑΒΑC.

Χριστόδουλος Χατζηχριστοδούλου

Bibliography: Peristianis 1995, p. 758. Hadjichristodoulou 1999a, p. 75.

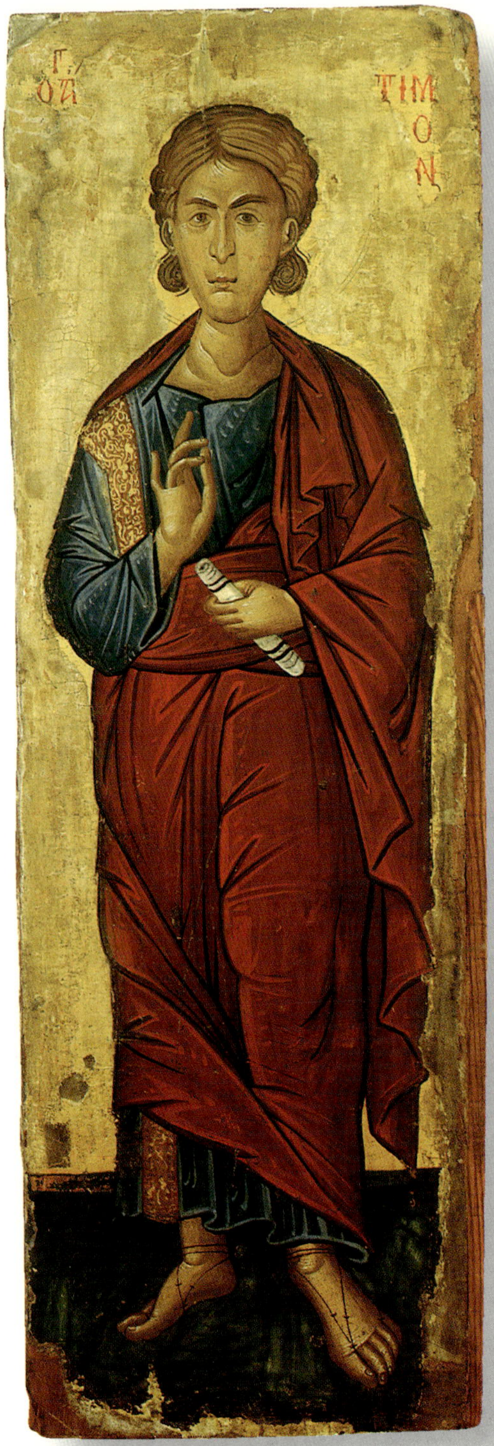
ΤΙΜΟΝ

3. Saint Timon

Third quarter of the 16th century
Vasa Koilaniou, old Church of Hosios Barnabas
Now in the Ecclesiastical Museum of Vasa Koilaniou
103 x 35 cm

Anonymous painter who worked in the Cretan style with elements combining seriousness in expression, large features and intense tonal gradations.

Egg tempera and gold leaf on wooden support, primed with cloth, gesso and bole. *Sgraffito* technique.

Conserved by Kostas Gerasimou and Kyriakos Papaïoakeim in 1998.

St Timon probably escorted the Apostles Barnabas and Mark, during their second missionary journey in Cyprus (49 AD) or was one of the seven deacons of the first Church. He is depicted full-length, frontally, in *contraposto*, wearing a blue tunic ornamented with a gilded *clavus* and a red *himation*. He holds in his left hand a sealed scroll and blesses with his right. On his feet are sandals tied with a thin cord. His halo consists of two concentric circles. The ground is green below and gilded on the upper part.

The icon bears the nominal inscription SAINT TIMON.

Christodoulos Hadjichristodoulou

3. Ο Αγιος Τιμων

Τρίτο τέταρτο του 16ου αιώνα
Βάσα Κοιλανίου, Παλαιός Ναός Οσίου Βαρνάβα
Τώρα στο Εκκλησιαστικό Μουσείο
103 x 35 εκ.

Ανώνυμος ζωγράφος, που εργάζεται στην κρητική τεχνοτροπία με στοιχεία, που συνδυάζουν σοβαρότητα στην έκφραση, αδρά χαρακτηριστικά και έντονες τονικές διαβαθμίσεις.

Αυγοτέμπερα και φύλλα χρυσού πάνω σε ξύλινη βάση, προετοιμασμένη με ύφασμα, γύψινο επίχρισμα και αμπόλιο. Τεχνική του *sgraffito*.

Συντηρήθηκε από τους Κώστα Γερασίμου και Κυριάκο Παπαϊωακείμ το 1998.

Ο άγιος Τίμων, ίσως ο συνοδός των αποστόλων Βαρνάβα και Μάρκου κατά το δεύτερο ιεραποστολικό τους ταξίδι στην Κύπρο (49 μ.Χ.) ή ένας από τους επτά διακόνους της πρώτης Εκκλησίας, εικονίζεται όρθιος, μετωπικός, με τα πόδια σε *contraposto*, ντυμένος με κυανό χιτώνα, που κοσμείται με χρυσοποίκιλτο "σημείο" (*clavus*) και κόκκινο ιμάτιο. Στο αριστερό του χέρι κρατά σφραγισμένο ειλητό, ενώ ευλογεί με το δεξί του. Στα πόδια φορεί σανδάλια, δεμένα με λεπτό κορδόνι, και φέρει φωτοστέφανο με δυο ομόκεντρους εγχάρακτους κύκλους. Η εικόνα γεμίζει με πράσινο κάμπο στο κάτω μέρος και χρυσό βάθος στο άνω.

Η εικόνα φέρει την ονομαστική επιγραφή: Ο ΑΓ[ΙΟC] ΤΙΜΟΝ.

Χριστόδουλος Χατζηχριστοδούλου

Bibliography: Makarios 1997, pl. without number. Hadjichristodoulou 1999c, p. 10. I.P. Tsiknopoulos, *Η ιστορία της Εκκλησίας Πάφου*, Nicosia, 1971, p. 189, fig. 262.

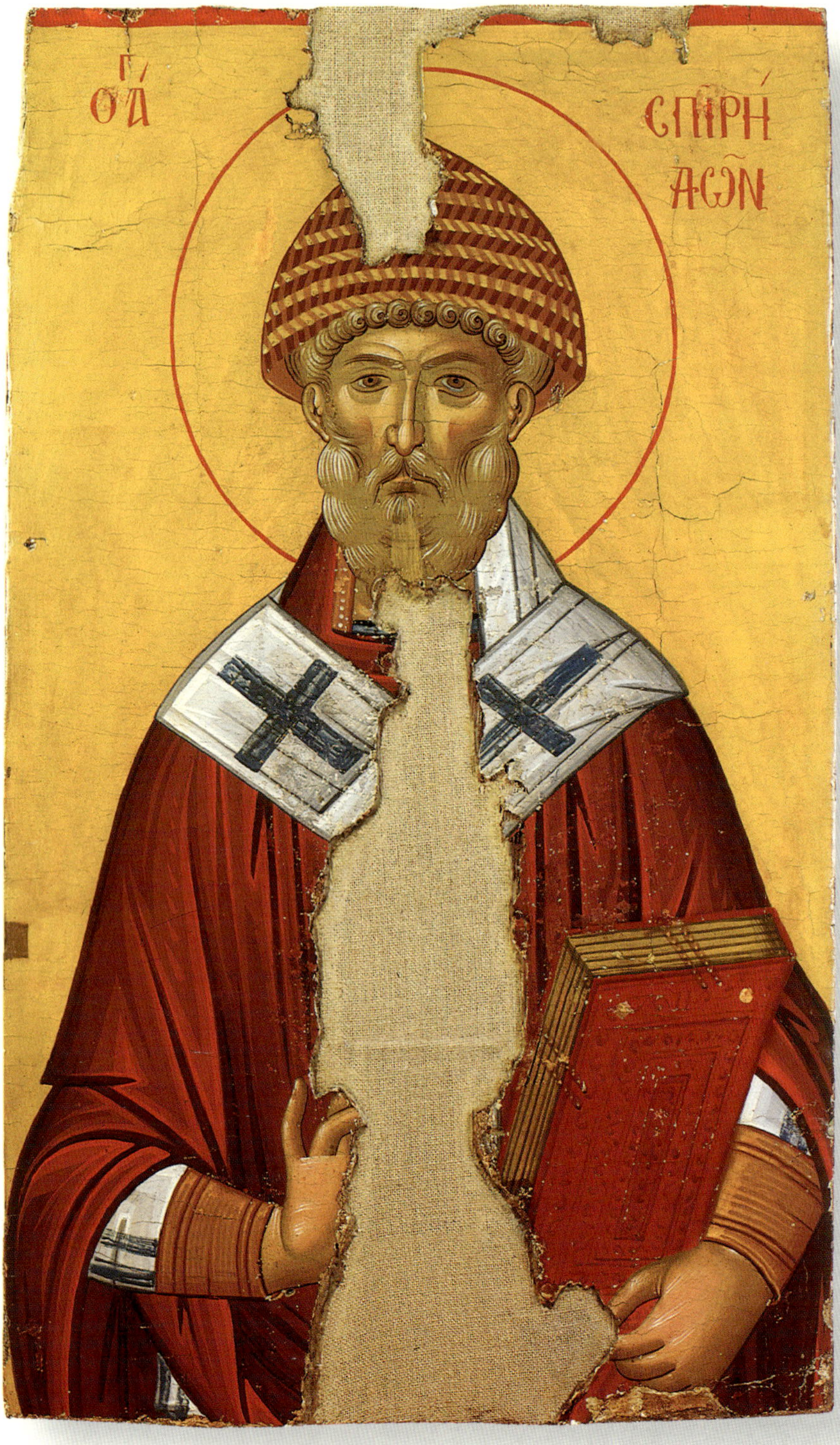

4. Saint Spyridon

Around 1564
Doros, Church of Saint Epiphanios
86.6 x 53.1 cm

Attributed to the anonymous master who in 1564 executed the murals bearing this date at the nearby Monastery of Panaghia Amasgou. A striking feature of this anonymous master is the finesse, elegance and smoothness in the design and rendering of the facial characteristics.

Tempera on wooden support, primed with cloth and gesso.

Conserved by Kostas Gerasimou and Kyriakos Papaïoakeim in 1993.

St Spyridon is among the most distinguished Cypriot saints. He was a shepherd who was elected bishop of Tremythus. He attended the First Ecumenical Council at Nicaea (325 AD), where he proved by the miracle of the tile the triadicity of God. His signature appears on the records of the Council of Sardica (Sofia) in 343 AD. He is greatly venerated throughout the Orthodox world. His relics are now in Corfu.

The saint is depicted half-length, frontally, right hand raised in blessing and holding a closed Gospel Book in the left hand. He wears a white *sticharion* bearing a grey-blue *clavus* and with ochre-brown *epimanika* (maniples) on the sleeves; over that a red-purple *phelonion* and a white *omophorion* with grey-blue crosses. His head is covered with the pointed basket of straw known as *kidaris* woven with palm leaves as referred to in the biography of St Spyridon compiled in the mid 7th century by Theodoros Bishop of Paphos: "...for the saint had in his hand his pastoral staff and on his head was placed a *kidaris* woven with palm leaves which some call a *tiara* and others *perikephalaia* or *kassis*..." (P. Van de Ven, *La légende de saint Spyridon évêque de Trimithonte*, Louvain, 1953, p. 43) The background is ochre-yellow with a red frame on the upper part.

The icon bears the nominal inscription SAINT SPIRIDON.

Sophocles Sophocleous

4. Ο Άγιος Σπυρίδων

Γύρω στο 1564
Δωρός, ναός Αγίου Επιφανίου
86.6 x 53.1 εκ.

Αποδίδεται στον ανώνυμο ζωγράφο που φιλοτέχνησε το 1564 τις τοιχογραφίες, που φέρουν τη χρονολογία αυτή στο καθολικό της Μονής Παναγίας Αμασγού, δίπλα στον Δωρό. Ένα έκδηλο χαρακτηριστικό αυτού του ανώνυμου ζωγράφου είναι η εκλέπτυνση, η κομψότητα και η ραδινότητα στο σχέδιο και στο πλάσιμο των φυσιογνωμικών χαρακτηριστικών.

Αυγοτέμπερα σε ξύλινη βάση, προετοιμασμένη με ύφασμα και γύψινο επίχρισμα.

Συντηρήθηκε από τους Κώστα Γερασίμου και Κυριάκο Παπαϊωακείμ το 1993.

Ο άγιος Σπυρίδων συγκαταλέγεται μεταξύ των επιφανεστέρων Κυπρίων αγίων. Βοσκός πρώτα, εξελέγη αργότερα Επίσκοπος Τριμυθούντος. Έλαβε μέρος στην Α΄ Οικουμενική Σύνοδο της Νικαίας το 325 μ.Χ., όπου με το θαύμα του κεραμιδιού απέδειξε την τριαδικότητα του Θεού. Η υπογραφή του υπάρχει επίσης στα πρακτικά της Οικουμενικής Συνόδου της Σαρδικής (Σόφια) το 343 μ.Χ. Τιμάται ευρέως σε όλο τον ορθόδοξο κόσμο. Το λείψανό του φυλάττεται στην Κέρκυρα.

Ο άγιος απεικονίζεται από τη μέση και άνω, κατ' ενώπιον, ευλογώντας με το δεξί χέρι και κρατώντας κλειστό Ευαγγέλιο στο αριστερό. Φέρει λευκό στιχάριο με γκριζογάλαζο διπλό σημείο, σφιγμένο στους καρπούς με ωχροκαφέ επιμάνικα, και πάνω από αυτό κοκκινοπόρφυρο φαιλόνιο και λευκό ωμοφόριο με γκριζογάλαζους σταυρούς. Στην κεφαλή φέρει την κίδαριν από φύλλα φοινικιάς, όπως αναφέρεται από τον βιογράφο του, Θεόδωρο Επίσκοπο Πάφου, στα μέσα του 7ου αιώνα: "...ο γαρ άγιος είχεν εν χερσίν την ποιμαντικήν αυτού βακτηρίαν και επί της κεφαλής αυτού κειμένην κίδαριν εκ βαΐων φοινίκων πεπλεγμένην, ήτις τιάρα παρά τισιν ονομάζεται, παρά δε άλλοις περικεφαλαία ήτοι κάσσις..." (P. Van de Ven, *La legende de saint Spyridon évêque de Trimithonte*, Louvain, 1953, σ. 43) Ο άγιος παρουσιάζεται μέσα σε βάθος από κίτρινη ώχρα με κόκκινο πλαίσιο στο άνω μέρος.

Η εικόνα φέρει την ονομαστική επιγραφή Ο ΑΓ(ΙΟC) CΠΙΡΗΔΩΝ.

Σοφοκλής Σοφοκλέους

Bibliography: Sophocleous 1990, vol. I, p. 141, vol. II, p. 105, vol. III, pl. 62.

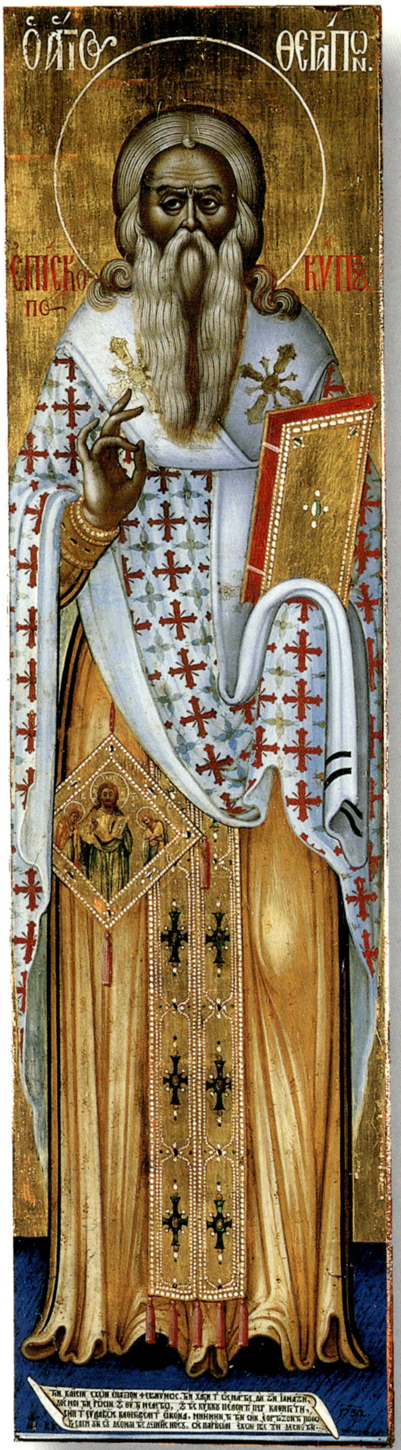

5. Saint Therapon Bishop of Cyprus

1792
Dependency of the Monastery of Kykkos (Saint Prokopios, Nicosia), Iconostasis of the church
Now in the Museum of the Monastery of Kykkos
112.1 x 30.5 cm

Signed by Ioannis Kornaros at the lower left corner of the icon: Ioannis Kornaros the Cretan. At the lower right corner is written the date: 1792 Kykkos. This Cretan painter came to Cyprus after a long stay at Sinai probably after an invitation of abbot Meletios of the Monastery of Kykkos, in about 1787. The style Kornaros introduced to the island, deeply influenced by western painting, impressed and prevailed the cypriots. Kornaros created a school, whose impact predominated throughout the 19th century, displacing gradually the local tradition of the 18th century.

Egg tempera and gold leaf on one walnut plank, primed with gesso and bole.

Conserved at the Atelier of the Museum of the Monastery of Kykkos by Marios Hadjikyriakos in 2000.

St Therapon was bishop of an unspecified coastal see of Cyprus. He suffered martyrdom, having been slaughtered during the Arab raids (mid 7th century) in church, while he was celebrating the divine service. Later, his relics were transferred to Constantinople. At Larnaca, in a place where there existed in the past an Islamic mosque (*Tourabi*), an underground tomb is preserved, transformed into a Christian chapel traditionally attributed to St Therapon.

The bishop Therapon is represented full-length on a background gilded above and blue below. He wears a light brown *sticharion* with black *clavi* at the sides, ornamented with vaguely discernible flowers and tightened at the wrists by richly ornamented maniples. The ash-coloured *phelonion* carries successive rows of red and grey crosses. Under the raised *phelonion* hangs the *epitrachilion* and the *epigonation* with red tufts. A grey *omophorion* with gilded crosses covers the shoulders. The golden *epigonation* is decorated with a miniature representation of the *Deisis*: an element of the artistic heritage of the Cretan School of the 16th century, which Kornaros uses very often for the ornamentation of the garments. In the left hand, covered by his vestments, he holds a closed book with gold covers, while with the other hand he blesses. St Therapon is represented as a venerable old man, round-faced, with abundant well-combed hair and a long beard. On the well rounded exposed parts the warm brown proplasmus is relieved by a smooth gradation of green towards white highlights. An open white scroll below the saint

5. Ο Άγιος Θεράπων Επίσκοπος Κύπρου

1792
Λευκωσία, Μετόχιο Κύκκου, από το εικονοστάσιο του ναού του Αγίου Προκοπίου
Τώρα στο Μουσείο Μονής Κύκκου
112.1 x 30.5 εκ.

Υπογραμμένη από τον Ιωάννη Κορνάρο στην κάτω αριστερή γωνία της εικόνας σε συντομογραφία: "ΙΩ. Κ.Κ." (Ιωάννη Κορνάρου Κρητός). Στην κάτω δεξιά γωνία αναγράφεται: "1792 Κύκκος". Ο Κρητικός ζωγράφος Ιωάννης Κορνάρος ήρθε στην Κύπρο μετά από μακρόχρονη παραμονή στο Σινά, μάλλον ύστερα από πρόσκληση του ηγουμένου της Μονής Κύκκου Μελετίου, γύρω στα 1787. Το τεχνοτροπικό ιδίωμα, που εισήγαγε στο νησί, έντονα επηρεασμένο από τη δυτική ζωγραφική, εντυπωσίασε τους Κυπρίους, οι οποίοι το αγάπησαν ιδιαίτερα. Δημιούργησε σχολή αγιογραφίας, της οποίας η δραστηριότητα επεκτείνεται στον 19ο αιώνα, επηρεάζοντας έντονα την τοπική παράδοση αγιογραφίας, με αποτέλεσμα ο Κορνάρος να χρεώνεται με την ευθύνη για τη συρρίκνωση της μεταβυζαντινής παραδοσιακής αγιογραφίας στην Κύπρο.

Αυγοτέμπερα και φύλλα χρυσού, πάνω σε μονοκόμματη σανίδα καρυδιάς, προετοιμασμένη με γύψινο επίχρισμα και αμπόλιο. Ευδιάκριτες σε διάφορα μέρη της εικόνα είναι οι χαράξεις του σχεδίου από τον ζωγράφο πάνω στην προετοιμασία.

Συντηρήθηκε στο Εργαστήριο του Μουσείου της Μονής Κύκκου από τον Μάριο Χατζηκυριάκο το 2000.

Ο άγιος Θεράπων διετέλεσε επίσκοπος μη κατονομαζόμενης παραλιακής επισκοπικής έδρας στην Κύπρο. Έτυχε μαρτυρικού θανάτου, αφού σφαγιάσθηκε στις αραβικές επιδρομές (αρχές 7ου αιώνα) μέσα στον ναό, ενώ τελούσε τη θεία λειτουργία. Αργότερα το λείψανό του μεταφέρθηκε στην Κωνσταντινούπολη. Στην πόλη της Λάρνακας, σε χώρο, όπου παλαιότερα υπήρχε οθωμανικό τζαμί (*Τουραμπί*), διασώζεται υπόγειος ειδωλολατρικός τάφος, ο οποίος διεμορφώθη σε χριστιανικό ναΐδρο, αποδιδόμενο στον άγιο Θεράποντα.

Ο ιεράρχης Θεράπων παριστάνεται ολόσωμος, όρθιος κατ' ενώπιον στον στιλβωτό χρυσό κάμπο, μπλε στο κάτω μέρος, να γεμίζει ασφυκτικά τη στενόμακρη εικόνα. Φορεί καφέ στιχάριο με μαύρους ποταμούς (*clavi*) στις πλευρές, κοσμημένο με αμυδρά διακρινόμενα άνθη. Το στακτόχρωμο φελόνιο φέρει επάλληλες σειρές ερυθρών σταυρών εναλλασσόμενων με γκριζόχρωμους σταυρούς. Κάτω από το ανασηκωμένο φελόνιο διακρίνονται το επιτραχήλιο και το επιγονάτιο με κόκκινες φούντες. Γκριζόχρωμο ωμοφόριο καλύπτει τους ώμους. Παράσταση της Δέησης σε μικρογραφική απόδοση κοσμεί το χρυσόχρωμο επιγονάτιο: Στοιχείο της καλλιτεχνικής κληρονομιάς της Κρητικής Σχολής

incorporates an inscription - a request of the Abbot of Kykkos Meletios (1776-1811) to St Therapon to cure him from a corporal disease: "BEARING HONOURABLY THE NAME, AND THE GRACE OF A MARTYR THROUGH YOUR HEALING MIRACLES, GRANT STRENGTH TO ME THE PRIEST MELETIOS, WHO AM ALSO THE ABBOT OF KYKKOS, DESIRING TO CELEBRATE YOUR MEMORY SAVE ME, I PRAY FROM THE DREAD DISEASE "SINCE YOU CAN FREELY SPEAK TO THE LORD".

The icon bears the nominal inscription SAINT THERAPON BISHOP OF CYPRUS.

Stylianos K. Perdikis

του 16ου αιώνα, το οποίο χρησιμοποιεί ο Κορνάρος αρκετά συχνά στη διακόσμηση αμφίων. Στο καλυμμένο κάτω από τα ενδύματα αριστερό χέρι κρατεί κλειστό χρυσόδετο βιβλίο προοπτικά αποδιδόμενο, ενώ με το άλλο ευλογεί. Ο άγιος Θεράπων αποδίδεται σεβάσμιος γέροντας στρογγυλοπρόσωπος, με πλούσια καλοκτενισμένη κόμη και μακριά γενειάδα. Τα γυμνά μέρη πλάθονται ευτραφή με θερμό καφέ προπλασμό, ο οποίος ξανοίγεται με απαλή διαβάθμιση πρασίνου σε λευκό φωτισμό. Ανοικτό λευκό ειλητάριο κάτω από τον άγιο φέρει μεγαλογράμματη επιγραφή - παράκληση του ηγουμένου Κύκκου Μελετίου (1776 - 1811) προς τον άγιο Θεράποντα, για να τον θεραπεύσει από σωματική ασθένεια. "ΤΗΝ ΚΛΗCΙΝ ΕΧΩΝ ΕΠΑΞΙΟΝ ΦΕΡΩΝVΜΩC, ΤΗΝ ΧΑΡΙΝ Τ' ΩC ΜΑΡΤVC ΔΗ ΤΩΝ ΙΑΜΑΤΩΝ,/ ΔΟC ΜΟΙ ΤΗΝ ΡΩCΙΝ ΤΩ ΘVΤΗ ΜΕΛΕΤΙΩ, ΤΩ ΤΗC ΚVΚΚΟV ΠΕΛΟΝΤΙ ΠΕΡ ΚΑΘΗΓΕΤΗ/ CΗΝ ΕΟΡΤΑΖΟΝΤΙ ΠΟΘΩ./ ΡVCΑΙ Μ' ΟVΝ COV ΔΕΟΜΑΙ ΤΗC ΔΕΙΝΗC ΝΟCOV, ΩC ΠΑΡΡΗCΙΑΝ ΕΧΩΝ ΠΡΟC ΤΟΝ ΔΕCΠΟΤΗΝ."

Η εικόνα φέρει την ονομαστική επιγραφή Ο ΑΓΙΟΣ/ ΘΕΡΑΠΩΝ/ ΕΠΙΣΚΟΠΟΣ/ ΚΥΠΡΟΥ.

Στυλιανός Κ. Περδίκης

Bibliography: Unpublished.

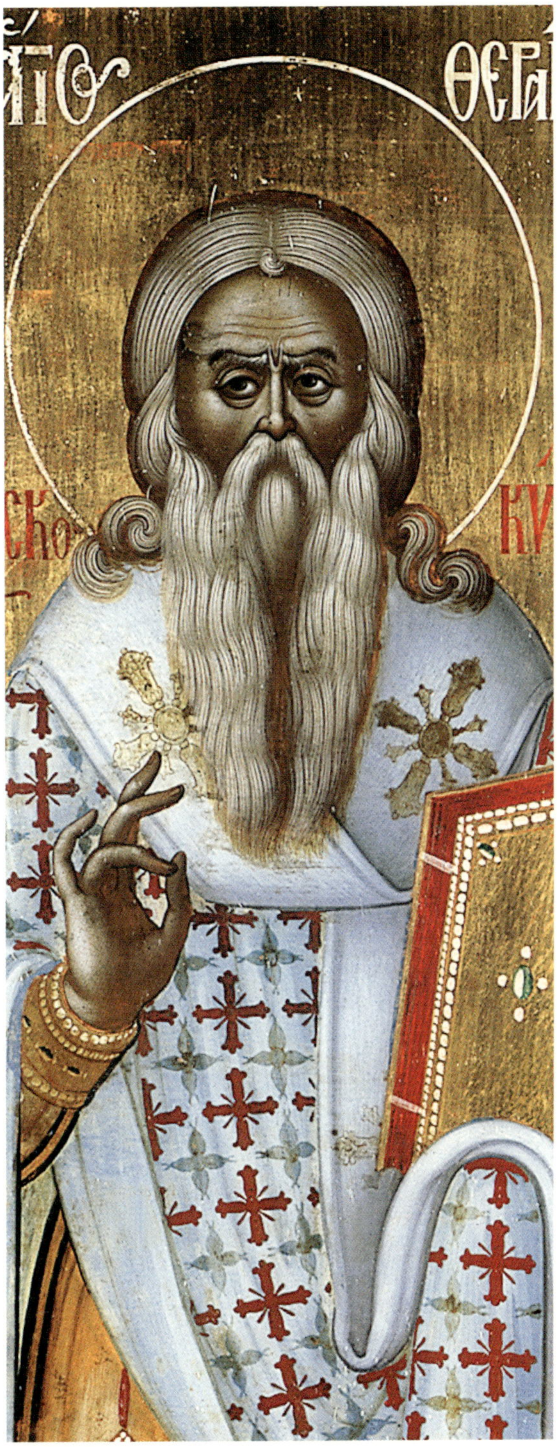

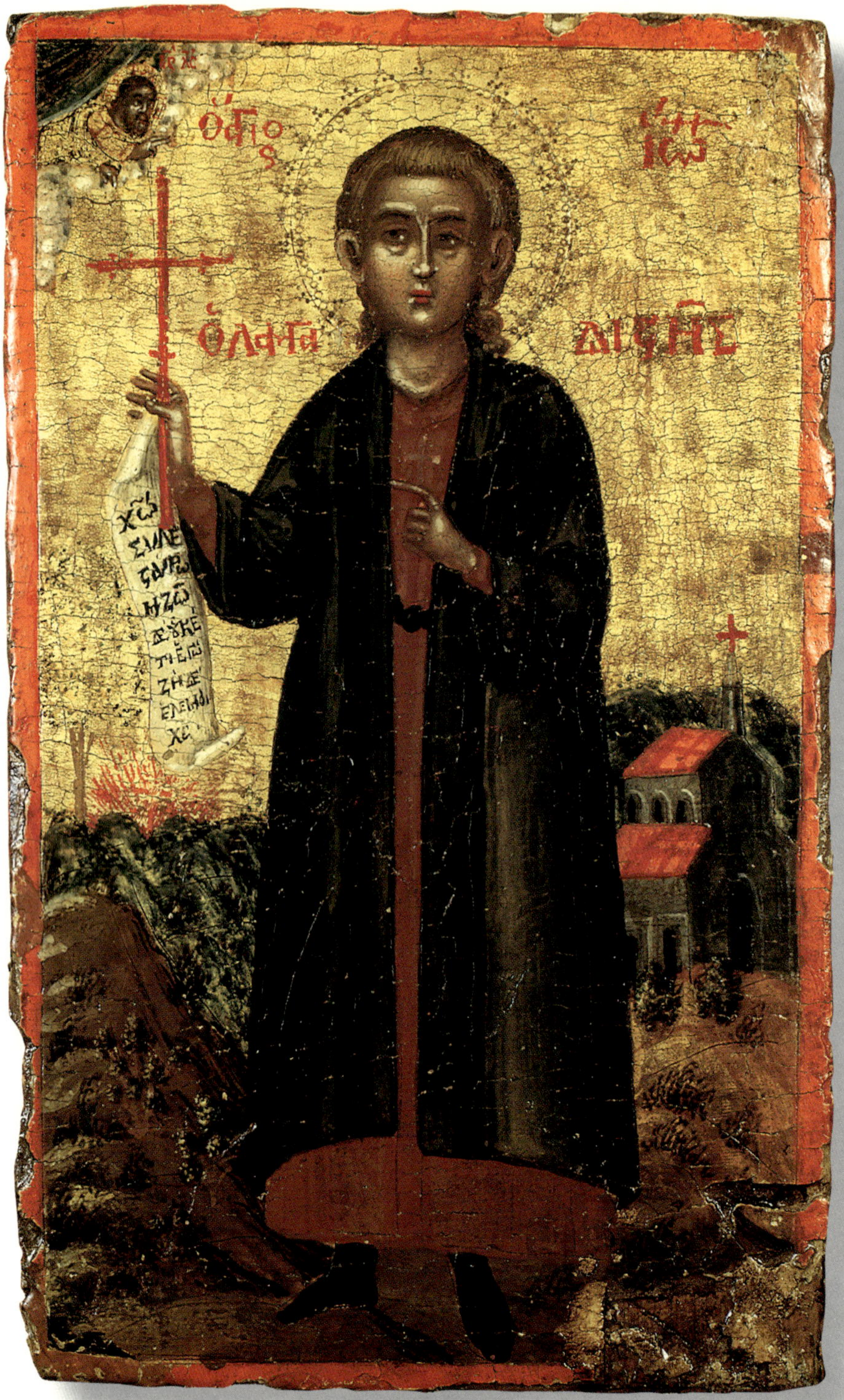

6. SAINT JOHN LAMPADISTIS

18th century
Astromeritis, Church of Saint Auxibius
34.5 x 21 cm

Attributed to the entourage of the hieromonk Ioannikios which flourished in the 18th century at the Monastery of Saint Herakleidios. Basic features of the style of this group of painters are their adherence to the strict tradition of Byzantine painting within its dogmatic parameters, as well as the restricted use of western borrowings. This is expressed by the ascetic spiritual figures with large facial features, elongated fingers and haloes with punched dotted ornament.

Egg tempera, gold leaf and lacquers on a wooden support, primed with cloth, gesso and bole. Punched ornament in the halo.

Conserved by Kostas Gerasimou and Kyriakos Papaïoakeim in 2000.

John Lampadistis is a local Cypriot saint, who lived in the late 11th century. He led an ascetic life at the Byzantine Monastery of Saint Herakleidios (today known as the Monastery of Saint Ioannis Lampadistis) in Kalopanagiotis. He was named Lampadistis either because he was born in the village Lampadou (?) or because, according to an ancient book of his life, after his death a "Great Light" was seen to come out of his tomb. The saint is shown full-length, in frontal position, in a mountainous landscape below and gilded background above. He wears dark monk's vestments, red tunic with narrow sleeves, tightened at the waist, and an olive-green cassock with wide sleeves. A cross hangs from his neck. The right hand holds an opened inscribed scroll and a cross of western typology, while his left forefinger points to the text on the scroll: "I HAVE BEEN CRUCIFIED WITH CHRIST YET I LIVE NO LONGER I BUT CHRIST IN ME" (Paul, *Gal.* 2, 20).

At the upper right corner Christ on clouds issuing from a schematic sky blesses the saint. He bears a cruciform halo with the sign HE WHO IS. A three-aisled basilica with bell-tower on the right part of the icon is set in a mountainous wooded landscape. On the left, behind the tops of the trees is represented the personification of a rising sun.

The icon bears the inscriptions SAINT JOHN LAMPADISTIS and JESUS CHRIST.

Christodoulos Hadjichristodoulou

6. Ο ΑΓΙΟΣ ΙΩΑΝΝΗΣ Ο ΛΑΜΠΑΔΙΣΤΗΣ

18ος αιώνας
Αστρομερίτης, Εκκλησία Αγίου Αυξιβίου
34.5 x 21 εκ.

Αποδίδεται στον περίγυρο του ιερομονάχου Ιωαννικίου, ο οποίος άκμασε τον 18ο αιώνα με αφετηρία τη Μονή Αγίου Ηρακλειδίου. Βασικά γνωρίσματα της τέχνης των ζωγράφων αυτών είναι η προσήλωση στην αυστηρή παράδοση της βυζαντινής ζωγραφικής μέσα στις δογματικές της παραμέτρους, καθώς και η συντηρητική χρήση δυτικών δανείων. Αυτό εκφράζεται με τις ασκητικές πνευματικοποιημένες μορφές, που έχουν αδρά φυσιογνωμικά χαρακτηριστικά, επιμήκη δάκτυλα, σχεδιαστικές "ατέλειες" και φωτοστέφανα με έκτυπο στικτό διάκοσμο.

Αυγοτέμπερα, φύλλα χρυσού και λάκες πάνω σε ξύλινη βάση, προετοιμασμένη με ύφασμα, γύψινο επίχρισμα και αμπόλιο. Έκτυπος στικτός διάκοσμος στο φωτοστέφανο.

Συντηρήθηκε από τους Κώστα Γερασίμου και Κυριάκο Παπαϊωακείμ το 2000.

Ο Ιωάννης ο Λαμπαδιστής, τοπικός άγιος της Κύπρου, έζησε στα τέλη του 11ου αιώνα. Ασκήτευσε στη βυζαντινή μονή του Αγίου Ηρακλειδίου (σήμερα γνωστή ως Μονή του Αγίου Ιωάννη του Λαμπαδιστή) στον Καλοπαναγιώτη. Ονομάστηκε Λαμπαδιστής ή λόγω καταγωγής του από το χωριό Λαμπαδού(;) ή γιατί, σύμφωνα με αρχαίο συναξάρι του, μετά τον θάνατό του έβλεπαν να βγαίνει από τον τάφο του "μέγα φως". Ο άγιος εικονίζεται όρθιος, μετωπικός, σε ορεινό τοπίο κάτω και χρυσό κάμπο πάνω. Φορεί σκουρόχρωμα μοναχικά ενδύματα: κόκκινο χιτώνα με στενά μανίκια, ζωσμένο στη μέση, και λαδοπράσινο ράσο με φαρδιά μανίκια. Από τον λαιμό κρέμεται σταυρός. Με το δεξί χέρι κρατεί ανοικτό ενεπίγραφο ειλητό και σταυρό δυτικού τύπου, ενώ με τον δείχτη του αριστερού χεριού δείχνει το κείμενο του ειλητού: "Χ(ΡΙΣΤ)Ω ΣΥΝΕ/ ΣΤΑΥΡΩ/Μ(Ε) ΖΩ/ ΔΕ ΟΥΚΕ/ΤΙ ΕΓΩ/ ΖΗ ΔΕ/ ΕΝ ΕΜΟΙ Χ(ΡΙΣΤΟ)C" (Παύλος, *Γαλ.*, Β', 20).

Στην πάνω δεξιά γωνία εικονίζεται ο Χριστός μέσα σε νεφέλωμα να εξέρχεται από σχηματοποιημένο ουρανό και να ευλογεί τον άγιο. Φέρει ένσταυρο φωτοστέφανο με την επιγραφή Ο ΩΝ. Τρίκλιτη βασιλική στα δεξιά, με ψηλό καμπαναριό, είναι κτισμένη στο ορεινό δασωμένο τοπίο. Αριστερά πίσω από τις κορυφές των δέντρων εικονίζεται προσωποποιημένος ο ήλιος να ανατέλλει.

Η εικόνα φέρει τις ονομαστικές επιγραφές Ο ΑΓΙΟΣ ΙΩ(ΑΝΝΗC)/ Ο ΛΑΜΠΑΔΙΣΤΗΣ και Ι(ΗΣΟΥ)C Χ(ΡΙΣΤΟ)C.

Χριστόδουλος Χατζηχριστοδούλου

Bibliography: Unpublished.

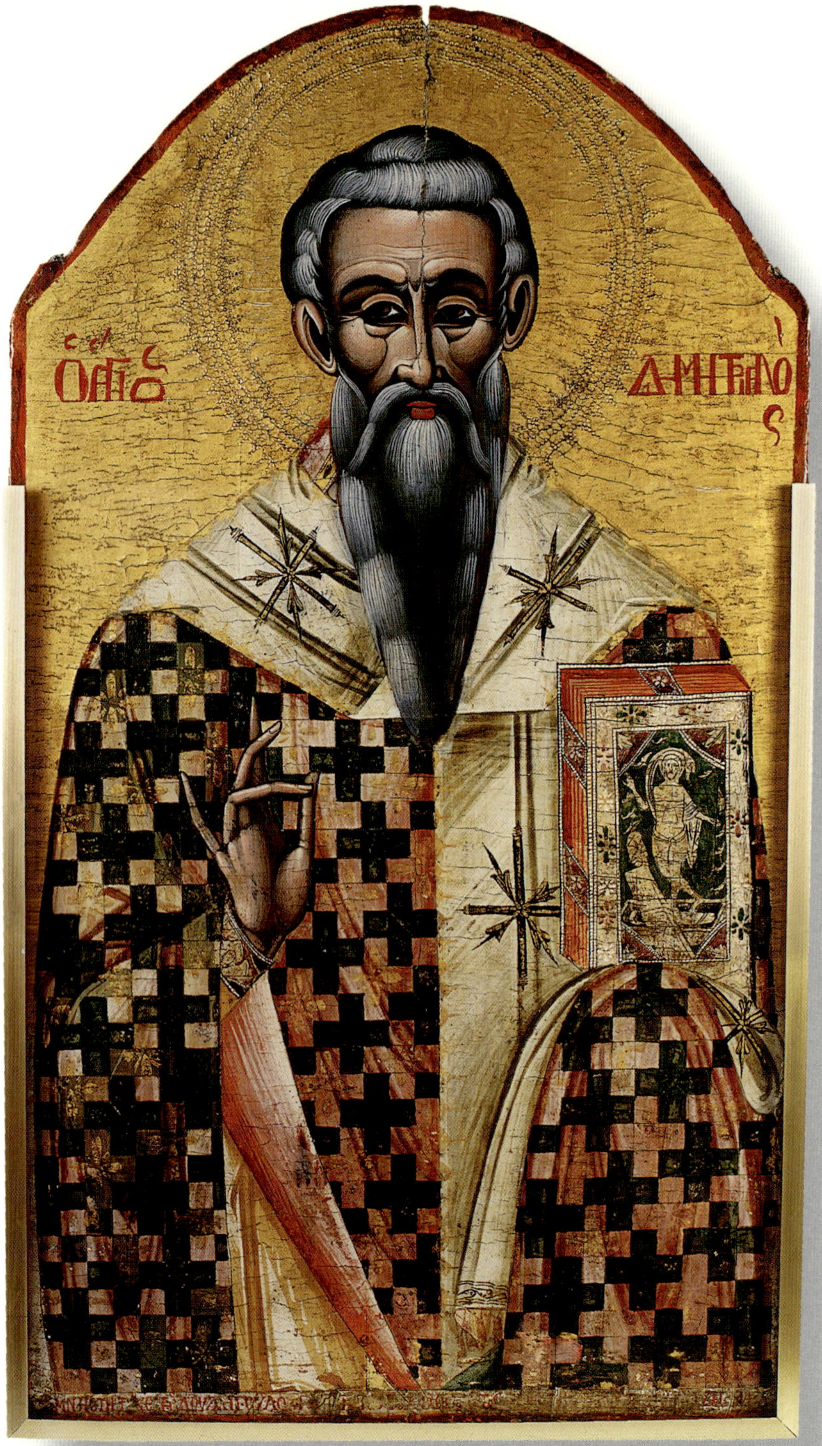

7. Saint Demetrianos

17[6]6
Pera Orinis, ruined chapel of Aghios Demetrianos, south of the village
Now in the Church of the Panaghia, Pera Orinis
121 x 68 cm

Attributed to the entourage of the hieromonk Ioannikios, which flourished in the 18th century at the Monastery of Saint Herakleidios.

Egg tempera and gold leaf on wooden support, primed with cloth, gesso and bole. Punched ornament in the halo.

Conserved by Kostas Gerasimou and Kyriakos Papaïoakeim in 1995.

The saint is not the well-known Demetrianos bishop of Chytroi (*ca* 834-915), but some other synonymous bishop of Tamassos, who according to Leontios Maxhairas lived "at Tamasia, at Pera, Saint Basilios bishop and Saint Demetrianos bishop". He lived in the apostolic ages and, according to tradition, fought with Mnason against pagans. His relics were preserved at least until the 15th century in his now ruined church at Pera Orinis.

The saint is depicted half-length, dressed in his archiepiscopal vestments. He wears a wheat-coloured *sticharion* and a *polystaurion*, inscribed with crosses in various shades of dark green. The crosses are ornamented with gilded stellar devices. An ash-coloured *omophorion* covers the unnaturally raised shoulders. He blesses with the raised right hand, while at the wrist the edge of the maniple can be discerned, decorated with a bust of a seraphim and rows of pearls. In the other hand he holds a gospel against his chest with a miniature representation of the Resurrection of Christ on its covers. The cheeks are prominent, the closed lips are a vivid red, while the ears are rendered with linear schematization. A halo, made of successive rows of punched dots, is edged on either side by triangular elements, imitating the borders of traditional Cypriot embroideries. The background is covered with gold leaf.

The icon bears the nominal inscription SAINT DEMETRIANOS. Across the lower part of the icon, there is a hardly legible dedication written in capitals: "REMEMBER, LORD, THY SERVANT LOUKIA AND HER CHILDREN DEMETRIANOS AND EVDOKIA 17(6)6 AD".

Stylianos K. Perdikis

7. ΑΓΙΟΣ ΔΗΜΗΤΡΙΑΝΟΣ

17[6]6
Πέρα Ορεινής, ερειπωμένος ναΐσκος Αγίου Δημητριανού, νότια του χωριού
Τώρα στον ναό Παναγίας, Πέρα Ορεινής
121 x 68 εκ.

Αποδίδεται στον περίγυρο του ιερομονάχου Ιωαννικίου, ο οποίος άκμασε τον 18ο αιώνα με αφετηρία τη Μονή Αγίου Ηρακλειδίου.

Αυγοτέμπερα και φύλλα χρυσού, πάνω σε ξύλινη βάση, προετοιμασμένη με ύφασμα, γύψινο επίχρισμα και αμπόλιο.

Συντηρήθηκε από τους Κώστα Γερασίμου και Κυριάκο Παπαϊωακείμ το 1995.

Ο εικονιζόμενος άγιος Δημητριανός δεν είναι ο ευρέως γνωστός Δημητριανός επίσκοπος Χύτρων (περίπου 834-915), αλλά έτερος ομώνυμός του, επίσκοπος Ταμασσού ο οποίος σύμφωνα με τον Λεόντιο Μαχαιρά έζησε "εἰς τήν Ταμασίαν, εἰς τά Πέρα ὁ Ἅγιος Βασίλειος ἐπίσκοπος καὶ ὁ ἅγιος Δημητριανός ἐπίσκοπος". Το λείψανό του σωζόταν ολόκληρο τουλάχιστον μέχρι τον 15ο αιώνα στον ερειπωμένο σήμερα ναό του στα Πέρα Ορεινής.

Ο άγιος εικονίζεται μετωπικός από τη μέση και πάνω, ενδεδυμένος τα αρχιερατικά του άμφια. Φορεί σιτόχρωμο στιχάριο και πολυσταύριο, όπου εγγράφονται σκουροπράσινοι σταυροί, οι οποίοι εμπεριέχουν χρυσά σταυρικά σχήματα. Στακτόχρωμο ωμοφόριο καλύπτει τους αφύσικα στητούς ώμους. Με το δεξιό ανασηκωμένο χέρι, με τα έντονα μακριά δάκτυλα, ευλογεί, ενώ στον καρπό του χεριού διακρίνεται η άκρη του επιμανικίου, κοσμημένη με προτομή εξαπτερύγου και σειρές από μαργαριτάρια. Στο άλλο χέρι κρατεί, ακουμπισμένο στο στήθος ευαγγέλιο, με απεικόνιση στο κάλυμμα, μικρογραφικά δοσμένης, της Ανάστασης του Χριστού. Το πρόσωπο αποδίδεται στιλπνό με προβαλλόμενα τα μήλα του, τα χείλη είναι κλειστά με έντονο κόκκινο χρώμα, το οποίο προσδίδει σαρκώδη υφή, ενώ τα αυτιά δίδονται γραμμικά σχηματοποιημένα. Πεπλατυσμένο φωτοστέφανο με επάλληλες σειρές από εμπίεστες στιγμές, οι οποίες απολήγουν εκατέρωθεν σε τριγωνικά εξάρματα, μιμούμενα περίγυρους παραδοσιακών κυπριακών κεντημάτων, περιβάλλει το κεφάλι. Το βάθος καλύπτεται με φύλλο χρυσού.

Η εικόνα φέρει την ονομαστική επιγραφή Ο ΑΓΙΟC// ΔΗΜΗΤΡΙΑΝΟC. Κάτω, σε όλο το πλάτος της εικόνας η κεφαλαιογράμματη δυσανάγνωστη αφιερωματική επιγραφή: "ΜΝΗCΘΗΤ[Ι] Κ(ΥΡΙ)Ε ΤΗC ΔΟΥΛΗC COY ΛΟ[Υ]Κ[ΙΑC] Κ(ΑΙ) ΤΩ[Ν] ΤΕΚ|ΝΟΝ [ΑΥ]ΤΗC [ΔΗΜΗ]ΤΡ[ΙΑΝΟΥ ΚΑΙ ΕΥΔΟ]ΞΗΑ[C] ΑΨ(Ξ)Στ Χ(ΡΙCΤ)ΟΥ".

Στυλιανός Κ. Περδίκης

Bibliography: Makarios 1997, pl. without number, p. 75.

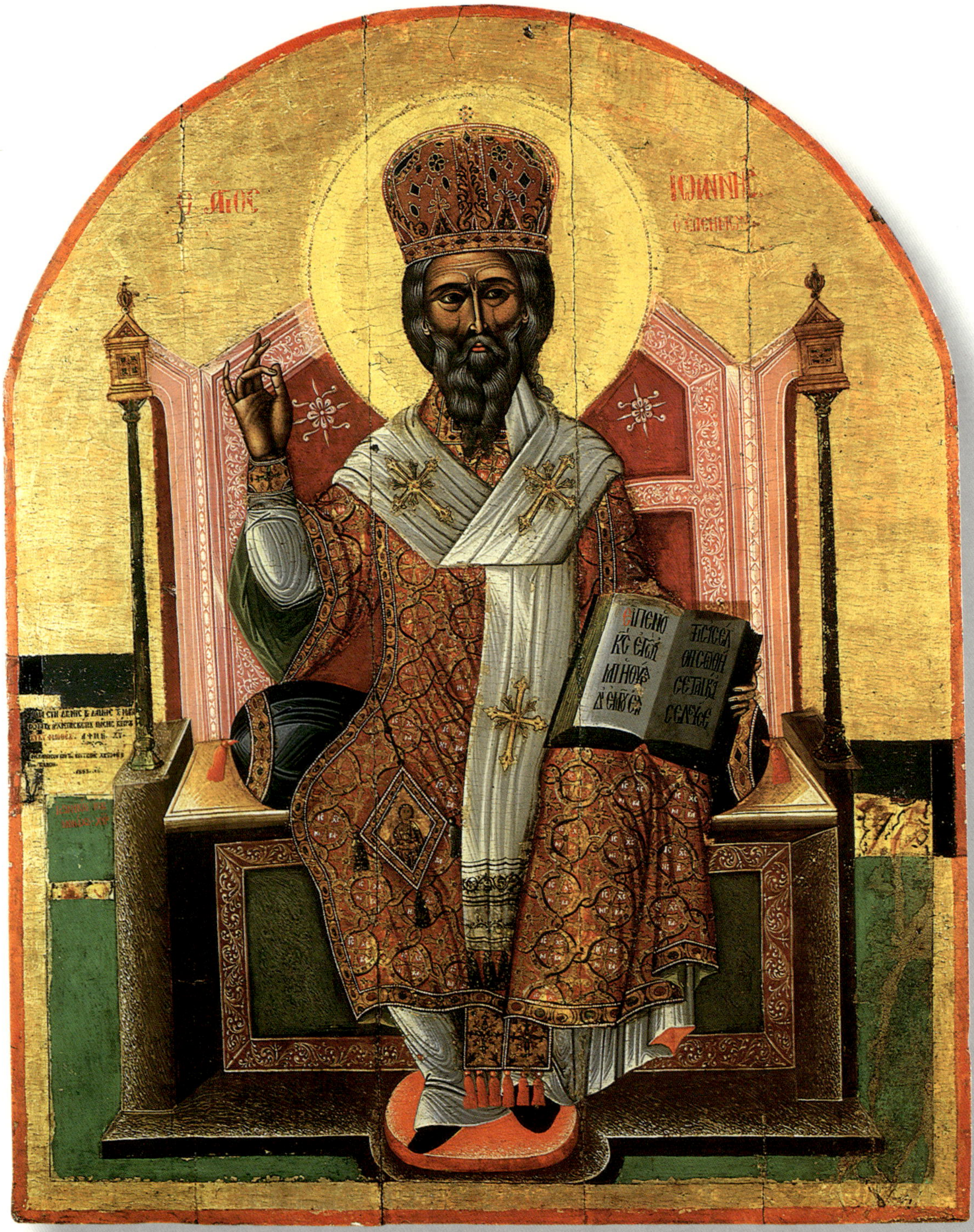

Ο ΑΓΙΟΣ
ΙΩΑΝΝΗΣ

8. Saint John Eleimon (The Almoner)

1748 and 1853
Vikla, Church of Saint John the Almoner
Now at Klonari, Church of Saint Nicholas
103 x 106 cm

Signed by the hieromonk Ioannikios on the left side of the icon: "HAND OF HIEROMONK IOANNIKIOS". His art is distinguished by the perfection of its dogmatic expression, and also by the ascetic and spiritual figures.

Egg tempera, gold leaves (overpainted with blue colour) and lacquers on wooden support, primed with cloth, gesso and bole.

Cornserved at the Atelier of Conservation of the Centre of Cultural Heritage by Valentina Cican in 2000.

St John the Almoner was born at Amathus, in the middle of the 6th century. His spiritual as well as his moral virtues led him to the Patriarchal throne of Alexandria, where he stayed from 606 until 615, when he returned to Cyprus as a result of the Persian invasions. He died in 620 at his birthplace and he was buried at the church of St Tychon. St John's love for the poor and his charities had made his name widely known. His fame is emphasised by the fact that the Order of St John was named after him, when this was established in the Mediaeval period.

The saint is portrayed on a throne wearing a *sakos* covered in embroidered crosses set in interlacing circles, an *omophorion* and an *epigonation* with a representation of Christ Emmanuel. He blesses with his right hand whilst his left supports a Gospel Book resting on his knee with the inscription: "THE LORD SAID: I AM THE DOOR BY ME IF ANY MAN ENTER IN HE SHALL BE SAVED AND SHALL GO IN..." (*John*, 10, 9).

The icon bears the nominal inscription SAINT JOHN ELEIMON (THE ALMONER). On his right, at the level of the throne, there are the following inscriptions concerning the donors and the hagiographer: "BY CONTRIBUTION AND EXPENDITURE OF HIS GRACE THE ARCHBISHOP OF ALL CYPRUS THE LORD PHILOTHEOS 1748 AD" and "RESTORED BY THE CARE OF CHRISTOPHI AND HIS CHILDREN 1853 AD".

Archimadrite Porphyrios Machairiotis

Bibliography: Unpublished.

8. Ο ΑΓΙΟΣ ΙΩΑΝΝΗΣ Ο ΕΛΕΗΜΩΝ

1748 και 1853
Βίκλα, ναός Αγίου Ιωάννου του Ελεήμονος
Τώρα στο Κλωνάρι, ναός Αγίου Νικολάου
103 x 106 εκ.

Υπογραμμένη από τον Ιωαννίκιο Ιερομόναχο στην αριστερή πλευρά της εικόνας: "ΙΩΑΝΝΙΚΟΥ ΙΕΔΡΟ/ ΜΟΝΑΧΟΥ ΧΕΙΡ". Η τέχνη του Ιωαννίκιου διακρίνεται για το άρτιο δογματικό της ύφος, καθώς και για την ασκητικότητα και την πνευματικότητα των μορφών.

Αυγοτέμπερα, φύλλα χρυσού, λάκες και λαζούρες πάνω σε ξύλινη βάση, προετοιμασμένη με ύφασμα, γύψινο επίχρισμα και αμπόλιο. Τεχνική του sgraffito.

Συντηρήθηκε στο Εργαστήριο Συντήρησης του Κέντρου Πολιτιστικής Κληρονομιάς από τη Βαλεντίνα Cican το 2000.

Ο άγιος Ιωάννης ο Ελεήμων γεννήθηκε στην Αμαθούντα στα μέσα του 6ου αιώνα. Οι πνευματικές αλλά και οι ηθικές του αρετές τον οδήγησαν στον Πατριαρχικό θρόνο της Αλεξάνδρειας, όπου παρέμεινε από το 609 μέχρι το 615, οπότε επέστρεψε λόγω των περσικών επιδρομών. Πέθανε το 620 στη γενέτειρά του και τάφηκε στον ναό του Αγίου Τύχωνα. Διακρίθηκε για την αγάπη του προς τους φτωχούς και τις ελεημοσύνες του. Η φήμη του υπογραμμίζεται και από το γεγονός ότι το Τάγμα του Αγίου Ιωάννου αφιερώθηκε στο όνομά του όταν αυτό ιδρύθηκε στους μεσαιωνικούς χρόνους.

Ο άγιος εικονίζεται ένθρονος, φέροντας αρχιερατική στολή: λευκό στιχάριο με γκρίζες σκιές στη πτυχολογία, σφιγμένο στους καρπούς με περίτεχνα επιμάνικα, επιτραχήλιο με κόκκινα σιρίτια, χρυσοκέντητο σάκκο, κοσμημένο με σηρικούς τροχούς και πολυσταύριο πλέγμα, λευκό ωμοφόριο με χρυσούς σταυρούς, με κεντημένη παρυφή και σιρίτια, και επιγονάτιο με παράσταση του Χριστού Εμμανουήλ. Με το δεξί του χέρι ευλογεί, ενώ το αριστερό στηρίζει στο γόνατό του ανοικτό Ευαγγέλιο με την επιγραφή: "ΕΙΠΕΝ Ο/ Κ(ΥΡΙΟ)C ΕΓΩ ΕΙ/ΜΙ Η ΘΥΡΑ/ ΔΙ' ΕΜΟΥ ΕΑΝ// ΤΙC ΕΙCΕΛ/ΘΗ CΩΘΗ/CΕΤΑΙ Κ(ΑΙ) ΕΙ/CΕΛΕΥCΕ(ΤΑΙ)" (*Ιωάννης* Ι', 9).

Η εικόνα φέρει την ονομαστική επιγραφή Ο ΑΓΙΟC// ΙΩΑΝΝΗC/ Ο ΕΛΕΗΜΩΝ.

Στα δεξιά, στο ύψος του καθίσματος του θρόνου, εμφανίζονται επιγραφές, που αναφέρονται στους δωρητές και στον αγιογράφο: ΔΙΑ CΥΝΔΡΟΜΗC Κ(ΑΙ) ΔΑΠΑΝΗC ΤΟΥ ΜΑΚΑ/ΡΙΩΤΑΤΟΥ ΑΡΧΙΕΠΙCΚΟΠΟΥ ΠΑCΗC ΚΥΠΡΟΥ/ Κ(ΥΡΙΟ)Υ Κ(ΥΡΙΟ)Υ ΦΙΛΟΘΕΟΥ ΑΨΜΗ Χ(ΡΙCΤΟ)Υ.

ΑΝΕΚΑΙΝΙCΘΗ ΕΠΙ ΤΗC ΕΠΙΤΡΟΠΗC ΧΡΙCΤΟΦΗ Κ(ΑΙ)/ ΤΩΝ ΤΕΚΝΩΝ/ 1853 ΧV.

Αρχιμανδρίτης Πορφύριος Μαχαιριώτης

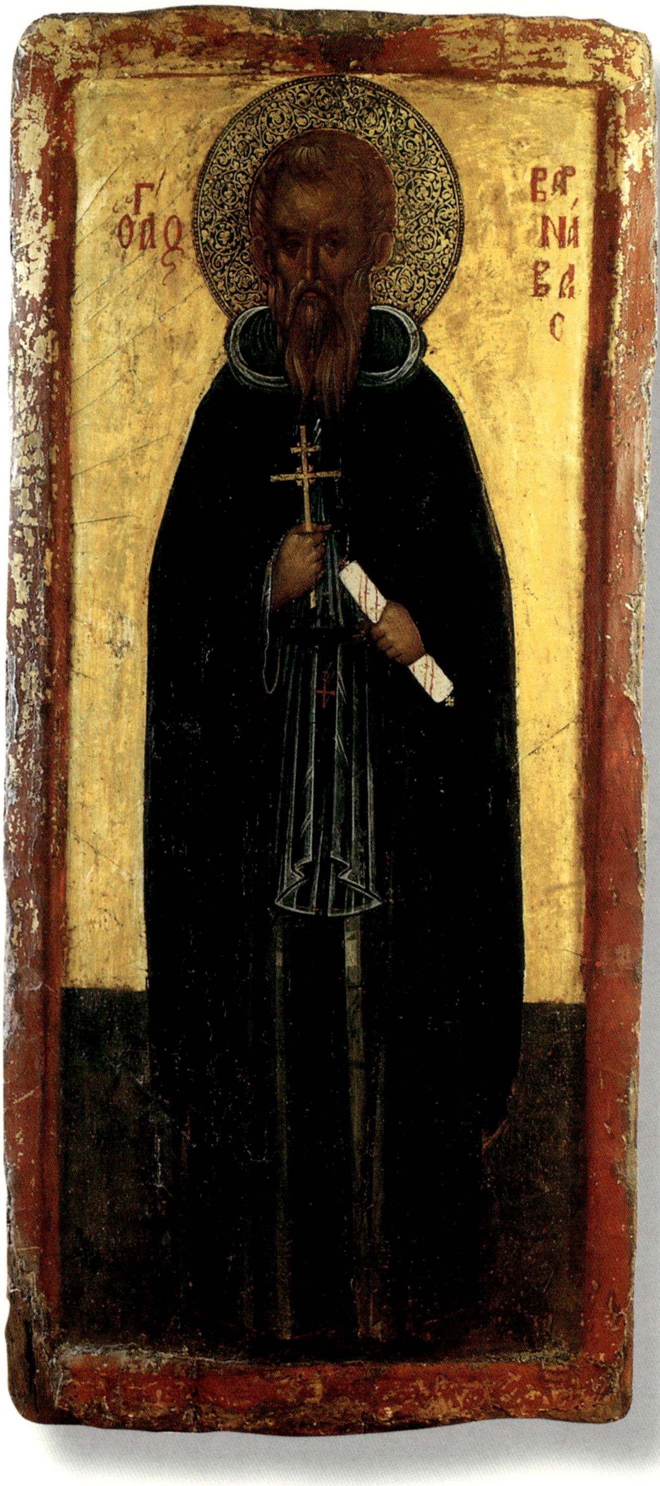

9. SAINT BARNABAS (the monk)

Second half of the 15th century
Vasa Koilaniou, old Church of Hosios Barnabas
Now in the Ecclesiastical Museum of Vasa Koilaniou
98 x 47 cm

Anonymous painter working in the Palaeologan style which flourished in the principal artistic centres of his period.

Egg tempera and gold leaf on wooden support, primed with cloth, gesso and bole. *Sgraffito* technique on the halo.

Conserved by Kostas Gerasimou and Kyriakos Papaïoakeim in 1998.

St Barnabas led an ascetic life in a cave situated north-west of the village of Vasa Koilaniou. Most of his relics are in the parish church of Evangelistria. The Cypriot chronicler Leontios Machairas (15th century) states: "in Vasa St Barnabas the monk". A church dedicated to this saint existed until 1897, when it was demolished to be replaced by the church of the Evangelistria.

The saint is represented aged, long-bearded, with forked beard, full-length. The background is gilded above and green below. The frame is gilded and overpainted in red. He is dressed in dark-coloured monastic vestments (a tunic tightened at the waist, the emblems of monasticism and a mantle with a cowl on the shoulders). He holds in his right hand a patriarchal cross and in his left a closed scroll rolled up in a *kontakion*. The halo is ornamented with a golden, richly branched vegetal motif on a dark-coloured background.

The icon bears the nominal inscription SAINT BARNABAS.

Christodoulos Hadjichristodoulou

9. Ο ΑΓΙΟΣ ΒΑΡΝΑΒΑΣ (ο μοναχός)

Δεύτερο μισό 15ου αιώνα
Βάσα Κοιλανίου, παλαιός ναός Οσίου Βαρνάβα
Τώρα στο Εκκλησιαστικό Μουσείο Βάσας Κοιλανίου
98 x 47 εκ.

Ανώνυμος ζωγράφος, που εργάζεται στην Παλαιολόγεια τεχνοτροπία όπως αυτή καλλιεργήθηκε στα μεγάλα καλλιτεχνικά κέντρα της εποχής του.

Αυγοτέμπερα και φύλλα χρυσού πάνω σε ξύλινη βάση, προετοιμασμένη με ύφασμα, γύψινο επίχρισμα και αμπόλιο. Τεχνική του *sgraffito* στο φωτοστέφανο.

Συντηρήθηκε από τους Κώστα Γερασίμου και Κυριάκο Παπαϊωακείμ το 1998.

Ο άγιος Βαρνάβας ασκήτεψε σε σπήλαιο, που βρίσκεται βορειοδυτικά του χωριού Βάσα Κοιλανίου. Στον ενοριακό ναό της Ευαγγελίστριας φυλάσσεται μεγάλο μέρος από τα ιερά λείψανα και η τίμια κάρα του. Ο Κύπριος χρονογράφος Λεόντιος Μαχαιράς (15ος αιώνας) αναφέρει σχετικά: "εις την Βάσαν ο άγιος Βαρνάβας μοναχός". Μέχρι το 1897 στο χωριό εσώζετο ναός επ' ονόματι του αγίου αυτού, που κατεδαφίστηκε, για να κτιστεί η εκκλησία της Ευαγγελίστριας.

Ο άγιος εικονίζεται σε προχωρημένη ηλικία, μακρυγένης, διχαλογένης, όρθιος, μετωπικός σε χρυσό κάμπο πάνω και πράσινο κάτω. Το πλαίσιο είναι χρυσό και βαμμένο από πάνω κόκκινο. Φορεί σκουρόχρωμα μοναστικά ενδύματα (χιτώνα ζωσμένο στη μέση, τα εμβλήματα [ανάλαβος] του μοναστικού σχήματος και μανδύα με κουκούλιο, απλωμένο στους ώμους). Με το δεξί χέρι κρατεί πατριαρχικό σταυρό και με το αριστερό σφραγισμένο ειλητό, τυλιγμένο σε κοντάκιο. Το φωτοστέφανο κοσμείται με χρυσό πολύκλαδο ελισσόμενο βλαστό πάνω σε σκουρόχρωμο βάθος.

Η εικόνα φέρει την ονομαστική επιγραφή Ο ΑΓΙΟΣ// ΒΑΡ/ΝΑ/ΒΑ/C.

Χριστόδουλος Χατζηχριστοδούλου

Bibliography: Makarios 1968, p.13, no.39. Makarios 1997, pl. without number. I.P. Tsiknopoulos, *Η ιστορία της Εκκλησίας Πάφου*, Nicosia, 1971, p. 178, no. 18, pp. 309-310, fig. 409. Leontios Makhairas, *Recital concerning the Sweet Land of Cyprus entitled "Chronicle"*, edited with translation and notes by R.M. Dawkins, vol. I, Oxford, 1932, I paragraph 32. *Ασματική Ακολουθία των εν Κύπρω Αγίων* (published by the monastery of Stavrovouni), Cyprus, 1988, p. 119. Ch. Papadopoulos, *Ακολουθία του οσίου Βαρνάβα του εν Βάσῃ*, vol. III, Nicosia, 1938, p. 51 sqq. Hadjichristodoulou 1999c, pp. 6,9,13.

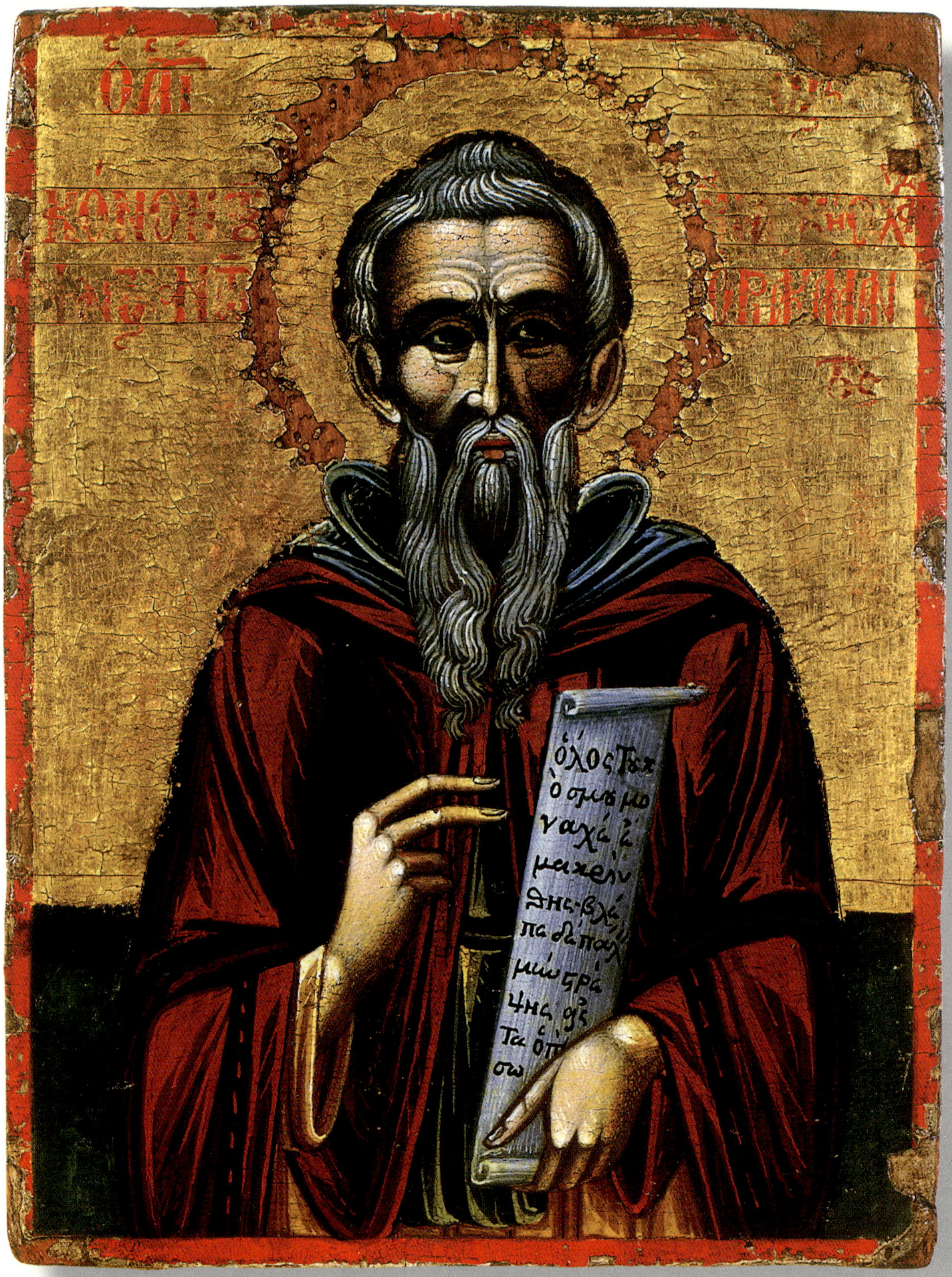

10. SAINT KONON OF AKAMAS

18th century
Anogyra, Church of Archangel Michael
21.5 x 16.7cm

Anonymous painter working in the framework of the school of the hieromonk Ioannikios.

Egg tempera and gold leaf on wooden support, primed with cloth, gesso and bole.

Conserved at the Atelier for Conservation of the Centre of Cultural Heritage by Valentina Cican in 2000.

According to the inscription, the icon depicts St Konon who lived in Akamas as a hermit. However, two saints by the name Konon are commemorated on the 5th of March. Consequently, it is not possible to identify the figure on the icon from Anogyra. More precisely, the two known saints are St Konon the Gardener and the Cypriot St Konon, who suffered martyrdom in the first century AD. He was a bishop of an unknown see. The historian Prokopios testifies in his work *De Aedificiis* to the existence of "A poor-house of St Konon in Cyprus", which was supported by the emperor Justinian. St Neophytos the Recluse in his *Εγκώμιον εις τον Βίον και τα θαύματα του Αγίου και Θεοφόρου Πατρός ημών Θεοσεβίου του Αρσινοΐτου* provides the information that St Konon lived in the 1st century AD and he also includes several references to events in his life. There is, however, archaeological evidence concerning St Konon: remains of an early Christian basilica have been excavated at the place in Akamas called St Konon.

The saint is depicted as an old man, frontal, half-length and with a forked beard. He wears monastic vestments: a light chestnut-coloured tunic, the emblems of monasticism and a deep red mantle with a cowl. He blesses with his right hand and holds an open scroll with his left hand with the text: "Monk, you have entirely withdrawn from the world, see that you do not turn back again".

On the gilded background is inscribed SAINT KONON WHO SHONE IN ASCESIS ON MOUNT AKAMAS.

Georgios Philotheou

Bibliography: Makarios 1997, pp. 35-36 and pl. without number.

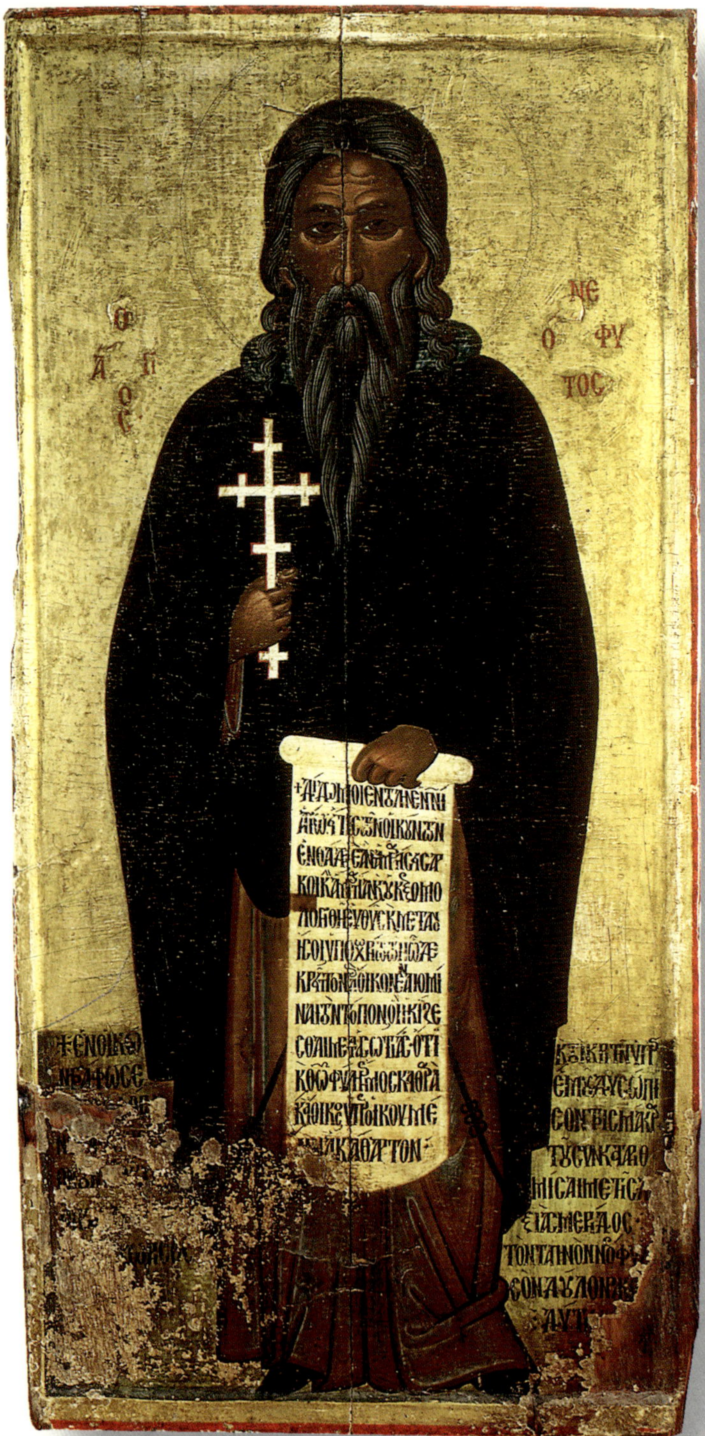
ΝΕ
Ο ΦΥ
ΤΟΣ

11. Saint Neophytos

15th century
Paphos, Monastery of Saint Neophytos
Now in the Museum of the Monastery of Saint Neophytos
127 x 53 cm

Anonymous painter working in a 15th century style but with an accentuated personal character which the artist expresses through the fine linear rendering of the physiognomy, of the hair and beard, as well as through the expressivity of the face.

Egg tempera and gold leaf on wooden support, primed with cloth, gesso and bole. Thin raised frame.

Conserved by Evangelos Hadjistephanou in 1991.

St Neophytos is one of the greatest figures of the Church of Cyprus and the Mediaeval era on the island. Born in Lefkara in 1134, he initially lived a monastic life in the Monastery of Saint Ioannis Chrysostomos at Koutsoventis. He later carved out of the rock his hermitage, near the village of Tala, where he led a hermit's life until his death in 1219. There he also studied and became the greatest author of the 12th century in Cyprus. Monks gathered round St Neophytos, and the hermitage became a monastery, which is still one of the most important places of pilgrimage in Cyprus today.

On the gilded background St Neophytos stands frontally, full-length, with rich long hair and beard. The proportions of the saint's body are erroneous so that he appears extremely short. He wears monastic vestments, a brown tunic with the cords of the holy and angelic order worn by monks showing at the level of the feet and over it his black monastic cassock. He holds a cross in his right hand, of which the four arms form other, smaller, crosses and a large open scroll with his left hand with the text: "I INSTRUCT, IN THE HOLY SPIRIT, IF ANY WHO DWELL HERE SINS IN THE FLESH AND DOES NOT AT ONCE CONFESS AND REPENT, LET HIM DEPART HENCE FOR IT IS BETTER FOR THE PLACE TO REMAIN UNINHABITED THAN TO BE INHABITED IN SIN SINCE GOD LOVES A PURE DESERT AND UNINHABITED PLACE ABOVE THE INHABITED IMPURE WORLD". The text is an aphorism, composed by St Neophytos, which was read on Sunday for the benefit of the souls of the brotherhood of the Hermitage.

The icon bears the nominal inscription SAINT NEOPHYTOS.

On the lower part of the icon, flanking the saint, there is a text divided into two parts. The left part is almost lost The text records: 'I PORTRAY YOU [...] DEFINE'. The right text is: 'THRICE BLESSED, PRAY TO THE

11. Ο ΑΓΙΟΣ ΝΕΟΦΥΤΟΣ

15ος αιώνας
Πάφος, Μονή Αγίου Νεοφύτου
Τώρα στο Μουσείο της Μονής του Αγίου Νεοφύτου
127 x 53 εκ.

Ανώνυμος ζωγράφος, του οποίου η τεχνοτροπία φέρει το στίγμα του 15ου αιώνα, με έντονο προσωπικό ύφος, το οποίο ο καλλιτέχνης εκφράζει με τη σχεδιαστική λεπτόγραμμη απόδοση της φυσιογνωμίας, της κόμης, καθώς και με την εκφραστικότητα του προσώπου.

Αυγοτέμπερα και φύλλα χρυσού πάνω σε ξύλινη βάση, προετοιμασμένη με ύφασμα, γύψινο επίχρισμα και αμπόλιο. Έξεργο πλαίσιο.

Συντηρήθηκε από τον Ευάγγελο Χατζηστεφάνου το 1991.

Ο άγιος Νεόφυτος αποτελεί μία από τις σημαντικότερες μορφές της Εκκλησίας της Κύπρου, αλλά και του κυπριακού μεσαίωνα. Γεννήθηκε στα Λεύκαρα το 1134 και αρχικά μόνασε στη Μονή Χρυσοστόμου στον Κουτσοβέντη. Στη συνέχεια λάξευσε στον βράχο σε περιοχή της Πάφου, κοντά στο χωριό Τάλα, το ασκητήριό του, γνωστό ως Εγκλείστρα, όπου μόνασε μέχρι τον θάνατό του στα 1219. Στην Εγκλείστρα του μελετούσε, και έγινε ο σημαντικότερος συγγραφέας του 12ου αιώνα στην Κύπρο. Γύρω από τον Άγιο Νεόφυτο συγκεντρώθηκαν μοναχοί, με αποτέλεσμα η Εγκλείστρα να εξελιχθεί σε Μονή, η οποία αποτελεί μέχρι σήμερα ένα από τα σημαντικότερα προσκυνήματα του νησιού.

Στον χρυσό κάμπο εικονίζεται ο άγιος Νεόφυτος ολόσωμος, όρθιος, με πλούσια μακριά μαλλιά και γένια. Οι αναλογίες του σώματος του αγίου είναι λανθασμένες, με αποτέλεσμα να φαίνεται υπερβολικά βραχύσωμος. Φορά τη μοναστική ενδυμασία, εσωτερικά ζωστικό χρώματος καφέ, όπου διακρίνονται κάτω χαμηλά στα πόδια τα κορδόνια από το άγιο και αγγελικό σχήμα, που φορούν οι μοναχοί, και από πάνω φορά το μαύρο ράσο του. Με το δεξί χέρι κρατά σταυρό, που στις τέσσερεις κεραίες του σχηματίζονται άλλοι μικρότεροι σταυροί, ενώ με το αριστερό χέρι κρατά μεγάλο ανοικτό ειλητό, που γράφει: ΔΙΔΩΜΙ ΕΝΤΟΛΗΝ ΕΝ ΠΝΕΥΜΑΤΙ ΑΓΙΩ, ΕΙ ΤΙΣ ΤΩΝ ΟΙΚΟΥΝΤΩΝ ΕΝΘΑΔΕ ΑΜΑΡΤΗΣΕΙ ΣΑΡΚΙΚΗΝ ΑΜΑΡΤΙΑΝ ΚΑΙ ΟΥΚ ΕΞΟΜΟΛΟΓΗΘΗ ΕΥΘΥΣ ΚΑΙ ΜΕΤΑΝΟΗΣΕΙ, ΥΠΟΧΩΡΕΙΤΩ ΤΩΝ ΩΔΕ ΚΡΕΙΤΤΟΝ ΓΑΡ ΑΟΙΚΟΝ ΕΝΑΠΟΜΕΙΝΑΙ ΤΟΝ ΤΟΠΟΝ Η ΟΙΚΙΖΕΣΘΑΙ ΜΕΤΑ ΑΣΩΤΙΑΣ ΟΤΙ ΚΑΙ ΘΕΩ ΦΙΛΗ ΕΡΗΜΟΣ ΚΑΘΑΡΑ ΚΑΙ ΑΟΙΚΟΣ ΥΠΕΡ ΟΙΚΟΥΜΕΝΗΝ ΑΚΑΘΑΡΤΟΝ. Το κείμενο αυτό είναι ένας "αφορισμός", τον οποίο συνέταξε ο άγιος Νεόφυτος, και διαβαζόταν κάθε Κυριακή για ψυχική

JUDGE ON MY BEHALF THAT I BE COUNTED IN THE GROUP ON HIS RIGHT. THY HUMBLE SERVANT NEOPHYTOS [...]". The text is the dedicatory inscription of the icon's donor, which commemorates a person called Neophytos. Unfortunately no other information is given, making it difficult to identify this person. However, given the dating of the icon, this person could be identified as the Abbot of the Monastery, Neophytos, known from an unpublished codex (special thanks are owed to Mr Georgios Christodoulou for this information) in the Bibliothèque Nationale, Paris, where a note says: "Neophytos the monk and new founder of the holy Enkleistra + 1512". It refers to an Abbot Neophytos of the Monastery of Saint Neophytos, who died in 1512. He can be connected to the 1503 wall-paintings of the hermitage and their donor, the monk Neophytos. If indeed Neophytos depicted in the icon can be identified as the Abbot Neophytos, then the icon would be dated to the late 15th or early 16th century.

This is the earliest icon of the saint and contributes to the study of the saint's iconography. The representations of the saint in the wall-paintings of the hermitage, by the painter Theodoros Apsevdis in 1183 are well known. Those were painted when St Neophytos was living and therefore before he was canonised.

Georgios Philotheou

ωφέλεια των αδελφών της Εγκλείστρας.

Η εικόνα φέρει την ονομαστική επιγραφή Ο / ΑΓΙ/Ο/C // ΝΕ/ΟΦΥ/ΓΟC.

Το κάτω μέρος της εικόνας καταλαμβάνει άλλη επιγραφή, που είναι σε δύο μέρη εκατέρωθεν του αγίου. Η επιγραφή αυτή αναφέρει: + ΕΝ ΟΙΚΩ/Ν ΓΡΑΦΩΣΕ/ [...] ΩΡΗCΟΝ. Στα δεξιά γράφει: ΚΑΙ ΤΟΝ ΚΡΙΤΗΝ ΥΠΕΡ / ΕΜΟΥ ΔΥCΩΠΙ/CΟΝ ΤΡΙCΜΑΚΑΡ/ΤΟΥ ΣΥΓΚΑΤΑΡΙΘ/ΜΙCΑΙ ΜΕ ΤΗC Δ/ΕΞΙΑC ΜΕΡΙΔΟC / ΤΟΝ ΤΑΠΗΝΟΝ ΝΕΟΦΥΤΟ<Ο>Ν / CΟΝ ΔΟΥΛΟΝ Κ[...]/ΔΥΤ [...]. Πρόκειται για την αφιερωματική επιγραφή του δωρητή της εικόνας, η οποία μνημονεύει κάποιο Νεόφυτο. Δυστυχώς δεν δίνονται άλλα στοιχεία, και είναι δύσκολο να ταυτιστεί με απόλυτη ακρίβεια το πρόσωπο αυτό. Δεδομένης της χρονολόγησης της εικόνας, το πρόσωπο αυτό θα μπορούσε να ταυτιστεί με τον ηγούμενο της μονής Νεόφυτο, γνωστό από ανέκδοτο κώδικα της Εθνικής Βιβλιοθήκης των Παρισίων (την πληροφορία οφείλω στον κ. Γεώργιο Χριστοδούλου, τον οποίο και ευχαριστώ θερμά), όπου υπάρχει σημείωση, που αναφέρει τα εξής: «Νεόφυτος μοναχός και νέος κτήτωρ της αγίας Εγκλείστρας +1512». Πρόκειται για τον ηγούμενο της Μονής του Αγίου Νεοφύτου Νεόφυτο, που πέθανε στα 1512, και θα μπορούσε ίσως να συσχετιστεί και με το στρώμα των τοιχογραφιών της Εγκλείστρας του 1503 και τον δωρητή της μοναχό Νεόφυτο. Εάν πράγματι ο Νεόφυτος, που μνημονεύεται στην εικόνα, μπορεί να ταυτιστεί με τον ηγούμενο Νεόφυτο, η εικόνα χρονολογικά θα μπορούσε να τοποθετηθεί στο τέλος του 15ου ή στις αρχές του 16ου αιώνα.

Πρόκειται για την αρχαιότερη φορητή εικόνα του αγίου Νεοφύτου, και σίγουρα συμβάλλει στη μελέτη της εικονογραφίας του. Είναι γνωστές οι απεικονίσεις του αγίου στις τοιχογραφίες της Εγκλείστρας του, που έγιναν το 1183 μ.Χ. από τον ζωγράφο Θεόδωρο Αψευδή, ζώντος του αγίου Νεοφύτου, και φυσικά πριν ακόμα αγιοποιηθεί.

Γεώργιος Φιλοθέου

Bibliography: Mango and Hawkins 1966, figs 54, 56, 58. Papageorghiou 1996, p. 196, fig. 132. Makarios 1997, pl. without number.

+ΑΓΑΠΗΤΟΙΕΝΤΑΠΕΙΝΗ
ΑΠΟΔΕΙΞΕΙΝΟΙΚΩΝΤΩΝ
ΕΝΘΑΔΕΕΛΗΠΑCΑCΑΡ
ΚΟΙΚΑΙΠΑΚΥΚΕΟΜΟ
ΛΟΓΘΗCΟΥCΧΡCΜΕΤΑC
ICΟΙΥΠΟΧΡΕωCΙΠCΑC
ΚΡΤΠΟΝΞΟΙΚΟΝΕΔΙΩΜΙ
ΝΑΙCΝΤΟΠΟΝΟΠΚΙΡΕ
CΟΔΙΠΕΔωΩCΟΤΙ
ΚωCΟΦΥΛΗΜΟCΚΑΘΡΑ
ΚΑΘΙΚΕΥΠΟΙΚΟΥΜΕ
ΝΗΚΑΘΑΡΤΟΝ

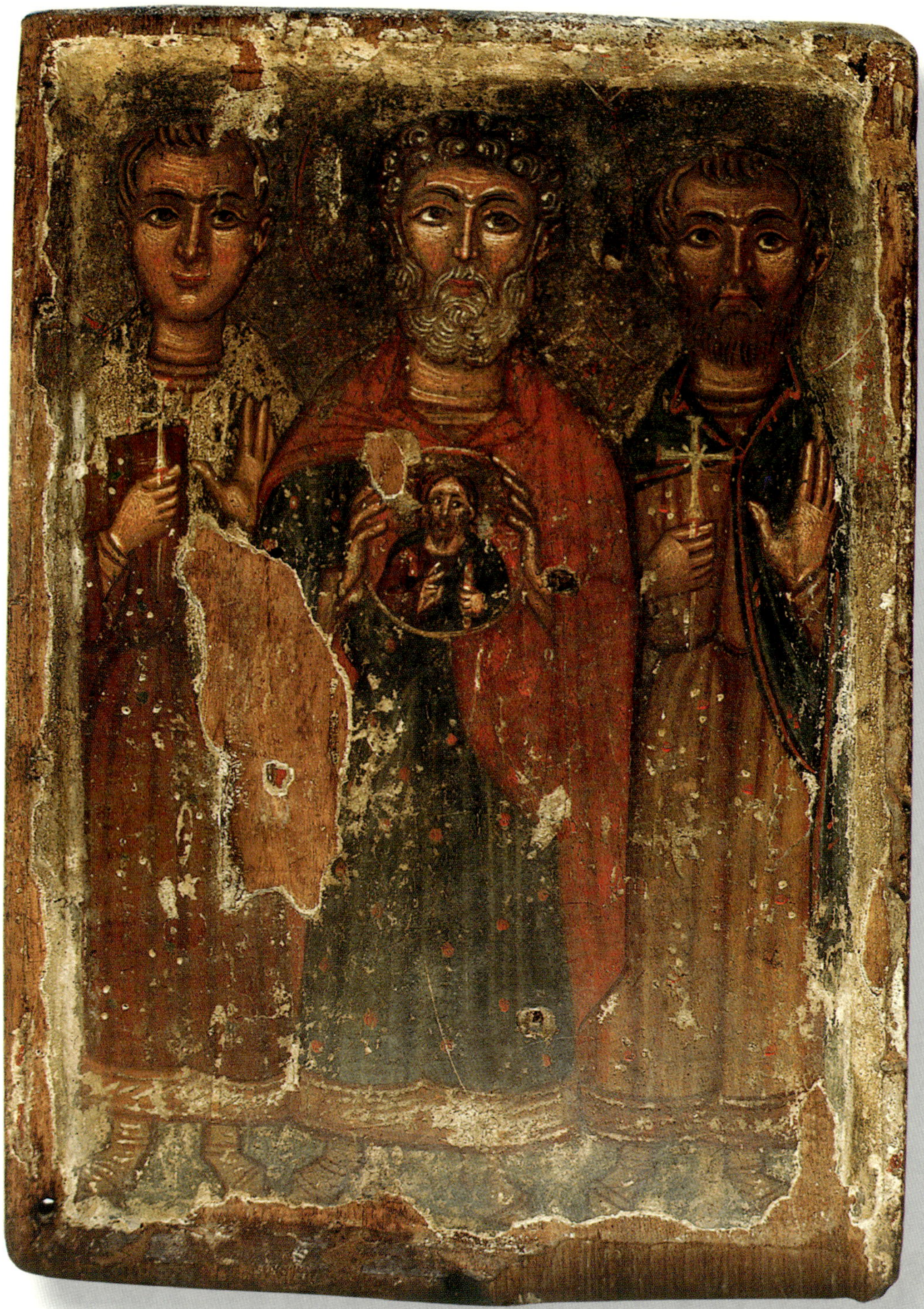

12. Saints Menas, Victor and Vincent

10th century
Unknown provenance (Monastery of Saint Menas at Vavla?)
Now in the Bishop's Palace in Larnaca
31.9 x 22.4 cm

Anonymous painter. The short bodies and disproportionate emphasis on the heads are chracteristic of the eastern style of icon-painting of this period.

Tempera on wooden support, primed with gesso.

Conserved at the Centre for Conservation of Icons and Manuscripts at the Monastery of Saint Spyridon at Tremetousia (Trimythus) by the Archimandrite Dionysios Papachristophorou in 1974.

Three Early Christian martyrs: St Menas, an Egyptian Jewish soldier, particularly venerated in Egypt, suffered martyrdom in Phrygia in 295 under Maximianus, St Victor suffered martyrdom in Italy under Antonius (158-160) and St Vincent, a Deacon, was decapitated in Spain in 211.

The three saints are presented standing, frontally, with St Menas in the centre, holding a medallion with the figure of Christ blessing and holding a closed scroll. The two saints flanking St Menas can be identified as Victor and Vincent, who often figure with him (see for instance in the frescoes of Panaghia tou Arakos at Lagoudera). The three figures are dressed in long tunics decorated with very schematised spotted flowers with wide hems on their lower parts. Over the tunics they wear mantles. The colour of the haloes and of the background has decayed; only some remnants of red pigment seem to provide evidence for red contours on the haloes and red motifs or colour in the area of the background.

No legends with the names of the three figures have been preserved.

Sophocles Sophocleous

12. Οι Αγιοι Μηνας, Βικτωρ και Βικεντιος

10ος αιώνας
Άγνωστης προέλευσης (Μονή Αγίου Μηνά στη Βάβλα;)
Τώρα στο Μητροπολιτικό Μέγαρο στη Λάρνακα
31.9 x 22.4 εκ.

Ανώνυμος ζωγράφος. Τα κοντά σώματα και η έμφαση που δίνεται στις δυσανάλογες κεφαλές, αποτελούν χαρακτηριστικό τεχνοτροπικό γνώρισμα της ζωγραφικής εικόνων στην Ανατολή αυτή την περίοδο.

Αυγοτέμπερα σε ξύλινη βάση, προετοιμασμένη με ύφασμα και γύψινο επίχρισμα.

Συντηρήθηκε από τον Αρχιμανδρίτη Διονύσιο Παπαχριστοφόρου πριν το 1974 στο Κέντρο Συντήρησης Εικόνων και Χειρογράφων, Μονή Αγίου Σπυρίδωνος στην Τρεμετουσιά (Τριμυθούς).

Τρεις μάρτυρες της πρωτοχριστιανικής περιόδου. Ο άγιος Μηνάς, στρατιωτικός Ιουδαίος της Αιγύπτου, τιμώμενος ιδιαίτερα στην Αίγυπτο, απεβίωσε το 295 επί Μαξιμιανού στη Φρυγία. Ο άγιος Βίκτωρ μαρτύρησε στην Ιταλία επί Αντωνίου (158-160). Ο άγιος Βικέντιος, διάκονος, αποκεφαλίστηκε στην Ισπανία το 211.

Οι τρεις άγιοι απεικονίζονται όρθιοι, κατ' ενώπιον, με τον άγιο Μηνά στο κέντρο, φέροντας εμπρός του το στηθάριο με τον Χριστό, να ευλογεί και να κρατεί κλειστό ειλητό. Οι δύο άγιοι, που πλαισιώνουν τον Μηνά, μπορούν να ταυτιστούν με τους Βίκτωρα και Βικέντιο, οι οποίοι εικονίζονται συνήθως μαζί του (π.χ. στις τοιχογραφίες στην Παναγία του Άρακος στα Λαγουδερά). Οι τρεις μορφές ενδύονται με ποδήρεις χιτώνες διάστικτους με σχηματοποιημένα άνθινα κοσμήματα και με πλατιές παρυφές στο κάτω μέρος. Επάνω από τους χιτώνες φέρουν μανδύες, προσδεμένους με πόρπες επί του στήθους. Το χρώμα των φωτοστέφανων και του βάθους έχει αλλοιωθεί. Μόνο απομεινάρια κόκκινου χρώματος μαρτυρούν την ύπαρξη κόκκινων περιγραμμάτων στους φωτοστέφανους και κόκκινων κοσμημάτων ή γενικά κόκκινου χρώματος στο βάθος.

Καμμία επιγραφή με τα ονόματα των τριών αγίων δεν έχει διασωθεί.

Σοφοκλής Σοφοκλέους

Bibliography: Sophocleous 1994b, no. 3, pp. 76 and 124.

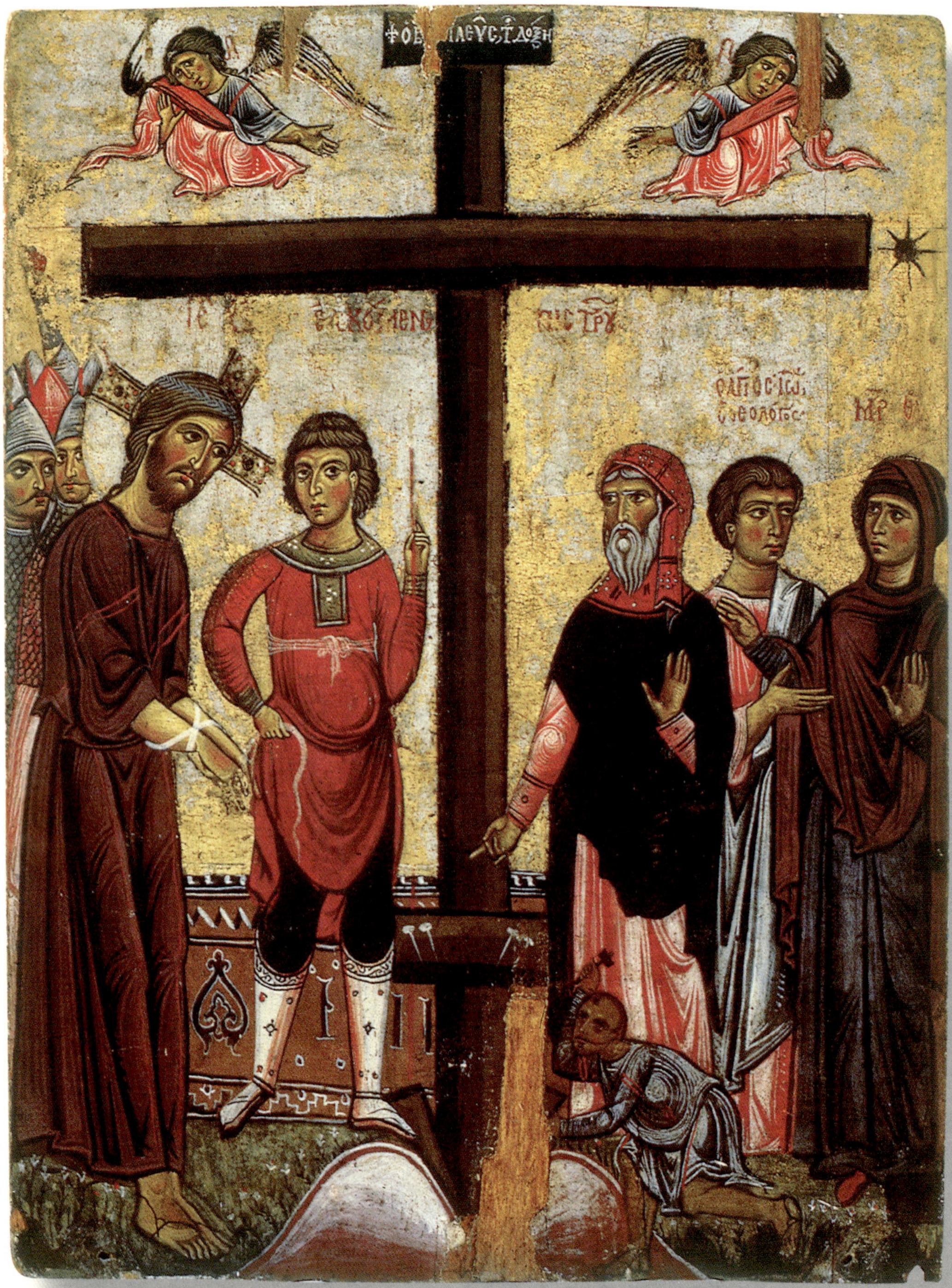

14. DOUBLE SIDED ICON

SIDE A: VIRGIN ELEOUSA (THE MERCIFUL)
1866

*SIDE B: THE ELKOMENOS
(CHRIST AT THE FOOT OF THE CROSS)*
Last quarter of the 12th century
Pelendri, Church of the Holy Cross

112 x 83.6 cm

SIDE A

On this side the original image of the Virgin with Child of the 12th century was repainted in 1866 by Ioannis Michailidis. It is not known whether the original painting or any part of it survives under the layer of 1866 as in the case of the double-sided icon of Korfi (no. 28), also repainted by the same painter in 1864.

SIDE B

Anonymous painter working in the framework of the Late Comnenian style characterised by extreme refinement, strong accent on the contours, flat clear colours and the Semitic features in the faces.

Tempera, silver leaf and ochre glaze on wooden support, primed with cloth, gesso and yellow bole.

Conserved at the Department of Antiquities by Anna Pittali and Kostas Chasapopoulos sometime before 1970.

Christ is depicted at the end of the *Via Crucis* at the foot of the Cross. The Cross, erected at Golgotha in front of the walls of Jerusalem, occupies the centre of the icon. A kneeling man, painted on a smaller scale, is fixing the base of the cross in the mound symbolising Golgotha. Christ's hands are tied by an official, who points to the cross with the stick in his left hand. Behind Christ appears a group of soldiers wearing pointed helmets and scaly breastplates. On the other side of the cross are the Virgin, St John the Evangelist, and perhaps Joseph of Arimathea. The Virgin watches her Son attentively and gently expresses her pain and anguish before the Passion by raising her hands as if she wanted to intervene and stop the imminent crucifixion, but St John restrains her by raising his right hand. Calm prevails on the faces of the Virgin and St John, a feature of Byzantine painting which avoids rendering the more intense emotions.

In the upper part appear the busts of two angels as well as the sun and moon on either side of the horizontal branch of the cross. The background is modelled with silver leaf, originally covered with ochre glaze which conferred a golden texture as on the icon of the Anastasis (no. 15). Unfortunately the ochre glaze

was removed during conservation uncovering the silver leaf and altering the original golden texture of the background. The ground before the walls is green, dotted with flowers.

The icon bears the title JESUS CHRIST LED TO THE CROSS.

Sophocles Sophocleous

στικό της βυζαντινής ζωγραφικής, η οποία αποφεύγει την έκφραση των έντονων συγκινήσεων.

Στο άνω μέρος της εικόνας επιφαίνονται δύο στηθαίοι άγγελοι, καθώς και ο ήλιος με τη σελήνη εκατέρωθεν των οριζόντιων κεραιών του σταυρού. Το βάθος της εικόνας πλάθεται με φύλλα ασημιού τα οποία ήταν καλυμμένα με ώχρινη λαζούρα, που έδινε χρυσίζουσα υφή, όπως στην εικόνα της Ανάστασης (αρ. 15). Δυστυχώς η ώχρινη λαζούρα αφαιρέθηκε κατά τη συντήρηση, αποκαλύπτοντας έτσι την επαργύρωση και αλλοιώνοντας την αυθεντική χρυσίζουσα υφή του φόντου. Το έδαφος εμπρός των τειχών της Ιερουσαλήμ γεμίζει με πράσινο κάμπο, διάστικτο με άνθη.

Η εικόνα φέρει τον τίτλο Ι(HCOV)C X(PICTO)C ΕΛΚΟΜΕΝΟC [Ε]ΠΙ CT(AV)POV.

Σοφοκλής Σοφοκλέους

Bibliography: Sotiriou 1935, pl. 122b. Gunnis 1947, p. 374. Talbot Rice 1937, no. 143, pp. 268-69 and pl. XLVIII. Athens 1976, no. 9, pp. 18, 40-41. Derbes 1980. Stylianou 1985, p. 232. Mouriki 1986, p. 18 and figs 10 and 15. Sophocleous 1988. Constantinides 1988, pl. 90. Sophocleous 1990, vol. I, pp. 276-80, vol. II, pp. 232-35, vol. III, pls 141-42. Strasbourg 1991, p. 18, no. 2. Papageorghiou 1991, no. 14, pp. 22-25. Sophocleous 1994b, no. 8, pp. 79, 129-30. Derbes 1995, pp. 110-31. New York 1997, pp. 126-27, no. 73. Stylianou 1996, fig. 42. Papageorghiou 1997a, pp. 102-3, fig. 47.

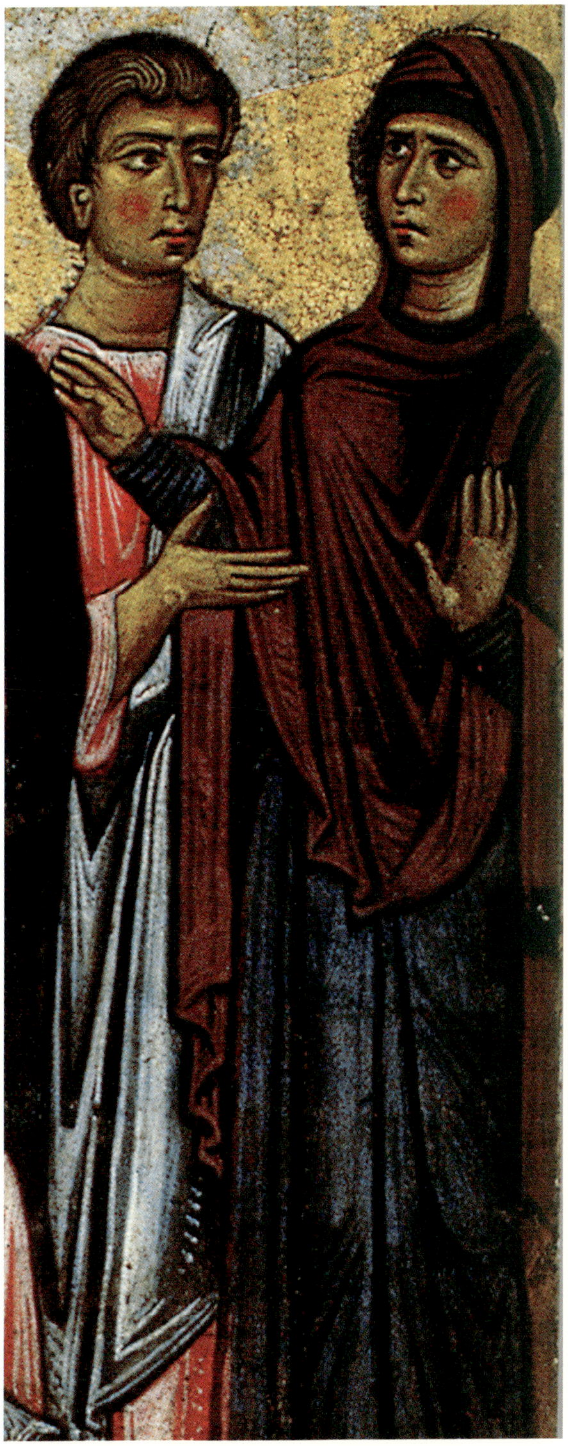

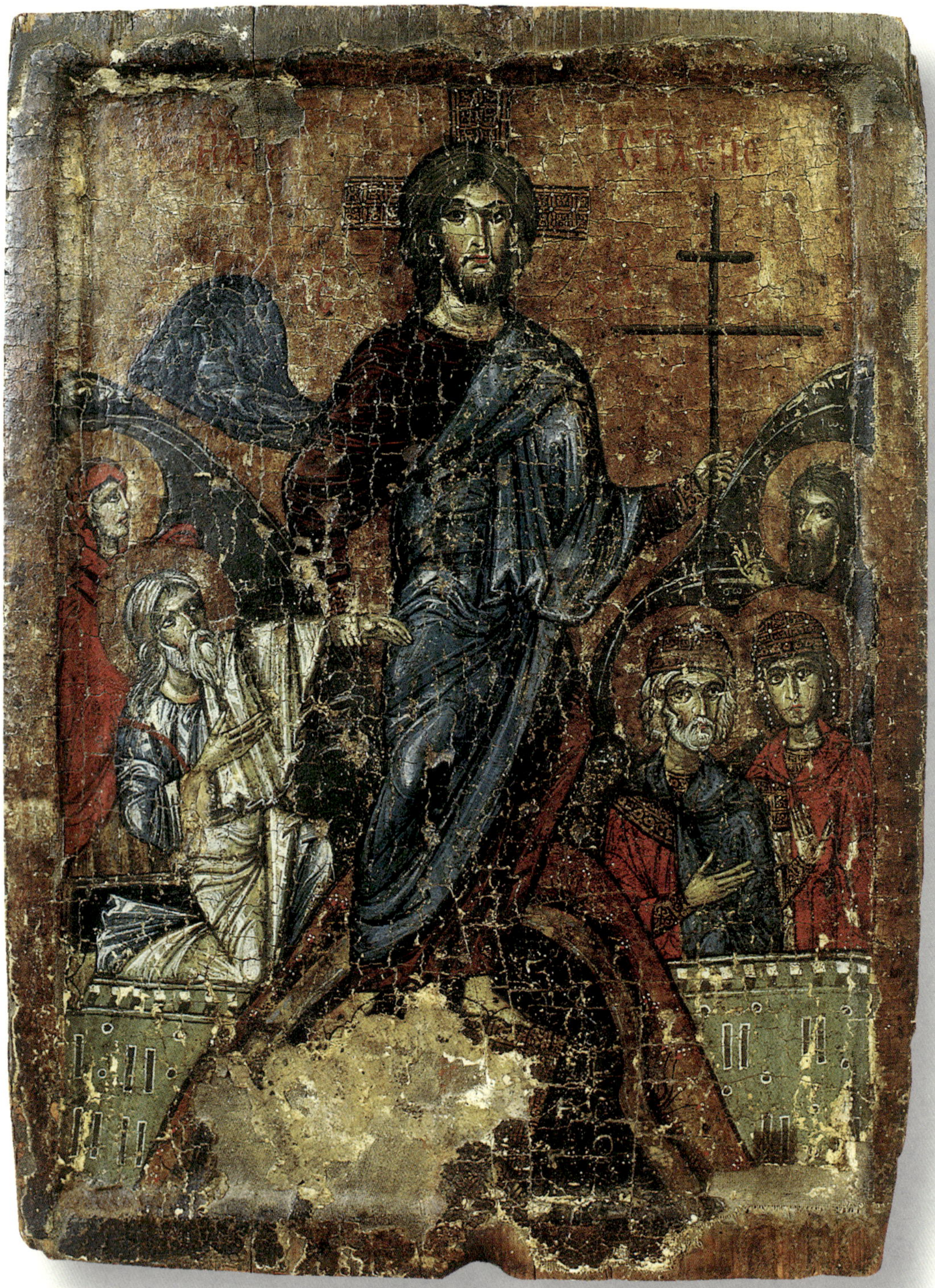

15. The Anastasis (Resurrection)

Last quarter of the 12th century
Monagri, Monastery of Panaghia Amasgou
39 x 29.1 cm

Anonymous painter working on a high academic level in the style of Late Comnenian painting as practised in the conservative workshops of Constantinople during the last decades of the 12th century. He was not influenced by the manneristic trend of the same period.

Tempera, silver leaf and ochre glaze on wooden support, primed with cloth, gesso and bole.

Conserved at the Department of Antiquities by Andreas Pharmakas between 1982 and 1986.

The Descent into Hades, the established iconographic type of the Byzantine Resurrection is here presented in a most lively and distinguished 12th century manner. In contrast, the established iconographic type of the Resurrection in Italian art is the one representing Christ rising out of His tomb and holding a standard, or ascending in clouds over His tomb, whilst the guardian soldiers are sleeping or surprised in front of the tomb (see for instance the mural of Pierro della Francesca in San Sepolcro at Arezzo in Tuscany).

On the Cypriot icon Christ is represented in the centre on a larger scale than the other persons and in a triumphal posture. He is dressed in voluminous garments consisting of a dark purple tunic and a shining blue *himation*, its rich folds waving behind His shoulders. He is trampling on the gates of Hades. He holds a cross and is pulling Adam from his tomb. Eve stands behind Adam. On the other side David and Solomon appear standing in their tombs dressed in luxurious royal garments and crowned with the Byzantine emperor's mitre. Behind the two kings is St John the Baptist. Silvered background covered with ochre glaze that originally conferred a golden reflexion; but after eight hundred years it presents today a dark texture.

The icon bears the title THE ANASTASIS (The Resurrection).

Sophocles Sophocleous

15. Η ΑΝΑΣΤΑΣΙΣ (Η ΕΙΣ ΑΔΟΥ ΚΑΘΟΔΟΣ)

Τελευταίο τέταρτο του 12ου αιώνα
Μονάγρι, Μονή Παναγίας Αμασγού
39 x 29.1 εκ.

Ανώνυμος ζωγράφος, που εργάζεται σε υψηλό ακαδημαϊκό επίπεδο στην τεχνοτροπία της ύστερης κομνήνειας ζωγραφικής, όπως αυτή καλλιεργήθηκε στα συντηρητικά εργαστήρια της Κωνσταντινούπολης κατά τις τελευταίες δεκαετίες του 12ου αιώνα. Δεν είναι επηρεασμένος από το μανιεριστικό ρεύμα της εποχής.

Αυγοτέμπερα, φύλλα ασημιού και ώχρινη λαζούρα επάνω σε ξύλινο υπόβαθρο, προετοιμασμένο με ύφασμα, γύψινο επίχρισμα και αμπόλιο.

Συντηρήθηκε στο Τμήμα Αρχαιοτήτων από τον Ανδρέα Φαρμακά μεταξύ του 1982 και του 1986.

Η Εις Άδου Κάθοδος, ο καθιερωμένος εικονογραφικός τύπος της Ανάστασης στη βυζαντινή τέχνη, παρουσιάζεται εδώ σε ένα πολύ ζωντανό και ξεχωριστό τρόπο του 12ου αιώνα. Αντιθέτως ο καθιερωμένος εικονογραφικός τύπος της Ανάστασης στην ιταλική τέχνη είναι εκείνος που παρουσιάζει τον Χριστό να εξέρχεται του τάφου και να φέρει σημαία η να αναλαμβάνεται σε νεφέλωμα πάνω από τον τάφο, όπως για παράδειγμα στην τοιχογραφία του Pierro della Francesca στο San Sepolcro στο Arezzo της Τοσκάνης.

Στην κυπριακή εικόνα ο Χριστός παρουσιάζεται στο μέσο και σε μεγαλύτερη κλίμακα από τις υπόλοιπες μορφές και σε θριαμβευτική ένδοξη στάση. Φέρει πλουσιοπάροχα ενδύματα: βαθύ πορφυρό χιτώνα και απαστράπτον κυανούν ιμάτιο, με πλούσια πτυχολογία, το οποίο κυματίζει πίσω από τους ώμους Του. Στέκεται επάνω στις σπασμένες θύρες του Άδη. Κρατεί σταυρό στο ένα χέρι και τραβά τον Αδάμ από τον τάφο του. Η Εύα στέκεται πίσω από τον Αδάμ. Στην άλλη πλευρά ο Δαβίδ και ο Σολομών εμφανίζονται όρθιοι στους τάφους των, ενδεδυμένοι σε πολυτελείς βασιλικές στολές, και φέρουν τη μίτρα των Βυζαντινών αυτοκρατόρων. Πίσω τους εμφανίζεται ο Τίμιος Πρόδρομος. Ο κάμπος πλάθεται από φύλλα ασημιού, καλυμμένα με ώχρινη λαζούρα, η οποία προσέδιδε άλλοτε χρυσίζουσα ανταύγεια, όμως μετά από οκτώ αιώνες παρουσιάζει σήμερα σκούρα υφή.

Η εικόνα φέρει τον τίτλο Η ΑΝΑСΤΑСΗС.

Σοφοκλής Σοφοκλέους

Bibliography: Papageorghiou 1988, pp. 242-44 and pl. 74. Sophocleous 1988. Sophocleous 1990, vol. I, pp. 376-81, vol. II, pp. 1-3, vol. III, pls 205-6. Strasbourg 1991, no. 1. Papageorghiou 1991, no. 21, pp. 36-37. Mulhouse and Strasbourg 1994, no. 1, p. 63 and pl. 3. Sophocleous 1994b, no. 7, pp. 78 and 128. New York 1997, p. 127, no. 74.

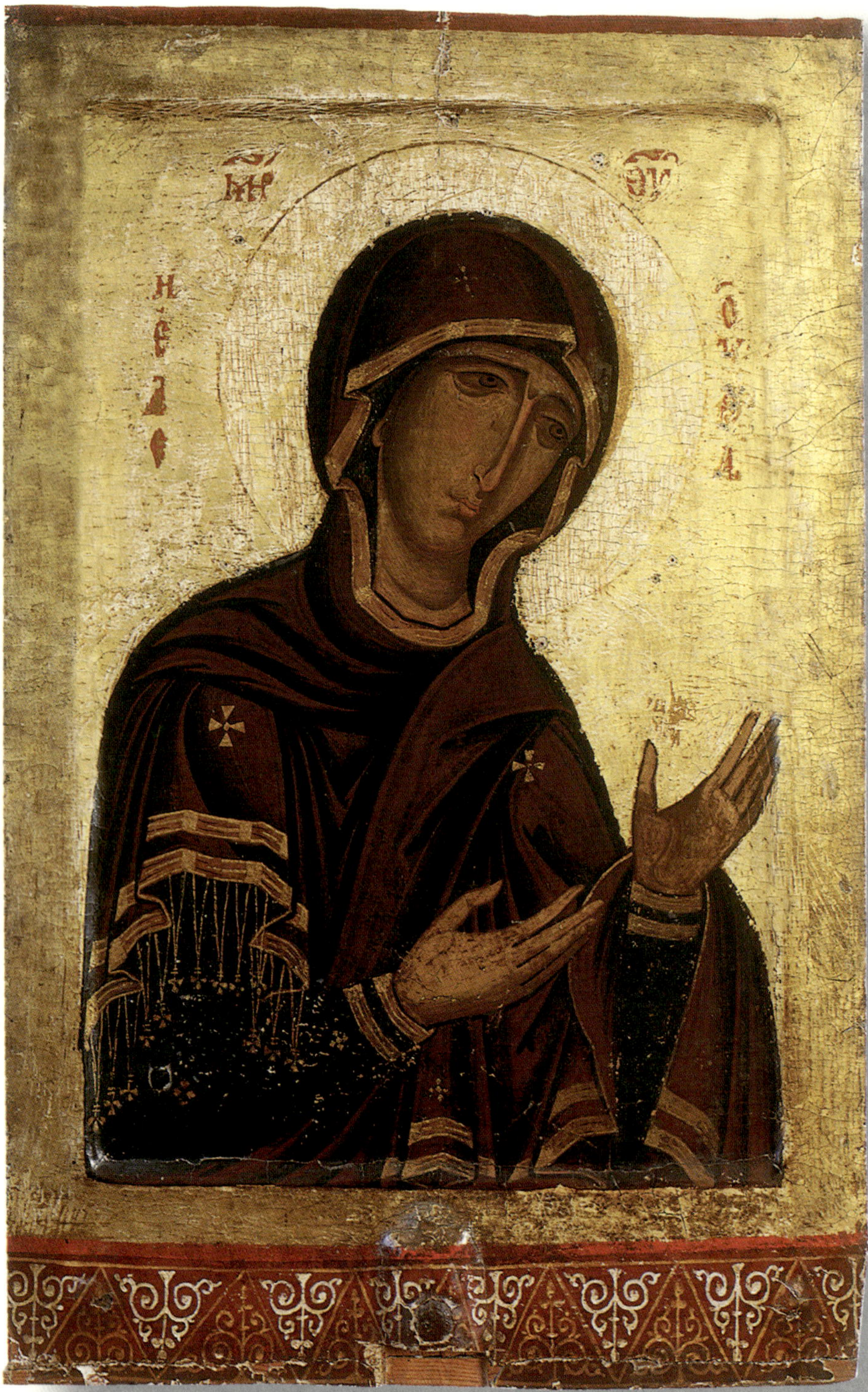

16. MOTHER OF GOD ELEOUSA
(Virgin The Merciful)

Around 1183
Paphos, Hermitage of Saint Neophytos
Now in the Museum of the Monastery of Saint Neophytos
73 x 46 cm

Attributed to the painter Theodoros Apsevdis who in 1183 decorated the cell, the sanctuary and the church of the hermitage while St Neophytos was still alive. Theodoros worked in the Late Comnenian style of the late 12th century. The comparison with the Virgin in the scene of the Annunciation on the murals of 1183 indicates that the icon may be attributed to the same painter.

Egg tempera, gold leaf and lacquers on wooden support, primed with cloth, gesso and bole. The icon has a raised frame.

Conserved by Photis Zachariou in 1967 (?).

The gilded background covers the frame as well, while on the lower part there are signs of the pole, which indicates that the icon was a processional one. This is also confirmed by the fact that its reverse is decorated by a large cross accompanied by the abbreviations for JESUS CHRIST SON OF GOD and MARY WHO BORE CHRIST THE KING.

The Virgin is figured half-length, turned to the right with her hands raised in prayer. She is clad in a greenish-blue tunic and a dark purple *maphorion* adorned by three gold crosses on her forehead and on the shoulders symbolizing her virginity before, during and after the Nativity. The *maphorion* ends in gold decorative bands with fringes (*siritia*). On the lower part of the icon there is a decorative band of continuous triangles decorated with stylized vegetal motifs.

The icon bears the nominal inscription MOTHER OF GOD THE MERCIFUL.

Georgios Philotheou

16. ΜΗΤΗΡ ΘΕΟΥ Η ΕΛΕΟΥΣΑ

Γύρω στο 1183
Πάφος, Εγκλείστρα Αγίου Νεοφύτου
Τώρα στο Μουσείο της Μονής Αγίου Νεοφύτου
73 x 46 εκ.

Αποδίδεται στον ζωγράφο Θεόδωρο Αψευδή, ο οποίος στα 1183 διακοσμεί, ζώντος του Αγίου Νεοφύτου, το κελλί, το ιερό και τον ναό της Εγκλείστρας. Ο Θεόδωρος εργάζεται στο πλαίσιο της υστεροκομνήνειας μανιεριστικής τεχνοτροπίας του τέλους του 12ου αιώνα. Η Θεοτόκος στην τοιχογραφία του Ευαγγελισμού του 1183 συγκρίνεται άνετα με τη μορφή της παρούσας εικόνας, και πείθει για την απόδοσή της στον ίδιο ζωγράφο.

Αυγοτέμπερα και φύλλα χρυσού πάνω σε ξύλινη βάση, προετοιμασμένη με ύφασμα, γύψινο επίχρισμα και αμπόλιο. Έξεργο σκαφτό πλαίσιο.

Συντηρήθηκε από τον Φώτη Ζαχαρίου το 1967(;).

Το χρυσό φόντο καλύπτει και το πλαίσιο της εικόνας, ενώ στο κάτω μέρος υπάρχουν τα ίχνη από το κοντάρι, που ήταν προσαρμοσμένο σ' αυτή, και χρησίμευε, για να κρατείται η εικόνα κατά τις λιτανείες. Πρόκειται δηλαδή για μια λιτανευτική εικόνα αμφίγραπτη, και σ'αυτό συνηγορεί και το γεγονός ότι η πίσω της πλευρά είναι διακοσμημένη με μεγάλο σταυρό με τα συντομογραφικά γράμματα Ι(ΗΣΟΥ)C Χ(ΡΙΣΤΟ)C VI(O)C Θ(ΕΟ)V και Μ(ΑΡΙΑΜ) Γ(ΕΝΝΗΣΑΣΑ), Χ(ΡΙΣΤΟΝ) Β(ΑΣΙΛΕΑ).

Στην κύρια όψη εικονίζεται η Παναγία σε προτομή, γυρισμένη προς τα δεξιά, έχοντας τα χέρια της σε στάση δέησης. Φορεί πρασινογάλαζο χιτώνα και σκούρο πορφυρό μαφόριο. Στο κεφάλι και στους δύο ώμους αντίστοιχα φέρει χρυσούς σταυρούς, που συμβολίζουν την προ, την κατά και τη μετά τη Γέννηση παρθενία της Θεοτόκου. Το μαφόριο φέρει στις άκρες του χρυσά σιρίτια.

Στο χρυσό φόντο αναγράφεται η ονομαστική επιγραφή Μ(ΗΤΗ)Ρ // Θ(ΕΟ)V Η ΕΛΕ//ΟVCA. Στο κάτω μέρος της εικόνας υπάρχει διακοσμητική ταινία με συνεχόμενα τρίγωνα, διακοσμημένα με σχηματοποιημένα κλαδιά.

Γεώργιος Φιλοθέου

Bibliography: Mango and Hawkins 1966, pp. 161-62 and 201-2, figs 54,56, 58. Athens 1976, pp. 30-31. Papageorghiou 1969c, pp. 19, 44, Papageorghiou 1991, pp. 16, 19, fig. 9. Sophocleous 1994b, pp. 137, 139, fig. 13. Papageorghiou 1996, p. 147 and 154, fig. 93.

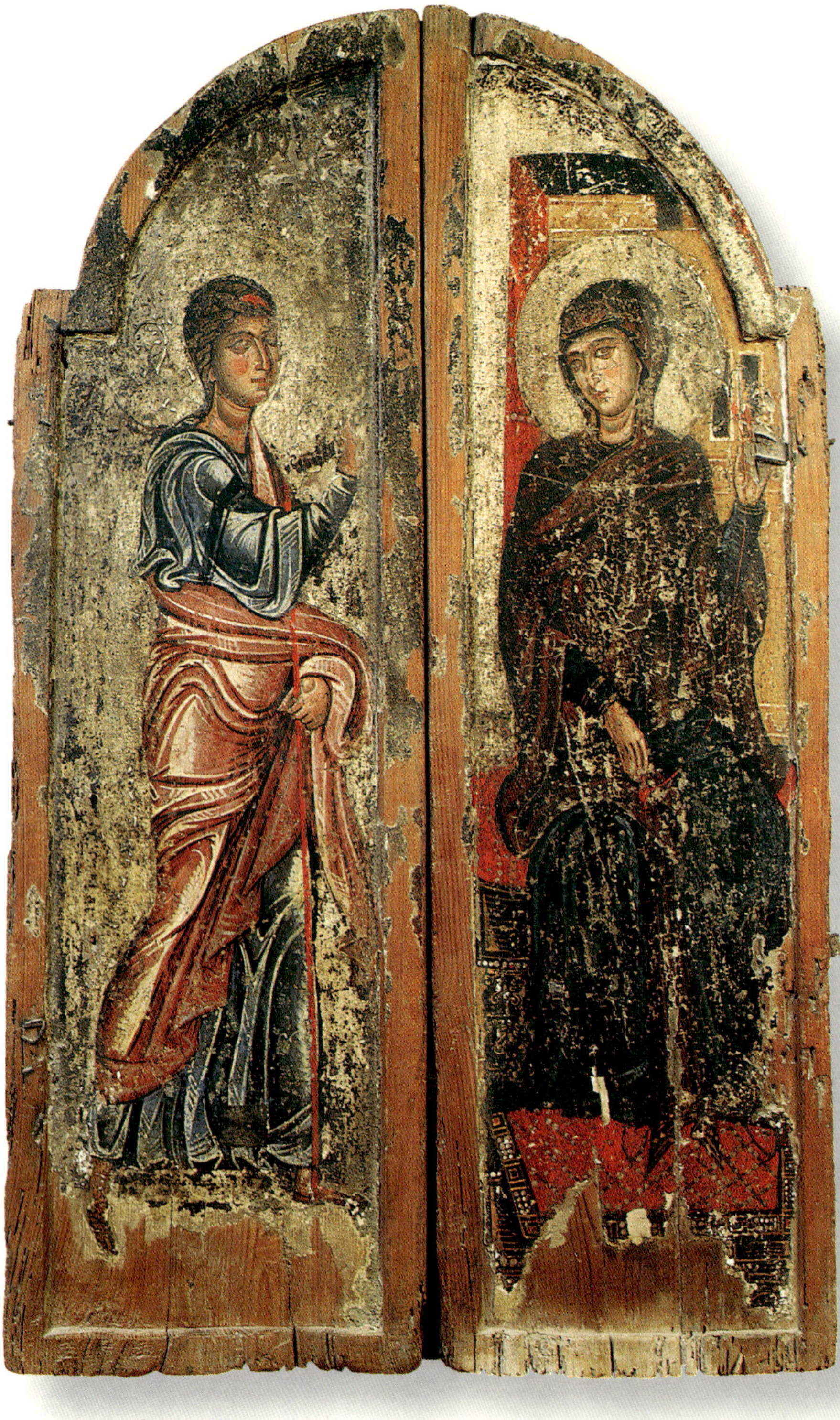

17. THE ANNUNCIATION Sanctuary Doors

Late 12th century
Lefkara, Church of the Holy Cross
100 x 63 cm

Anonymous painter working in the framework of the Late Comnenian style related to that of the murals in the church of the Archangel Michael at Kato Lefkara.

Egg tempera, metal leaf (tin?) and ochre glaze on wood, primed with cloth and gesso.

Conserved by Photis Zachariou in 1967.

According to the tradition relating to the scene of the Annunciation in Byzantine monumental art, from the 6th century onwards, the Archangel Gabriel is normally portrayed on the left and the Virgin on the right. The same tradition is followed in Annunciations on Sanctuary doors. The iconography involves the Virgin seated on a richly decorated stool (*thokos*), spinning purple woollen thread and avoiding the gentle gaze of the angel. This iconographic type, the intense red circles on the cheeks, the calligraphy of the design, the dynamism and speed of Gabriel's movement evident from the backward extension of the right foot whilst the weight of his body falls on the left, are some of the elements that show the anonymous painter to be working in the style of the late 12th century.

These elements are clearly present in the iconography of the Annunciation and relate to the mannerism of the period, if one considers the examples of the Enkleistra of St Neophytos, St Nicholas Kasnitsis at Kastoria, St George at Kourbinovo, Panaghia Arakiotissa at Lagoudera, as well as the Comnenian icons at Sinai. More particularly, the close relationship of the sinuous folds of the archangel's *himation* (lower part of the abdomen and the thighs) with those of the prophets in the dome of the Archangel at Kato Lefkara require a dating for the Sanctuary Doors in the last decade of the 12th century. Besides, the Lefkara Sanctuary Doors appear to be the oldest known example bearing the scene of the Annunciation - those of Novgorod and Belgrade are dated to the 13th and 15th centuries respectively - with the possible exception of the Sinai Sanctuary Doors.

Andreas Nicolaides

17. Ο ΕΥΑΓΓΕΛΙΣΜΟΣ Βημόθυρα

Τέλη 12ου αιώνα
Λεύκαρα, ναός Τιμίου Σταυρού
100 x 63 εκ.

Ανώνυμος ζωγράφος, που εργάζεται στο πλαίσιο της ύστερης κομνήνειας τεχνοτροπίας, η οποία σχετίζεται με εκείνη των τοιχογραφιών στον ναό του Αρχαγγέλου Μιχαήλ στα Κάτω Λεύκαρα.

Αυγοτέμπερα, φύλλα μετάλλου (κασσίτερος;) και ώχρινη λαζούρα πάνω σε ξύλινη βάση, προετοιμασμένη με ύφασμα και γύψινο επίχρισμα.

Συντηρήθηκε από τον Φώτη Ζαχαρίου το 1967.

Σύμφωνα με την παράδοση σχετικά με τη σκηνή του Ευαγγελισμού στη μνημειακή βυζαντινή ζωγραφική, από τον 6ο αιώνα και μετά ο αρχάγγελος Γαβριήλ απεικονίζεται συνήθως αριστερά και η Θεοτόκος δεξιά. Η ίδια παράδοση ακολουθείται και στην εικονογραφία του Ευαγγελισμού σε βημόθυρα. Η Παναγία κάθεται σε πλούσια διακοσμημένο θώκο, και γνέθει το πορφυρό μαλλί, αποφεύγοντας το βλέμμα του μειλίχιου αγγέλου. Ο εικονογραφικός αυτός τύπος, οι έντονες κόκκινες βούλες στα μάγουλα, η καλλιγραφία του σχεδίου, η δυναμικότητα και η ταχύτητα της κίνησης του Γαβριήλ, που δηλώνεται με την ένταση του δεξιού του ποδιού προς τα πίσω, ενώ το σώμα του στηρίζεται στο αριστερό του πόδι, δείχνουν ότι ο ανώνυμος ζωγράφος ακολουθεί πρότυπα του τέλους του 12ου αιώνα.

Τα κριτήρια αυτά χαρακτηρίζουν πράγματι την εικονογραφία του Ευαγγελισμού και τον "μανιερισμό" της εποχής, αν κρίνει κανείς από τα παραδείγματα της Εγκλείστρας, του Αγίου Νικολάου Κασνίτζη στην Καστοριά, του Αγίου Γεωργίου στο Κουρμπίνοβο, της Παναγίας Αρακιώτισσας, καθώς και από τις υστεροκομνήνειες εικόνες του Σινά. Πιο συγκεκριμένα, η στενή παραλληλία της οφιοειδούς πτυχολογίας του ιματίου (κάτω μέρος της κοιλιάς και ισχίο) του αρχαγγέλου με την πτυχολογία π.χ. των προφητών στον τρούλλο της εκκλησίας του Αρχαγγέλου στα Κάτω Λεύκαρα μας επιβάλλει να χρονολογήσουμε τα βημόθυρα στην τελευταία δεκαετία του 12ου αιώνα. Εξάλλου, τα βημόθυρα των Λευκάρων φαίνεται να είναι το πιο αρχαίο γνωστό παράδειγμα με τη σκηνή του Ευαγγελισμού, εφόσον τα βημόθυρα του Νοβγκορόντ και του Βελιγραδίου χρονολογούνται στον 13ο και 15ο αιώνα αντιστοίχως, με μόνη πιθανή εξαίρεση τα βημόθυρα από το Σινά.

Ανδρέας Νικολαΐδης

Bibliography: Papageorghiou 1976, pp. 270-274, pl. XLVI. Papageorghiou 1991, pp. 22, 20, pl. 12. A. Papageorghiou, "Η εκκλησία του Αρχαγγέλου στα Κάτω Λεύκαρα", *Report of the Department of Antiquities, Cyprus* (1990), pp. 189-230, pl. XXXIV: 1-2. Sophocleous 1994b, pp. 77-78 and p. 127, no 6.

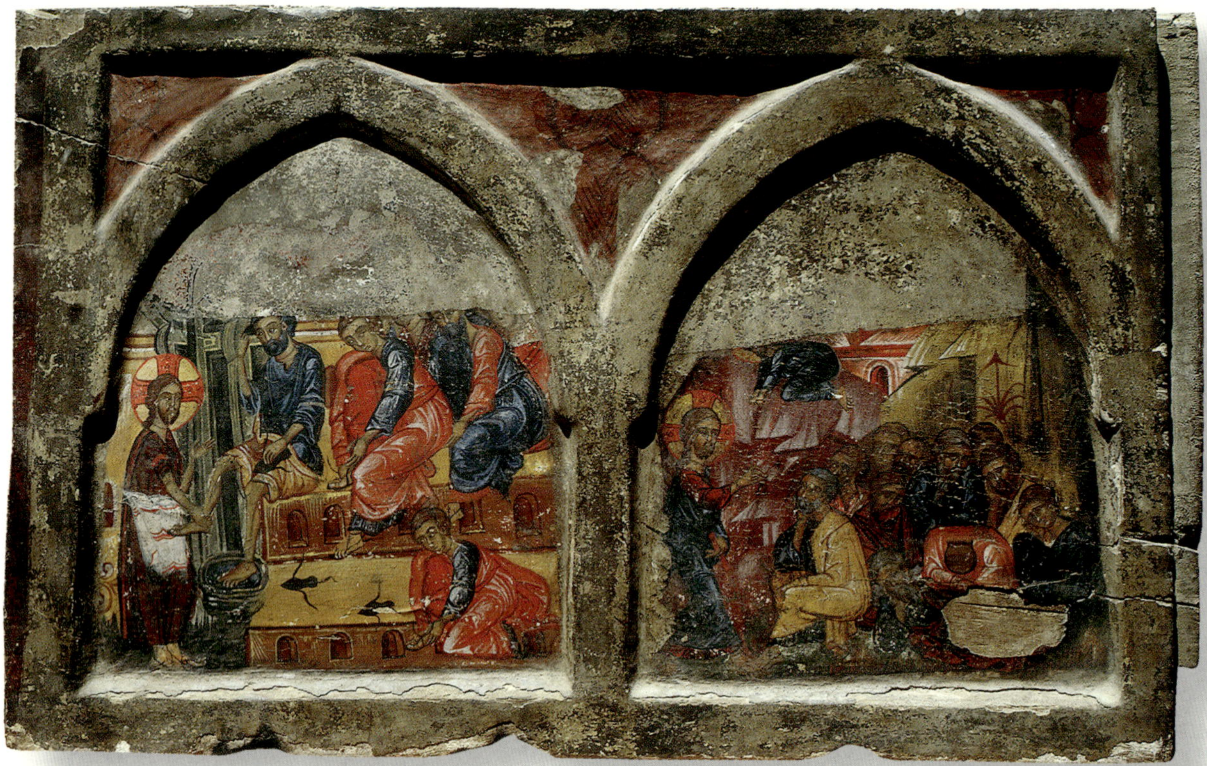

18. PART OF EPISTYLE WASHING OF THE FEET, THE PRAYER IN THE GARDEN OF GETHSEMANE

13th century
Kalopanaghiotis, Katholikon of the Monastery of Saint Ioannis Lampadistis
Now in the Byzantine Museum of Kalopanaghiotis
43 x 88 cm

Anonymous painter working according to the trends of the second half of the 13th century, when western features intrude in traditional Byzantine iconography, thus stressing the anti-classical character of the icon.

Egg tempera, metal leaf (tin?) and ochre glaze on wooden support, primed with cloth and gesso. Raised frames. Conserved by Photis Zachariou in 1967.

Under the two pointed arches in relief, surrounded by a raised frame, are painted two scenes, on the left the Washing of the Feet and on the right the Prayer in the Garden of Gethsemane.

The former is set in the interior of a building, whose walls form the background of the scene. Christ is shown full-length, girded by a *lentium*. He washes the feet of Peter, who, gesticulating, asks Jesus to wash "not only my feet, but my hands and head as well" (*John*, 13, 9). Behind him, two more Disciples untie their sandals, while behind them two other Disciples can be seen. Another young beardless Disciple, lower on the first plane, removes the sandal from his right foot.

The scene of the Prayer in the Garden of Gethsemane takes place in a rocky landscape. In the background there is a building with a gate. Christ is shown on a rock, kneeling and praying. In front in the first plane, Jesus addresses His eleven sleeping Disciples, raising His hand and reproving them for their indolence, His left hand holding a closed scroll. There is an interesting pose of a sleeping Disciple inclining to the beholder whose head can be seen from above and behind and also his back.

The bodies are not depicted in the correct proportions, the heads are disproportionally large and the eyes wide open with very small irises, elements unknown to the Byzantine tradition. The rendering of the garment's folds is very different from 13th century examples, a tentative sign of the influence of the Palaeologan Renaissance. Seraphim are painted in monochrome on the triangular tympana formed between the arches and the frame.

Christodoulos Hadjichristodoulou

18. ΤΜΗΜΑ ΕΠΙΣΤΥΛΙΟΥ ΝΙΠΤΗΡΑΣ, ΠΡΟΣΕΥΧΗ ΣΤΟΝ ΚΗΠΟ ΤΗΣ ΓΕΘΣΗΜΑΝΗΣ

13ος αιώνας
Καλοπαναγιώτης, Καθολικό Μονής Αγίου Ιωάννη Λαμπαδιστή
Τώρα στο Βυζαντινό Μουσείο Καλοπαναγιώτη
43 x 88 εκ.

Ανώνυμος ζωγράφος, που εργάζεται σύμφωνα με τον συρμό του δεύτερου μισού του 13ου αιώνα, όπου στη βυζαντινή παραδοσιακή εικονογραφία παρεμβάλλονται δυτικότροπα στοιχεία, έτσι ώστε να τονίζεται ο αντικλασσικός χαρακτήρας της εικόνας.

Αυγοτέμπερα, φύλλα μετάλλου (κασσίτερος;) και ώχρινη λαζούρα πάνω σε ξύλινη βάση, προετοιμασμένη με ύφασμα και γύψινο επίχρισμα. Έξεργα πλαίσια. Συντηρήθηκε από τον Φώτη Ζαχαρίου το 1967.

Κάτω από δύο ανάγλυφα οξυκόρυφα τόξα, που περιβάλλονται από έξεργο πλαίσιο, είναι ζωγραφισμένες δύο σκηνές, αριστερά ο Νιπτήρας και δεξιά η Προσευχή στον Κήπο της Γεθσημανής.

Η σκηνή του Νιπτήρα διαδραματίζεται στο εσωτερικό κτιρίου, του οποίου οι τοίχοι γεμίζουν το βάθος της σκηνής. Ο Χριστός εικονίζεται όρθιος, ζωσμένος με λέντιο. Πλένει τα πόδια του Πέτρου, ο οποίος με τη σχετική χειρονομία ζητεί από τον Ιησού να πλύνει "Μη τους πόδας μου μόνον, αλλά και τας χείρας και την κεφαλήν" (*Ιωάννης*, ΙΓ', 9). Πίσω από τον Πέτρο δύο ακόμη μαθητές λύνουν τα σανδάλια τους, ενώ πίσω απ' αυτούς διακρίνονται άλλοι δύο. Ένας άλλος νεαρός αγένειος μαθητής πιο χαμηλά, σε πρώτο πλάνο, βγάζει το σάνδαλο από το δεξί του πόδι.

Η σκηνή της Προσευχής στον κήπο της Γεθσημανής λαμβάνει χώρα σε βραχώδες τοπίο, και στο βάθος υπάρχει κτίριο με πύλη. Ο Χριστός εικονίζεται πάνω στον βράχο γονυπετής να προσεύχεται. Μπροστά σε πρώτο πλάνο ο Ιησούς κατευθύνεται προς τους έντεκα μαθητές, που κοιμούνται. Υψώνει το δεξί χέρι, επιτιμώντας τους για τη ραθυμία, και με το αριστερό κρατεί κλειστό ειλητό. Ενδιαφέρουσα είναι η στάση του μαθητή, που κοιμάται σκυμμένος προς τον θεατή, ώστε να φαίνονται το κεφάλι από το πάνω και το πίσω μέρος και η πλάτη.

Τα σώματα ζωγραφίζονται χωρίς ορθές αναλογίες, τα κεφάλια είναι δυσανάλογα μεγάλα και τα μάτια πλάθονται ορθάνοικτα με πολύ μικρές σε αναλογία ίριδες, στοιχεία ξένα προς τη βυζαντινή παράδοση. Η απόδοση των πτυχώσεων διαφέρει σημαντικά από τα παραδείγματα του 13ου αιώνα. Διαφαίνεται έτσι δειλά η επίδραση της παλαιολόγειας αναγέννησης. Στα τριγωνικά τύμπανα, που σχηματίζονται ανάμεσα στα τόξα και το πλαίσιο, είναι ζωγραφισμένα σε μονοχρωμία εξαπτέρυγα.

Χριστόδουλος Χατζηχριστοδούλου

Bibliography: Athens 1976, p. 58, no. 58, fig. p. 59. Papageorghiou 1991, pp. 55, 59-60, fig. 37.

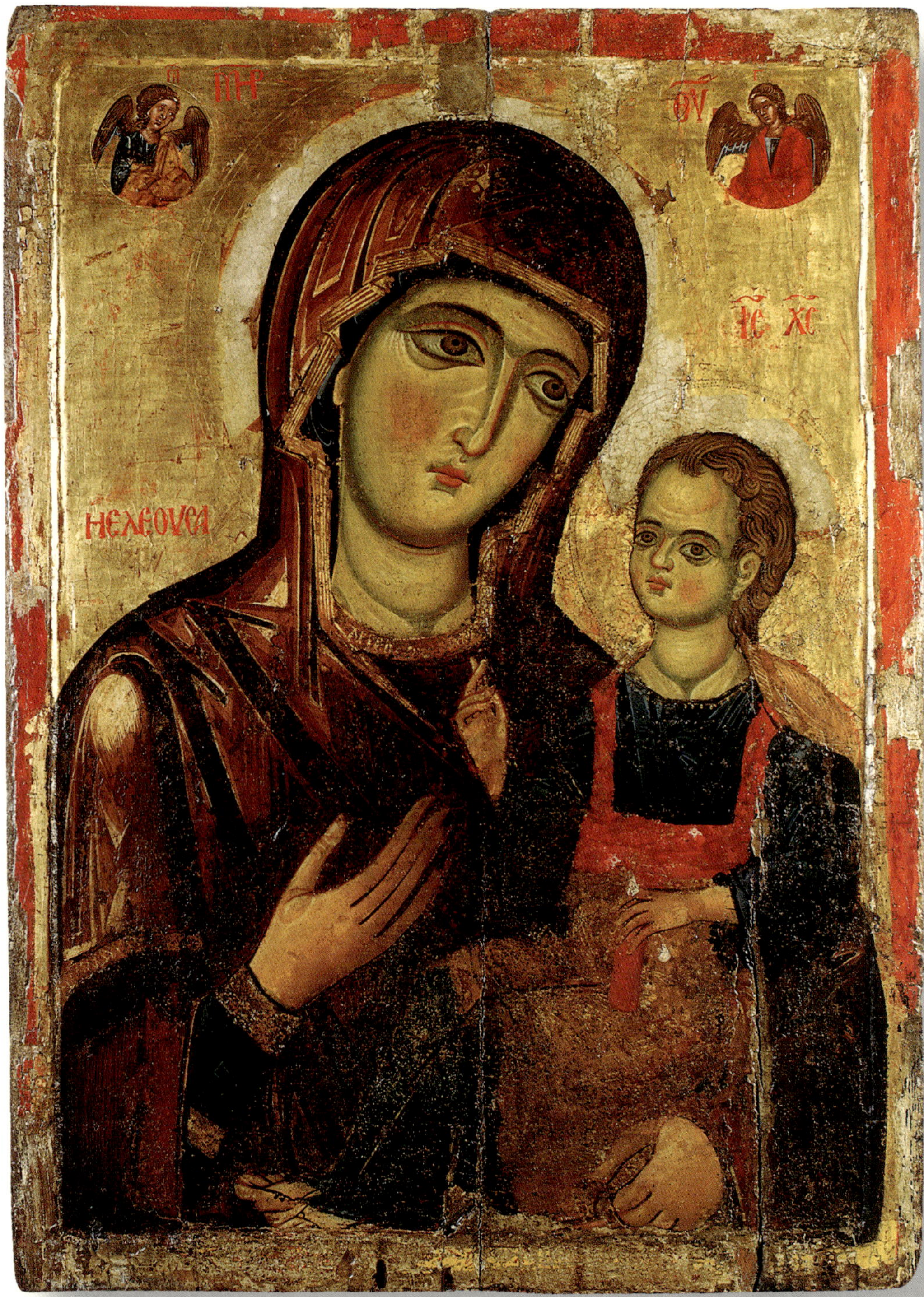
ΜΡ
ΘΥ
IC XC
Η ΕΛΕΟΥCΑ

21. MOTHER OF GOD ELEOUSA

Second half of the 13th century with overpainting of the 16th century
Kalopanagiotis, Monastery of Saint Ioannis Lampadistis
The icon was probably one of the "despotic" icons of the old Katholikon of the monastery
99 x 66 cm

Anonymous painter who probably belonged to the workshop which was responsible for the wall-paintings of the monastery at the same period.

Egg tempera and gold leaf on wooden support, primed with cloth, gesso and bole.

Conserved by Kostas Gerasimou and Kyriakos Papaïoakeim in 2000.

The Virgin, half-length, holds the Christ-Child, in the established Byzantine type of the Hodegetria. To the original painting of the 13th century belong the face and the hands of the Virgin, as well as the face, the hands, the tunic and the *himation* of Christ.

The neck was overpainted in the 16th century when there were interventions on the *maphorion* of the Virgin and the garments of Christ, as well as on His feet. At that time the Archangels Michael and Gabriel, in bust, were painted on both sides of the halo of the Virgin.

The Virgin holds the Child on her left arm, the right hand raised in a gesture of prayer. She turns three quarters towards the Child slightly bending her head to Him. Christ is seated with His body totally upright blessing and holding a purple closed scroll. He is dressed in a tunic with a red belt, at which end the wide – also red – *clavi* of the shoulders.

The full faces and the red contour that defines the eyebrows and the nose are characteristic of a series of 13th century icons. The iconographic and stylistic features of this icon, such as the olive-coloured proplasmus with the warm flesh tone, are related to 13th century painting in the region of Marathasa, and suggest that the work was produced in a local workshop of the region.

The icon bears the nominal inscriptions MOTHER OF GOD THE MERCIFUL, JESUS CHRIST, MICHAEL and GABRIEL.

There was an inscription, now lost, on the lower part of the icon.

Christodoulos Hadjichristodoulou

21. ΜΗΤΗΡ ΘΕΟΥ Η ΕΛΕΟΥΣΑ

Β´ μισό 13ου με επιζωγραφήσεις του 16ου αιώνα
Καλοπαναγιώτης, Μονή Αγίου Ιωάννη Λαμπαδιστή
Η εικόνα ήταν πιθανώς μία από τις δεσποτικές εικόνες (ο Χριστός δεν υπάρχει) του παλαιού καθολικού της μονής
99 x 66 εκ.

Ανώνυμος ζωγράφος, που προέρχεται πιθανώς από το ίδιο αγιογραφικό εργαστήριο, που ζωγράφισε και τις τοιχογραφίες του καθολικού της ίδιας περιόδου.

Αυγοτέμπερα και φύλλα χρυσού πάνω σε ξύλινη βάση, προετοιμασμένη με ύφασμα, γύψινο επίχρισμα και αμπόλιο.

Συντηρήθηκε από τους Κώστα Γερασίμου και Κυριάκο Παπαϊωακείμ το 2000.

Η Παναγία εικονίζεται σε προτομή και βρεφοκρατούσα, στον γνωστό βυζαντινό τύπο της Οδηγήτριας. Στην αρχική ζωγραφική του 13ου αιώνα ανήκουν το πρόσωπο και τα χέρια της Παναγίας, καθώς και το πρόσωπο, τα χέρια, ο χιτώνας και το ιμάτιο του Χριστού. Η εικόνα, εκτός από τα πρόσωπα, επιζωγραφήθηκε τον 16ο αιώνα. Επεμβάσεις έγιναν στο μαφόριο της Θεοτόκου και στα ενδύματα του Χριστού, καθώς και στα πόδια του. Τότε ζωγραφίσθηκαν σε προτομή οι Αρχάγγελοι Μιχαήλ και Γαβριήλ, που πλαισιώνουν το φωτοστέφανο της Θεοτόκου.

Η Παναγία κρατεί το παιδί στο αριστερό χέρι και υψώνει το δεξιό σε δέηση. Γυρίζει κατά τρία τέταρτα προς το παιδί, και γέρνει ελαφρά το κεφάλι της προς αυτό. Ο Χριστός κάθεται με εντελώς όρθιο κορμό, ευλογεί, και κρατεί προς τα κάτω το κλειστό πορφυρό ειλητάριό του, φορεί χιτώνα με κόκκινη ζώνη, στην οποία καταλήγουν τα πλατιά – κόκκινα επίσης – σημεία (*clavi*) των ώμων.

Τα σαρκώδη πρόσωπα, το κόκκινο περίγραμμα, που διαγράφει τα βλέφαρα και τη μύτη, είναι χαρακτηριστικά μιας σειράς εικόνων του 13ου αιώνα. Από τα εικονογραφικά και τεχνοτροπικά χαρακτηριστικά αυτής της εικόνας, όπως οι ελαιόχρωμοι προπλασμοί με τη θερμή σάρκα, δηλώνεται η σχέση της με τη ζωγραφική του 13ου αιώνα στην περιοχή της Μαραθάσας, και οδηγούν στην άποψη ότι το έργο ζωγραφίστηκε σε τοπικό εργαστήριο της περιοχής.

Η εικόνα φέρει τις ονομαστικές επιγραφές ΜΗ(ΤΗ)Ρ//Θ(ΕΟ)V/ ΗΕΛΕΟVCΑ, Ι(ΗCΟV)C Χ(ΡΙCΤΟ)C, Μ(ΙΧΑΗΛ) και Γ(ΑΒΡΙΗΛ).

Εξίτηλη επιγραφή υπάρχει στο κάτω μέρος της εικόνας.

Χριστόδουλος Χατζηχριστοδούλου

Bibliography: Unpublished.

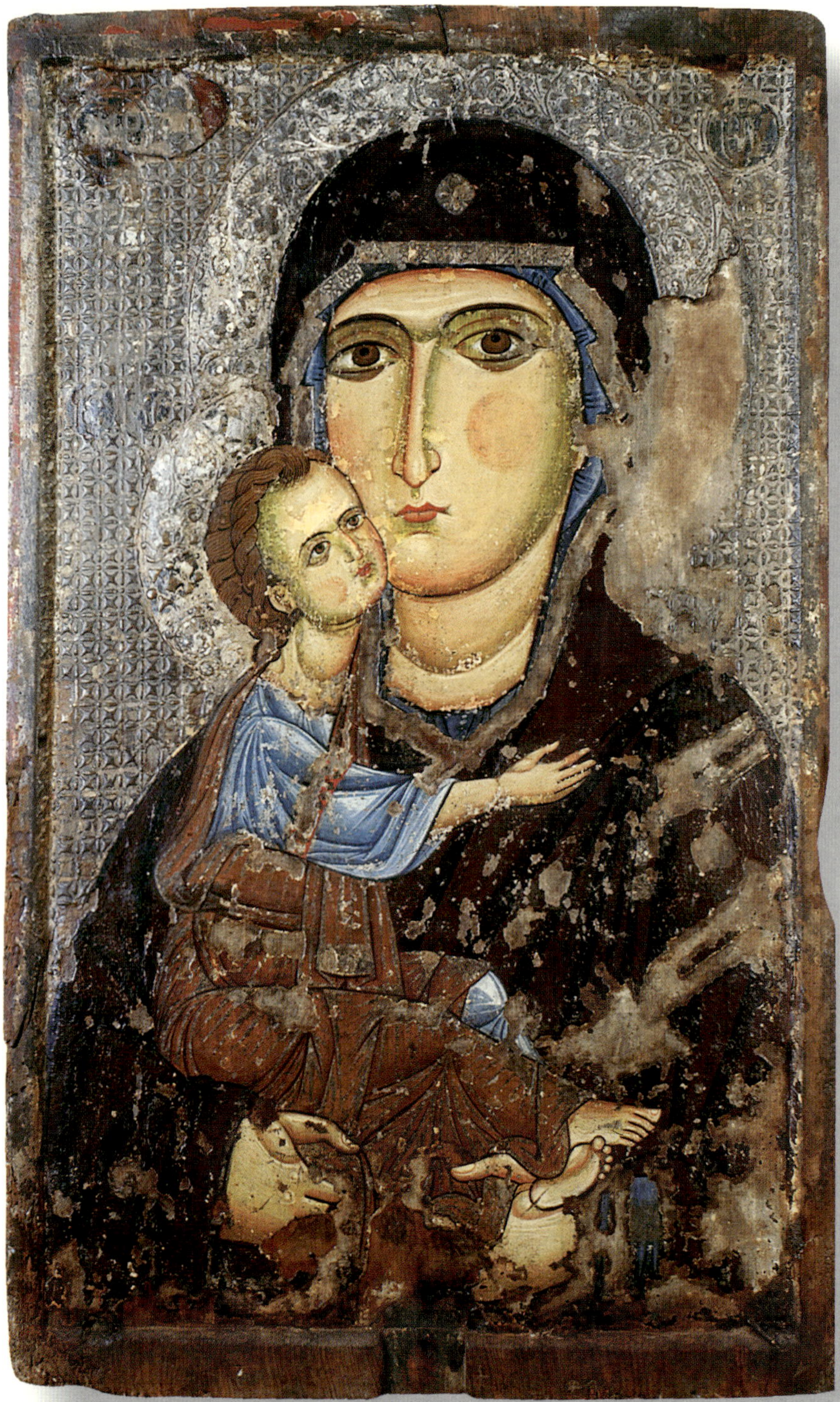

22. Virgin Glykophilousa
(Virgin of Tenderness)

Second half of 13th century
Anogyra, Church of Archangel Michael
Now in the Byzantine Museum of Paphos
94.8 x 58.3 cm

Anonymous painter, whose work belongs stylistically to the art of the 13th century in Cyprus after its conquest by the Franks. The attempt to render the volume of the face with the intense red cheeks is already noticeable from the Late Comnenian period in a series of icons, such as the Archangel in Koutsoventis, and mainly on icons of the second half of the 13th century.

Egg tempera, metal leaf (tin?) and ochre glaze on wooden support, primed with cloth, gesso and bole. Carved raised frame. Relief adornments modelled in gesso.

Conserved by Kostas Gerasimou and Kyriakos Papaïoakeim in 1996.

The Virgin is figured half-length, holding Christ in both hands. She wears a blue tunic and a purple *maphorion* ending in decorative bands in relief, while Christ is dressed in a blue tunic and a brownish-red *himation*. He presses His cheek against His mother's face. His right leg is almost fully stretched, while the left sole is turned towards the beholder. The haloes are decorated with motifs in relief. The background is also decorated with relief adornments. On the two upper corners of the icon there are medallia with the abbreviations MOTHER OF GOD.

The Virgin's visage is almost round, dominated by large eyes gazing at the faithful, a slightly hooked nose and a small mouth. A distinctive feature is the large red circles on the cheeks, adding volume to the face. The visage of Christ is shaped by the same means. The icon can be dated to the second half of the 13th century because of these features and the relief background.

Georgios Philotheou

22. ΠΑΝΑΓΙΑ ΓΛΥΚΟΦΙΛΟΥΣΑ

Β΄ μισό του 13ου αιώνα
Ανώγυρα, ναός Αρχαγγέλου Μιχαήλ
Τώρα στο Βυζαντινό Μουσείο Πάφου
94.8 x 58.3 εκ.

Ανώνυμος ζωγράφος, το έργο του οποίου εντάσσεται τεχνοτροπικά στην τέχνη, που διαμορφώνεται τον 13ο αιώνα στην Κύπρο μετά την κατάκτησή της από τους Φράγκους. Η προσπάθεια απόδοσης του όγκου του προσώπου με τα έντονα κόκκινα μάγουλα παρατηρείται ήδη από την υστεροκομνήνεια περίοδο σε μια σειρά εικόνων, όπως ο Αρχάγγελος στον Κουτσοβέντη, αλλά κυρίως σε εικόνες του δεύτερου μισού του 13ου αιώνα.

Αυγοτέμπερα, φύλλα μετάλλου (κασσίτερος;) και ώχρινη λαζούρα πάνω σε ξύλινη βάση, προετοιμασμένη με ύφασμα, γύψινο επίχρισμα και αμπόλιο. Σκαφτό έξεργο πλαίσιο. Ανάγλυφος διάκοσμος, που πλάθεται με γύψινη προετοιμασία.

Συντηρήθηκε από τους Κώστα Γερασίμου και Κυριάκο Παπαϊωακείμ το 1996.

Η Θεοτόκος σε προτομή κρατά τον Χριστό με τα δυο της χέρια. Φορά χιτώνα γαλάζιο και πορφυρό μαφόριο, ενώ ο Χριστός φορά και αυτός χιτώνα σε γαλάζιο και καφεκόκκινο ιμάτιο. Ακουμπά το μάγουλό του στο πρόσωπο της Παναγίας, ενώ έχει το μεν δεξί πόδι σχεδόν απλωμένο, ενώ στο αριστερό έχει γυρισμένο το πέλμα του προς τον θεατή. Ο Χριστός και η Παναγία φέρουν φωτοστέφανους με ανάγλυφα διακοσμητικά μοτίβα. Ανάγλυφη διακόσμηση έχει και το βάθος της εικόνας, όπως επίσης και η διακοσμητική παρυφή του μαφορίου της Θεοτόκου. Στις δύο πάνω γωνίες της εικόνας σε μετάλλια υπάρχουν τα συντομογραφικά Μ(ΗΤΗ)Ρ Θ(ΕΟ)Υ.

Το πρόσωπο της Θεοτόκου είναι σχεδόν στρογγυλό, με μεγάλους οφθαλμούς, που κοιτούν τους πιστούς, με ελαφρά γαμψή μύτη και μικρό στόμα. Ιδιαίτερο χαρακτηριστικό είναι οι μεγάλοι κόκκινοι κύκλοι στα μάγουλα, που προσδίδουν στο πρόσωπο όγκο. Με τον ίδιο τρόπο πλάθεται και το πρόσωπο του Χριστού. Αυτά τα χαρακτηριστικά μαζί με το ανάγλυφο φόντο μπορούν να χρονολογήσουν την εικόνα στο Β΄ μισό του 13ου αιώνα.

Γεώργιος Φιλοθέου

Bibliography: Papageorghiou 1996, pp. 147, 158, fig. 96.

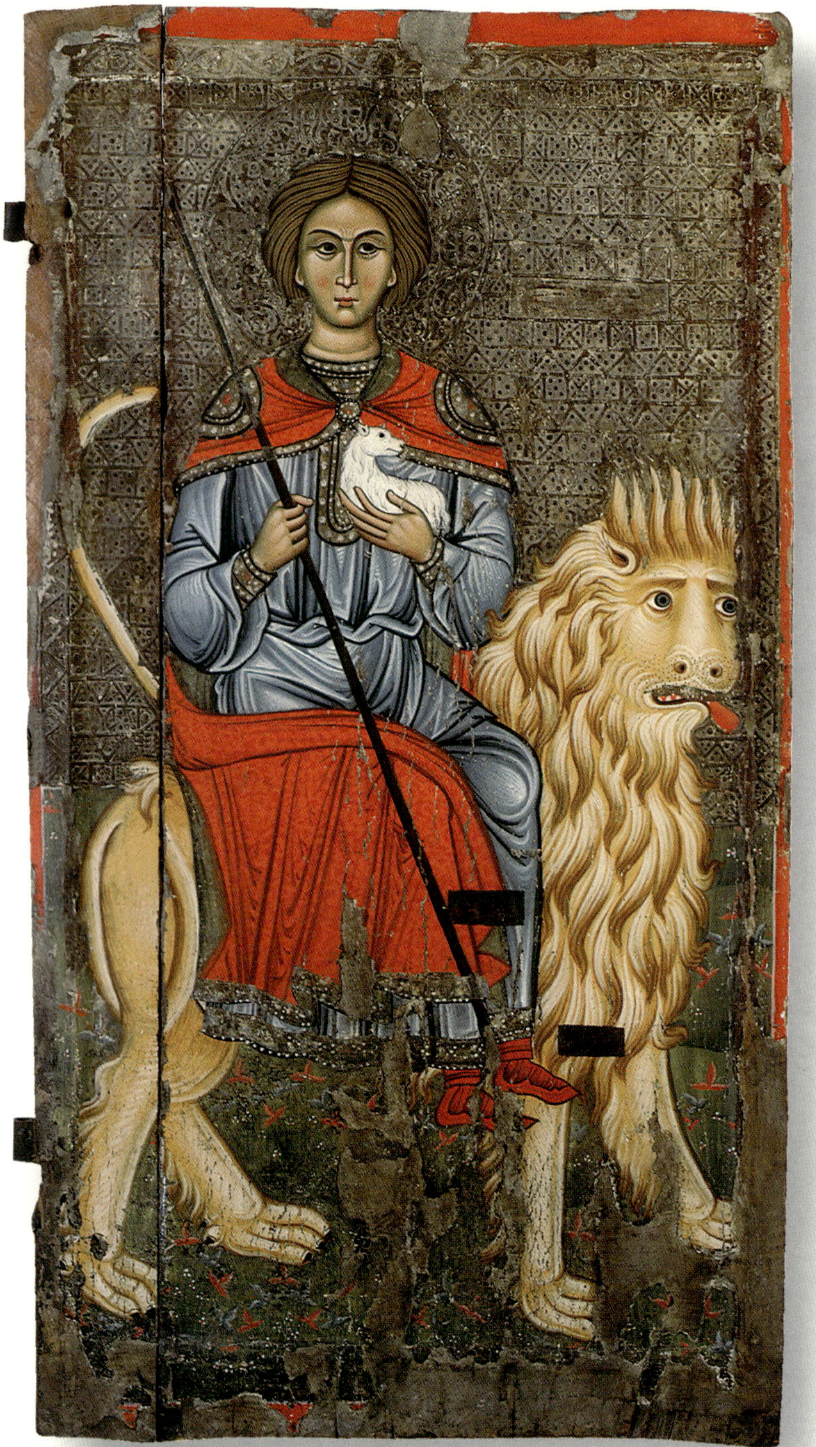

24. THE ARCHANGEL GABRIEL

13th-14th century
Moutoullas, Church of Saint Paraskevi
Now in the Museum of the Monastery of Kykkos
84.5 x 46.7 cm

Anonymous painter whose work represents mixed stylistic elements of the 13th century (schematization, linearity, absence of volume in the exposed parts of the body, bright colours), while the vestments display a relatively soft modelling of the drapery, a feature of the 14th century.

Egg tempera, on wooden support, primed with cloth and gesso. Carved raised frame. Relief adornments modelled in gesso.

Conserved at the Atelier of the Museum of the Monastery of Kykkos by Zorana Giorčevic with an aesthetic restoration by Christos Karis in 1999.

The archangel is represented half-length, facing left. He raises his right hand in a gesture of speech, while in the other hand he holds a closed scroll and a red staff. He wears an olive-green *chiton* with a red *clavus* and a red-brown *himation*, which leaves part of the chest and the right arm uncovered.

The deep green wings are accentuated at the rear edges with various nuances of red. The drapery and the shading are expressed with linear graduated tones of white and to a lesser extent of black and brown, which blend into broader areas of colour, thus giving some plasticity. The exposed parts of the body, schematized with black outlines, are rendered in a monotone terracotta hue, which darkens to give a faint shading. There are a few highlights at the pupils of the eyes, the nose and the lips. A thin red contour is used at the edge of the nose, the upper part of the eyes and the lips, which in all probability were entirely red. The hair is rendered rich, well-combed with scaled chestnut-brown curls into which a white ribbon with red strips is twisted. The halo is decorated in relief, creating triangular fields, in which are inscribed eight-pointed stars. The background, in low relief, has a dense arrangement of intersecting circles.

The white paint which covers the back of the icon with broken horizontal alternating green and red bands, imitates a traditional Cypriot fabric, a painted imitation of the cloths with which icons were covered.

Stylianos K. Perdikis

Bibliography: Unpublished.

24. ΑΡΧΑΓΓΕΛΟΣ ΓΑΒΡΙΗΛ

13ος-14ος αιώνας
Μουτουλλάς, ναός Αγίας Παρασκευής
Τώρα στο Μουσείο Μονής Κύκκου
84.5 x 46.7 εκ.

Ανώνυμος ζωγράφος. Η εικόνα του αρχαγγέλου παρουσιάζει ανάμεικτα τεχνοτροπικά στοιχεία του 13ου αιώνα (σχηματοποίηση, γραμμικότητα, απουσία όγκου σε γυμνά μέρη, φωτεινά χρώματα), ενώ στα ενδύματα έχει σχετικά μαλακό πλάσιμο των πτυχώσεων, γνώρισμα του 14ου αιώνα.

Αυγοτέμπερα, πάνω σε ξύλινη βάση, προετοιμασμένη με ύφασμα, γύψινο επίχρισμα. Σκαφτό έξεργο πλαίσιο. Ανάγλυφος διάκοσμος, που πλάθεται με γύψινη προπαρασκευή.

Συντηρήθηκε στο εργαστήριο του Μουσείου της Μονής Κύκκου από τη Ζοράνα Τζόρτζεβιτς κι έγινε αισθητική αποκατάσταση από τον Χρίστο Καρή το 1999.

Ο αρχάγγελος εικονίζεται από τη μέση και πάνω, στραμμένος προς τα αριστερά. Το δεξιό του χέρι το υψώνει στο στήθος σε χειρονομία λόγου, ενώ στο άλλο κρατεί τυλιγμένο ειλητάριο και ερυθρά ράβδο. Φορεί λαδοπράσινο χιτώνα με ερυθρό σημείο και ερυθροκάστανο ιμάτιο, που αφήνει ακάλυπτο μέρος του στέρνου και το δεξιό χέρι. Οι βαθυπράσινες φτερούγες τονίζονται στις πίσω άκριες σε ποικίλες αποχρώσεις του ερυθρού. Η πτυχολογία και οι σκιάσεις στα ενδύματα δίδονται με γραμμικούς διαβαθμισμένους τόνους λευκού και λιγότερο μαύρου και καφέ, που καταλήγουν σε πλατύτερα χρωματικά επίπεδα, προσδίδοντας σχετική πλαστικότητα. Τα γυμνά μέρη αποδίδονται σχηματοποιημένα με μαύρο περίγραμμα σε μονότονο κεραμιδί χρωματισμό, ο οποίος σκουραίνεται για να αποδώσει αμυδρή σκίαση. Ελάχιστα φώτα τοποθετούνται στις κόγχες των ματιών, στη μύτη και στα χείλη. Λεπτή κόκκινη γραμμή χρησιμοποιείται στην παρυφή της μύτης, στο άνω μέρος των οφθαλμών και στα χείλη. Η κόμη αποδίδεται πλούσια, καλοκτενισμένη με σκαλωτά καστανοκαφέ μαλλιά, μέσα στα οποία μπλέκεται λευκή κορδέλα με ερυθρές γραμμές. Το φωτοστέφανο είναι έξεργο, σχηματίζοντας τριγωνικά διάχωρα, μέσα στα οποία εγγράφονται οκτάκτινα αστεροειδή σχήματα. Φυτικοί πλοχμοί, συστρεφόμενοι σε πυκνή διάταξη, καλύπτουν το επιπεδόγλυφο βάθος, δημιουργώντας επάλληλους κύκλους.

Λευκό χρώμα καλύπτει το πίσω μέρος της εικόνας, με οριζόντιες εναλλασσόμενες σπαστές πράσινες και κόκκινες ταινίες, μιμούμενο παραδοσιακό κυπριακό ύφασμα, ζωγραφική απομίμηση των ρούχινων καλυμμάτων, με τα οποία περιέβαλλαν τις εικόνες.

Στυλιανός Κ. Περδίκης

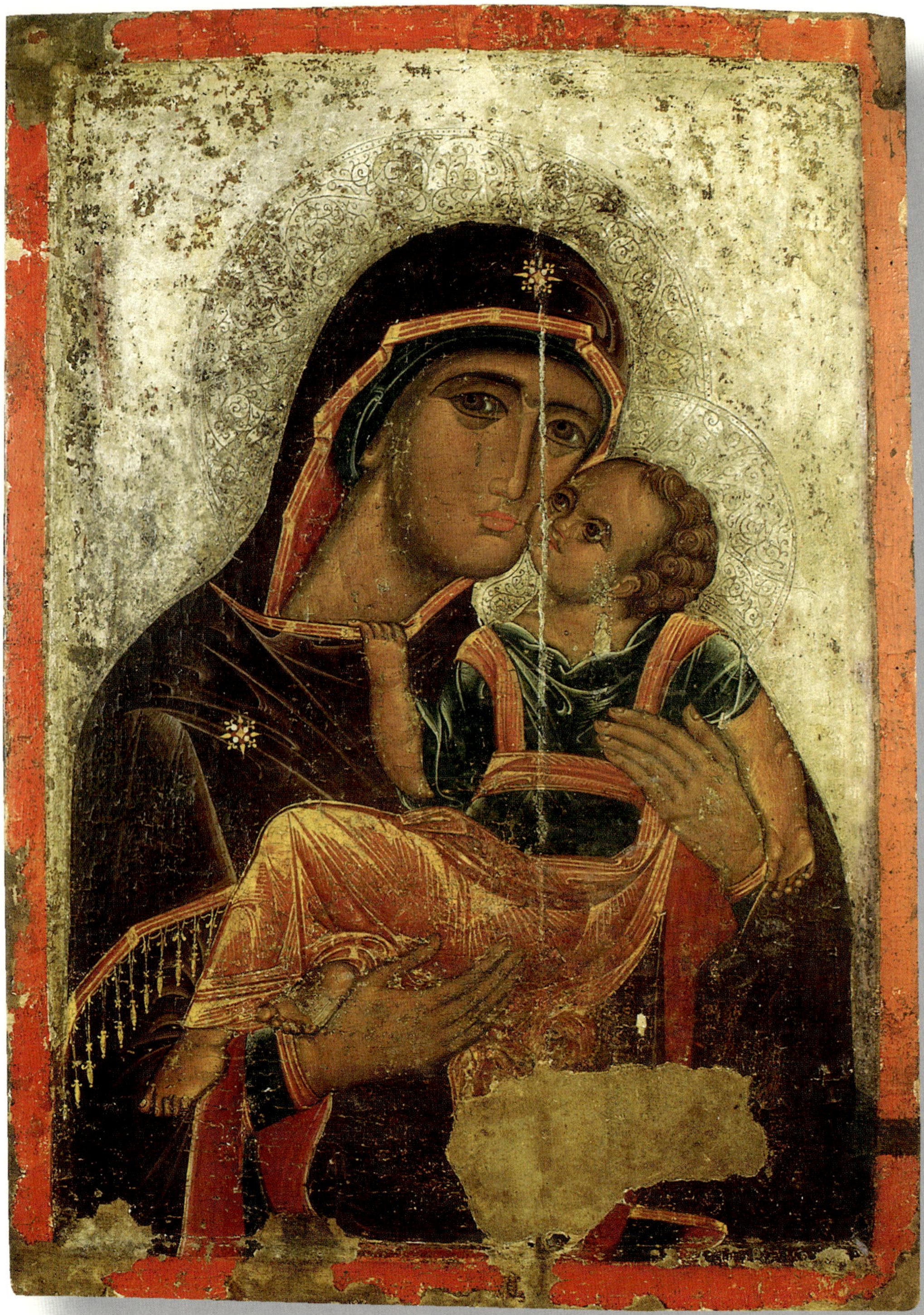

25. Virgin Glykophilousa
(Virgin of Tenderness)

14th century
Koilani, Katholikon of the ancient monastery of Saint Mavra
Now, in the Ecclesiastical Museum of Koilani
82.8 x 59.9 cm

Anonymous painter whose icon preserves the Byzantine Late Comnenian tradition, although its stylistic trends, influenced by Palaeologan art, provide a date in the 14th century.

Tempera on wooden panel with vermilion frame. The icon is painted on a cloth glued on two joined boards. Background with silver(?) or tin and haloes with incised motifs.

The icon was restored by Andreas Farmakas in 1982-1983.

The Mother of God is depicted according to the iconographical tradition and wears a purple *maphorion* with an orange-golden decorative band and star-crosses on the forehead and the shoulder. The garment's lining is rose-red. The hood (*kekryphalos*) and the tunic of the Virgin are deep blue. She holds Christ on her breast and presses His cheek to hers. Christ wears a deep blue short-sleeved *chiton* with *clavi* or harness-like golden decorative bands. His *himation* is also coloured in orange-ochre and one can see that He is barefoot. With his right hand Christ affectionately grasps His mother's *maphorion*. All these elements comprise the Virgin Glykophilousa iconographic type (N. P. Sevsenko, "Virgin Eleousa", *The Oxford Dictionary of Byzantium* 3, 1991, p. 2171), which seems to have been created in Byzantine Cyprus at the end of the 12th century or earlier - or perhaps in Constantinople (Mouriki 1986, pp. 30-31). In fact, the child Christ is depicted in the same way in the scene of the Presentation in the Temple and on the mural icon in the church of the Virgin Arakiotissa "*tou pathous*" (see icon no 49) in Lagoudera (1192) as well as in the iconography of the Virgin Kykkotissa (A. Nicolaides, "L'église de la Panagia Arakiotissa à Lagoudera, Chypre: étude iconographique des fresques de 1192", *Dumbarton Oaks Papers* 50 (1996), pp. 79-83).

Andreas Nicolaides

25. ΠΑΝΑΓΙΑ ΓΛΥΚΟΦΙΛΟΥΣΑ

14ος αιώνας
Κοιλάνι, Καθολικό Μονής Αγίας Μαύρας
Τώρα στο Εκκλησιαστικό Μουσείο Κοιλανιού
82.8 x 59.9 εκ.

Ανώνυμος ζωγράφος, που διατηρεί τη βυζαντινή υστεροκομνήνεια παράδοση.

Τεχνική τέμπερας πάνω σε ξύλινη σανίδα με υπερυψωμένο κόκκινο πλαίσιο. Η εικόνα είναι ζωγραφισμένη σε ύφασμα, κολλημένο πάνω σε δύο ενωμένες σανίδες. Φόντο με ασήμι ή κασσίτερο (;) και ώχρινη λαζούρα και φωτοστέφανα με εγχάρακτο και έκτυπο φυτικό διάκοσμο.

Η εικόνα συντηρήθηκε από τον Ανδρέα Φαρμακά το 1982-1983.

Η Θεοτόκος απεικονίζεται παραδοσιακά και φορεί σκούρο ιώδες-πορφυρό μαφόριο με χρυσοπορτοκαλί σιρίτι, ανθεμωτούς σταυρούς στο μέτωπο και στον ώμο και κρόσσια, ενώ φαίνεται η ροδοκόκκινη φόδρα του ενδύματος. Ο κεκρύφαλος και το εσωτερικό φόρεμα της Θεοτόκου έχουν βαθυγάλανο χρώμα. Κρατά στην αγκαλιά της τον Χριστό-Βρέφος, ακουμπώντας με στοργή το μάγουλό της στο δικό του. Ο Χριστός φορεί βαθυγάλανο κοντομάνικο χιτώνα, κοσμημένο στους ώμους με ποταμούς (*clavi*) ή είδος τιραντών και ζώνη χρώματος χρυσοπορτοκαλιού όπως και το ιμάτιο του, το οποίο αφίνει να φαίνονται τα γυμνά του πόδια. Με οικειότητα τραβά με το δεξί του χέρι το μαφόριο της μητέρας του στον λαιμό. Τα στοιχεία αυτά καθορίζουν τον εικονογραφικό τύπο της Παναγίας Γλυκοφιλούσας (N. P. Sevsenko, "Virgin Eleousa", *The Oxford Dictionary of Byzantium* 3, 1991, p. 2171), ο οποίος, μάλιστα, φαίνεται να δημιουργείται στον κυπριακό βυζαντινό χώρο - ή στην Κωνσταντινούπολη; - στο τέλος του 12ου αιώνα και ίσως νωρίτερα (Mouriki 1986, pp. 30-31). Πράγματι, ο Χριστός απεικονίζεται με τον ίδιο τρόπο στην Υπαπαντή και στην εντοίχια εικόνα της Παναγίας Αρακιώτισσας «του Πάθους» (βλ. εικόνα αρ. 49) στα Λαγουδερά (1192) και στην εικονογραφία της Παναγίας Κυκκώτισσας (A. Nicolaides, "L'église de la Panagia Arakiotissa à Lagoudera, Chypre: étude iconographique des fresques de 1192", *Dumbarton Oaks Papers* 50 (1996), pp. 79-83).

Ανδρέας Νικολαΐδης

Bibliography: Sophocleous 1990, vol. I, pp. 197-199, vol. III, pl. 98. Sophocleous 1991a, no 7. Sophocleous 1994a, no 6, pp. 43, 63, pl. 20. Sophocleous 1994b, pp. 91, 157, no 29.

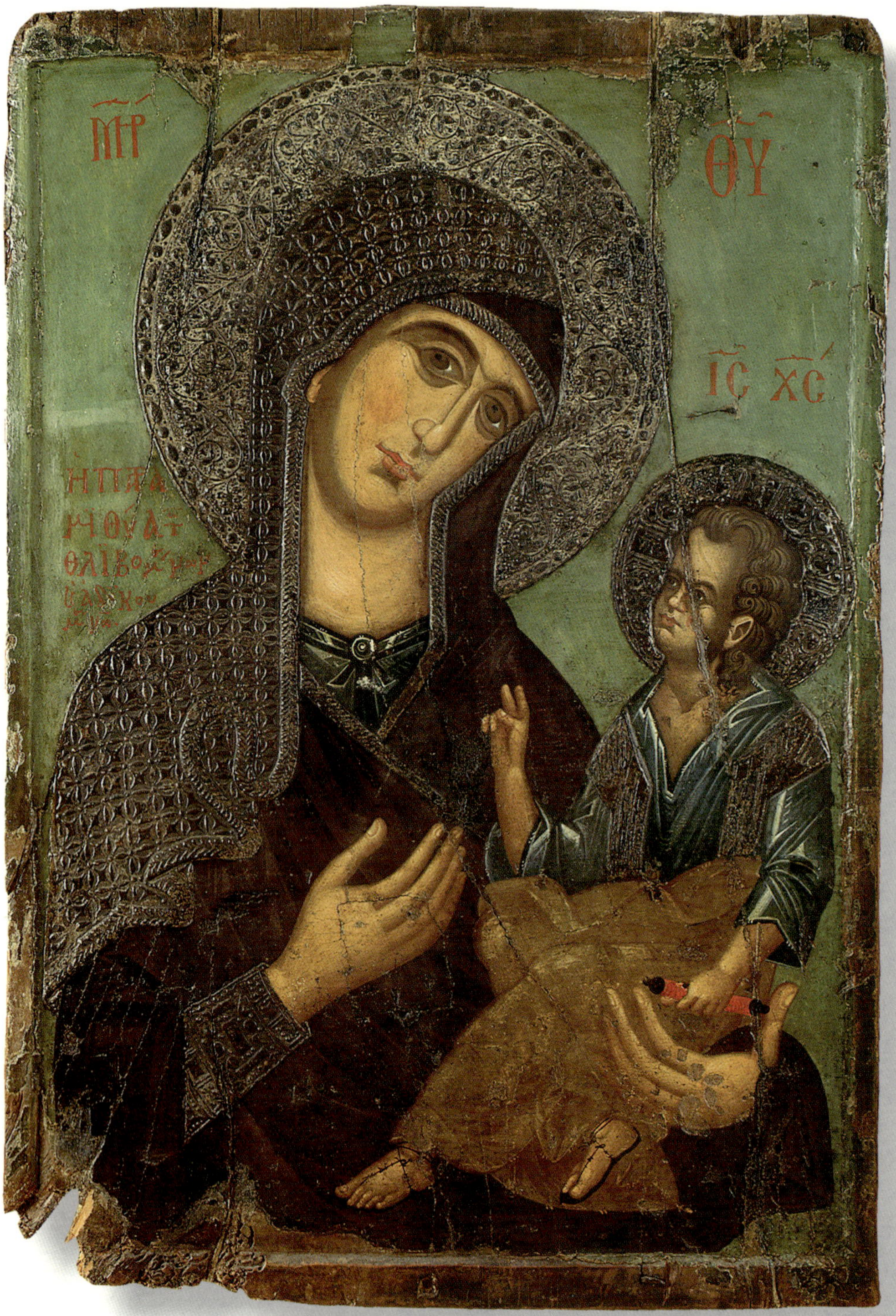
ΜΡ
ΘΥ
ΙC ΧC

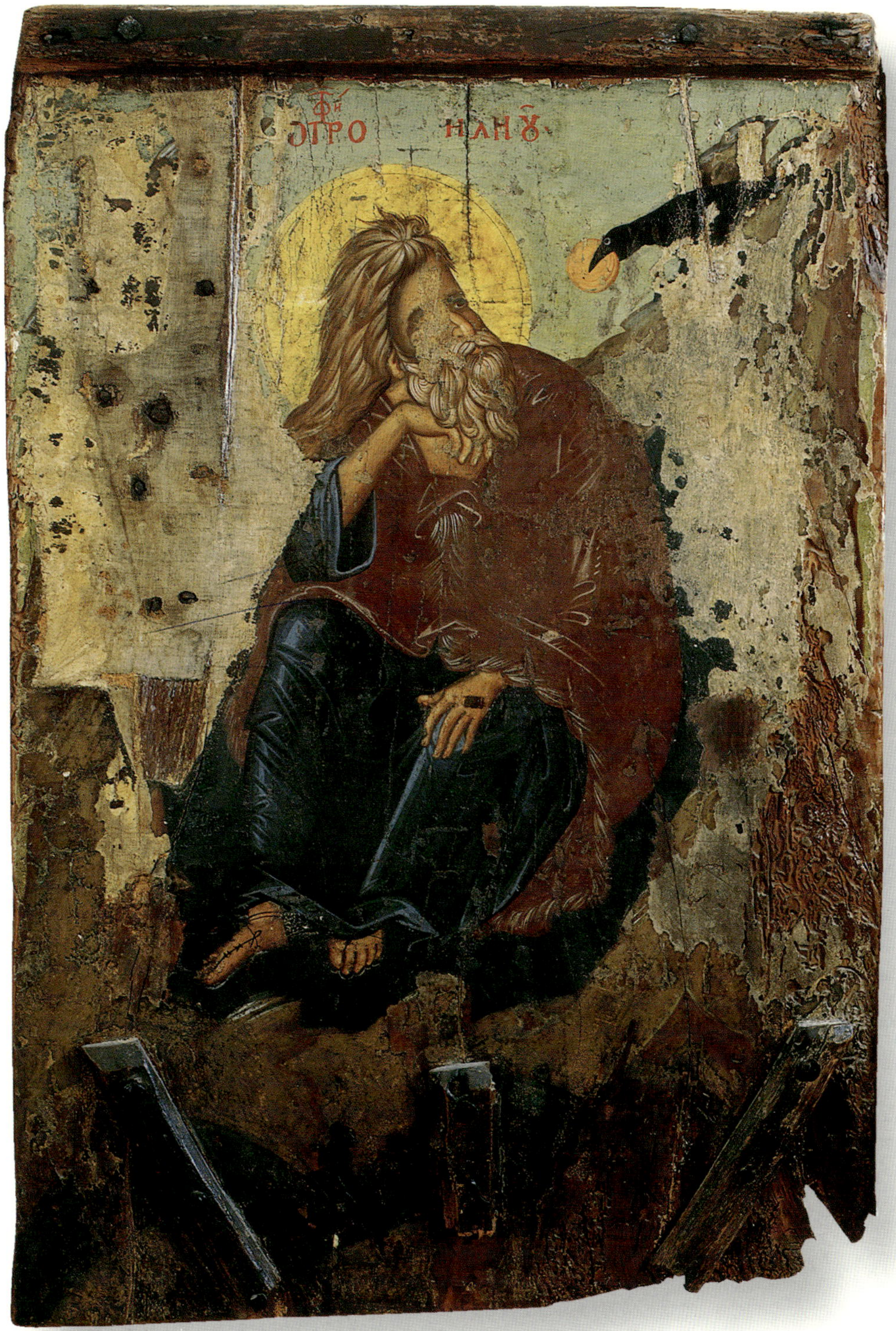

26a-b. DOUBLE-SIDED ICON

14th century
SIDE A: MOTHER OF GOD PARAMYTHIA (OF CONSOLATION)
SIDE B: THE PROPHET ELIJAH
Pentalia, Church of Saint George
Now in the Byzantine Museum of Paphos
95.7 x 66.5 cm

Anonymous artist who painted both sides of the icon and to whom is also attributed the icon of the Mother of God of Zoopigi Paphos, now in the Museum of the Episcopate of Arsinoe at Zoopigi. From the style of the icon it is evident that the painter was aware of developments in Palaeologan art in the main artistic centres of the Byzantine world.

Egg tempera, (tin?) leaf, and ochre glaze on a wooden board with raised frame, primed with cloth, gesso and bole. Decorated with relief decoration of gesso.

A processional icon that had a pole attached to the lower part, removed at some indeterminate time.

Conserved at the Icon Conservation Workshop of Chrysorroïatissa Monastery by Abbot Dionysios in 1986.

SIDE A: MOTHER OF GOD PARAMYTHIA (OF CONSOLATION)

The Virgin is depicted half-length, holding the Child, in the iconographic type known as the Hodegetria. She carries Jesus on her left arm and extends her right hand towards Him in a gesture of prayer that He acknowledges by blessing her with His right hand. He holds a sealed red scroll in his left hand, sitting cross-legged. The Virgin wears a blue *chiton* tightened at the neck, with maniples decorated in relief, a purple *maphorion* and over it a veil that falls diagonally over the head and the right shoulder. The veil, usually an attribute of the *Kykkotissa* (see icon no. 49) and also the halo, the maniples and the decorations (*clavi*) on Christ's tunic are ornamented with rich relief decoration originally covered with tin (?) leaf coloured with ochre glaze that would have given an impression of gilding. The Child wears a blue *chiton* with a triangular collar, decorated with *clavi* in relief, and a brown-yellow *himation* wrapped over the lower part of the body. The background is light green.

The icon bears the inscriptions MOTHER OF GOD THE CONSOLATION OF THE WRETCHED AND THOSE WHO HAVE SUFFERED INJUSTICE, and JESUS CHRIST.

SIDE B: THE PROPHET ELIJAH

The Prophet Elijah, seated at the mouth of the cave on the banks of the stream Horrath, leaning his head on his right hand, turns towards the raven that brings

26α-β. ΑΜΦΙΠΡΟΣΩΠΗ ΕΙΚΟΝΑ

14ος αιώνας
Α΄ ΟΨΗ: ΜΗΤΗΡ ΘΕΟΥ Η ΠΑΡΑΜΥΘΙΑ
Β΄ ΟΨΗ: Ο ΠΡΟΦΗΤΗΣ ΗΛΙΟΥ
Πενταλιά, ναός αγίου Γεωργίου
Τώρα στο Βυζαντινό Μουσείο Πάφου
95.7 x 66.5 εκ.

Ανώνυμος ζωγράφος, ο οποίος ζωγράφισε και τις δύο όψεις της εικόνας, και στον οποίο αποδίδεται και η εικόνα της Θεοτόκου στην κοινότητα της Ζωοπηγής Πάφου, τώρα στο Μουσείο Επισκοπής Αρσινόης στην ίδια κοινότητα. Η τεχνοτροπία της εικόνας φανερώνει ότι ο δημιουργός της ήταν γνώστης των εξελίξεων της παλαιολόγειας τέχνης στα κύρια καλλιτεχνικά κέντρα του Βυζαντινού χώρου.

Αυγοτέμπερα, φύλλα (κασσίτερου;) και ώχρινη λαζούρα επάνω σε ξύλινο υπόβαθρο με έξεργο πλαίσιο, προετοιμασμένο με ρούχο, γύψινο επίχρισμα και αμπόλιο. Διάκοσμος με ανάγλυφα μοτίβα από γύψινο επίχρισμα. Η εικόνα έφερε κοντάρι στο κάτω μέρος, το οποίο απεκόπη σε ακαθόριστο χρόνο.

Συντηρήθηκε στο Εργαστήριο Συντήρησης Εικόνων της Μονής Χρυσορροϊατίσσης από τον Ηγούμενο Διονύσιο το 1986.

Α΄ ΟΨΗ: ΜΗΤΗΡ ΘΕΟΥ Η ΠΑΡΑΜΥΘΙΑ

Η Θεοτόκος εικονίζεται στηθαία και βρεφοκρατούσα στον λεγόμενο τύπο της "Οδηγήτριας": Φέρει τον Ιησού στο αριστερό της χέρι και τείνει το άλλο σε χειρονομία δέησης προς αυτόν, ο οποίος ανταποκρίνεται, ευλογώντας την με το δεξί του χέρι. Ο Ιησούς κρατά σφραγισμένο ερυθρό ειλητό στο αριστερό του χέρι, ενώ τοποθετεί τις κνήμες του χιαστί. Η ενδυμασία της Παναγίας αποτελείται από μπλε χιτώνα, σφιγμένο με περιλαίμιο και κοσμημένο με χειρίδες με ανάγλυφο διάκοσμο, πορφυρό μαφόριο κάτω από πέπλο, που καλύπτει διαγωνίως την κεφαλή και τον δεξιό της ώμο. Το πέπλο, που αποτελεί συνήθως ιδιαίτερο χαρακτηριστικό στοιχείο της Κυκκώτισσας (βλ. εικόνα αρ. 49), καθώς και οι φωτοστέφανοι, οι χειρίδες και τα σημεία (ποταμοί, *clavi*) στον χιτώνα του Χριστού, πλάθονται με πλούσιο ανάγλυφο διάκοσμο, καλυμμένο αρχικά με φύλλα κασσίτερου(;), που έφεραν ώχρινη λαζούρα, που τους προσέδιδε χρυσίζουσα χροιά. Το Βρέφος ενδύεται με μπλε χιτώνα, με τριγωνικό περιλαίμιο, ο οποίος κοσμείται με ανάγλυφα σημεία (ποταμούς), καθώς και με καφεκίτρινο ιμάτιο, τυλιγμένο στο κάτω μέρος του σώματος. Ο κάμπος της εικόνας γεμίζει με ανοιχτό πράσινο χρώμα.

Η εικόνα φέρει τις ονομαστικές επιγραφές ΜΗ(ΤΗ)Ρ Θ(ΕΟ)Υ Η ΠΑΡΑΜΙΘΥΑ ΤΩΝ ΘΛΙΒΟΜΕΝΩΝ Κ(ΑΙ) ΑΔΙΚΟΥΜΕΝΩΝ, και Ι(ΗCΟV)C X(PICTO)C.

him bread, according to the relevant passage in the Old Testament (*Kings* III, 17, 3-7). The prophet has thick, flowing hair and beard and wears a dark blue *chiton* and a purple *melote*. A rocky, ascetic, immaterial landscape fills the lower part, whilst the upper background is light green.

The icon bears the nominal inscription THE PROPHET ELIJAH.

Andreas Nicolaides and Sophocles Sophocleous

Β΄ ΟΨΗ: Ο ΠΡΟΦΗΤΗΣ ΗΛΙΟΥ

Ο προφήτης Ηλίας, καθήμενος σε στόμιο σπηλαίου στις όχθες του χειμάρου Χορράθ, ακουμπώντας την κεφαλή του στο δεξί χέρι και γυρίζοντας ταυτόχρονα προς τον κόρακα, που του κομίζει άρτο σύμφωνα με την αντίστοιχη περικοπή της Παλαιάς Διαθήκης (*Βασιλέων* Γ΄, ΙΖ, 3-7). Ο προφήτης φέρει δασύτριχη κόμη και γενειάδα, και ενδύεται με κυανούν χιτώνα και πορφυρή μηλωτή. Βραχώδες ασκητικό εξαϋλωμένο τοπίο γεμίζει το κάτω μέρος του κάμπου, καθώς και το δεξιό. Το υπόλοιπο μέρος γεμίζει με ανοιχτό πράσινο χρώμα.

Η εικόνα φέρει την ονομαστική επιγραφή Ο ΠΡΟΦΗΤΗ(Σ) ΗΛΗΟΥ.

Ανδρέας Νικολαΐδης και Σοφοκλής Σοφοκλέους

Bibliography: Sophocleous 1994b, no. 30, pp. 91-2 and 158-9. Papageorghiou 1996, front cover, pp. 163-4 and figs 101-101a.

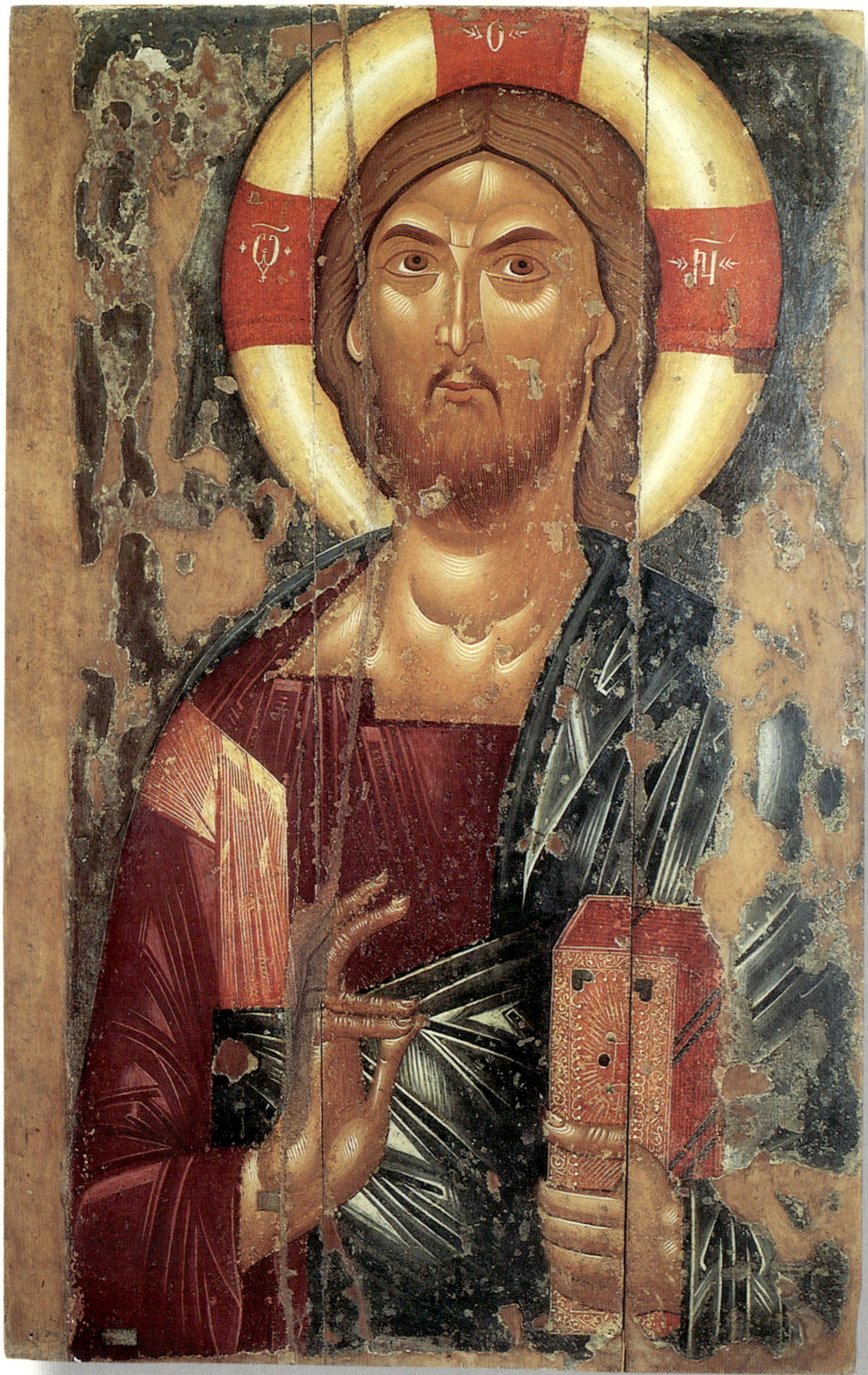
Ο
Ω
Ν

27. JESUS CHRIST
14th century
Kolossi, Church of Aghios Evstathios
108.2 x 70.9 cm

Anonymous painter working in the framework of the Palaeologan style with some western borrowings.

Tempera on wooden support, primed with cloth and gesso.

At some time, the icon's width was reduced by the removal of a piece of the right plank. The result is that there is a discontinuity in the right side of the head, the halo and the shoulder of Christ, as well as on His left hand and the Gospel.

Conserved at the Atelier for Conservation of the Centre of Cultural Heritage by Marco Antonio Morelli in 1995.

Christ in the iconographic type of *Pantokrator* (the Almighty) is shown in half-length, right hand blessing and holding a closed Gospel Book in the left hand. He looks directly at the beholder. He wears a purple tunic with a finely gilded *clavus* and over that a blue-slightly green *himation*. Both garments are richly highlighted in the Palaeologan manner as if light was shining on a metallic surface. Rich linear highlights emphasize the forehead, the projections of the eyebrows and the cheek bones under the ocular cavities. Although the whole figure is rendered according to Palaeologan aesthetic principles, the halo is depicted using western illusionistic treatment of light and shade in order to evoke relief. This westernisation of the halo is completed by its chromatology consisting of a red cross on a white ground, which contains the usual legend "Ο ΩΝ" (He who is). The background, originally dark blue, has been altered through time.

The main instances where Christ is represented as *Pantokrator* (the Almighty) are on the cupolas of churches from where He receives the prayers of the faithful through the Virgin depicted in the apse, as well as on the "despotic" icons and on the tier of the Great Deisis of iconostases.

The icon bears the nominal inscription JESUS CHRIST.

Sophocles Sophocleous

27. ΙΗΣΟΥΣ ΧΡΙΣΤΟΣ
14ος αιώνας
Κολόσσι, ναός Αγίου Ευσταθίου
108.2 x 70.9 εκ.

Ανώνυμος ζωγράφος που εργάζεται στο πλαίσιο της παλαιολόγειας παράδοσης με κάποια δυτικά δάνεια.

Αυγοτέμπερα πάνω σε ξύλινο υπόβαθρο, προετοιμασμένο με ύφασμα και γύψινο επίχρισμα.

Η εικόνα υπέστη σμίκρυνση του πλάτους της σε ακαθόριστο στάδιο. Η επέμβαση αυτή συνίστατο στην αφαίρεση τμήματος της δεξιάς σανίδας, και είχε ως αποτέλεσμα να προκαλέσει ανακολουθία στο δεξιό τμήμα της κόμης του Χριστού, του φωτοστέφανου, του δεξιού ώμου και χεριού, καθώς και του Ευαγγελίου.

Συντηρήθηκε στο Εργαστήριο Συντήρησης του Κέντρου Πολιτιστικής Κληρονομιάς από τον Marco Antonio Morelli το 1995.

Ο Χριστός εικονίζεται στον εικονογραφικό τύπο του Παντοκράτορος, στηθαίος, κατ' ενώπιον, ευλογώντας με το δεξί χέρι και κρατώντας Ευαγγέλιο στο αριστερό. Το βλέμμα του κατευθύνεται προς τον θεατή. Φέρει πορφυρό χιτώνα με χρυσοποίκιλτο σημείο (*clavus*) και μπλε-ανοιχτοπράσινο ιμάτιο. Τα δύο ενδύματα φωτίζονται με τον παλαιολόγειο τρόπο, ωσάν το φως να αντανακλούσε επί μεταλλικής επιφάνειας. Πλούσια φώτα τονίζουν επίσης το μέτωπο, τις προεξοχές των φρυδιών, τα μήλα και τις οφθαλμικές κοιλότητες. Παρόλο που η μορφή του Χριστού αποδίδεται σύμφωνα με τις αισθητικές αξίες της παλαιολόγειας τέχνης, ο φωτοστέφανος πλάθεται με ιλλουζιονιστικό τρόπο, ώστε να αποκτά πλαστικότητα και να δίνει την εντύπωση του ανάγλυφου. Αυτή η δυτικοποίηση συμπληρώνεται με τη χρωματολογία, που αποτελείται από κόκκινο σταυρό σε λευκό φόντο, ο οποίος φέρει τη συνήθη επιγραφή "Ο ΩΝ". Η θεία μορφή επιφαίνεται μέσα σε μπλε κάμπο, του οποίου η χρωματική υφή έχει αλλοιωθεί μέσα από τον χρόνο.

Οι κύριες περιπτώσεις, όπου ο Χριστός παρουσιάζεται στον τύπο του Παντοκράτορος, είναι στους τρούλλους των εκκλησιών, όπου δέχεται την προσευχή των πιστών μέσω της Πλατυτέρας που εικονογραφείται στην αψίδα, καθώς και στις δεσποτικές εικόνες και στη σειρά της Μεγάλης Δέησης των εικονοστασίων.

Η εικόνα φέρει την ονομαστική επιγραφή [IHCOVC] X(PICTO)C

Σοφοκλής Σοφοκλέους

Bibliography: Sophocleous 1990, vol. I, pp. 205-7, vol. II, p. 165, vol. III, pl. 105. Sophocleous 1994b, p. 28.

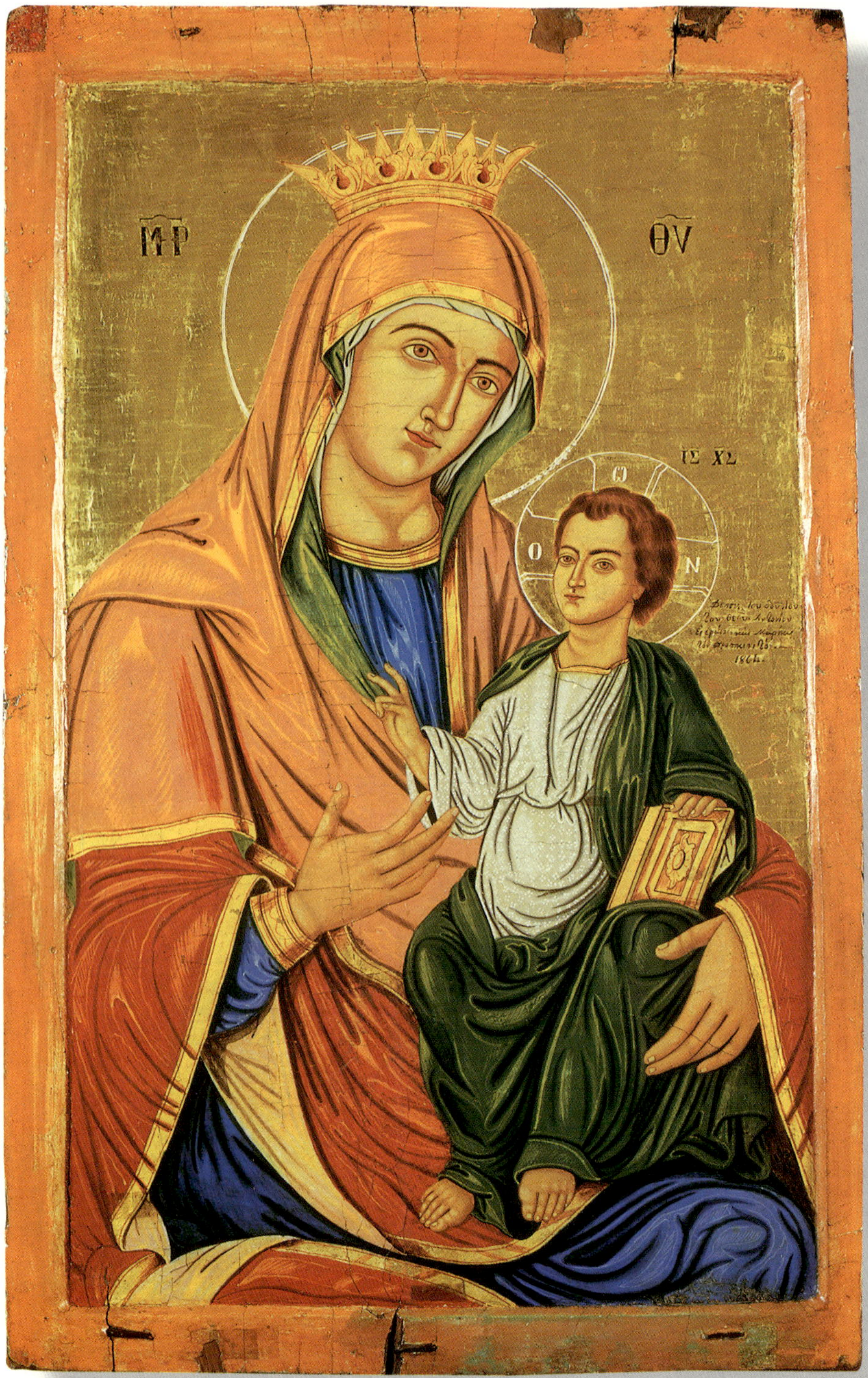
ΜΡ ΘΥ
ΙΣ ΧΣ

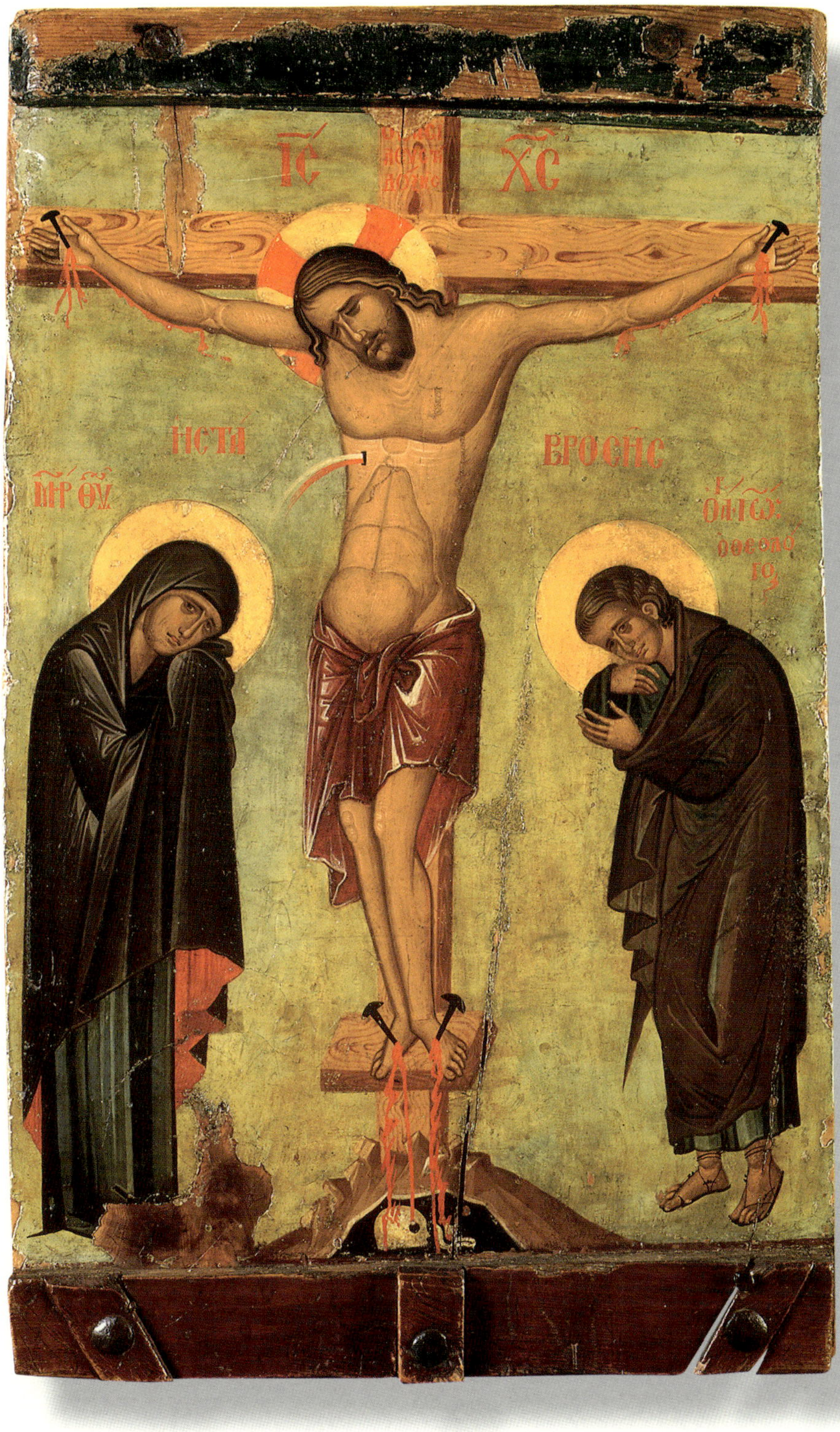

28a-b. DOUBLE-SIDED ICON

SIDE A: MOTHER OF GOD (VIRGIN WITH CHILD)
1864

SIDE B: THE CRUCIFIXION
14th century
Korfi, Church of Panaghia Chrysokorfitissa
87 x 55 cm

SIDE A

This side of the icon was painted by Ioannis Michaelides.

Egg tempera, gold leaf and lacquers on wooden support, primed with cloth, gesso and bole. Processional icon. Carved raised frame.

Conserved at the Atelier for Conservation of the Centre of Cultural Heritage by Valentina Cican in 2000.

A representation of the crowned Virgin, half-length, with the Child Jesus on her knees. She points at Him with her right hand. She wears a blue *chiton*, a red *himation* and a pink veil.

Christ, seated on the Virgin's knees, blesses with His right hand and with His left holds a closed Gospel Book. He wears a white tunic and an olive-green *himation*.

The icon bears the nominal inscriptions MOTHER OF GOD and JESUS CHRIST. At the height of Christ's shoulder there is a dedicatory inscription: Prayer of the servant of God the priest Antonios and Maria, of the pilgrims 1864.

SIDE B

Anonymous painter who worked in the Palaeologan style with strong personal characteristics basically in his method of modelling the faces and the naked parts. Isolated western borrowings can be seen in his work, such as the naturalistic treatment of the wood of the cross and the red lining of the Virgin's *maphorion*.

Egg tempera on wooden support, primed with cloth and gesso.

The pole of this processional icon has been cut off and only remnants can be seen on the lower part of this side.

Conserved at the Atelier for Conservation of the Centre of Cultural Heritage by Valentina Cican in 2000.

The Crucifixion follows the usual Byzantine iconographic type, where the Crucified Christ is flanked only by the Virgin and St John the Evangelist, on a light green background. The cross is fixed on the peak of a small hill denoting Golgotha, at its base, in a cave, the skull of Adam onto which fall drops of Christ's blood.

28α-β. ΑΜΦΙΠΡΟΣΩΠΗ ΕΙΚΟΝΑ

Α´ ΟΨΗ: ΜΗΤΗΡ ΘΕΟΥ (ΠΑΝΑΓΙΑ ΒΡΕΦΟΚΡΑΤΟΥΣΑ)
1864

Β´ ΟΨΗ: Η CΤΑΒΡΟCΗC (Η ΣΤΑΥΡΩΣΗ)
14ος αιώνας
Κορφή, ναός Παναγίας Χρυσοκορφίτισσας
87 x 55 εκ.

Α´ ΟΨΗ

Έργο του Ιωάννη Μιχαηλίδη.

Αυγοτέμπερα, φύλλα χρυσού και λάκες πάνω σε ξύλινη βάση, προετοιμασμένη με ύφασμα, γύψινο επίχρισμα και αμπόλιο. Λιτανευτική εικόνα (περιφοράς). Σκαμμένο έξεργο πλαίσιο.

Συντηρήθηκε στο Εργαστήριο Συντήρησης του Κέντρου Πολιτιστικής Κληρονομιάς από τη Βαλεντίνα Cican το 2000. Κατά τη συντήρηση αποκαλύφθηκαν τμήματα της υποκείμενης στρώσης του 14ου αιώνα στην άνω αριστερή γωνία και στο κάτω μέρος του πλαισίου.

Πρόκειται για μια παράσταση εστεμμένης Θεοτόκου, σε προτομή, που στηρίζει στο αριστερό της γόνατο τον μικρό Χριστό, ενώ με το δεξί της Τον υποδεικνύει. Φέρει μπλε χιτώνα, κόκκινο ιμάτιο και ροζ πέπλο με χρυσές παρυφές. Ο Χριστός, καθήμενος στα γόνατα της Παναγίας, ευλογεί με το δεξιό χέρι, ενώ με το αριστερό κρατά κλειστό Ευαγγέλιο. Φέρει λευκό χιτώνα και πρασινολαδί ιμάτιο.

Η εικόνα φέρει τις ονομαστικές επιγραφές Μ(ΗΤΗ)Ρ// Θ(ΕΟ)V και Ι(ΗΣΟV)Σ Χ(ΡΙΣΤΟ)Σ. Στο ύψος του ώμου του Χριστού βρίσκεται ανορθόγραφη αφιερωματική επιγραφή: "Δέησις του δούλου/ του Θεού Αντωνίου/ ειεραίος και Μαρήας/ τον προσκινιτόν/ 1864".

Β´ ΟΨΗ

Ανώνυμος ζωγράφος, που εργάζεται στην παλαιολόγεια τεχνοτροπία με έντονο προσωπικό ύφος, κυρίως στο πλάσιμο των προσώπων και των γυμνών μερών. Μεμονωμένα δυτικά δάνεια εντοπίζονται στο έργο του ζωγράφου, όπως ο φυσιοκρατικός τρόπος, με τον οποίο αποδίδονται οι νευρώσεις του ξύλου του σταυρού και το κόκκινο χρώμα στην εσωτερική όψη του μαφορίου της Θεοτόκου.

Αυγοτέμπερα πάνω σε ξύλινη βάση, προετοιμασμένη με ύφασμα και γύψινο επίχρισμα. Λιτανευτική εικόνα (περιφοράς).

Συντηρήθηκε στο Εργαστήριο Συντήρησης του Κέντρου Πολιτιστικής Κληρονομιάς από τη Βαλεντίνα Cican το 2000.

Συνήθης απεικόνιση της Σταύρωσης του Χριστού

Christ is fixed on the cross with four large nails, His feet resting on the *suppedaneum*, naked from the waist up, with a red *perizonium* wrapped around His waist. His head is turned towards His mother.

The Virgin stands on His right, dressed in a blue tunic covered by a dark purple/violet *maphorion* bearing a red reverse. On the other side, stands St John the Theologian, dressed in blue tunic and purple/violet *himation*. They both appear in a characteristic sorrowful stance with hands touching their cheeks. Their sorrow is expressed on their faces, although in a gentle way.

The legend, on either side of the Crucified Christ, gives the title of the icon: THE CRUCIFIXION. The icon also bears the nominal inscriptions THE KING OF GLORY (on the cross), JESUS CHRIST, MOTHER OF GOD and SAINT JOHN THE THEOLOGIAN.

Archimandrite Porphyrios Machairiotis

σύμφωνα με τη βυζαντινή παράδοση, όπου ο Εσταυρωμένος πλαισιώνεται μόνο από τη Θεοτόκο και τον Ιωάννη τον Ευαγγελιστή μέσα σε ανοικτό πράσινο βάθος. Ο σταυρός στηρίζεται στην κορυφή μικρού λοφίσκου, που υποδηλοί τον Γολγοθά, και στη βάση του μέσα σε σπήλαιο το κρανίο του Αδάμ, πάνω στο οποίο στάζουν σταγόνες από το αίμα του Κυρίου. Ο Χριστός εικονίζεται καθηλωμένος στον σταυρό με τέσσερα μεγάλα καρφιά, με τα πόδια επάνω στο υποπόδιο, ημίγυμνος, με κόκκινο περίζωμα στη μέση, και το κεφάλι να γέρνει προς τη μεριά της Θεοτόκου.

Στα δεξιά Του εικονίζεται όρθια η Παναγία, με μπλε χιτώνα και πορφυρό εσωτερικά και πορφυρό/ιώδες εξωτερικά μαφόριο. Στα αριστερά Του στέκει ο άγιος Ιωάννης ο Θεολόγος, ενδεδυμένος με μπλε χιτώνα και πορφυρό ιμάτιο. Και οι δύο εκφράζουν τη θλίψη τους με τη χαρακτηριστική στάση, που αποδίδεται με τα χέρια να ακουμπούν το μάγουλο, ενώ στο επίπεδο των προσώπων αυτή αποδίδεται με ένα ανώτερο ευγενή τρόπο.

Η επιγραφή, η οποία δίνει και τον τίτλο της εικόνας, βρίσκεται εκατέρωθεν του Εσταυρωμένου: Η CTA// ΒΡΟCHC. Η εικόνα φέρει επίσης τις ονομαστικές επιγραφές Ο [Β]ΑCΙ/ΛΕVC ΤΗ(C)/ ΔΟΞΗC (άνω κεραία σταυρού), Ι(ΗCOV)C// X(PICTO)C, M(HTH)P Θ(EO)V και Ο ΑΓ(ΙΟC) ΙΩ(ΑΝΝΗC)/ Ο ΘΕΟΛΟ/ΓΟC.

Αρχιμανδρίτης Πορφύριος Μαχαιριώτης

Bibliography: Sophocleous 1990, vol. I, pp. 211-13, vol. II, pp. 170-72, vol. III, figs 107-108. Sophocleous 1994b, no. 31, p. 92 and fig.p. 160.

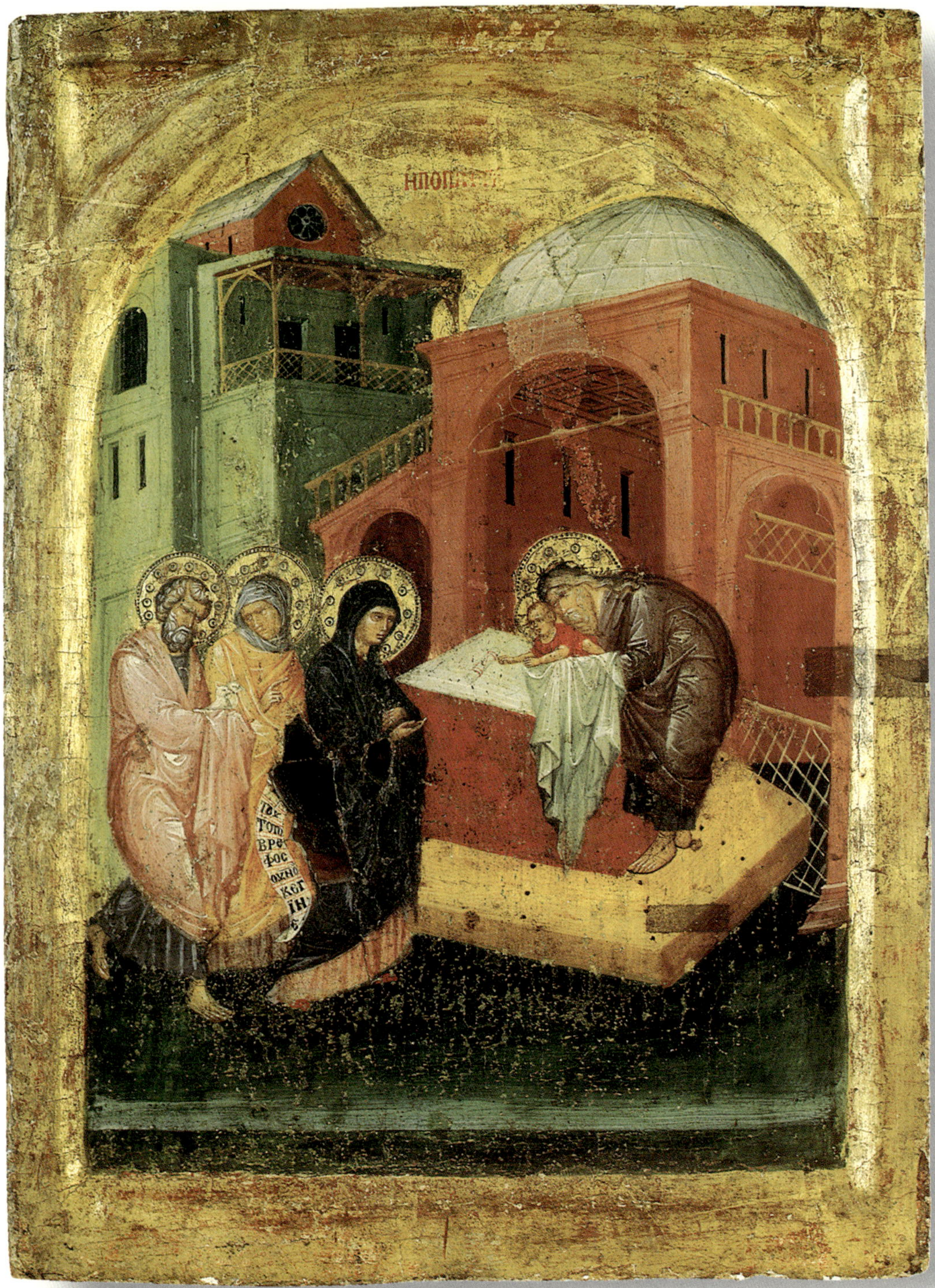

29. The Presentation at the Temple

Second half of the 14th-first half of the 15th century
Pelendri, Church of the Holy Cross. Part of a festive cycle (Dodekaorton)
40.8 x 29.5 cm

Anonymous painter who executed all the icons of the festive cycle. The style of this icon combines the Palaeologan and Italian Primitive styles.

Tempera and gold leaf on wooden support, primed with cloth, gesso and bole.

Conserved at the Atelier for Conservation of the Centre of Cultural Heritage by Vojislav Lukovic in 1994.

The scene takes place in front of the altar of the Temple. Simeon stands leaning forward on the step, holding the Infant in his hands covered with a white cloth. Jesus, in a red tunic, extends His hands to His mother. Behind the Virgin appear her mother St Anne holding an open scroll and Joseph holding two doves. The background is filled with finely elaborated architecture in perfect perspective; a part of the temple with its cupola and italianate buildings. Notable are the elegantly designed wooden loggia, and the room with a steep pitched roof and an oculus in its pediment. The scene is depicted against a gilded background above and green below.

The legend with the title of the icon is written in faulty Greek as ΗΠΟΠΑΝΤΙ, instead of ΥΠΑΠΑΝΤΗ (the Presentation) showing perhaps that the native language of the painter was not Greek.

Sophocles Sophocleous

29. Η ΥΠΑΠΑΝΤΗ

Δεύτερο μισό του 14ου-πρώτο μισό του 15ου αιώνα
Πελένδρι, ναός Τιμίου Σταυρού. Αποτελεί μέρος εορτολογικού κύκλου (Δωδεκάορτο)
40.8 x 29.5 εκ.

Ανώνυμος ζωγράφος, ο οποίος φιλοτέχνησε όλες τις εικόνες του προαναφερθέντος εορτολογικού κύκλου. Η τεχνοτροπία της εικόνας είναι σύμφυρμα της παλαιολόγειας και της ιταλικής μεσαιωνικής ζωγραφικής.

Αυγοτέμπερα και φύλλα χρυσού πάνω σε ξύλινο υπόβαθρο, προετοιμασμένο με ύφασμα, γύψινο επίχρισμα και αμπόλιο.

Συντηρήθηκε στο Τμήμα Συντήρησης του Κέντρου Πολιτιστικής Κληρονομιάς από τον Vojislav Lukovic το 1994.

Η σκηνή λαμβάνει χώρα έμπροσθεν της Αγίας Τράπεζας του ναού του Σολομώντος. Ο Συμεών στέκει στα βήματα της Αγίας Τράπεζας, κλίνοντας προς τα εμπρός και κρατώντας τον Ιησού μέσα σε λευκό ύφασμα. Το Βρέφος, ντυμένο με κόκκινο χιτώνα, απλώνει τα χέρια προς τη Θεοτόκο. Πίσω της εμφανίζεται η μητέρα της η αγία Άννα, φέροντας στο χέρι ανοιχτό ειλητό, και ο Ιωσήφ φέροντας δύο περιστέρια. Ο κάμπος της εικόνας γεμίζει με κομψά επεξεργασμένα αρχιτεκτονήματα σε άριστη προοπτική: μέρος του Ναού με τον θόλο του και κτίρια ιταλικής έμπνευσης. Ξεχωρίζει ο εξώστης με τις ξύλινες κατασκευές, κομψά σχεδιασμένες, καθώς και το δωμάτιο με οξυκόρυφη αμφικλινή στέγη και κυκλικό άνοιγμα στο αέτωμά του. Η όλη σκηνή παρουσιάζεται μέσα σε χρυσό βάθος στο άνω μέρος και πράσινο κάμπο στο κάτω.

Η επιγραφή με τον τίτλο της εικόνας είναι λανθασμένα γραμμένη ως ΗΠΟΠΑΝΤΙ, αντί ΥΠΑΠΑΝΤΗ, δεικνύοντας ίσως ότι η μητρική γλώσσα του ζωγράφου δεν ήταν η Ελληνική.

Σοφοκλής Σοφοκλέους

Bibliography: Sophocleous 1990, vol. I, pp. 281-84, vol. II, p. 238, vol. III, pls 143-44. Mulhouse and Strasbourg 1994, no. 7. Sophocleous 1994b, no. 36, pp. 95 and 166.

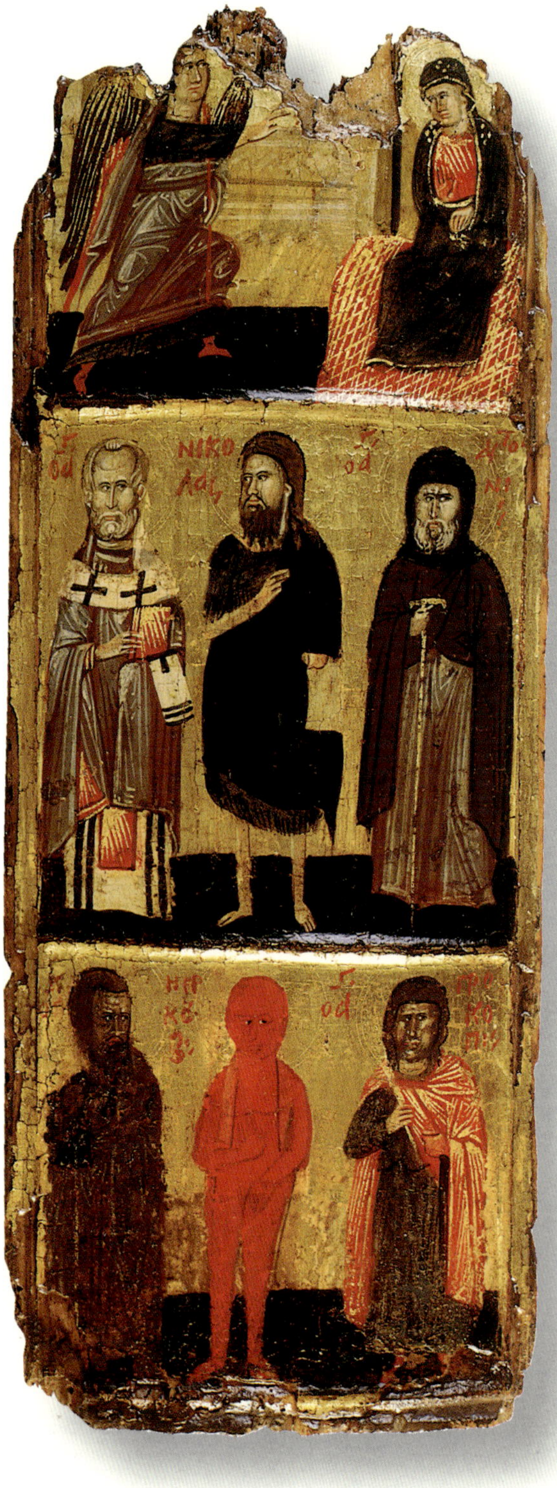

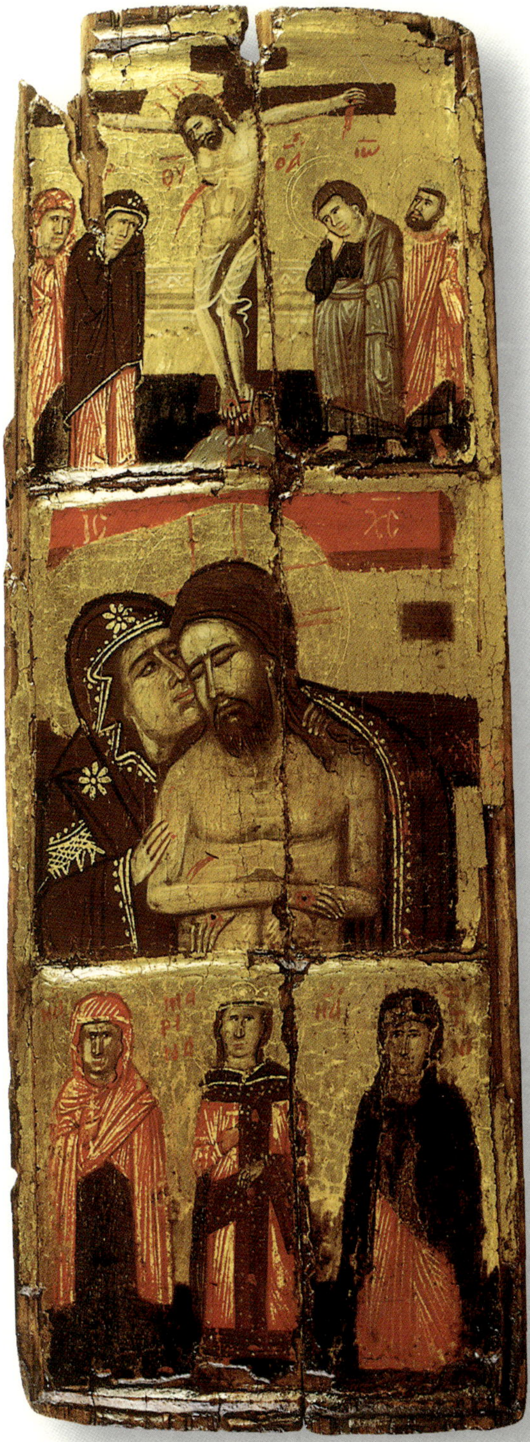

30a-b. DIPTYCH LEFT LEAF: ANNUNCIATION, SAINTS NICHOLAS, JOHN THE BAPTIST, ANTHONY, BARTHOLOMEOS AND PROKOPIOS
RIGHT LEAF: CRUCIFIXION, PIETA, SAINT MARINA, AN UNIDENTIFIED SAINT AND SAINT PHOTINI

Late 14th-early 15th century
Kalopanaghiotis, Katholikon of the Monastery of Saint Ioannis Lampadistis
Now in the Byzantine Museum of Kalopanaghiotis

Anonymous painter reviving in the late 14th-early 15th century the stylistic and esthetic features of the Sinai Monastery workshop of the 13th century.

Egg tempera and gold leaf on wooden support, primed with cloth, gesso and bole. The chrysographies are produced by the *sgraffito* technique. Carved raised frames.

Conserved by Kostas Gerasimou and Kyriakos Papaïoakeim in 2000.

On the two parts of the diptych the theme of redemption is illustrated by the Annunciation, culminating in the Crucifixion and reaching the highest point of the Holy Passion in the Man of Sorrows.

The triumphant Church arising out of the Church Militant is represented through the depictions of the holy men and women - apostles, hierarchs, prophets, monastic saints, martyrs - who embody the reality of the Annunciation, the Passion and the triumph of the Resurrection of Christ, Whose body is the "Holy Catholic and Apostolic Church".

LEFT LEAF

48 x 19 cm

On the upper zone is depicted the Annunciation, set in front of a building. The figure of the Archangel Michael, following Palaeologan models, moves rapidly towards the Virgin. Raising his right hand, he blesses and holds a staff with his left hand. On the right, the Virgin is shown seated and turning to the archangel surprised, according to the western models.

On the second zone are represented three full-length saints: Nicholas on the left, Anthony on the right and John the Baptist in the centre. St Nicholas is shown as an old man. He wears the archiepiscopal vestments, while his *omophorion* is set according to western models. He touches with his right hand a closed Gospel Book held in his left, covered by his *phelonion*. He looks towards St John the Baptist. St John turns his head and eyes to St Nicholas, blessing with his raised right hand and holding with his left hand an open scroll with no legend. He is dressed in *melote* and *himation*. The ascetic body of the saint,

30α-β. ΔΙΠΤΥΧΟ ΑΡΙΣΤΕΡΟ ΦΥΛΛΟ: ΕΥΑΓΓΕΛΙΣΜΟΣ, ΑΓΙΟΣ ΝΙΚΟΛΑΟΣ, ΑΓΙΟΣ ΙΩΑΝΝΗΣ Ο ΠΡΟΔΡΟΜΟΣ, ΑΓΙΟΣ ΑΝΤΩΝΙΟΣ, ΑΓΙΟΣ ΜΕΡΚΟΥΡΙΟΣ, ΑΓΙΟΣ ΒΑΡΘΟΛΟΜΑΙΟΣ, ΑΓΙΟΣ ΠΡΟΚΟΠΙΟΣ
ΔΕΞΙΟ ΦΥΛΛΟ: ΣΤΑΥΡΩΣΗ – ΕΠΙΤΑΦΙΟΣ ΘΡΗΝΟΣ (*PIETA*) – ΑΓΙΑ ΜΑΡΙΝΑ, ΑΔΙΑΓΝΩΣΤΗ ΑΓΙΑ, ΑΓΙΑ ΦΩΤΕΙΝΗ

Τέλη 14ου-αρχές 15ου αιώνα
Καλοπαναγιώτης, Καθολικό Μονής Αγίου Ιωάννη του Λαμπαδιστή
Τώρα στο Βυζαντινό Μουσείο Καλοπαναγιώτη

Ανώνυμος ζωγράφος, που αναβιώνει στα τέλη του 14ου/ αρχές 15ου αιώνα τεχνοτροπικά και αισθητικά στοιχεία του 13ου αιώνα του αγιογραφικού εργαστηρίου της Μονής Σινά.

Αυγοτέμπερα και φύλλα χρυσού πάνω σε ξύλινη βάση, προετοιμασμένη με ύφασμα, γύψινο επίχρισμα και αμπόλιο. Οι χρυσοκονδυλιές αποδίδονται με την τεχνική του *sgraffito*. Σκαμμένα έξεργα πλαίσια.

Συντηρήθηκε από τους Κώστα Γερασίμου και Κυριάκο Παπαϊωακείμ το 2000.

Στα δυο φύλλα του διπτύχου εικονίζεται το σωτηριολογικό νόημα με τον Ευαγγελισμό, που κορυφώνεται με τη Σταύρωση, και φτάνει στην αποκορύφωση του Θείου Πάθους με την Άκρα Ταπείνωση.

Η θριαμβεύουσα Εκκλησία, ως συνέχεια της στρατευομένης, αντιπροσωπεύεται μέσα από τις απεικονίσεις των αγίων ανδρών και γυναικών-αποστόλων, ιεραρχών, προφητών, οσίων, μαρτύρων, που αποτελούν την έμπρακτη βίωση του Ευαγγελισμού, του Πάθους και του θριάμβου της Αναστάσεως του Χριστού, Σώμα του οποίου είναι η "Αγία Καθολική και Αποστολική Εκκλησία".

ΑΡΙΣΤΕΡΟ ΦΥΛΛΟ

48 x 19 εκ.

Στην επάνω ζώνη εικονίζεται ο Ευαγγελισμός της Θεοτόκου. Το επεισόδιο λαμβάνει χώρα μπροστά σε κάποιο αρχιτεκτόνημα. Η έντονα κινούμενη μορφή του αρχαγγέλου Γαβριήλ, σύμφωνα με τα παλαιολόγεια πρότυπα, κατευθύνεται προς τη Θεοτόκο. Υψώνει το δεξί χέρι, σχηματίζοντας ευλογία, και με το αριστερό κρατεί ράβδο. Δεξιά η Παναγία εικονίζεται καθισμένη να στρέφεται έκπληκτη προς τον άγγελο, σύμφωνα με δυτικά πρότυπα.

Στη δεύτερη ζώνη εικονίζονται τρεις ολόσωμοι άγιοι: ο Νικόλαος αριστερά, ο Αντώνιος δεξιά, και στο κέντρο ο Ιωάννης ο Πρόδρομος. Ο άγιος Νικόλαος εικονίζεται μετωπικός σε προχωρημένη ηλικία. Φορεί την αρχιερατική του στολή, ενώ το ωμοφόριο φοριέται σύμφωνα με δυτικά πρότυπα. Με το δεξί ακουμπά κλειστό Ευαγγέλιο, που κρατά με το αριστερό χέρι,

shown voluminus because of the *melote*, however with a strong head, has slender dematerialised hands and feet, referring thus to illuminated manuscripts. Next to him St Anthony stands fullface and pensive. He wears monastic vestments and a cowl on his head. He holds with his right hand a crutch *(tempeloxylo)*. The same saints are depicted together on an icon of the Sinai Monastery (no. 274), from a related workshop.

On the third zone are illustrated three saints-martyrs: Merkourios on the left, a naked saint with no legend in the centre, and Prokopios on the right. Merkourios is bearded with tunic and *himation*. He turns his head and his horrified gaze to the naked saint. The figure of the naked saint is represented full face in a warm monochrome red, as if flayed. The only element which indicates his human existence is the white colour of his eyes with the black irises. The chest is traced out and the sex is not indicated. A yellowish band hangs from his neck. It is more likely to be a representation of a martyr, apostle or hierarch, with a band as a western rendering of the *omophorion*. Consequently, he could be identified with the apostle Bartholomew. He is depicted full-length, naked and having on his right shoulder the abstracted skin. The iconography of the theme was based on the version, accepted by the Latin Church, of the martyrdom of St Bartholomew.

The icon bears the nominal inscriptions SAINT NICHOLAS, SAINT ANTHONY, SAINT MERKOURIOS and SAINT PROKOPIOS.

RIGHT LEAF

52 x 19,5 cm.

The upper zone shows the Crucifixion before the walls of Jerusalem. The cross is erected on a hillock representing Golgotha. The dead Christ, dressed in a transparent *perizonium*, fixed on the Cross with His hands outstretched, bends His head to the Virgin. From His hands, feet and flank flows abundant blood. Below the Cross, on the left the Virgin stands upright, with a sad drawn face. She wears a red garment adorned with chrysographies, wrapped in a *maphorion*

καλυμμένο με το φαιλόνι του. Στρέφει το βλέμμα προς τον άγιο Ιωάννη Πρόδρομο. Ο Ιωάννης, όρθιος, στρέφει το κεφάλι και το βλέμμα προς τον άγιο Νικόλαο. Υψώνει το δεξί σε σχήμα ευλογίας, και με το αριστερό κρατεί ανεπίγραφο ανοικτό ειλητό. Φορεί μηλωτή και το ιμάτιο. Το ισχνό σώμα του αγίου, που φαίνεται ογκώδες λόγω της μηλωτής έχει τα κάτω και τα άνω άκρα πλήρως εξαϋλωμένα, παραπέμποντας σε εικονογραφημένα χειρόγραφα. Δίπλα του, μετωπικός, σύννους, στέκει ο άγιος Αντώνιος. Φορεί μοναχικά ενδύματα και κουκούλιο στην κεφαλή. Με το δεξί κρατεί δεκανίκιο (τεμπελόξυλο). Σε εικόνα της μονής Σινά (αρ. 274), συγγενικού εργαστηρίου, απεικονίζονται μαζί οι ίδιοι άγιοι.

Στην τρίτη ζώνη εικονίζονται τρεις ολόσωμοι άγιοι μάρτυρες: Ο Μερκούριος αριστερά, ένας γυμνός χωρίς επιγραφή στο κέντρο και ο Προκόπιος, δεξιά. Ο Μερκούριος εικονίζεται γενειοφόρος με χιτώνα(;) και ιμάτιο(;). Στρέφει το κεφάλι και το βλέμμα με τρόμο στον γυμνό άγιο. Η μορφή του γυμνού αγίου εικονίζεται μετωπικά σε "μονοχρωμία" με θερμό κόκκινο, σαν να τον έχουν γδάρει. Μόνο το άσπρο των ματιών με τις μαύρες ίριδες δηλώνουν την ανθρώπινη υπόστασή του. Διαγράφεται το στήθος, και δεν τονίζεται το φύλο. Προτάσσει το δεξί χέρι με ανοικτή την παλάμη, και με το αριστερό σκεπάζει διακριτικά το εφήβαιο. Η μορφή φέρει κιτρινωπή ταινία, περασμένη στον λαιμό, που πέφτει μπροστά στο στήθος, και φθάνει ως το ύψος των γονάτων. Είναι πολύ πιθανό να απεικονίζει μάρτυρα άγιο, απόστολο ή ιεράρχη, με ταινία ως δυτικότροπη απόδοση του ωμοφορίου, και συνεπώς θα μπορούσε να ταυτιστεί με τον άγιο απόστολο Βαρθολομαίο. Είναι όρθιος, γυμνός, και έχει ριγμένο στον δεξιό του ώμο το δέρμα, που του έχει αφαιρεθεί. Η εικονογραφία του θέματος έγινε σύμφωνα με την εκδοχή, που δέχεται η Λατινική Εκκλησία για το μαρτυρικό τέλος του Αγίου Βαρθολομαίου.

Η εικόνα φέρει τις ονομαστικές επιγραφές Ο ΑΓ(ΙΟC) // ΝΙΚΟ / ΛΑC, Ο ΑΓ(ΙΟC) // ΑΝΤΟ/ ΝΙ/ Ο/ C, Ο ΑΓ(ΙΟC)// ΜΕΡ/ ΚΟV/ ΡΙΟC και Ο ΑΓ(ΙΟC) // ΠΡΟ/ ΚΟ/ ΠΙΟC.

that leaves only her face uncovered. Traces of two stars decorate the forehead and the right shoulder. A gold band borders the *maphorion*. Behind her, stands another female restraining her grief and dressed in the opposite manner (dark coloured tunic and red gilded *maphorion*). On the right, John is depicted as a young, well-built, squat and beardless figure with short hair. He holds his inclined head with his right hand while his left is covered by the tunic. Behind John, the centurion Longinos is represented bearded with his head raised to Christ. He is dressed in a tunic and *himation* with chrysographies. His head is covered by a white scarf wound around the neck and on his feet are red shoes.

In the second zone Christ as Man of Sorrows bends His head slightly to the right, in the arms of the sorrowing Virgin. With her *maphorion*, stained with blood, she covers Christ's back. Behind them is the horizontal bar of the Cross bearing blood stains and above it the inscription with the abbreviation for Jesus Christ.

The third zone features three female saints: Marina, an unidentified saint with royal garments and Photini. They are shown full-length and full face. Marina is dressed in a dark-coloured garment and red *maphorion* with rich *chrysographies*, her right hand holding a gold cross, while her left hand is not shown. The central figure is a depiction of a royal figure holding a gold cross and should probably be identified with St Irene or Catherine. Photini is dressed in a red garment with chrysographies and dark-coloured *maphorion*.

The icon bears the nominal inscriptions MOTHER OF GOD, SAINT JOHN, JESUS CHRIST, SAINT MARINA and SAINT PHOTINI.

Christodoulos Hadjichristodoulou

ΔΕΞΙΟ ΦΥΛΛΟ

52 x 19.5 εκ.

Αυγοτέμπερα, λάκες και φύλλα χρυσού πάνω σε ξύλινη βάση σε σκαφιδωτό ξύλο προετοιμασμένη με ύφασμα και γύψινο επίχρισμα.

Συντηρήθηκε από τους Κώστα Γερασίμου και Κυριάκο Παπαϊωακείμ το 2000.

Στην επάνω ζώνη εικονίζεται η σκηνή της Σταύρωσης σε πρώτο επίπεδο έξω από την τειχισμένη πόλη των Ιεροσολύμων. Ο σταυρός είναι μπηγμένος στην κορυφή του Γολγοθά. Ο Χριστός σταυρωμένος με απλωμένα χέρια γέρνει νεκρός το κεφάλι, προς τα δεξιά. Από τα χέρια, τα πόδια και την πλευρά ρέει άφθονο αίμα. Στην μέση φορεί διάφανο περίζωμα.

Κάτω από το σταυρό, αριστερά στέκει σαν στήλη η Θεοτόκος, με το πρόσωπο θλιμμένο. Φορεί κόκκινο φόρεμα στολισμένο με χρυσοκονδυλιά και είναι τυλιγμένη με μαφόριο ώστε να φαίνεται μόνο το πρόσωπό της. Ίχνη από δύο αστέρια κοσμούν το μέτωπο και το δεξί ώμο. Χρυσή ταινία περιτρέχει τις παρυφές του μαφορίου. Πίσω της άλλη γυναικεία μορφή με συγκρατημένη θλίψη στο πρόσωπο είναι ντυμένη με τον ίδιο τρόπο.

Δεξιά εικονίζεται ο Ιωάννης, νεαρή εύσωμη και αγένεια μορφή με κοντά μαλλιά. Φορεί χιτώνα. Πίσω του εικονίζεται ο εκατόνταρχος Λογγίνος γενειοφόρος με υψωμένο το κεφάλι με λευκό μαντήλι που τυλίγεται γύρω από το λαιμό ακολουθώντας δυτικότροπη συνήθεια, και φορεί ερυθρά υποδήματα.

Στη δεύτερη ζώνη ο Χριστός στον τύπο της Άκρας Ταπείνωσης κλίνει ελαφρά το κεφάλι δεξιά όπου εναγκαλίζεται η θλιμμένη μορφή της Παναγίας. Η Παναγία σκεπάζει με το μαφόριο της, που είναι ματωμένο τη πλάτη του Χριστού. Πίσω από τις μορφές φαίνεται η οριζόντια κεραία του σταυρού με κηλίδες από αίμα ενώ ψηλότερα η επιγραφή του σταυρού με συντομογραφημένες τις λέξεις Ι(ησούς) Χ(ριστό)ς.

Στην τρίτη ζώνη εικονίζονται τρεις αγίες. Η αγία Μαρίνα, μια αδιάγνωστη με βασιλικά ενδύματα και η αγία Φωτεινή. Είναι όρθιες και μετωπικές. Η αγία Μαρίνα φορεί σκουρόχρωμα φόρεμα και κόκκινο μαφόριο με πλούσια χρυσοκονδυλιά. Με το δεξί κρατεί χρυσό σταυρό ενώ το αριστερό χέρι δεν φαίνεται.

Η μεσαία μορφή εικονίζεται βασιλικά ντυμένη και κρατά χρυσό σταυρό με το δεξί χέρι, πρόκειται ίσως για την αγία Ειρήνη ή Αικατερίνη.

Η αγία Φωτεινή εικονίζεται με κόκκινο χρυσοκονδυλένιο φόρεμα και σκουρόχρωμο μαφόριο.

Στα δυο φύλλα του διπτύχου αποδίδεται το σωτηριολογικό νόημα με τον Ευαγγελισμό, που κορυφώνεται με την Σταύρωση και φτάνει στην αποκορύφωση του πάθους με την Άκρα Ταπείνωση.

Η θριαμβεύουσα Εκκλησία, ως συνέχεια της στρατευομένης, αντιπροσωπεύεται από τις απεικονίσεις των αγίων - Αποστόλων, Ιεραρχών, Προφητών, Οσίων, Μαρτύρων - που αποτελούν την έμπρακτη βίωση του Ευαγγελισμού, του Πάθους και του θριάμβου της Αναστάσεως του Χριστού, Σώμα του οποίου είναι η "Αγία Καθολική και Αποστολική Εκκλησία".

Η εικόνα φέρει τις ονομαστικές επιγραφές [ΜΗ]Ρ // ΘΥ, Ο ΑΓ // ΙΩ, ΙC // ΧC, Η ΑΓ // ΜΑ/ΡΙ/ΝΑ, Η Α // ΦΥ/ΤΙ/ΝΙΟ.

Χριστόδουλος Χατζηχριστοδούλου

Bibliography: Unpublished.

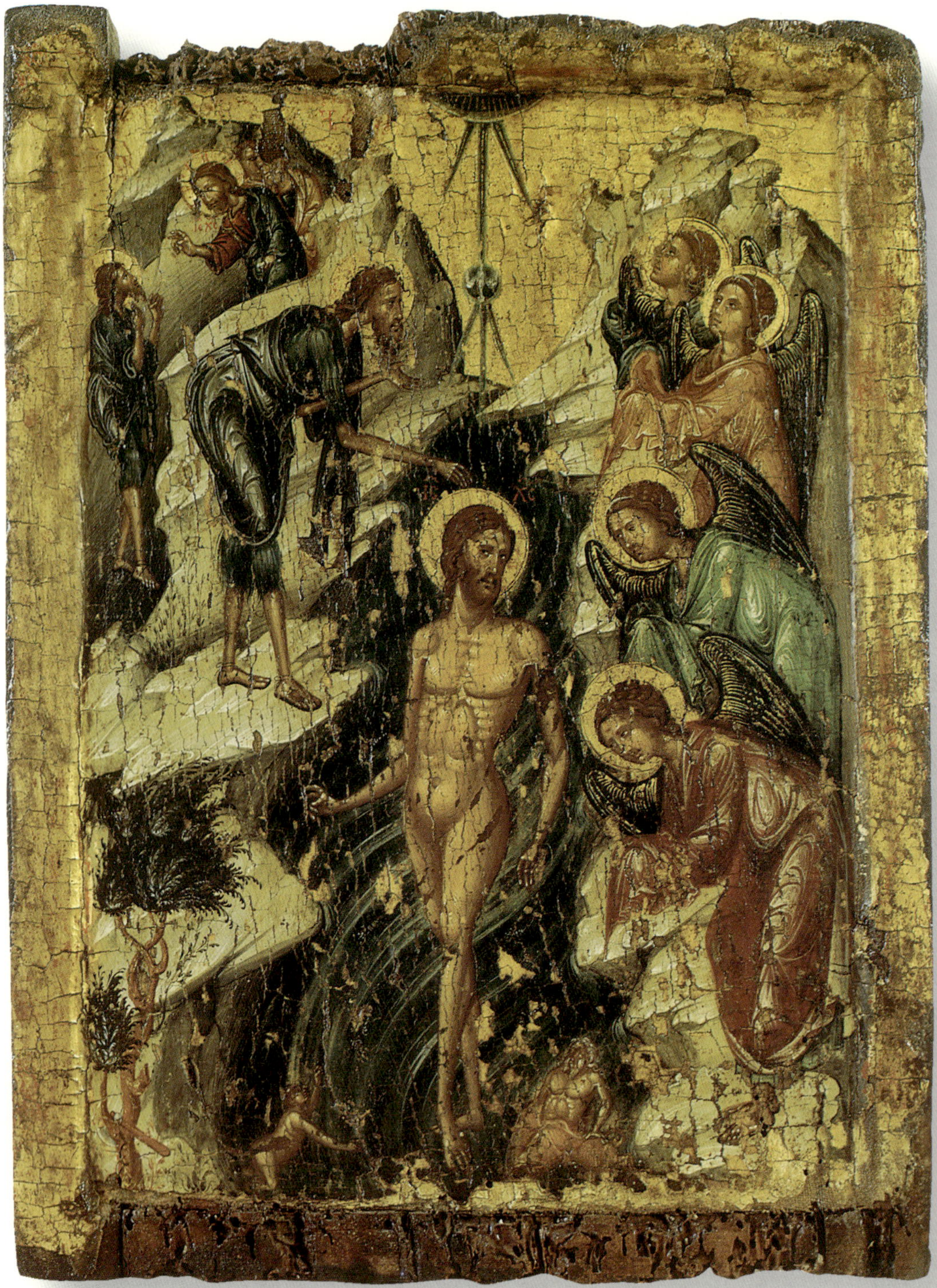

31. The Baptism of Christ

15th century
Koilani, Church of Panaghia Eleousa
Now in the Ecclesiastical Museum of Koilani
43.7 x 32.2 cm

Anonymous painter who worked on a high academic level in the framework of Palaeologan art. The liveliness and refinement of the whole and of every detail, the perfection of the iconographic composition and of the modelling of the figures and drapery, and also the rendering of movement, argue for connections with the great centres of icon painting of the period.

Egg tempera and gold leaf on wooden support, primed with cloth, gesso and bole. Carved raised frame.
Conserved by Evangelos Hadjistephanou in 1991.

The scene of the Baptism takes place in the river Jordan which runs through the middle of a rocky landscape developing on both sides in the form of two hills. Christ is depicted full-length, standing naked in the river Jordan, the river being personified in male human form below Him and to His left, whilst in the same manner the sea is presented to His right. Christ raises His right hand slightly and blesses the water. St John the Baptist, dressed in *melote* and *himation*, stands on the left bank of the river and bows to stretch his hand over Christ's head.

On the right bank, four angels bend reverently towards Christ extending their hands, covered according to the Byzantine tradition with drapery, in prayer. From the centre of the upper part of the icon, the Holy Spirit, in the form of a white dove, descends in rays of light, radiated from the sky, schematicaly drawn, which symbolise the Father.

At the lower left there is a tree at the root of which lies an axe, according to the evangelic description: "even now is the axe laid unto the root of the trees" (*Matthew* 3,10 and *Luke* 3, 9), whilst at the upper left Christ, accompanied by two of His Disciples, appears through rocky grey hills blessing St John the Baptist, in a separate scene that is inserted harmoniously into the main composition.

The inscription with the title of the icon is almost completely destroyed.

Archimandrite Porphyrios Machairiotis

31. Η Βαπτιση του Χριστου

15ος αιώνας
Κοιλάνι, ναός Παναγίας Ελεούσης
Τώρα στο Εκκλησιαστικό Μουσείο Κοιλανίου
43.7 x 32.2 εκ.

Ανώνυμος ζωγράφος, που εργάζεται σε υψηλό ακαδημαϊκό επίπεδο στο πλαίσιο της παλαιολόγειας τέχνης. Η ζωντάνια και η λεπτότητα του συνόλου και της κάθε λεπτομέρειας, η αρτιότητα της εικονογραφικής συγκρότησης, το πλάσιμο των μορφών και της πτυχολογίας, καθώς και η απόδοση της κινησιολογίας δηλώνουν σχέσεις με τα μεγάλα αγιογραφικά κέντρα της εποχής.

Αυγοτέμπερα και φύλλα χρυσού πάνω σε ξύλινη βάση, προετοιμασμένη με ύφασμα, γύψινο επίχρισμα και αμπόλιο. Σκαμμένο έξεργο πλαίσιο.
Συντηρήθηκε από τον Ευάγγελο Χατζηστεφάνου το 1991.

Η σκηνή της Βάπτισης του Κυρίου λαμβάνει χώρα στον Ιορδάνη ποταμό, ο οποίος κατέρχεται εν μέσω βραχώδους τοπίου, που εξελίσσεται σε δύο λόφους ένθεν και ένθεν. Ο Χριστός εικονίζεται γυμνός, ολόσωμος, όρθιος μέσα στον Ιορδάνη ποταμό, ο οποίος παρουσιάζεται ως ανδρική προσωποποιημένη μορφή, κάτω δεξιά από τον Χριστό. Κατά ανάλογο τρόπο παρουσιάζεται και η προσωποποίηση της θάλασσας στην αριστερή πλευρά. Ο Χριστός σηκώνει ελαφρά το δεξί χέρι και ευλογεί τα ύδατα. Ο άγιος Ιωάννης ο Πρόδρομος, ενδεδυμένος με μηλωτή και ιμάτιο, στέκεται στην αριστερή όχθη του ποταμού, και σκύβει, προτάσσοντας το δεξί χέρι προς την κεφαλή του Κυρίου.

Στη δεξιά όχθη τέσσερες σεβίζοντες άγγελοι κλίνουν ευλαβικά προς το μέρος του Χριστού, έχοντας τα προτεταμένα χέρια τους καλυμμένα, σύμφωνα με τη βυζαντινή παράδοση, με τα ιμάτιά τους. Στο άνω κεντρικό μέρος της εικόνας, το Άγιο Πνεύμα σε μορφή λευκής περιστεράς κατέρχεται μέσα από ακτίνες φωτός, οι οποίες εκπέμπονται από σχηματοποιημένη απεικόνιση του ουρανού, η οποία συμβολίζει τον Θεό-Πατέρα.

Στο κάτω αριστερό μέρος εικονίζεται δένδρο, στη ρίζα του οποίου στερεώνεται αξίνα σύμφωνα με τις ευαγγελικές περιγραφές: "ήδη δέ καί η αξίνη πρός τήν ρίζαν των δένδρων κειται" (*Ματθαίος* 3,10 και *Λουκάς* 3,9), ενώ στο βάθος της εικόνας στην άνω αριστερή γωνία ο Κύριος συνοδευόμενος από δύο μαθητές, προβάλλει μέσα από βραχώδη γκρίζα βουνά και ευλογεί τον Άγιο Ιωάννη τον Πρόδρομο σε μια ξεχωριστή σκηνή, η οποία εντάσσεται αρμονικά στην υπόλοιπη παράσταση.

Η επιγραφή με τον τίτλο της εικόνας έχει φθαρεί σχεδόν πλήρως.

Αρχιμανδρίτης Πορφύριος Μαχαιριώτης

Bibliography: Sophocleous 1990, v. I, pp. 193-94, v. II, pp. 159-60, v. III, pl. 103 a.

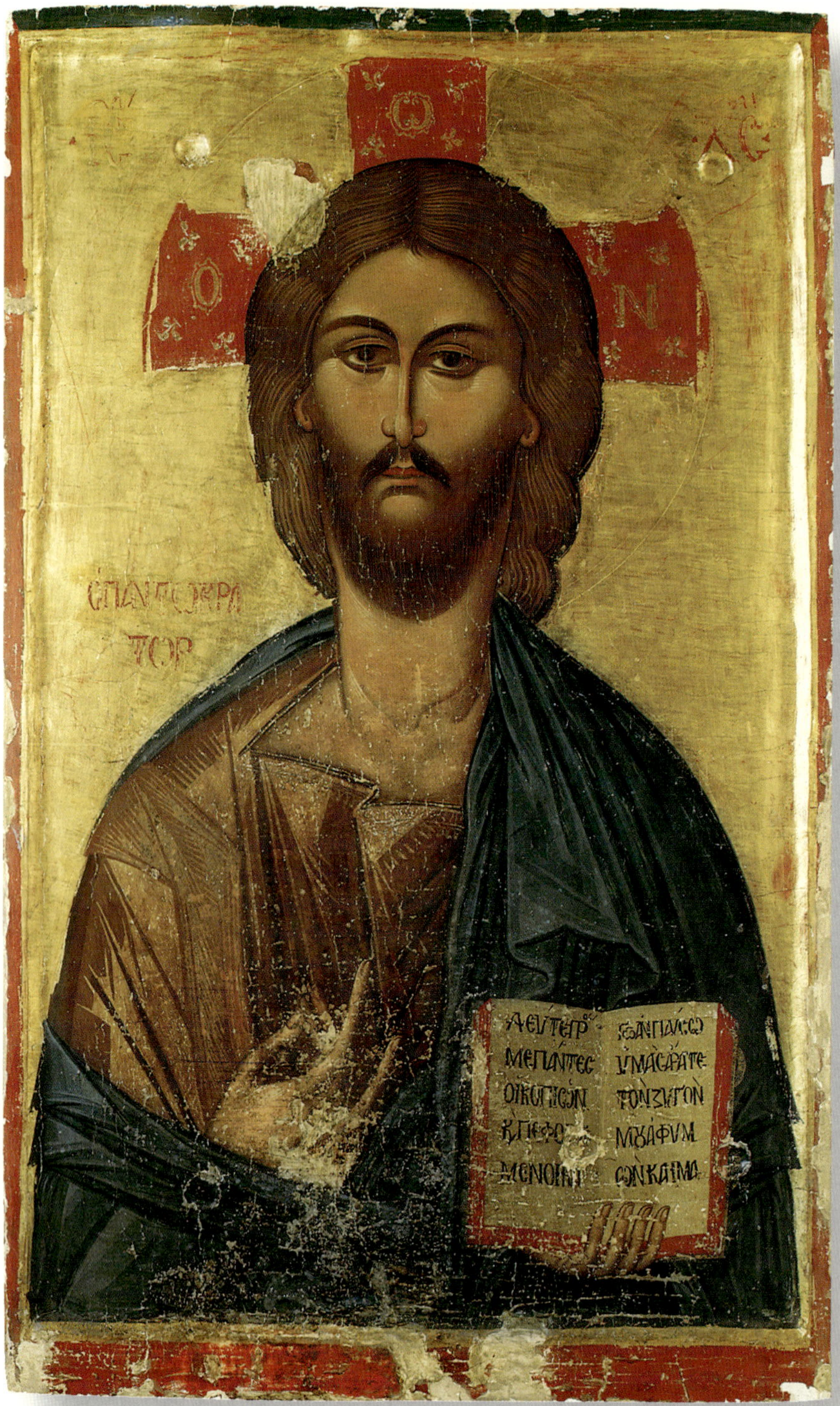
Ο Ω Ν
Ο ΠΑΝΤΟΚΡΑ
ΤΩΡ

32. CHRIST PANTOKRATOR

15th century
Lemithou, cemetery Chapel of Saint Nicholas
The icon was part of the "despotic" tier of the iconostasis
124 x 64 cm

Anonymous painter working within the framework of the Palaeologan style with some western borrowings.

Tempera and gold leaf on wooden support, primed with cloth, gesso and bole. *Sgraffito* technique for the gold letters and adornments in the halo.

Conserved by Kostas Chasapopoulos in 1999.

Christ, in the iconographic type known as *Pantokrator* (the Almighty), is shown half-length, frontally, with His right hand blessing and holding an open Gospel Book in the left hand with the text "COME TO ME ALL YE WHO LABOUR AND ARE HEAVEN LADEN, AND I WILL GIVE YOU REST. TAKE MY YOKE UPON YOU AND ..." (*Matthew*, 11, 28-29). His view is directed to the beholder. He wears a purple tunic bearing a brown *clavus*, both finely gilded, and over that a blue *himation*. The halo is gilded and contains a red cross bearing the usual sign "Ο ΩΝ" (He Who is). Although Christ is rendered stylistically within the framework of the Palaeologan tradition as adapted by this anonymous artist, there are some western borrowings such as the slight humanisation of the face and the gold fleur-de-lys ornamenting the red cross of the halo. The figure is depicted on a gilded background with a red frame.

The icon bears the nominal inscription JESUS CHRIST THE PANTOKRATOR (the Almighty).

Sophocles Sophocleous

32. ΙΗΣΟΥΣ ΧΡΙΣΤΟΣ Ο ΠΑΝΤΟΚΡΑΤΩΡ

15ος αιώνας
Λεμίθου, κοιμητηριακός ναός του Αγίου Νικολάου
Αποτελούσε μέρος της δεσποτικής σειράς του εικονοστασίου
124 x 64 εκ.

Ανώνυμος ζωγράφος, που εργάζεται στο πλαίσιο της παλαιολόγειας παράδοσης διαποτισμένης με κάποια δυτικά δάνεια.

Αυγοτέμπερα και φύλλα χρυσού πάνω σε ξύλινο υπόβαθρο, προετοιμασμένο με ύφασμα, γύψινο επίχρισμα και αμπόλιο. Για τα χρυσά γράμματα και κοσμήματα στο φωτοστέφανο χρησιμοποιήθηκε η τεχνική του *sgraffito*.

Συντηρήθηκε από τον Κώστα Χασαπόπουλο το 1999.

Ο Χριστός απεικονίζεται στον εικονογραφικό τύπο του Παντοκράτορος, στηθαίος, κατ' ενώπιον, ευλογώντας με το δεξί χέρι και κρατώντας ανοιχτό Ευαγγέλιο στο αριστερό με το κείμενο "ΔΕΥΤΕ ΠΡΟΣ/ ΜΕ ΠΑΝΤΕΣ/ ΟΙ ΚΟΠΙΟΝ(ΤΕΣ)/ Κ(ΑΙ) ΠΕΦΟΡΤΙΣ/ΜΕΝΟΙ ΚΑ// ΓΩ ΑΝ(Α)ΠΑΥΣΩ/ ΥΜΑΣ. ΑΡΑΤΕ/ ΤΟΝ ΖΥΓΟΝ/ ΜΟΥ ΑΦΥΜ/ΩΝ (αντί ΕΦ' ΥΜΑΣ) ΚΑΙ ΜΑ(ΘΕΤΕ)..." (*Ματθαίος*, 11, 28-29). Το βλέμμα του κατευθύνεται προς τον θεατή. Φέρει πορφυρό χιτώνα, κοσμημένο με καφέ σημείο (*clavus*), που, όπως και ο χιτώνας, κοσμείται με λεπτές χρυσοκονδυλιές. Πάνω από τον χιτώνα απλώνεται μπλε ιμάτιο. Ο φωτοστέφανος φέρει κόκκινο σταυρό σε χρυσό φόντο και τη συνήθη επιγραφή "Ο ΩΝ".

Παρόλο που ο Χριστός αποδίδεται τεχνοτροπικά μέσα στο πλαίσιο της παλαιολόγειας παράδοσης, όπως βέβαια την ερμηνεύει ο ανώνυμος αυτός ζωγράφος, φέρει εντούτοις κάποια δυτικά δάνεια, όπως ο ήπιος εξανθρωπισμός του προσώπου και τα χρυσά ανθόκρινα, που κοσμούν τον κόκκινο σταυρό του φωτοστέφανου. Όλη η θεία μορφή επιφαίνεται μέσα σε χρυσό κάμπο, που κλείνει με κόκκινο πλαίσιο στον περίγυρο της εικόνας.

Η εικόνα φέρει την ονομαστική επιγραφή Ι(HCOV)C X(PICTO)C Ο ΠΑΝΤΟΚΡΑΤΩΡ.

Σοφοκλής Σοφοκλέους

Bibliography: Unpublished.

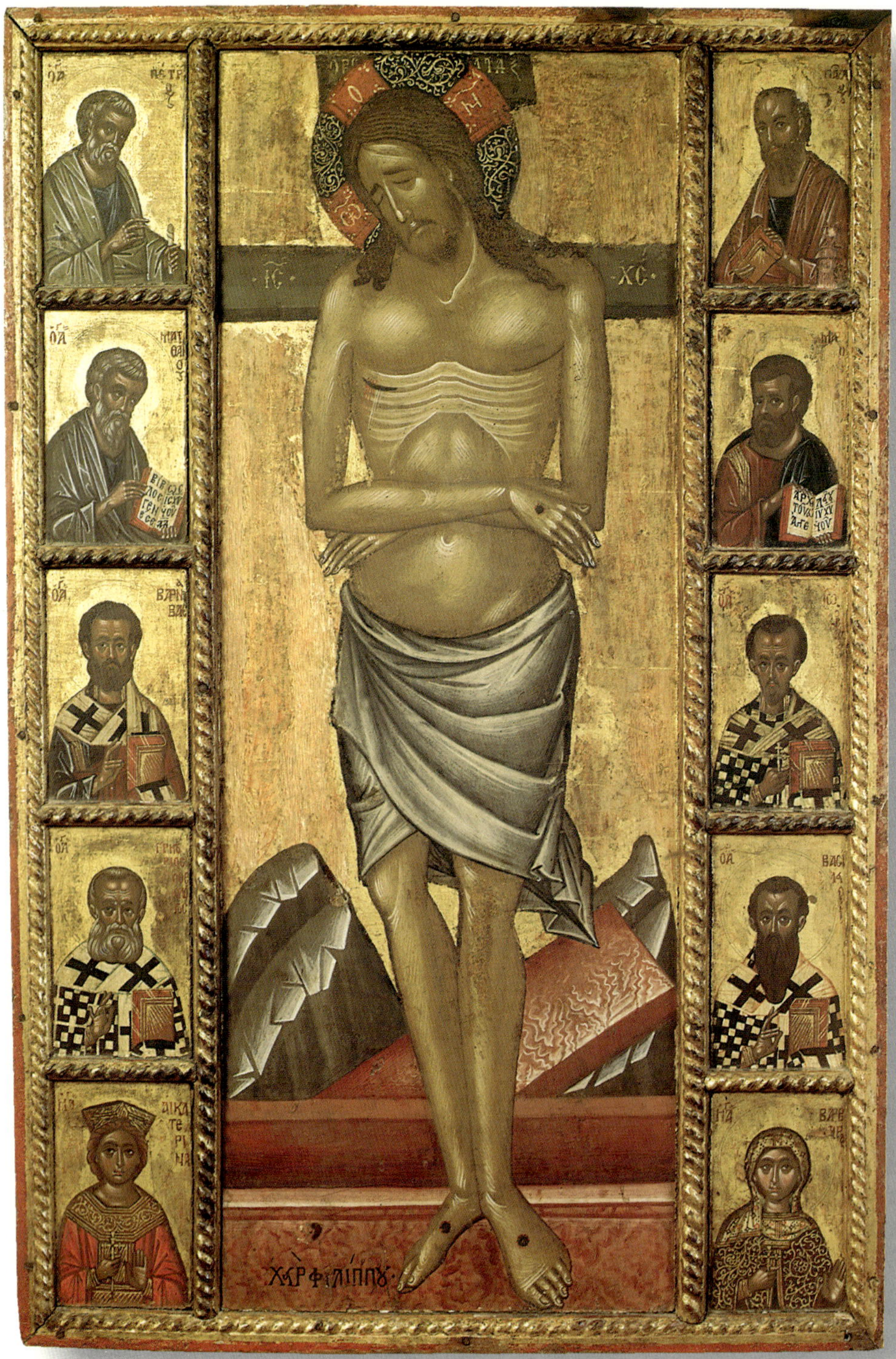

33. MAN OF SORROWS

Late 15th century
Palaichori, Church of Panaghia Chrysopantanassa
Now in the Museum of the Byzantine Heritage of Palaichori
99.2 x 66.7 cm

The work of the painter Philippos whose signature appears on the lower left as "THE HAND OF PHILIPPOS". He is probably the well known Philippos Goul who in 1494 signed the murals in the *katholikon* of the monastery of Stavros tou Agiasmati at Platanistasa and in 1495 the murals in the chapel of Saint Mamas at Louvaras. The style of Philippos is related to that of Minas from Myrianthousa who in 1474 signed the murals in the chapel of Archangel Michael at Pedoulas. It could be qualified as a local adaptation of the so-called "Macedonian school" of the Palaeologan period. The very fine foliage ornamenting the haloes and the garments is part of the artist's taste for refinement.

Tempera and gold leaf on wooden support, primed with cloth, gesso and bole.

Conserved at the Centre for Conservation of Icons and Manuscripts at the Monastery of Saint Spyridon at Tremetousia (Trimythus) by the Archimandrite Dionysios Papachristophorou in 1972.

Christ is depicted dead, full-length, dressed in a *perizonium*, in front of the cross and His tomb represented by an open sarcophagus. Behind appears a rocky landscape on a gilded background.

On the right and left frames are the busts of ten saints, framed by cabled frames. From left to right are represented:

St Peter	St Paul
St Matthew	St Mark
St Barnabas	St John Chrysostom
St Gregorory the Theologian	St Basil the Great
St Catherine	St Barbara

On the cross is inscribed JESUS CHRIST THE KING OF GLORY and on the cross of the halo the usual sign HE WHO IS.

Sophocles Sophocleous

33. ΑΚΡΑ ΤΑΠΕΙΝΩΣΗ

Τέλη 15ου αιώνα
Παλαιχώρι, ναός της Παναγίας Χρυσοπαντανάσσης
Τώρα στο Μουσείο Βυζαντινής Κληρονομιάς Παλαιχωρίου
99.2 x 66.7 εκ.

Υπογραμμένη από τον ζωγράφο Φίλιππο στο κάτω αριστερό μέρος: "ΧΕΙΡ ΦΙΛΙΠΠΟΥ". Πρόκειται πιθανώς για τον γνωστό Φίλιππο Γουλ, που υπογράφει στα 1494 τις τοιχογραφίες του καθολικού της μονής του Σταυρού του Αγιασμάτι στην Πλατανιστάσα και στα 1495 τις τοιχογραφίες του ναού του Αγίου Μάμαντος στον Λουβαρά. Η τεχνοτροπία του Φίλιππου σχετίζεται με εκείνη του Μηνά εκ Μυριανθούσης, που υπογράφει στα 1474 τις τοιχογραφίες στον ναό του Αρχαγγέλου Μιχαήλ στον Πεδουλά. Θα μπορούσε να χαρακτηρισθεί ως μία τοπική προσαρμογή της λεγομένης "Μακεδονικής σχολής" της Παλαιολόγειας περιόδου. Οι λεπτοφυείς φυτικοί βλαστοί, που κοσμούν τους φωτοστέφανους και τα ενδύματα, αποτελούν μέρος της εκλεπτυσμένης αισθητικής του καλλιτέχνη.

Αυγοτέμπερα και φύλλα χρυσού πάνω σε ξύλινο υπόβαθρο, προετοιμασμένο με ύφασμα, γύψινο επίχρισμα και αμπόλιο.

Συντηρήθηκε στο Κέντρο Συντήρησης Εικόνων και Χειρογράφων στην Ιερά Μονή Αγίου Σπυρίδωνος στην Τρεμετουσιά (Τριμυθούς) από τον Αρχιμανδρίτη Διονύσιο Παπαχριστοφόρου το 1972.

Ο Χριστός παρουσιάζεται νεκρός, σε όρθια στάση, ολόσωμος, ενδεδυμένος με περιζώνιο, μπροστά στον σταυρό και στην ανοιχτή σαρκοφάγο, που συμβολίζει τον τάφο του. Πίσω εικονίζεται βραχώδες τοπίο σε χρυσό βάθος.

Στο αριστερό και δεξιό πλαίσιο είναι ζωγραφισμένοι δέκα στηθαίοι άγιοι σε πλαίσια που διαχωρίζονται από ανάγλυφη στριφογυριστή ταινία. Από αριστερά προς δεξιά εικονίζονται οι ακόλουθες μορφές:

Πέτρος	Παύλος
Ματθαίος	Μάρκος
Βαρνάβας	Ιωάννης ο Χρυσόστομος
Γρηγόριος ο Θεολόγος	Βασίλειος ο Μέγας
Αικατερίνα	Βαρβάρα

Ο σταυρός φέρει την επιγραφή Ι(ΗCOV)C X(PICTO)C Ο Β(ACI)Λ(EVC) Τ(HC) Δ(Ο)Ξ(HC). Επάνω στον σταυρό του φωτοστέφανου υπάρχει η συνήθης επιγραφή "Ο ΩΝ".

Σοφοκλής Σοφοκλέους

Bibliography: Gunnis 1947, p. 362 . Papageorghiou 1991, pp. 110, 115, fig. 70.

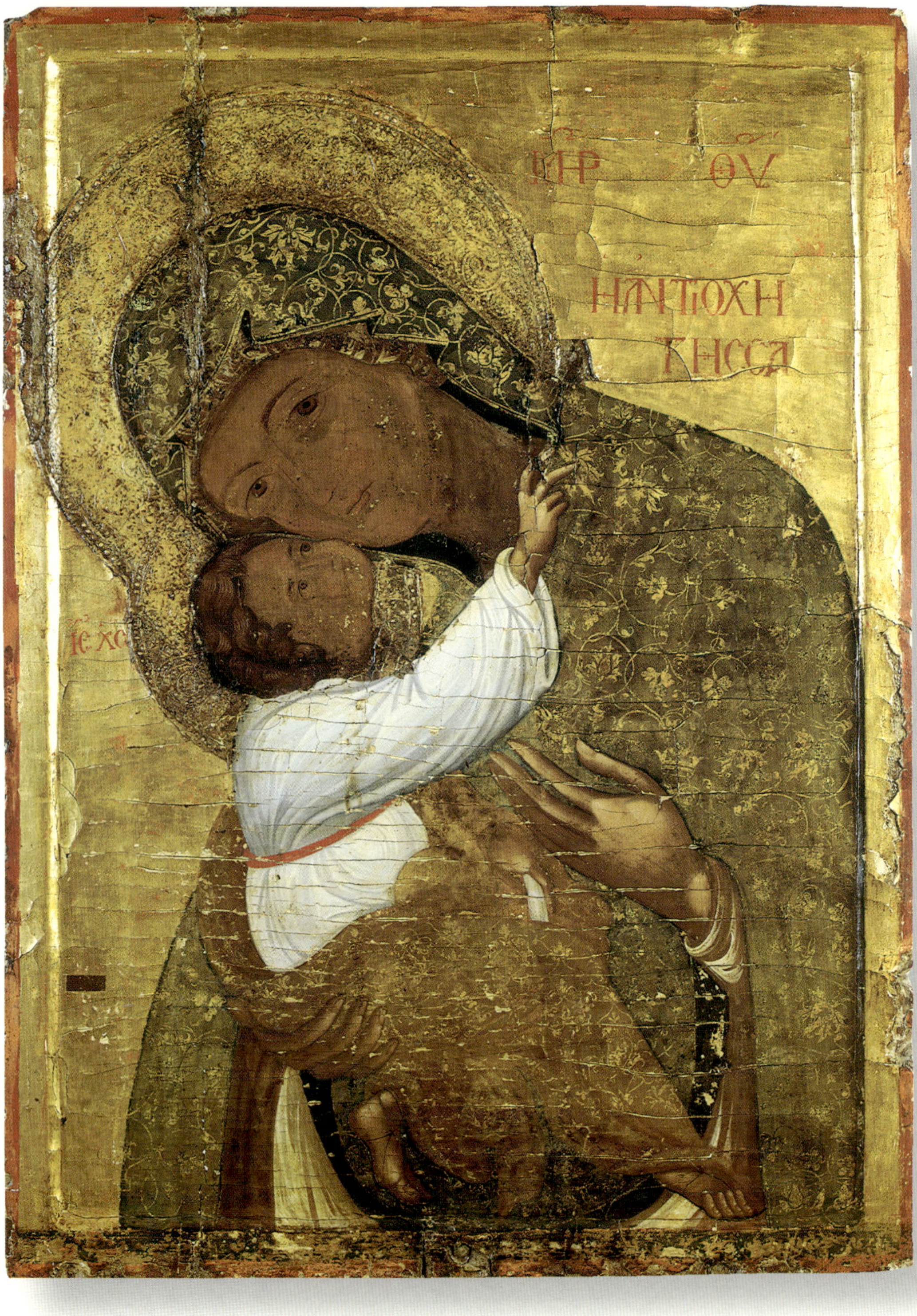
ΜΡ ΘΥ
Η ΑΝΤΙΟΧΗ
ΤΗϹϹΑ
ΙϹ ΧϹ

34. MOTHER OF GOD ANTIOCHITISSA
(OF ANTIOCH)

15th-16th century
Koilani, Church of the Panaghia Eleousa
Now in the Ecclesiastical Museum of Koilani
92.2 x 72.8 cm

Anonymous painter who worked during the Venetian period in Cyprus. The whole rendering of the design and the distribution of the proportions, the modelling of the naked parts, the refinement and elegance of the ornament on the haloes, the perfection of the netting of gold foliage on the draperies, witness to the high academic standard of the artist-painter and reflect his assimilation of the elements and trends of his era and their transformation in the context of his personal style.

Egg tempera, gold leaf and gold powder on wooden support, primed with cloth, gesso and bole. Carved raised frame.
Conserved by Evangelos Hadjistephanou in 1983.

The Virgin is portrayed from the waist up holding the infant Christ on her left arm in the characteristic type of the *Glykophilousa* (of tenderness). Christ gazes at the face of His mother, His cheek against hers, and with His right hand holds onto her *maphorion* at the level of her shoulder. A white object, probably a closed scroll, is in His left hand. The Virgin looks straight ahead; she points at Christ with her left hand.

The dark olive-green *maphorion* of the Virgin is decorated with a net of gold foliage in which are inserted crowns of western type. Christ's *chiton* is white, and a brown *himation* with gold foliage covers the lower part of His body. The haloes of both the Virgin and of Christ consist of very fine vegetal decoration in relief.

The icon bears the nominal inscriptions MOTHER OF GOD ANTIOCHITISSA and JESUS CHRIST.

Archimadrite Porphyrios Machairiotis

34. ΜΗΤΗΡ ΘΕΟΥ Η ΑΝΤΙΟΧΗΤΗΣΣΑ

15ος-16ος αιώνας
Κοιλάνι, ναός Παναγίας Ελεούσης
Τώρα στο Εκκλησιαστικό Μουσείο Κοιλανίου
92.2 x 72.8 εκ.

Ανώνυμος ζωγράφος, που εργάζεται την περίοδο της ενετοκρατίας στην Κύπρο. Η άρτια σχεδιαστική απόδοση και κατανομή των αναλογιών, το πλάσιμο των γυμνών μερών, ο λεπτοφυής διάκοσμος στα φωτοστέφανα, καθώς και η τελειότητα του πλέγματος των χρυσών κοσμημάτων επάνω στα ενδύματα, φανερώνουν το υψηλό ακαδημαϊκό επίπεδο του καλλιτέχνη ζωγράφου, ως απαύγασμα της αφομοίωσης των στοιχείων και ρευμάτων της εποχής του και της ανάπλασής τους μέσα από την προσωπική υφολογία της τέχνης του.

Αυγοτέμπερα, φύλλα χρυσού και χρυσαλοιφή πάνω σε ξύλινη βάση, προετοιμασμένη με ύφασμα, γύψινο επίχρισμα και αμπόλιο. Σκαμμένο έξεργο πλαίσιο. Το κοντάρι στο κάτω μέρος της εικόνας αφαιρέθηκε σε ακαθόριστο στάδιο.

Συντηρήθηκε από τον Ευάγγελο Χατζηστεφάνου το 1983.

Η Παναγία εικονίζεται από τη μέση και πάνω κρατώντας στο δεξί χέρι τον μικρό Χριστό στον χαρακτηριστικό τύπο της Παναγίας Γλυκοφιλούσας. Ο Χριστός, κοιτάζοντας προς το πρόσωπο της Μητέρας Του, ακουμπά το μάγουλό Του πάνω στο δικό της και με το δεξί Του χέρι κρατιέται από το μαφόριό Της στο ύψος του ώμου. Στο αριστερό Του χέρι κρατά λευκό αντικείμενο, πιθανότατα σφραγισμένο ειλητό. Η Παναγία, έχοντας στραμμένο το βλέμμα προς τα μπρος, φέρει το αριστερό χέρι σε δέηση προς τον Χριστό.

Το σκούρο λαδοπράσινο μαφόριο της Θεοτόκου κοσμείται με πλέγμα χρυσού φυτικού βλαστού, στο οποίο εμπλέκεται σε αρκετά σημεία το βασιλικό στέμμα δυτικού τύπου. Ο χιτώνας του Χριστού είναι λευκού χρώματος, ενώ καφετόχρωμο χρυσοποίκιλτο ιμάτιο καλύπτει το κάτω μέρος του σώματος του Κυρίου. Τόσο στο φωτοστέφανο της Παναγίας, όσο και σε αυτό του Χριστού παρουσιάζεται λεπτοφυής ανάγλυφος φυτικός διάκοσμος.

Η εικόνα φέρει τις ονομαστικές επιγραφές ΜΗ(ΤΗ)Ρ Θ(ΕΟ)V Η ΑΝΤΙΟΧΗ/ΤΗССΑ και Ι(ΗСΟV)С Χ(ΡΙСΤΟ)С.

Αρχιμανδρίτης Πορφύριος Μαχαιριώτης

Bibliography: Sophocleous 1990, vol. I, p. 190-91, vol. II, pp. 155-56, vol. III, pl.100. Sophocleous 1994a, pp. 20, 64, fig. 27. Sophocleous 1994b, no. 43, pp. 98-99, pl. p. 175.

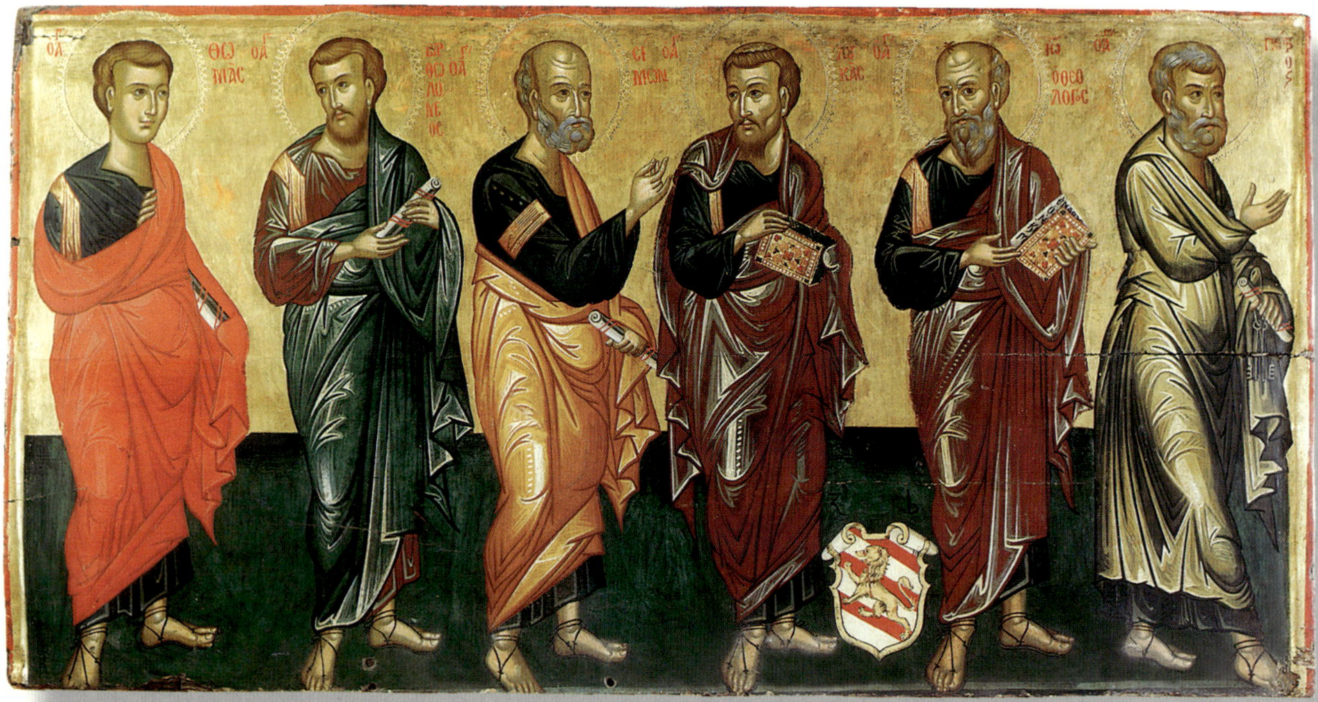

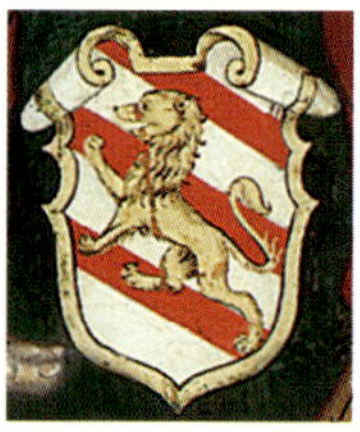

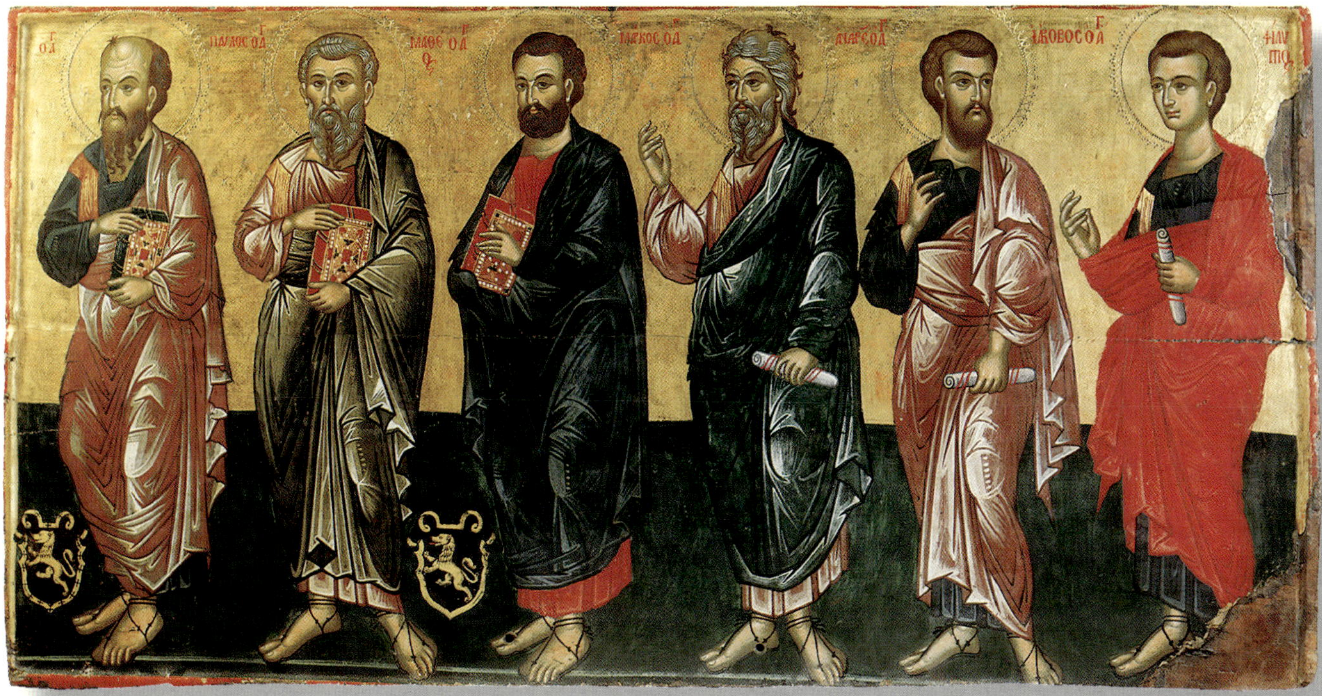

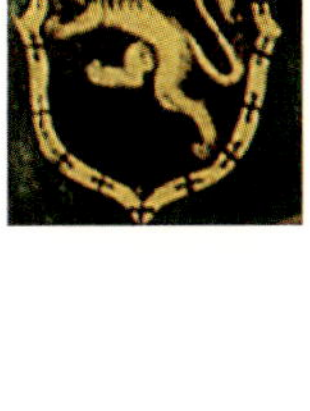

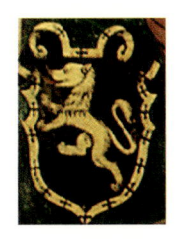

35a-b. THE TWELVE APOSTLES

This could be an epistyle of an iconostasis in two panels
Late 15th-first half of the 16th century
Emba, Church of Panaghia Chryseleousa

Left panel: 160 x 80 cm
Right panel: 160 x 80 cm

An anonymous painter executed both panels. His style combines both Palaeologan tradition, for instance in the materials and the techniques used and the modelling of the draperies, as well as Italian Venetian borrowings seen in the humanised and idealised faces of the apostles, as well as in the presence of coats of arms.

Tempera and gold leaf on wooden support, primed with cloth, gesso and bole. Punched adornments on the haloes. Carved gilded frame.

The two panels were conserved in the past by an unknown conservator at an unknown date. They have been reconserved by Kostas Gerasimou and Kyriakos Papaïoakeim in 1999.

On the left panel (no. 35a), from left to right, are depicted the Apostles Thomas, Bartholomew, Simon, Luke, John the Theologian and Peter. On the right panel (no. 35b), from left to right, are the apostles Paul, Matthew, Mark, Andrew, James and Philip. They are represented in various postures but always converging towards the centre, where they are headed by Sts Peter and Paul the "co-creators of the Church of Christ". Their richly coloured garments abundantly reflect the light and are composed of tunics decorated with *clavus* and over them *himatia* richly folded around their bodies. They hold either scrolls or books, all of them closed, alluding to their preaching. St Peter also holds the keys of Paradise. Gilded background on the upper part and dark green in the lower area, bordered with a red frame.

Between the apostles are painted three heraldic shields representing coats of arms belonging to the families of the donors of the two icons, who were probably the Lords of the fief to which Emba belonged at that time. According to the suggestion of A. and J. Stylianou "here we have the sons of three nobles running a fief in Paphos in the third quarter of the 16th century".

Between Sts Luke and John appears the first coat of arms: charged or, three bendlets gules on white (silver), over all a lion rampant or; bordure or. According to the initials Z b above the shield the owner is Z. Badoer one of the oldest and best known Venetian families, originally from Padua.

Between Sts Peter and Paul and between Matthew

35α-β. ΟΙ ΔΩΔΕΚΑ ΑΠΟΣΤΟΛΟΙ

Πρόκειται ίσως για επιστύλιο εικονοστασίου αποτελούμενο από δύο πίνακες.
Τέλος του 15ου-πρώτο μισό του 16ου αιώνα.
Έμπα, ναός Παναγίας Χρυσελεούσης

Αριστερός πίνακας: 160 x 80 εκ.
Δεξιός πίνακας: 160 x 80 εκ.

Ανώνυμος ζωγράφος, ο οποίος φιλοτέχνησε και τους δύο πίνακες. Εργάζεται σε μια συγκρητιστική τεχνοτροπία, η οποία συνδυάζει την παλαιολόγεια παράδοση, για παράδειγμα στο επίπεδο των υλικών, των τεχνικών και του πλασίματος των ενδυμάτων, καθώς και ιταλικά ενετικά δάνεια που φαίνονται κυρίως στα εξανθρωπισμένα και εξιδανικευμένα πρόσωπα των αποστόλων, καθώς και στην παρουσία των οικόσημων.

Αυγοτέμπερα, φύλλα χρυσού και χρυσαλοιφή πάνω σε ξύλινο υπόβαθρο, προετοιμασμένο με ύφασμα, γύψινο επίχρισμα και αμπόλιο. Έκτυπος διάκοσμος στους φωτοστέφανους. Έξεργο επίχρυσο πλαίσιο.

Οι δύο πίνακες συντηρήθηκαν στο παρελθόν από ακαθόριστο συντηρητή και χρόνο. Επανασυντηρήθηκαν από τους Κώστα Γερασίμου και Κυριάκο Παπαϊωακείμ το 1999.

Στον αριστερό πίνακα (αρ. 35α) εικονίζονται από τα αριστερά προς τα δεξιά οι απόστολοι Θωμάς, Βαρθολομαίος, Σίμων, Λουκάς, Ιωάννης ο Θεολόγος και ο Πέτρος. Στον δεξιό πίνακα (αρ. 35β) εικονίζονται από αριστερά προς δεξιά οι απόστολοι Παύλος, Ματθαίος, Μάρκος, Ανδρέας, Ιάκωβος και Φίλιππος. Οι δώδεκα απόστολοι ζωγραφίζονται σε διάφορες στάσεις, όμως πάντοτε συγκλίνοντας προς το κέντρο, όπου στέκουν αντωποί οι "συνιδρυτές της Εκκλησίας του Χριστού" Πέτρος και Παύλος. Φέρουν ενδυμασίες με πολυτελή υφάσματα, τα οποία αντανακλούν άφθονο φως και αποτελούνται από χιτώνες, κοσμημένους με σημεία (*clavi*) και ιμάτια με πλούσια πτυχολογία. Κρατούν στα χέρια τους ειλητά ή βιβλία, όλα κλειστά, τα οποία υπαινίσσονται τη διδασκαλία τους. Ο άγιος Πέτρος κρατεί επίσης τα κλειδιά του Παραδείσου. Όλος ο χορός των αποστόλων παρουσιάζεται σε βαθυπράσινο κάμπο στο κάτω μέρος και χρυσό βάθος στο άνω, και τα δύο χρώματα περιγεγραμμένα με κόκκινη λωρίδα.

Μεταξύ των αποστόλων εικονίζονται τρεις εραλδικές ασπίδες, οι οποίες παρουσιάζουν οικόσημα, που ανήκουν στις οικογένειες των δωρητών των δύο εικόνων, οι οποίοι ήσαν οι φεουδάρχες της περιοχής, όπου ανήκε η Έμπα εκείνη την περίοδο. Σύμφωνα με τους Α. και Ι. Στυλιανού "εδώ έχομε τους υιούς τριών αριστοκρατών, που είχαν ένα φέουδο στην Πάφο κατά το τρίτο τέταρτο του 16ου αιώνα".

Μεταξύ των αγίων Λουκά και Ιωάννη εμφανίζεται

and Mark appear two other coats of arms:

a) Charged with a lion rampant, or langued; bordure or charged with crosses sable. The family represented by the initials F. S. over the shield cannot be identified.

b) It shows the imprints of three bends sable (originally blue) charged with a lion rampant or; langued, bordure or (no crosses). The family represented by the initials A. Z. over the shield cannot be identified.

The nominal inscriptions of the twelve apostles are as follows on the two panels from left to right: SAINT THOMAS, SAINT BARTHOLOMEW, SAINT SIMON, SAINT LUKE, SAINT JOHN THE THEOLOGIAN, SAINT PETER, SAINT PAUL, SAINT MATTHEW, SAINT MARK, SAINT ANDREW, SAINT JAMES, SAINT PHILIP.

Sophocles Sophocleous

το πρώτο οικόσημο. Ανορθούμενος λέων χρυσού χρώματος επάνω σε ερυθρές διαγώνιες λωρίδες, το όλο σε λευκό (ασημένιο) φόντο μέσα σε χρυσό πλαίσιο. Σύμφωνα με τα αρχικά Ζ. b. πάνω από την ασπίδα το οικόσημο ανήκει στον Z. Badoer, μία από τις παλαιότερες και καλά γνωστές οικογένειες της Βενετίας, με προέλευση την Πάδουα.

Μεταξύ των αγίων Πέτρου και Παύλου και μεταξύ των Ματθαίου και Μάρκου εμφανίζονται δύο άλλα οικόσημα:

α) Ανορθούμενος λέων χρυσού χρώματος με προτεταμένη γλώσσα, σε φόντο από μαύρους μικρούς σταυρούς(;), μέσα σε χρυσό πλαίσιο. Η ιδιοκτήτρια οικογένεια δεν μπορεί να αναγνωριστεί με βάση τα αρχικά F. S., που αναγράφονται πάνω από την ασπίδα.

β) Ανορθούμενος λέων χρυσού χρώματος με προτεταμένη γλώσσα, σε φόντο με ίχνη (imprints) τριών διαγώνιων λωρίδων (αρχικά κυανού χρώματος), χωρίς σταυρούς. Η ιδιοκτήτρια οικογένεια, δεν μπορεί να αναγνωριστεί με βάση τα αρχικά A. Z., που αναγράφονται πάνω από την ασπίδα.

Οι ονομαστικές επιγραφές των αποστόλων επάνω στις δύο εικόνες έχουν ως ακολούθως από αριστερά προς δεξιά: Ο ΑΓ(ΙΟC) ΘΩΜΑC, Ο ΑΓ(ΙΟC) ΒΑΡΘΩΛΟΜΕΟC, Ο ΑΓ(ΙΟC) CΙΜΩΝ, Ο ΑΓ(ΙΟC) ΛΟΥΚΑC, Ο ΑΓ(ΙΟC) ΙΩ(ΑΝΝΗC) Ο ΘΕΟΛΟΓΟC, Ο ΑΓ(ΙΟC) ΠΕΤΡΟC, Ο ΑΓ(ΙΟC) ΠΑΥΛΟC, Ο ΑΓ(ΙΟC) ΜΑΤΘΕΟC, Ο ΑΓ(ΙΟC) ΜΑΡΚΟC, Ο ΑΓ(ΙΟC) ΑΝΔΡΕ(ΑC), Ο ΑΓ(ΙΟC) ΙΑΚΟΒΟC, Ο ΑΓ(ΙΟC) ΦΙΛΥΠΠΟC.

Σοφοκλής Σοφοκλέους

Bibliography: Gunnis 1947, p. 223, Stylianou 1997, p. 413. See also the illustrated book of Andreas and Judith Stylianou, *Highlights of Medieval Heraldry of Cyprus*, displayed in the Leventis Municipal Museum in Nicosia, Panel XXXVI, 9/3/2000.

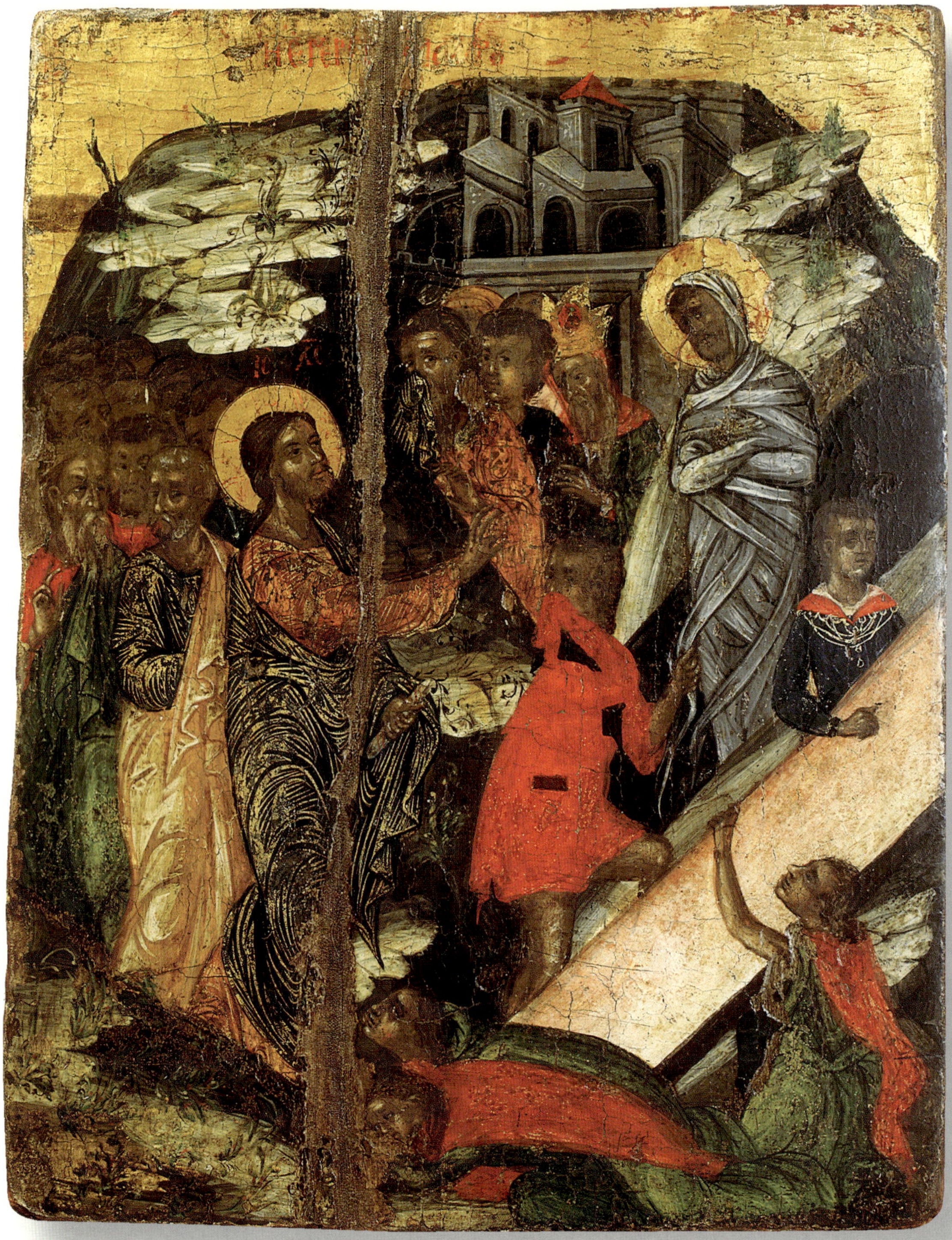

36. THE RAISING OF LAZARUS

Second half of the 15th - first half of the 16th century
Panaghia, Monastery of Panaghia Chrysorroïatissa
It comes probably from the Dodekaorton of an iconostasis
43 x 34 cm

Anonymous painter, working in the Byzantine tradition but still very influenced by western painting and especially Italian Rennaissance art.

Egg tempera, gold leaf and gold powder on wooden support, primed with cloth, gesso and bole.

Conserved at the Atelier for Conservation of Icons of the Monastery of Panaghia Chrysorroïatissa by the Abbot of the Monastery Archimandrite Dionysios Papachristophorou in 1987.

Between two rocky hills the buildings of Jerusalem emerge, from where Christ accompanied by His Disciples came to Bethany. Saints Peter and Andrew precede the group of the Disciples. The figure of Christ, depicted almost in the centre of the icon on the first plane and on a larger scale than the rest of the figures, dominates since the attention during this supernatural event is centred on Him. The figure of the raised Lazarus, wrapped in funeral shroud, is set on the right side of the rock-cut tomb, after the removal of the large stone. In the lower part of the icon his two sisters, Martha and Mary, kneel before Christ. In the centre, in front of the walls of Jerusalem, a group witnesses the event in fear. One of them even holds the edge of his clothes to his nose because of the offensive odour of the dead man.

Around the slab once sealing the tomb there are three figures. The first one, in the centre in front of Christ, dressed in red, pulls the edge of the shroud and unfolds it with an intense movement. The second figure, kneeling, points in surprise to Lazarus, raised from the dead, while the third one, holding the slab, turns to look towards the beholder. Particularly characteristic is the garment of this figure, inspired from the vogue of the painter's era, with wide collars laced with jewels over the chest. This could probably be the portrait of the donor or of the painter, who, according to the western customs, inserts himself into the iconographic composition.

The icon bears the title THE RAISING OF LAZARUS.

Georgios Philotheou

36. Η ΕΓΕΡΣΙΣ ΤΟΥ ΛΑΖΑΡΟΥ

Β΄ μισό 15ου/ Α΄ μισό 16ου αιώνα
Παναγιά, Μονή Παναγίας Χρυσορροϊάτίσσης
Προέρχεται ίσως από σειρά δωδεκάορτου εικονοστασίου
43 x 34 εκ.

Ανώνυμος ζωγράφος, που εργάζεται στη βυζαντινή παράδοση, αλλά με έντονη την επίδραση από τη δυτική ζωγραφική, κυρίως από την ιταλική τέχνη της Αναγέννησης.

Αυγοτέμπερα, φύλλα χρυσού και χρυσαλοιφή πάνω σε ξύλινη βάση, προετοιμασμένη με ύφασμα, γύψινο επίχρισμα και αμπόλιο.

Συντηρήθηκε στο Εργαστήριο Συντήρησης Εικόνων της Μονής Χρυσορροϊατίσσης από τον Ηγούμενο της Μονής Αρχιμανδρίτη Διονύσιο Παπαχριστοφόρου το 1987.

Ανάμεσα σε δύο βραχώδη βουνά προβάλλουν τα οικοδομήματα της Ιερουσαλήμ, από όπου ο Χριστός έρχεται προς τη Βηθανία μαζί με τους μαθητές του. Της ομάδας των μαθητών προπορεύονται οι Πέτρος και Ανδρέας. Ο Χριστός είναι στο κέντρο, σε πρώτο πλάνο και σε μεγαλύτερο μέγεθος από τα υπόλοιπα πρόσωπα. Στη δεξιά πλευρά από το λαξευτό σπήλαιο, που χρησίμευε ως τάφος, έχει προβάλει μετά τη μετακίνηση της ογκώδους πλάκας ο αναστημένος Λάζαρος, τυλιγμένος τα οθόνια. Στο κάτω μέρος της εικόνας οι δύο αδελφές του Λαζάρου, η Μάρθα και η Μαρία, γονατιστές στα πόδια του Χριστού. Στο κέντρο μπροστά από τα τείχη μία ομάδα από Εβραίους παρακολουθεί με δέος τη σκηνή, ο ένας μάλιστα κρατά με την άκρη του ενδύματός του τη μύτη του λόγω της δυσοσμίας του νεκρού.

Γύρω από την πλάκα του τάφου τρεις μορφές. Η πρώτη στο κέντρο μπροστά από τον Χριστό, με κόκκινο φόρεμα, τραβά και ξετυλίγει την άκρη της ταινίας από τα σάβανα του Λαζάρου, η δεύτερη κάτω, γονατιστή, δείχνει έκπληκτη τον εγερθέντα εκ των νεκρών Λάζαρο, ενώ η τρίτη μορφή βλέπει προς τον θεατή και κρατά την πλάκα. Είναι ιδιαίτερα χαρακτηριστικό το ένδυμα, που φέρει αυτή η μορφή, το οποίο είναι παρμένο από τον συρμό της εποχής του ζωγράφου, με τους μεγάλους γιακάδες και με τα κορδόνια/κοσμήματα, που δένονται στο στήθος. Ίσως να πρόκειται για τον δωρητή ή τον ζωγράφο, που ενσωματώνει την προσωπογραφία του, κατά τη δυτική συνήθεια, μέσα στην εικονογραφική σύνθεση.

Η εικόνα φέρει τον τίτλο Η ΕΓΕΡ[CIC TOV] ΛΑ[ΖΑ]POV.

Γεώργιος Φιλοθέου

Bibliography: Unpublished.

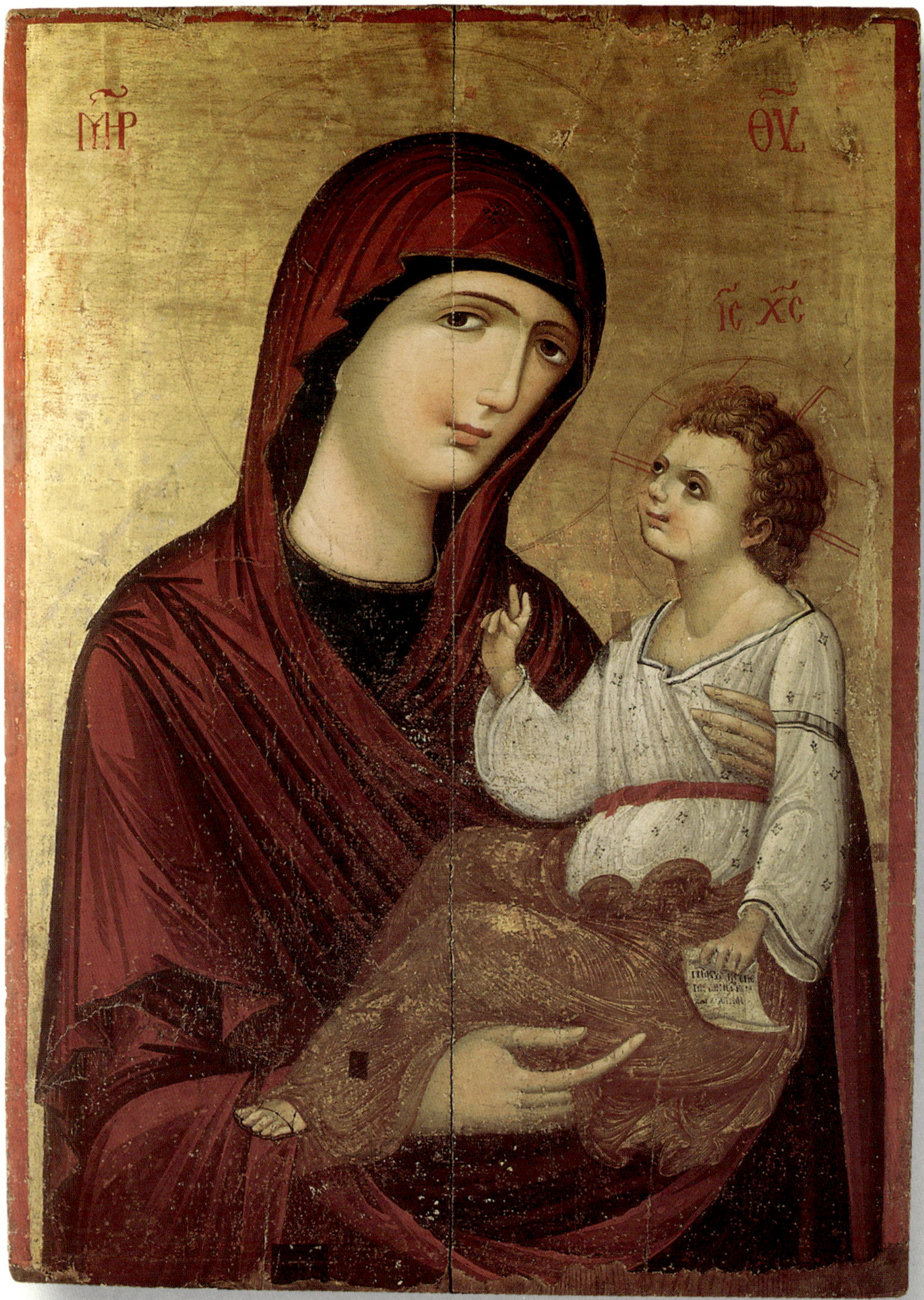
ΜΗΡ ΘΥ
ΙϹ ΧϹ

37. MOTHER OF GOD known as PANAGHIA TON KONNARON

Around 1500
*Pelendri, Chapel of Panaghia ton Konnaron
(now vanished)
Now at Pelendri, Church of Panaghia Katholiki*
103.3 x 74.6 cm

Anonymous painter who, with his atelier, executed the iconostasis of Panaghia Katholiki, Pelendri (see Fig. 7, and nos 38-46). He worked in the Italo-Byzantine style. This unique icon is one of the best examples showing the impact of Italian Renaissance painting at the eastern extreme of the Mediterranean.

Tempera, gold leaf and gold powder on wooden support, primed with gesso and red bole. At the areas where tempera is laid on the gold leaf the surface is prepared with ox gall or shell lacquer (no analysis has been made to verify this). Incised haloes.

Conserved at the Atelier for Conservation of the Centre of Cultural Heritage by Vojislav Lukovic in 1994.

This icon is known as Panaghia ton Konnaron from the homonymous chapel in which it constituted the cult object. The fruits of the jujube tree are called *konnara* in Cyprus, and this is a survival of an ancient word. This is another phytonymous epithet of the Virgin coming from the tree Konnaria (Zizyphus, jujube tree), which presumably existed at the place of the aforesaid chapel.

The Virgin, half-length and slightly oblique to the beholder, holds the Child on her left arm (her left hand under His armpit), and passes her right hand under the Child's left leg. She wears a blue tunic and cecryphal and over them a red-purple *maphorion*. Jesus raises His right hand in blessing and holds an open scroll in His left hand. He is dressed in a white tunic with a red belt at the waist and bearing spotted ornaments and a blue *clavus*. Over the *chiton* He wears a light brown *himation*, richly ornamented with fine *chrysographies*, which falls from the shoulders and covers only the legs. Gilded background and red frame.

The icon bears the nominal inscriptions MOTHER OF GOD and JESUS CHRIST.

Sophocles Sophocleous

37. ΜΗΤΗΡ ΘΕΟΥ γνωστή ως ΠΑΝΑΓΙΑ ΤΩΝ ΚΟΝΝΑΡΩΝ

Γύρω στο 1500
*Πελένδρι, Παρεκκλήσι της Παναγίας των Κοννάρων
(δεν υπάρχει πλέον)
Τώρα στο Πελένδρι, Ναός Παναγίας Καθολικής*
103.3 x 74.6 εκ.

Ανώνυμος ζωγράφος, που φιλοτέχνησε μαζί με το εργαστήριό του το εικονοστάσιο της Παναγίας Καθολικής στο Πελένδρι (βλ. εικ. 7 και αρ. 38-46). Εργάζεται στην ιταλοβυζαντινή τεχνοτροπία. Αυτή η μοναδική εικόνα αποτελεί ένα από τα καλύτερα δείγματα επιρροής της Ιταλικής Αναγεννησιακής ζωγραφικής στο ανατολικό άκρο της Μεσογείου.

Αυγοτέμπερα, φύλλα χρυσού και χρυσαλοιφή επάνω σε ξύλινη βάση προετοιμασμένη με ύφασμα, γύψινο επίχρισμα και αμπόλιο. Στους χώρους, όπου η αυγοτέμπερα επεκτάθηκε επάνω στα φύλλα του χρυσού, η επιφάνεια προετοιμάζεται με χολή βοδιού ή γόμμα λάκα (δεν έχει γίνει ανάλυση προς επιβεβαίωση). Εγχάρακτοι φωτοστέφανοι.

Συντηρήθηκε στο Εργαστήριο Συντήρησης του Κέντρου Πολιτιστικής Κληρονομιάς από τον Vojislav Luković το 1994.

Η εικόνα αυτή είναι γνωστή ως η Παναγία των Κοννάρων από το ομώνυμο παρεκκλήσι στο οποίο αποτελούσε το αντικείμενο λατρείας. Κόνναρα ονομάζονται στην Κύπρο οι καρποί της Ζιζύφου, και αποτελεί επιβίωση αρχαίας λέξης. Πρόκειται για ακόμη μια φυτώνυμη προσωνυμία της Θεοτόκου, που προέρχεται από δένδρο της κονναριάς, που προφανώς υπήρχε δίπλα στον ναό αυτό.

Η Θεοτόκος εικονίζεται μέχρι τη μέση, ελαφρά γυρισμένη προς τον θεατή, φέρει το Βρέφος στο αριστερό της χέρι το οποίο περνά κάτω από τη μασχάλη Του, ενώ τοποθετεί το δεξί της κάτω από το αριστερό γόνατο του Βρέφους. Ενδύεται με μπλε χιτώνα και κεκρύφαλο, και από πάνω με κοκκινοπόρφυρο μαφόριο. Ο Ιησούς ανασηκώνει το δεξί του χέρι σε ευλογία, και φέρει ανεπτυγμένο ειλητό στο αριστερό. Φέρει λευκό χιτώνα, σφιγμένο στη μέση με κόκκινη λωρίδα, και διάστικτο με λεπτά κοσμήματα και μπλε σημείο (*clavus*). Πάνω από τον χιτώνα φορεί ανοιχτοκαφέ περίτεχνα χρυσοκονδυλισμένο ιμάτιο, το οποίο είναι πεσμένο, και καλύπτει μόνο τα πόδια. Οι δύο μορφές ζωγραφίζονται μέσα σε ολόχρυσο κάμπο με κόκκινο πλαίσιο.

Η εικόνα φέρει τις ονομαστικές επιγραφές Μ(HTH)P Θ(EO)V και I(HCOV)C X(PICTO)C.

Σοφοκλής Σοφοκλέους

Bibliography: Sophocleous 1988. Sophocleous 1990, vol. I, pp. 315-16, vol. II, p. 307, vol. III, pls 182-3. Mulhouse and Strasbourg 1994, no. 21, p. 65 and pl. 11. Sophocleous 1994b, no. 45, pp. 99-100 and 177-79. Stylianou 1996, fig. 246.

ICONOSTASIS OF PANAGHIA KATHOLIKI,

The icons circled are in the exhibition

1. Crucifixion
2. Lypiro (Virgin)
3. Lypiro (St John the Evangelist)
4. **Archangel Michael**
5. St Mark
6. St Peter
7. St John the Evangelist
8. St Simon
9. Virgin
10. Christ
11. **St John the Baptist**
12. St Andrew
13. St Matthew
14. **St Paul**
15. St Luke
16. **Archangel Gabriel**
17. **The Pre-Annunciation**
18. **The Annunciation**
19. The Nativity
20. The Adoration of Magi
21. The Presentation of Christ in the Temple
22. The Sunday of the Samaritan
23. The Sunday of the Blind
24. The Transfiguration
25. The Raising of Lazarus
26. The Last Supper
27. The Betrayal
28. The Via Crucis
29. The Crucifixion

Architectural recording: Centre of Cultural Heritage, June, 2000.
Sponsored by: A. G. Leventis Foundation.

PELENDRI AROUND 1500

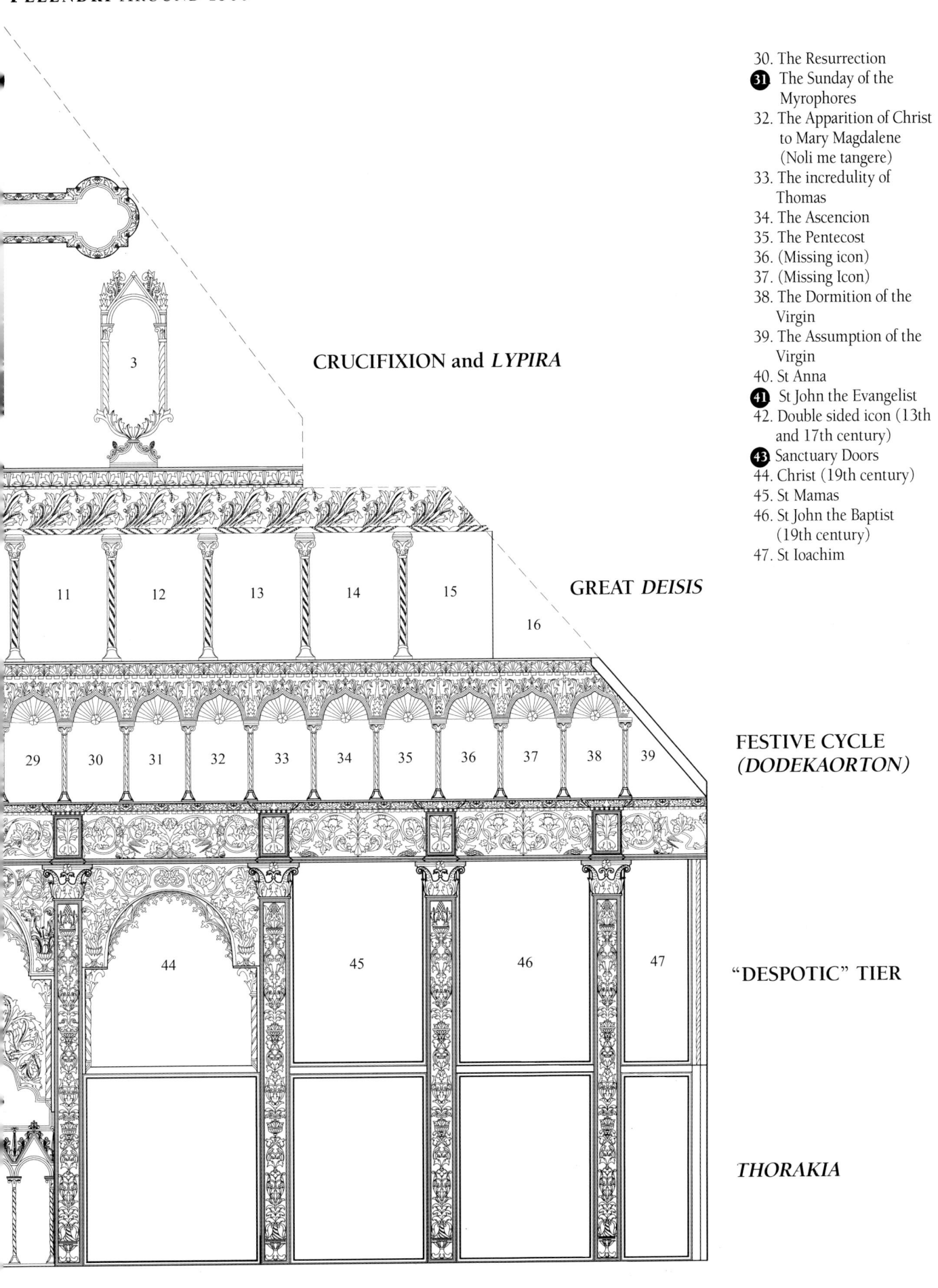

CRUCIFIXION and *LYPIRA*

GREAT *DEISIS*

FESTIVE CYCLE (*DODEKAORTON*)

"DESPOTIC" TIER

THORAKIA

30. The Resurrection
31. The Sunday of the Myrophores
32. The Apparition of Christ to Mary Magdalene (Noli me tangere)
33. The incredulity of Thomas
34. The Ascencion
35. The Pentecost
36. (Missing icon)
37. (Missing Icon)
38. The Dormition of the Virgin
39. The Assumption of the Virgin
40. St Anna
41. St John the Evangelist
42. Double sided icon (13th and 17th century)
43. Sanctuary Doors
44. Christ (19th century)
45. St Mamas
46. St John the Baptist (19th century)
47. St Ioachim

The Iconostasis of the Church of Panaghia Katholiki at Pelendri

Το Εικονοστασιο του Ναου της Παναγιας Καθολικης στο Πελενδρι

The iconostasis of Panaghia Katholiki at Pelendri dates from about 1500, a period during which the type of iconostasis with several registers of icons, richly sculpted, gilded and painted, was introduced to Cyprus. It is the oldest and largest of its kind and has survived *in situ* with its icons. Analogous iconostases, although smaller and with fewer icons, can be found in the church of Panaghia Podithou at Galata, dating around 1502, at the monastery of Saint Neophytos, dating to 1544, and in the church of the Dormition in Kourdali village, dating to the first half of the 16th century, and elswhere.

It occupies the whole width of the three-aisled church of Panaghia Katholiki and almost reaches the peak of the steep pitched roof at a height of around 7.35 metres. It comprises forty-eight icons arranged in four tiers: the lower "despotic" register is interrupted by the two leaves of the Sanctuary Doors and a second door on the north side; above is the festive cycle of icons, on the architrave; then the tier of the Great *Deisis* (Great Prayer) and at the top the Crucifixion framed by the two *Lypira* (icons of the Virgin and St John). On the lower part of the iconostasis touching the floor there is a series of painted panels (*thorakia*).

The sculpted and gilded decoration of the iconostasis, enhanced on a red and blue painted background, is used throughout, creating a structured unity. All this exuberant ornamentation is a blending of elements from late flamboyant Gothic, from the Renaissance, as well as from the Byzantine tradition.

The icons of the iconostasis are the work of an unfortunately anonymous painter who has not left his signature on this masterpiece, the best specimen of an Italo-Byzantine iconostasis preserved in Cyprus.

All the icons are in the Italo-Byzantine style and combine borrowings both from Italian Primitive and early Renaissance painting and from the Palaeologan tradition. The materials and techniques are Byzantine rather than western, but the aesthetic conception is more Italian. The themes as well as the iconographic details are based on orthodox theology of the East, but they incorporate a plethora of western iconographic elements and sometimes a whole iconographic theme rendered in the western manner, for instance the

Το εικονοστάσιο της Παναγίας Καθολικής χρονολογείται γύρω στο 1500, περίοδος κατά την οποία ο τύπος των εικονοστασίων με πολλές σειρές εικόνων, με πλούσιο ανάγλυφο διάκοσμο, επίχρυσο και γραπτό, είχε ήδη εισαχθεί στην Κύπρο. Πρόκειται για το αρχαιότερο και μεγαλύτερο αυτού του τύπου, που διατηρείται μέχρι σήμερα στην αρχική του θέση με τις εικόνες του. Ανάλογα εικονοστάσια, αν και μικρότερα και με λιγότερες εικόνες, έχουν διατηρηθεί στον ναό της Παναγίας Καθολικής στη Γαλάτα, που χρονολογείται γύρω στο 1502, στο καθολικό της μονής Αγίου Νεοφύτου, που χρονολογείται στο 1544, και στον ναό της Κοίμησης της Θεοτόκου στα Κούρδαλη, που χρονολογείται στο πρώτο μισό του 16ου αιώνα, καθώς και αλλού.

Καταλαμβάνει όλο το εύρος του τρίκλιτου ναού της Παναγίας Καθολικής και φθάνει σχεδόν μέχρι την κορυφή της αμφικλινούς στέγης σε ύψος γύρω στα 7,35 μέτρα. Περιλαμβάνει σαράντα οκτώ εικόνες, διατεταγμένες σε τέσσερεις σειρές: τη χαμηλότερη (η δεσποτική σειρά), που διακόπτεται από τα δύο βημόθυρα της Ωραίας Πύλης και μια δεύτερη βόρεια Πύλη, ακολουθεί η σειρά του εορτολογικού κύκλου στο επιστύλιο, εκείνη της Μεγάλης Δέησης και στην κορυφή εκείνη με τον Εσταυρωμένο, που πλαισιούται από τα δύο Λυπηρά (=εικόνες της Θεοτόκου και του Ιωάννη του Ευαγγελιστή). Στο κάτω μέρος του εικονοστασίου υπάρχει μια σειρά από θωράκια κάτω από κάθε δεσποτική εικόνα.

Ο γλυπτός και επίχρυσος διάκοσμος αναδεικνύεται πάνω σε μπλε και κόκκινο βάθος, και εκτείνεται επάνω σε ολες τις επιφάνειες ρυθμίζοντας και συγκροτώντας όλο το εικονοστάσιο. Όλος αυτός ο πληθωρικός διάκοσμος αποτελεί σύμφυρμα του υστερογοτθικού φλογόσχημου ρυθμού, του αναγεννησιακού, καθώς και του βυζαντινού.

Οι εικόνες του εικονοστασίου είναι έργο ενός ανώνυμου δυστυχώς ζωγράφου, ο οποίος δεν άφησε την υπογραφή του επάνω σε αυτό το πληθωρικό αριστούργημα, το οποίο αποτελεί το καλύτερο δείγμα ιταλοβυζαντινού εικονοστασίου, που διετηρήθη στην Κύπρο.

Όλες οι εικόνες ανήκουν στον ιταλοβυζαντινό ρυθμό συνδυάζοντας έτσι δάνεια από την ιταλική μεσαιωνική και αναγεννησιακή ζωγραφική, καθώς και από την παλαιολόγεια παράδοση. Τα υλικά και οι τεχνικές

Betrayal of Christ. The artist and his team incline more toward Gothic and Renaissance spacial concepts incorporating the illusionistic and not the Byzantine perspective. The artists also look toward Italian concepts when modelling the faces and the garments of the figures, when furnishing the backgrounds with Italian or Italianate architecure, when elaborating the poses and gestures of the figures involved in the gospel scenes of the festive cycle and setting them elegantly and with refinement in the architectural or natural landscapes. However, the artists of the team are firmly attached to the Palaeologan traditions when elaborating the richly gilded thrones of the Virgin (see nos 38, 40 and 41), when creating the portraits of the Apostles in the Great *Deisis*, although with a humanistic rather than an ascetic and spiritual bias. In this way a syncretistic style is produced which bestrides the Western and Eastern world.

The exhibition includes the Sanctuary Doors (no. 38) and representative icons of each tier of the iconostasis: St John the Evangelist (no. 39) from the "despotic tier", the Pre-Annunciation (no. 40), the Annunciation (no. 41), and The Sunday of the Myrophores (no. 42) from the festive cycle, the Archangel Michael (no.43), St John Prodromos (no. 44), St Paul (no. 45) and the Archangel Gabriel (no. 46) from the tier of the Great *Deisis*.

Sophocles Sophocleous

είναι κατά το πλείστον βυζαντινής παράδοσης παρά δυτικής, όμως η αισθητική των έργων αυτών είναι περισσότερο ιταλική. Η θεματολογία, όπως και η εικονογραφική της συγκρότηση, εδράζονται στις ορθόδοξες θεολογικές παραμέτρους της Ανατολής, ενσωματώνουν όμως πληθώρα εικονογραφικών στοιχείων της Δύσης. Ο δημιουργός καλλιτέχνης και η ομάδα του κλίνουν περισσότερο προς τη γοτθική και αναγεννησιακή αισθητική αντίκρυση σε ό,τι αφορά την έννοια του εικονογραφικού χώρου, όπου ενσωματώνουν την ψευδαισθησιακή προοπτική, και όχι τη βυζαντινή. Οι ζωγράφοι της ομάδας είναι επίσης προσηλωμένοι στις ιταλικές αξίες, όταν πλάθουν τα πρόσωπα, τα ενδύματα, όταν επιπλώνουν τους κάμπους των εικόνων με ιταλικά ή και ιταλίζοντα αρχιτεκτονήματα, όταν αποδίδουν και επεξεργάζονται τις στάσεις και χειρονομίες των μορφών, που εμπλέκονται στις εικονιζόμενες ευαγγελικές σκηνές του εορτολογικού κύκλου και τις εγγράφουν με πολύ αβρό, κομψό και εκλεπτυσμένο τρόπο μέσα στα δημιουργούμενα αρχιτεκτονικά ή και φυσικά τοπία. Εξ αντιθέτου, οι καλλιτέχνες δημιουργοί της ομάδας παραμένουν πιστοί στις παλαιολόγειες παραδόσεις, όταν αποδίδουν τους πλουσιοπάροχα χρυσοκονδυλισμένους θρόνους της Θεοτόκου (βλ. αρ. 38, 40 και 41), όταν επεξεργάζονται τις προσωπογραφίες των αποστόλων στη Μεγάλη Δέηση, παρόλο που τις αποδίδουν πολύ εξανθρωπισμένες και όχι ασκητικές και πνευματικοποιημένες. Συνεπώς μια συγκρητιστική τεχνοτροπία παράγεται, η οποία εκπηγάζει, τόσο από τη Δύση, όσο και από την Ανατολή.

Από το εικονοστάσιο της Παναγίας Καθολικής παρουσιάζονται στην παρούσα έκθεση του Λονδίνου τα βημόθυρα (αρ. 38) και αντιπροσωπευτικές εικόνες από κάθε σειρά: ο άγιος Ιωάννης ο Ευαγγελιστής (αρ. 39) από τη δεσποτική σειρά, ο Προευαγγελισμός (αρ. 40), ο Ευαγγελισμός (αρ. 41) και η Κυριακή των Μυροφόρων (αρ. 42) από τον εορτολογικό κύκλο, ο αρχάγγελος Μιχαήλ (αρ. 43), ο άγιος Ιωάννης ο Πρόδρομος (αρ. 44), ο άγιος Παύλος (αρ. 45) και ο αρχάγγελος Γαβριήλ (αρ. 46) από τη σειρά της Μεγάλης Δέησης.

Σοφοκλής Σοφοκλέους

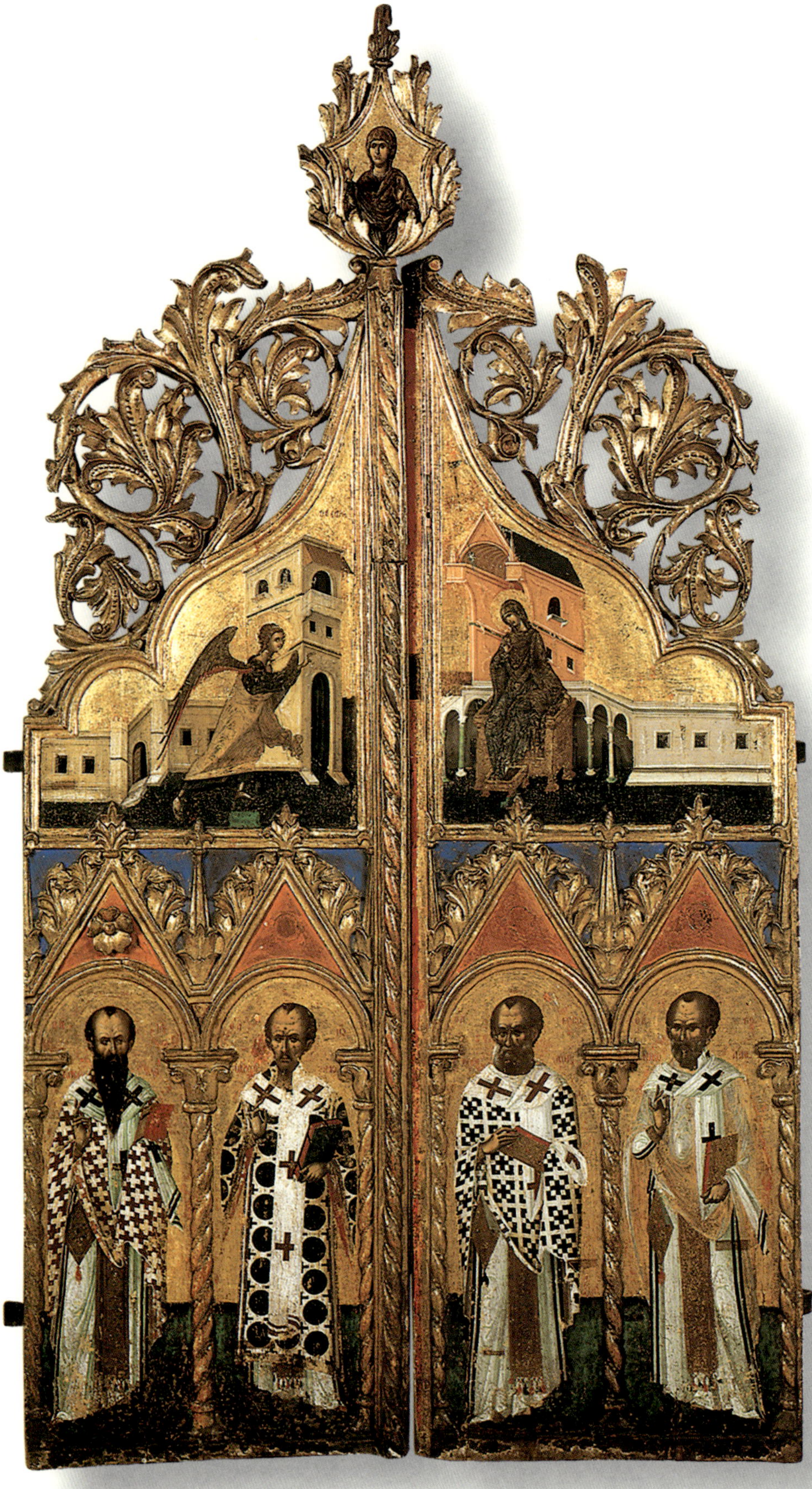

38. Sanctuary Doors

Virgin Orans above
The Annunciation in the middle register
The three Hierarchs and St Nicholas in the lower register
Around 1500
Pelendri, Church of Panaghia Katholiki
They belong to the iconostasis of the church
Left door: 184 x 50.5 cm
Right door: 153.5 x 50.1 cm

Anonymous painter who executed with his atelier the iconostasis of Panaghia Katholiki, Pelendri.

Tempera and gold leaf on wooden support, primed with cloth, gesso and red bole. Incised haloes.

Conserved at the Atelier for Conservation of the Centre of Cultural Heritage by Kostas Gerasimou and Kyriakos Papaïoakeim in 1995.

The two leaves form a flamboyant arch at the top, crowned with acanthus scrolls. The sculpted motifs are gilded, on a blue and red background.

On the very top there is a medallion with the bust of the Virgin Orans. Under the flamboyant arch is depicted the Annuciation, analogous to the Annunciation on the equivalent icon in the festive cycle of the epistyle of the iconostasis (no. 41). The scene is divided between the two panels. The Virgin is seated on a sumptuously gilded throne, her feet on a *suppedaneum*. She inclines her head towards the archangel and raises her right hand in a gesture of prayer. The other hand rests on the throne. She is dressed in elegant and sumptuous garments, blue tunic and purple *maphorion*, ornamented in a very fine way with flexible *chrysographies* diligently adapted on the fluid and sophisticated draperies. The archangel approaches the Virgin blessing her with his right hand while addressing her. He is holding the messenger's staff terminating at the top with a fleur-de-lys; the staff is covered by the waving folds of his garments. He wears a blue tunic and a white-rose *himation*, both richly decorated with *chrysographies*. His wings, long and elegant, are brown with gold reflexions on the upper part and red on the lower part. A shaft of light from heaven is directed at the Virgin and forms at its lower extremity a luminous disk in which appears the dove of the Holy Spirit. The scene takes place in front of Italianate architecture composed of a series of gound floor buildings and two towers with windows of various shapes. Some of the windows of the two towers have iron grilles and others Gothic twisted lancettes with tracery above. The left tower has a roofed loggia on consoles. The right one is distinguished by the large

38. ΒΗΜΟΘΥΡΑ

Παναγία Δεομένη στην κορυφή
Ο Ευαγγελισμός στη μεσαία ζώνη
Οι τρεις Ιεράρχες και ο άγιος Νικόλαος στην κάτω ζώνη
Γύρω στο 1500
Πελένδρι, ναός Παναγίας Καθολικής
Ανήκουν στο εικονοστάσιο του ναού
Δεξιό θυρόφυλλο: 153.5 x 50.1 εκ.
Αριστερό θυρόφυλλο: 184 x 50.5 εκ.

Ανώνυμος ζωγράφος, ο οποίος φιλοτέχνησε με το εργαστήριό του το εικονοστάσιο της Παναγίας Καθολικής στο Πελένδρι. Εργάζεται στην ιταλοβυζαντινή τεχνοτροπία. Η ξυλογλυπτική των βημόθυρων εμπνέεται από τον ύστερο φλογόσχημο γοτθικό ρυθμό.

Αυγοτέμπερα, φύλλα χρυσού και χρυσαλοιφή πάνω σε ξύλινη βάση, προετοιμασμένη με ύφασμα, γύψινο επίχρισμα και αμπόλιο. Εγχάρακτοι φωτοστέφανοι.

Συντηρήθηκαν στο Εργαστήριο Συντήρησης του Κέντρου Πολιτιστικής Κληρονομιάς από τους Κώστα Γερασίμου και Κυριάκο Παπαϊωακείμ το 1995.

Τα δύο θυρόφυλλα σχηματίζουν φλογόσχημο τόξο στο άνω μέρος, στεμμένο με φύλλα άκανθας. Τα γλυπτά μοτίβα επιχρυσώνονται και αναδεικνύονται μέσα σε μπλε και κόκκινο βάθος.

Στην κορυφή υπάρχει στηθάριο με την προτομή Δεομένης Θεοτόκου. Κάτω από το φλογόσχημο τόξο ζωγραφίζεται ο Ευαγγελισμός, ανάλογος με εκείνο στην εικόνα του εορτολογικού κύκλου στο επιστύλιο του εικονοστασίου (αρ. 41). Η σκηνή χωρίζεται στα δύο θυρόφυλλα. Η Θεοτόκος, καθήμενη σε χρυσοποίκιλτο μεγαλόπρεπο θρόνο με τα πόδια επάνω σε υποπόδιο. Γέρνει την κεφαλή της προς τον αρχάγγελο και ανασηκώνει το δεξί της χέρι σε δέηση, ενώ το αριστερό ακουμπά στον θρόνο. Ενδύεται κομψά πλουσιοπάροχα ενδύματα, μπλε χιτώνα και πορφυρό μαφόριο, με χρυσές ανταύγειες, οι οποίες αποδίδονται με εύπλαστες λεπτές χρυσοκονδυλιές, επιμελώς προσαρμοσμένες στη ρευστή και σοφιστικοποιημένη πτυχολογία. Ο αρχάγγελος πλησιάζει τη Θεοτόκο, ευλογώντας την με το δεξί του χέρι, ενώ την προσφωνεί. Φέρει τη ράβδο του αγγελιαφόρου, η οποία τελειώνει στο άνω μέρος σε ανθόκρινο, και η οποία καλύπτεται από την κυματίζουσα πτυχολογία των ενδυμάτων. Φέρει μπλε χιτώνα και λευκοροδί ιμάτιο, και τα δύο πλουσιοπάροχα διακοσμημένα με χρυσοκονδυλιές. Οι πτέρυγές του, επιμήκεις και κομψές, φέρουν καφέ χρυσοποίκιλτους τόνους στο άνω μέρος και κόκκινους στο κάτω. Μια δέσμη φωτός από τον ουρανό κατευθύνεται προς την Παναγία και σχηματίζει στο κατώτατό της σημείο μια φωτεινή δόξα, εντός της οποίας επιφαίνεται η περιστερά του Αγίου Πνεύματος. Η σκηνή λαμβάνει χώραν έμπροσθεν μεγα-

semicircular arch inscribed in a triangular pediment decorated with acanthus scrolls and pinnacles with fleur-de-lys on their points, copying thus the typology of the buildings in the icon of the Annunciation (no. 41). The typology and ornamentation of the pediment is also to be found, but in a sculpted form, on the gables on the lower register of the Sanctuary Doors over the hierarchs, as well as on other carved and gilded parts of the iconostasis (see Fig. 7).

The lower register is separated from the Annunciation by a series of semicircular arches on spiral columns. The arches are crowned by gables with acanthus foliage and pinnacles terminating in fleurs-de-lys. A rosette fills the centre of each gable. The painted panels between the columns contain, on green grounds and gilded backgrounds, the three Hierarchs (from left to right St Basil, St John Chrysostom and St Gregory the Theologian) and finally St Nicholas.

All these carved motifs, gilded and/or painted, testify to the introduction into Cyprus of Gothic flamboyant sculpture and architecture together with Renaissance borrowings.

No inscription accompanies the Virgin Orans, but the title THE ANNUNCIATION is in the middle register and the names of the Hierarchs on the lower register: SAINT BASIL, SAINT JOHN THE CHRYSOSTOM; SAINT GREGORY THE THEOLOGIAN and SAINT NICHOLAS.

Sophocles Sophocleous

λόπρεπων αρχιτεκτονημάτων ιταλικής έμπνευσης, τα οποία αποτελούνται από μία σειρά ισόγειων συγκροτημάτων και δύο πύργους. Οι όψεις παρουσιάζουν τετράγωνα θυρώματα, στοά από ψηλόλιγνες κολώνες, καθώς και θυρώματα διαφόρων μορφολογιών. Μερικά από τα θυρώματα των δύο πύργων φέρουν μεταλλικά κιγκλιδώματα, και άλλα γεμίζουν, κατά τα γοτθικά πρότυπα, με διπλά οξυκόρυφα τόξα και ρόδακες στο άνω μέρος. Ο αριστερός πύργος φέρει στεγασμένο εξώστη επάνω σε κονσόλες. Ο δεξιός πύργος διακρίνεται για την πλατιά ημικυκλική αψίδα, που εγγράφεται σε τριγωνικό αέτωμα, κοσμημένο με φύλλα άκανθας και πυργίσκους με ανθόκρινα στις κορυφές, αντιγράφοντας έτσι την τυπολογία του ίδιου κτιρίου στην εικόνα του Ευαγγελισμού (αρ. 41). Η τυπολογία και ο διάκοσμος του εν λόγω αετώματος επαναλαμβάνονται, αλλά υπό γλυπτή μορφή στο ξύλο, στα αετώματα στην κάτω ζώνη των Βημόθυρων, κάτω από τα οποία εικονίζονται οι ιεράρχες, καθώς και σε άλλα ξυλόγλυπτα μέρη του εικονοστασίου (βλ. εικ. 7).

Η κάτω ζώνη των Βημόθυρων χωρίζεται από τη σκηνή του Ευαγγελισμού με μια σειρά από ημικυκλικά τόξα, που στηρίζονται σε στριφογυριστές κολώνες. Τα τόξα εγγράφονται μέσα σε τριγωνικά αετώματα, που στέφονται με φύλλα άκανθας και πυργίσκους, που έχουν στην κορυφή τους ανθόκρινα. Κάθε αέτωμα γεμίζει με ένα ρόδακα. Στα διάστυλα εγγράφονται μορφές ιεραρχών επάνω σε πράσινο κάμπο στο κάτω μέρος και χρυσό βάθος στο άνω. Από αριστερά προς δεξιά εικονίζονται οι τρεις ιεράρχες (Βασίλειος ο Μέγας, Ιωάννης ο Χρυσόστομος και Γρηγόριος ο Θεολόγος) και ο άγιος Νικόλαος.

Όλος ο γλυπτός, επίχρυσος και έγχρωμος διάκοσμος των Βημόθυρων τεκμηριώνει την εισαγωγή στην Κύπρο της ύστερης γοτθικής φλογόσχημης αρχιτεκτονικής και γλυπτικής μαζί με δάνεια από την Ιταλική Αναγέννηση.

Καμμία επιγραφή δεν συνοδεύει τη Δεομένη Παναγία στο στηθάριο της κορυφής, ενώ στη μεσαία ζώνη αναγράφεται ο τίτλος Ο ΕΥΑΓΓΕ[ΛΙC]ΜΟC, και στην κάτω ζώνη τα ονόματα των ιεραρχών Ο ΑΓΙΟC ΒΑCΙΛΕΙΟC, Ο ΑΓ(ΙΟC) ΙΩ(ΑΝΝΗC) Ο ΧΡΥCΟCΤΟΜΟC, Ο ΑΓ(ΙΟC) ΓΡΙΓΟΡΙΟC Ο ΘΕΟΛΟΓΟC, Ο ΑΓΙΟC ΝΙΚΟΛΑΟC.

Σοφοκλής Σοφοκλέους

Bibliography: Sophocleous 1990, vol. I, pp. 294-95, vol. II, pp. 251-3, vol. III, pls 153-55. Mulhouse and Strasbourg 1994, no. 17, p. 64 and pl. 11. Sophocleous 1994b, p. 34 and p. 43: fig. 12. Stylianou 1996, figs 238-39.

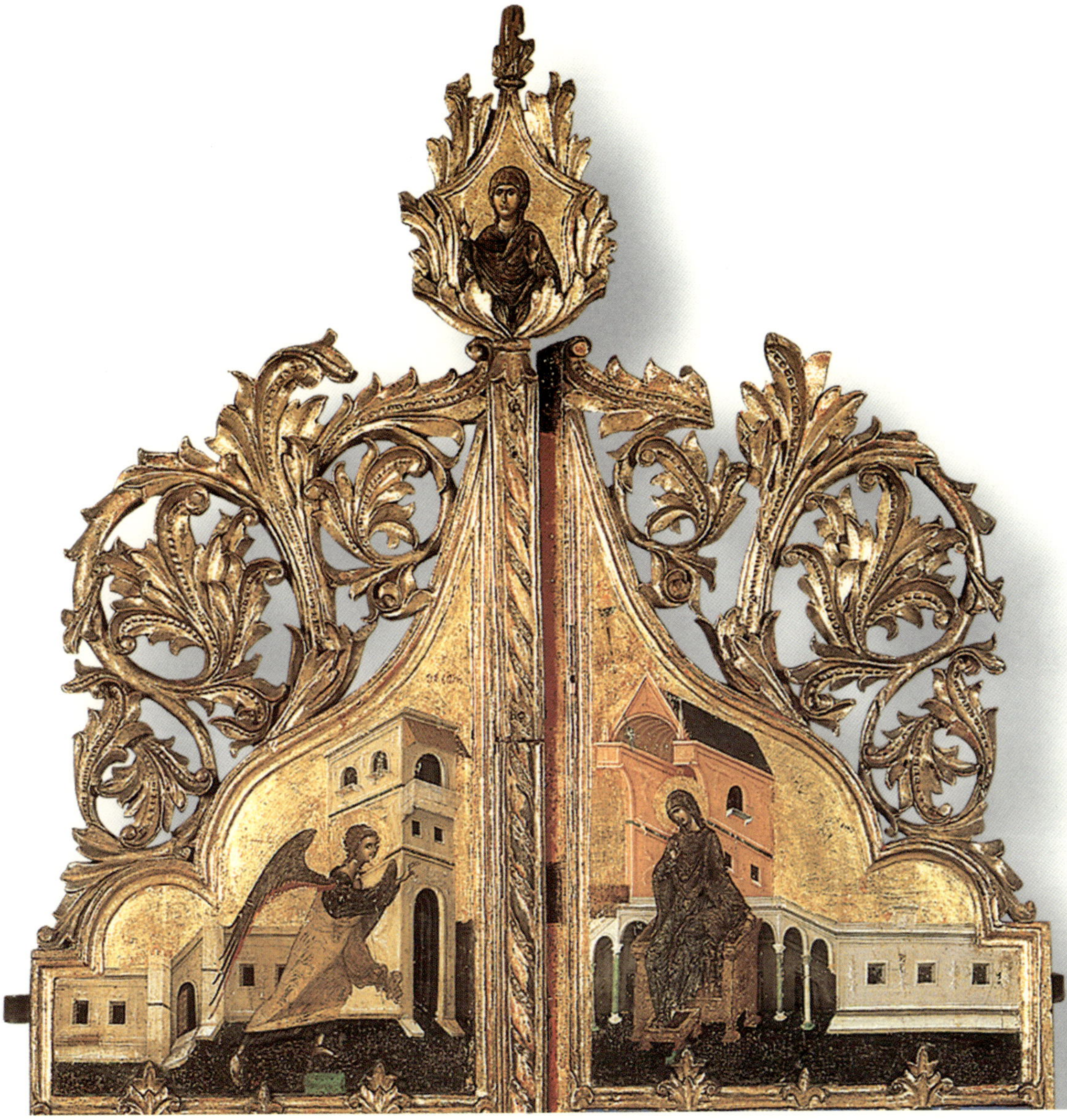

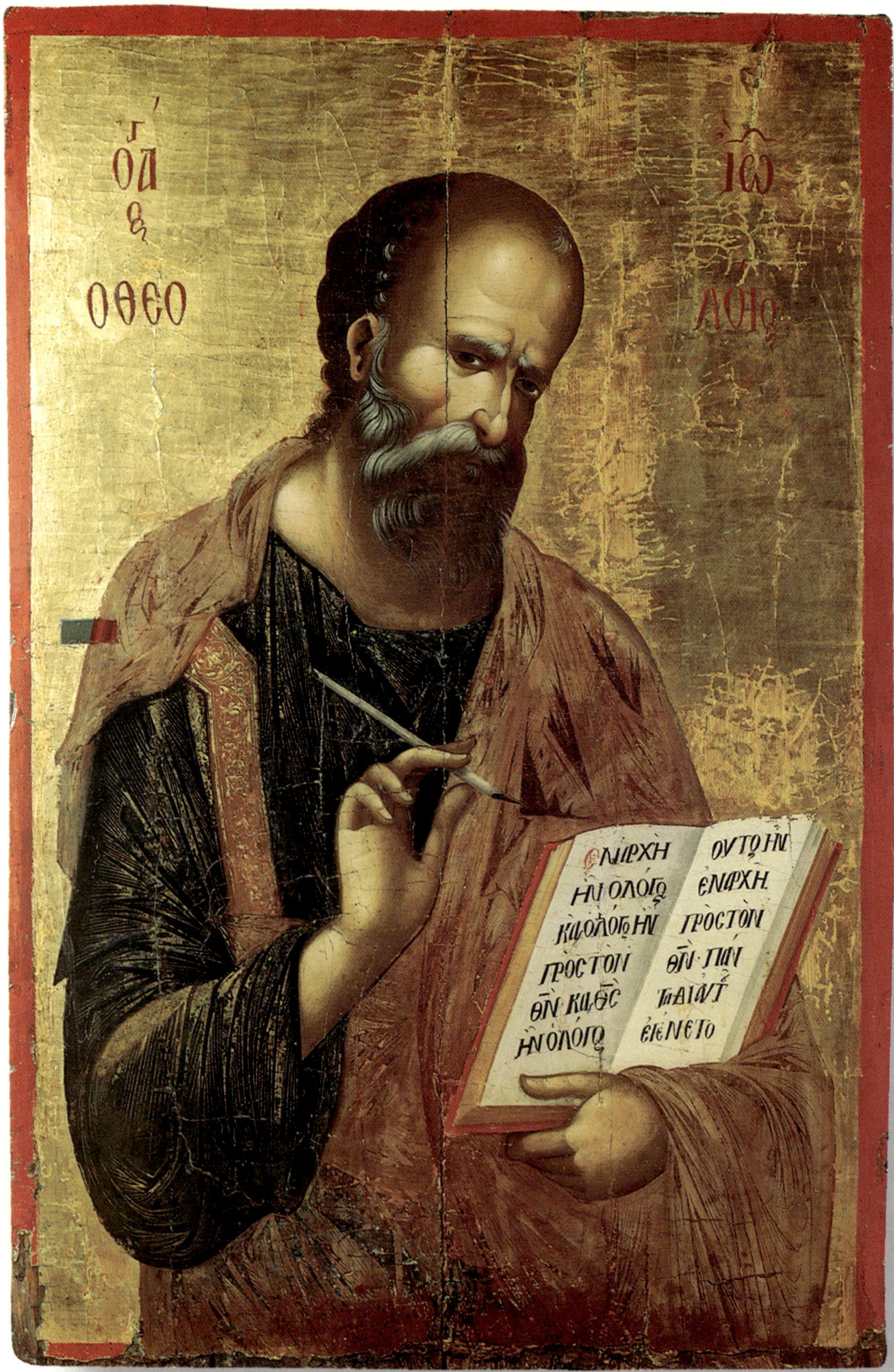

39. Saint John the Theologian

Around 1500
Pelendri, Church of Panaghia Katholiki
The icon belongs to the "despotic" tier of the iconostasis
121 x 79.4 cm

Anonymous painter who executed with his atelier the iconostasis of Panaghia Katholiki, Pelendri. He works in the Italo-Byzantine style.

Tempera, gold leaf and gold powder on wooden support, primed with cloth, gesso and bole. Incised halo.

The greater part of the icon was repainted in 1914 by the monks of Stavrovouni: a large part of the gilded background was repainted in blue, as well as the garments apart from the *clavus*. The legend of the icon was reinscribed on the new blue background. All the repaintings were removed during the cleaning of the icon (specimen left on the right shoulder of the saint) thus uncovering the original colours and the nominal inscription.

Conserved by Kostas Gerasimou and Kyriakos Papaïoakeim in 1999.

St John the Evangelist, half-length and turned three quarters towards the right where Christ is situated at the centre of the "despotic" tier of icons on the iconostasis. In his right hand he holds a pen and in the other his Gospel. In the book held in his left hand are the opening words of St John's Gospel: "IN THE BEGINNING WAS THE WORD AND THE WORD WAS WITH GOD AND THE WORD WAS GOD. THE SAME WAS IN THE BEGINNING WITH GOD. ALL THINGS WERE MADE BY HIM" (*John*, I: 1-3).

He wears a dark blue *chiton* with a richly gold ornamented *clavus* and a brown-red *himation* both highlighted with *chrysographies*; these unfortunately deteriorated on the *himation* during cleaning. He is depicted on a gilded background with a red frame.

The icon bears the nominal inscription SAINT JOHN THE THEOLOGIAN.

Sophocles Sophocleous

39. Ο Άγιος Ιωαννης ο Θεολογος

Γύρω στο 1500
Πελένδρι, ναός Παναγίας Καθολικής
Η εικόνα ανήκει στη δεσποτική σειρά του εικονοστασίου
121 x 79.4 εκ.

Ανώνυμος ζωγράφος, που φιλοτέχνησε μαζί με το εργαστήριό του το εικονοστάσιο της Παναγίας Καθολικής. Εργάζεται στην ιταλοβυζαντινή τεχνοτροπία.

Αυγοτέμπερα, φύλλα χρυσού και χρυσαλοιφή επάνω σε ξύλινη βάση, προετοιμασμένη με ύφασμα, γύψινο επίχρισμα και αμπόλιο. Εγχάρακτος φωτοστέφανος.

Το μεγαλύτερο μέρος της εικόνας επιζωγραφήθηκε το 1914 από τους μοναχούς του Σταυροβουνίου: ένα μεγάλο μέρος του χρυσού κάμπου χρωματίστηκε μπλε, καθώς επίσης και τα ενδύματα με μπλε και κόκκινο, εκτός από το σημείο (*clavus*). Η λεζάντα της εικόνας επαναγράφηκε στον μπλε κάμπο. Όλες οι επιζωγραφήσεις αφαιρέθηκαν κατά τη συντήρηση της εικόνας (αφέθηκε μικρό δείγμα στον δεξιό ώμο του αγίου), αποκαλύπτοντας έτσι την αυθεντική ζωγραφική και επιγραφή.

Συντηρήθηκε από τον Κώστα Γερασίμου και τον Κυριάκο Παπαϊωακείμ το 1999.

Ο άγιος Ιωάννης ο Ευαγγελιστής εικονίζεται μέχρι τη μέση, ελαφρά γυρισμένος προς τα δεξιά, όπου ευρίσκεται η εικόνα του Χριστού στο κέντρο της δεσποτικής σειράς του εικονοστασίου. Στο δεξί του χέρι κρατά γραφίδα και στο άλλο ανοιχτό βιβλίο με την αρχή του ευαγγελίου του: ΕΝ ΑΡΧΗ/ ΗΝ Ο ΛΟΓΟC/ ΚΑΙ Ο ΛΟΓΟC ΗΝ/ ΠΡΟC ΤΟΝ/ Θ(ΕΟ)Ν ΚΑΙ Θ(ΕΟ)C/ ΗΝ Ο ΛΟΓΟC // ΟVΤΟC ΗΝ/ ΕΝ ΑΡΧΗ/ ΠΡΟC ΤΟΝ/ Θ(ΕΟ)Ν ΠΑΝ/ΤΑ ΔΙ ΑVΤΟV/ ΕΓΕΝΕΤΟ (*Ιωάννης*, Α΄, 1-3).

Ενδύεται κυανούν χιτώνα με χρυσοποίκιλτο σημείο (*clavus*) και καφεκόκκινο ιμάτιο, και τα δύο με λεπτές ευπροσάρμοστες χρυσοκονδυλιές, οι οποίες στην περίπτωση του ιματίου έχουν σχεδόν πλήρως εξαφανισθεί κατά τον καθαρισμό. Ο άγιος παρουσιάζεται μέσα σε χρυσό κάμπο με κόκκινο πλαίσιο.

Η εικόνα φέρει την ονομαστική επιγραφή Ο ΑΓ(Ι)ΟC ΙΩ(ΑΝΝΗC) Ο ΘΕΟΛΟΓΟC

Σοφοκλής Σοφοκλέους

Bibliography: Sophocleous 1990, vol. I, p. 315, vol. II, pp. 255-56, vol. III, pl. 156 c-d. Papageorghiou 1991, pp. 152-53, fig. 104. Sophocleous 1994b, pp. 33, 44, fig. 13. Stylianou 1996, fig. 237

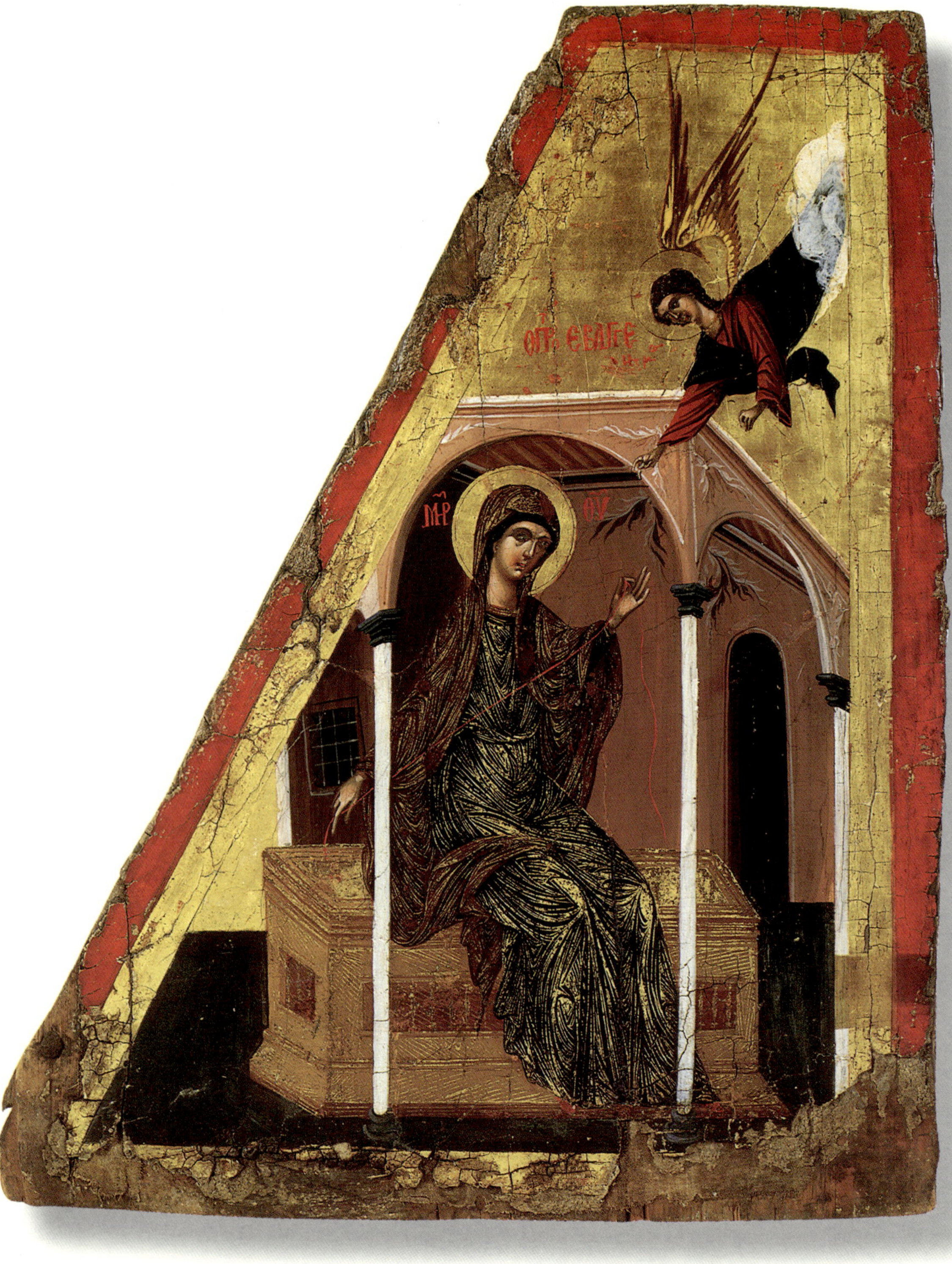

40. PRE-ANNUNCIATION

Around 1500
Pelendri, Church of Panaghia Katholiki
The icon belongs to the festive cycle on the epistyle of the iconostasis
49 x 16 - 40.1 cm

Anonymous painter who executed with his atelier the iconostasis of Panaghia Katholiki, Pelendri. He works in the Italo-Byzantine style.

Tempera, gold leaf and gold powder on wooden support, primed with cloth, gesso and bole. Incised haloes. The panel apparently had a fault at the time of the original painting due to the use of wood in poor condition. For this reason all the back had been covered with a thin layer of gesso for protection.

Conserved at the Atelier for Conservation of the Centre of Cultural Heritage by Gaëlle LeMen in 1999.

The Virgin is seated on a richly gilded throne placed in the portico of a house. She is depicted spinning a red thread which she holds in her hands. The Archangel Gabriel appears from a cloud and stretches his right hand to the Virgin in a gesture of benediction, as he addresses her. Gilded background on the upper part and green ground below, with red frame.

Contrary to Byzantine iconographic tradition the Virgin is represented inside the building rather than having it as an architectural background for the scene. The insertion of a person in the architecture is a western feature, emphasising the painter's evident predilection for Italian architecture derived from the Mediaeval tradition of the so-called "Italian Primitives".

Worthy of note is the rendering of the draperies, characterised by a high academic capacity as far as their sophisticated folds are concerned, while moulding the body in a very fluid and natural way.

The icon bears the title PRE-ANNUNCIATION.

The scene of the "Pre-Annunciation", as well as "The Annunciation", (no. 41) are based on the apocryphal sources and more precisely on the Proto-Gospel of James (chapter 11, 1-3), where the Annunciation takes places in two stages: once at the fountain and a second time at the house of the Virgin. However, in the series of icons of the festive cycle of the iconostasis of Pelendri, the first stage of the Annunciation is depicted in the house under the title "The Pre-Annunciation" (icon no. 40) and the Annunciation at the Fountain is depicted as a second stage under the title "The Annunciation" (icon no. 41).

Sophocles Sophocleous

40. Ο ΠΡΟΕΥΑΓΓΕΛΙΣΜΟΣ

Γύρω στο 1500
Πελένδρι, ναός Παναγίας Καθολικής
Ανήκει στον εορτολογικό κύκλο στο επιστύλιο του εικονοστασίου
49 x 16 - 40.1 εκ.

Ανώνυμος ζωγράφος, που φιλοτέχνησε μαζί με το εργαστήριό του το εικονοστάσιο της Παναγίας Καθολικής. Εργάζεται στην ιταλοβυζαντινή τεχνοτροπία.

Αυγοτέμπερα, φύλλα χρυσού και χρυσαλοιφή επάνω σε ξύλινη βάση, προετοιμασμένη με ύφασμα, γύψινο επίχρισμα και αμπόλιο. Εγχάρακτοι φωτοστέφανοι. Το ξύλο της βάσης είχε φθορές από τον καιρό, που ζωγραφίστηκε η εικόνα, γι' αυτό και επιχρίστηκε στο πίσω μέρος με γύψινη προπαρασκευή για προστασία και σταθεροποίηση.

Συντηρήθηκε στο Εργαστήριο Συντήρησης του Κέντρου Πολιτιστικής Κληρονομιάς από την Gaëlle LeMen το 1999.

Η Παναγία εικονίζεται καθήμενη σε πλουσιοπάροχα χρυσοποίκιλτο θρόνο, τοποθετημένο στη στοά οικίας. Παρουσιάζεται γνέθοντας κόκκινο νήμα. Ο αρχάγγελος Γαβριήλ εμφανίζεται μέσα σε νεφέλωμα, και τείνει το χέρι προς την Παναγία, ευλογώντας την και απευθύνοντάς της τον λόγο. Η σκηνή παρουσιάζεται μέσα σε πράσινο κάμπο στο κάτω μέρος και χρυσό βάθος στο άνω, με πλατύ κόκκινο πλαίσιο.

Αντίθετα με τη βυζαντινή εικονογραφική παράδοση, η Παναγία εικονίζεται μέσα στο κτίριο, αντί να το έχει ως αρχιτεκτονικό φόντο της σκηνής. Η τοποθέτηση ενός προσώπου μέσα στο αρχιτεκτονικό κτίριο αποτελεί δυτικό τρόπο παρουσίασης, ο οποίος τονίζει την προτίμηση του ζωγράφου προς την ιταλική αρχιτεκτονική, που εμπνέεται από την μεσαιωνική παράδοση των λεγομένων "Πριμιτίβων ζωγράφων". Τα ενδύματα της Παναγίας αξίζουν ιδιαίτερης μνείας, καθ' όσον χαρακτηρίζονται από μια υψηλή ακαδημαϊκή ικανότητα σε ό,τι αφορά στη σοφιστικοποιημένη πτυχολογία τους, που με ευπροσάρμοστο τρόπο καλουπιάζει το σώμα με ένα ρευστό και φυσιοκρατικό τρόπο.

Η εικόνα φέρει τον τίτλο "Ο ΠΡΟΕΥΑΓΓΕΛΗΣΜΟΣ".

Η σκηνή του Προευαγγελισμού, καθώς και ο "Ευαγγελισμός", (αρ. 41), βασίζονται στα απόκρυφα κείμενα, και ειδικότερα στο Πρωτοευαγγέλιο του Ιακώβου (κεφ. 11, 1-3), όπου ο Ευαγγελισμός λαμβάνει χώρα σε δύο στάδια: πρώτος Ευαγγελισμός "παρά το φρέαρ" και δεύτερος "εν τω οίκω". Όμως, στη σειρά των εικόνων του εορτολογικού κύκλου στο εικονοστάσιο του Πελενδρίου παρουσιάζεται ως πρώτο στάδιο και με τον τίτλο "Ο Προευαγγελισμός" (εικ. αρ. 40) ο "εν οίκω Ευαγγελισμός" και ως δεύτερο στάδιο και με τον τίτλο "Ο Ευαγγελισμός" (εικ. αρ. 41) ο "παρά το φρέαρ Ευαγγελισμός".

Σοφοκλής Σοφοκλέους

Bibliography: Sophocleous 1990, vol I, pp. 299-318, vol. II, p. 259, vol. III, pl. 160: a-b. Sophocleous 1994b, pp. 33, 46, fig. 15.

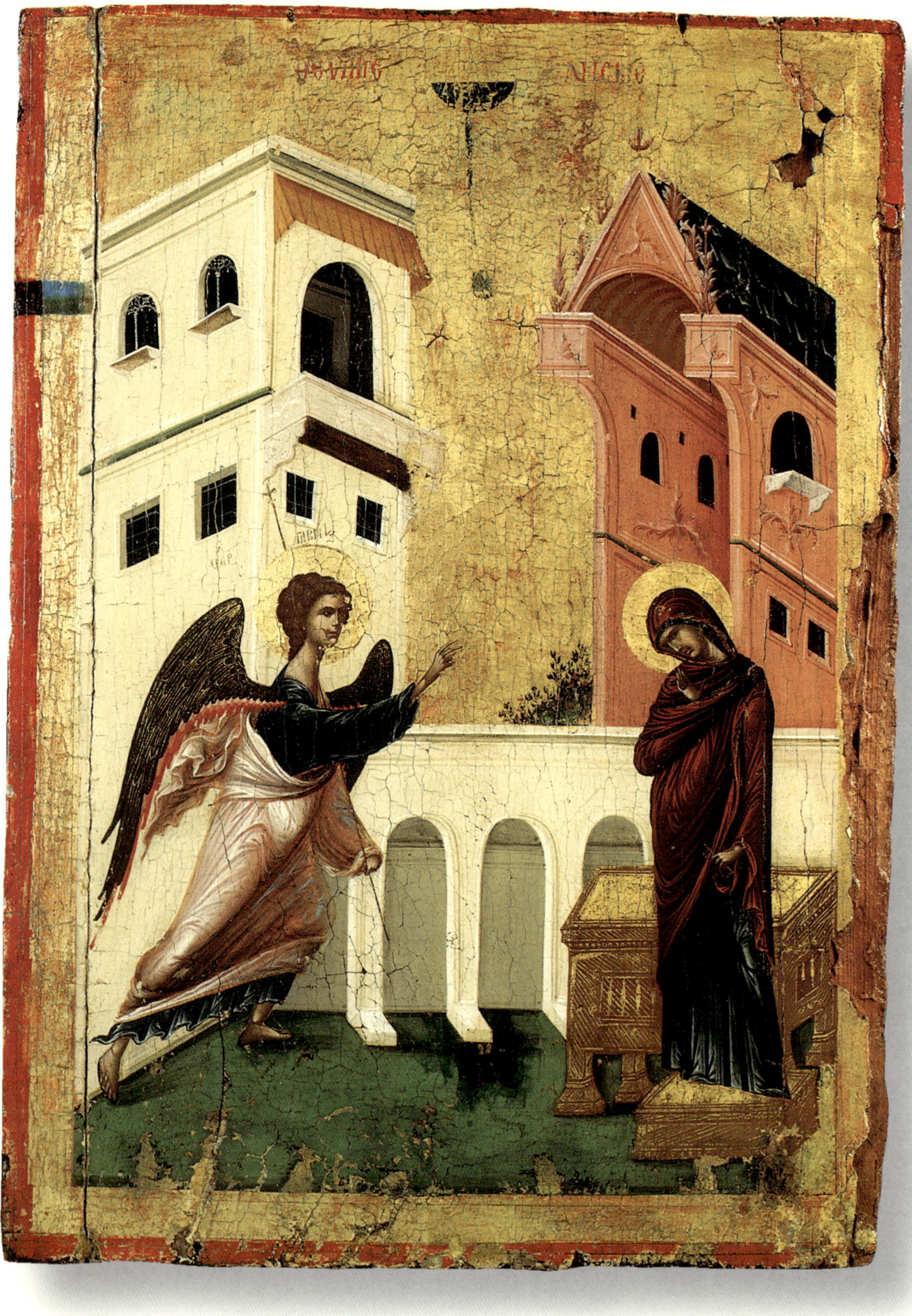

41. ANNUNCIATION

Around 1500
Pelendri, Church of Panaghia Katholiki
The icon belongs to the festive cycle on the epistyle of the iconostasis
48.7 x 35.5 cm

Anonymous painter who executed with his atelier the iconostasis of Panaghia Katholiki, Pelendri. He works in the Italo-Byzantine style.

Tempera, gold leaf and gold powder on wooden support, primed with cloth, gesso and bole. Incised haloes.

A large part of the icon was repainted in 1914 by the monks of Stavrovouni. All the repaintings were removed during the cleaning of the icon.

Conserved at the Atelier for Conservation of the Centre of Cultural Heritage by Kyriaki Tsesmeloglou-Sophocleous in 1999.

The scene takes place in front of an arched portico representing the fountain and high architectural structures. The Virgin stands on a *suppedaneum* in front of a throne, both richly gilded. With the right hand she makes a gesture of salutation and holds a key in her left hand. She is wearing the habitual garments: blue tunic and over it a red-purple *maphorion*. The archangel advances in a dynamic movement towards her and blesses with his right hand extended as he addresses her. In his left hand he holds the messenger's staff. From the sky and between the two buildings the Holy Spirit in the form of a dove is descending through a shaft of light.

The two tower-like structures rise behind the arched portico. Some of the windows of the two towers have iron grilles and others Gothic twisted lancettes with tracery above. The left tower has a roofed loggia on consoles. The right one is distinguished by the large semicircular arch inscribed in a triangular pediment decorated with acanthus scrolls and pinnacles with fleur-de-lys on their points, thus copying the typology of the buildings in the Annunciation of the Sanctuary Doors (no. 38).

Gilded background above, green ground below, with red frame. Some shadows appear in front of the feet of the archangel and of the pillars of the portico contrary to the norms of Byzantine painting which avoids any illusionistic effects evoking terrestrial naturalism.

The icon bears the title THE ANNUNCIATION.

Sophocles Sophocleous

41. Ο ΕΥΑΓΓΕΛΙΣΜΟΣ

Γύρω στο 1500
Πελένδρι, ναός Παναγίας Καθολικής
Ανήκει στον εορτολογικό κύκλο στο επιστύλιο του εικονοστασίου
48.7 x 35.5 εκ.

Ανώνυμος ζωγράφος, που φιλοτέχνησε μαζί με το εργαστήριό του το εικονοστάσιο της Παναγίας Καθολικής. Εργάζεται στην ιταλοβυζαντινή τεχνοτροπία.

Αυγοτέμπερα, φύλλα χρυσού και χρυσαλοιφή επάνω σε ξύλινη βάση, προετοιμασμένη με ύφασμα, γύψινο επίχρισμα και αμπόλιο. Εγχάρακτοι φωτοστέφανοι.

Ένα μεγάλο μέρος της εικόνας επιζωγραφήθηκε το 1914 από τους μοναχούς του Σταυροβουνίου. Όλες οι επιζωγραφήσεις αφαιρέθηκαν κατά τη συντήρηση.

Συντηρήθηκε στο Εργαστήριο Συντήρησης του Κέντρου Πολιτιστικής Κληρονομιάς από την Κυριακή Τσεσμελόγλου-Σοφοκλέους το 1999.

Η σκηνή λαμβάνει χώρα μπροστά από το φρέαρ, το οποίο παρουσιάζεται υπό μορφή τοξοστοιχισμένης στοάς εν μέσω ψηλών αρχιτεκτονικών κατασκευών. Η Παναγία στέκει στο υποπόδιο μπροστά σε χρυσοποίκιλτο θρόνο. Με το δεξί της χέρι προβαίνει σε αβρό χαιρετισμό, και στο αριστερό κρατεί κλειδί. Φέρει τη συνήθη αμφίεση: μπλε χιτώνα και κοκκινοπόρφυρο μαφόριο. Ο αρχάγγελος προχωρεί με δυναμική κίνηση προς το μέρος της, ευλογώντας την με το δεξί χέρι, απευθύνοντάς της τον λόγο. Στο δεξί του χέρι φέρει τη ράβδο του αγγελιαφόρου. Από τον ουρανό και μεταξύ των δύο κτιρίων κατέρχεται δέσμη φωτός, στο άκρο της οποίας εμφανίζεται το Άγιο Πνεύμα με μορφή περιστεράς.

Οι δύο πυργόσχημες κατασκευές αναπτύσσονται πίσω από την στοά. Μερικά από τα κουφώματα των πύργων φέρουν μεταλλικά κιγκλιδώματα και άλλα γοτθικά οξυκόρυφα τόξα και ρόδακες στο άνω μέρος. Ο αριστερός πύργος φέρει στεγασμένο εξώστη επάνω σε κονσόλες. Ο δεξιός πύργος διακρίνεται για την πλατιά ημικυκλική αψίδα, που εγγράφεται σε τριγωνικό αέτωμα, κοσμημένο με φύλλα άκανθας και πυργίσκους με ανθόκρινα στις κορυφές, αντιγράφοντας έτσι την τυπολογία του ίδιου κτιρίου στη σκηνή του Ευαγγελισμού στα Βημόθυρα (αρ. 38).

Στο κάτω μέρος της εικόνας αναπτύσσεται πράσινο έδαφος, και όλη η σκηνή παρουσιάζεται μέσα σε χρυσό φόντο με κόκκινο περίγραμμα. Μπροστά στα πόδια του αρχάγγελου και στις βάσεις των κιόνων της στοάς υπάρχουν σκιές κατά παράβαση των κανόνων της βυζαντινής ζωγραφικής, η οποία αποφεύγει κάθε ιλλουζιονιστική τεχνική, που υπαινίσσεται τη γήινη πραγματικότητα.

Η εικόνα φέρει τον τίτλο Ο ΕΥΑΓΓΕΛΗСΜΟС.

Σοφοκλής Σοφοκλέους

Bibliography: Sophocleous 1990, vol I, pp. 299-318, vol. II, pp. 260-61, vol. III, pl. 160: c-e. Papageorghiou 1991, p. 191, fig. 138. Sophocleous 1994b, pp. 33, 47, fig. 16.

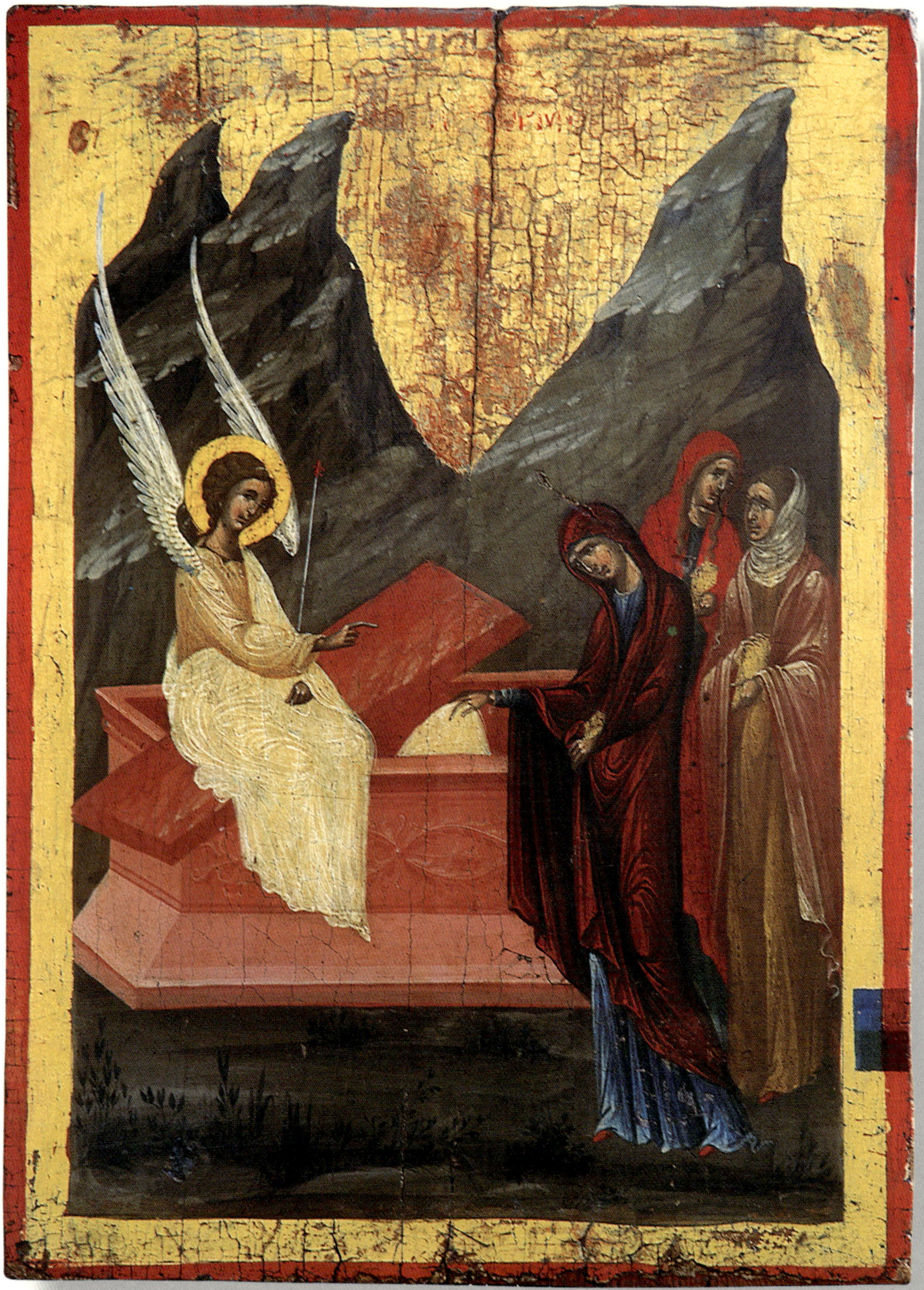

42. THE SUNDAY OF THE MYROPHORES

Around 1500
Pelendri, Church of Panaghia Katholiki
The icon belongs to the festive cycle on the epistyle of the iconostasis
48.5 x 36 cm

Anonymous painter who executed with his atelier the iconostasis of Panaghia Katholiki, Pelendri. He works in the Italo-Byzantine style.

Tempera and gold leaf on wooden support, primed with cloth, gesso and bole. Incised haloes.

Much of the icon was repainted in 1914 by the monks of Stavrovouni: all of the gilded background was repainted in blue, as well as a part of the rock in brown-grey and the legend was reinscribed on the blue background. All the repaintings were removed during the cleaning of the icon (specimens left on the right lower part) thus uncovering the original painting and inscription.

Conserved at the Atelier for Conservation of the Centre of Cultural Heritage by Vojislav Luković in 1994.

The tomb of Christ is represented in the form of an open sarcophagus, in a landscape composed of rocky hills. The Archangel Gabriel, dressed in a cream *chiton* and a white *himation*, is seated on the sarcophagus. He holds in his left hand a staff terminating at the top in a fleur-de-lys and his right hand points to the shroud of Christ in the empty tomb. The Virgin, first among the three women, touches the holy shroud with her right hand. The two Myrophores behind her express their surprise at the empty tomb in a gentle and gracious way in accordance with the norms of Byzantine painting which does not like to express intense emotion. The three women hold in their hands gold objects containing the perfumes they were bringing to anoint the body of Christ. The scene has a gilded background surrounded by a red frame.

The original inscription bearing the title of the icon is in a very bad state of preservation. On the repainting of 1914 the title reads "SUNDAY OF THE MYROPHORES".

Sophocles Sophocleous

42. Η ΚΥΡΙΑΚΗ ΤΩΝ ΜΥΡΟΦΟΡΩΝ

Γύρω στο 1500
Πελένδρι, ναός Παναγίας Καθολικής
Ανήκει στον εορτολογικό κύκλο στο επιστύλιο του εικονοστασίου
48.5 x 36 εκ.

Ανώνυμος ζωγράφος, που φιλοτέχνησε μαζί με το εργαστήριό του το εικονοστάσιο της Παναγίας Καθολικής. Εργάζεται στην ιταλοβυζαντινή τεχνοτροπία.

Αυγοτέμπερα και φύλλα χρυσού επάνω σε ξύλινη βάση, προετοιμασμένη με ύφασμα, γύψινο επίχρισμα και αμπόλιο. Εγχάρακτοι φωτοστέφανοι.

Ένα μεγάλο μέρος της εικόνας επιζωγραφήθηκε το 1914 από τους μοναχούς του Σταυροβουνίου: όλο το χρυσό φόντο χρωματίστηκε μπλε, καθώς και μέρος του βραχώδους τοπίου γκριζοκαφέ, και ο τίτλος επαναγράφηκε πάνω στο μπλε χρώμα φόντο. Όλες οι επιζωγραφήσεις αφαιρέθηκαν κατά τη συντήρηση της εικόνας (μικροδείγματα αφέθησαν στο δεξιό πλαίσιο), αποκαλύπτοντας έτσι την αυθεντική ζωγραφική και επιγραφή.

Συντηρήθηκε στο Εργαστήριο του Κέντρου Πολιτιστικής Κληρονομιάς από τον Vojislav Luković το 1994.

Ο τάφος του Χριστού εικονίζεται υπό μορφή σαρκοφάγου ανοιχτής μέσα στο τοπίο από βραχώδεις λόφους. Στο έδαφος αναπτύσσεται λεπτοφυής βλάστηση. Ο αρχάγγελος Γαβριήλ φέρει ανοικτό καφέ χιτώνα και λευκό ιμάτιο, και κάθεται πάνω στη σαρκοφάγο. Φέρει στο αριστερό του χέρι ράβδο, που τελειώνει σε σχήμα ανθόκρινου, και με το δεξί χέρι δείχνει τα οθόνια στο άδειο μνήμα του Χριστού. Η Παναγία, πρώτη μεταξύ των τριών γυναικείων μορφών, ψηλαφά με το δεξί της χέρι τα οθόνια. Οι δύο Μυροφόρες πίσω της εκφράζουν την έκπληξή τους για το άδειο μνήμα με πραότητα και λεπτότητα σύμφωνα με τις αρχές της βυζαντινής ζωγραφικής, που δεν αρέσκεται στην έκφραση έντονων συγκινήσεων. Οι τρεις γυναίκες κρατούν χρυσά αντικείμενα, που περιέχουν τα αρώματα, που φέρουν, για να χρίσουν το σκήνωμα του Χριστού. Η σκηνή προβάλλει μέσα σε χρυσό κάμπο με κόκκινο περίγραμμα.

Η αυθεντική επιγραφή με τον τίτλο της εικόνας είναι σε πολύ άσχημη κατάσταση διατήρησης. Πάνω στην επιζωγράφηση του 1914 ο τίτλος ήταν "ΚΥΡΙΑΚΗ ΤΩΝ ΜΥΡΟΦΟΡΩΝ".

Σοφοκλής Σοφοκλέους

Bibliography: Sophocleous 1990, vol. I, p. 318, vol. II, p. 275, vol. III, pls 168 c-d and 169. Papageorghiou 1991, p. 191, fig. 138. Mulhouse and Strasbourg 1994, no. 18, p. 64 and pl. 24. Sophocleous 1994b, pp. 50-51, fig. 19.

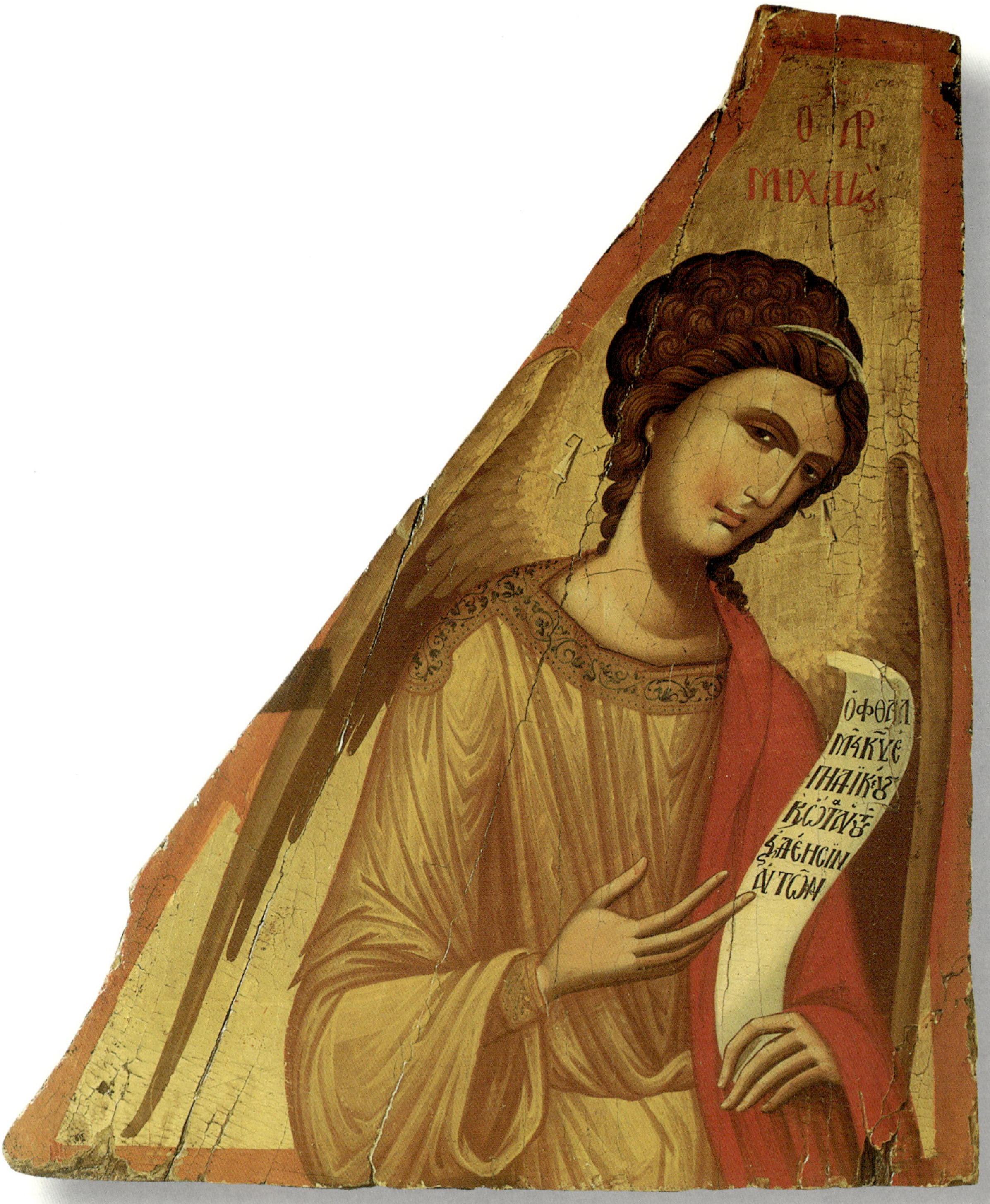

43. Archangel Michael

Around 1500
Pelendri, Church of Panaghia Katholiki
The icon belongs to the Great Deisis on the epistyle of the iconostasis
74.8 x 13.6 - 63.7 cm

Anonymous painter who executed with his atelier the iconostasis of Panaghia Katholiki, Pelendri. He works in the Italo-Byzantine style.

Tempera and gold leaf on wooden support, primed with cloth, gesso and bole. Incised halo.

Conserved by Kostas Gerasimou and Kyriakos Papaïoakeim in 1999.

Archangel Michael (=Who is like God) appears in the Old Testament and in the *Apocalypse* as the Messenger of God. His feast, together with that of the Archangel Gabriel, is on the 8th of November.

The shape of the icon is dictated by its position against the left slope of the church's roof. The Archangel Michael, half-length and turned three quarters towards the right, but with eyes watching the beholder, makes a gesture of prayer to Christ, who is situated in the centre of the Great *Deisis* on the epistyle of the iconostasis. In the other hand he is holding an open scroll with an extract from the 33rd Psalm, verse 16 (quoted by St Peter in his first *Epistle*, III: 12): "...THE EYES OF THE LORD ARE ON THE JUST AND HIS EARS HEAR THEIR PRAYER..."

He wears a light brown-yellow *chiton* gathered at the waist and ornamented with an embroidered collar extended over the shoulder to form epaulettes; its sleeves have embroidered borders forming maniples. Over the *chiton* is a red-orange *himation* thrown over his left shoulder. The figure appears on a gilded background with red border, but on the lower part the saint comes out of the frame.

The icon bears the nominal inscription THE ARCHON (Magistrate) MICHAEL.

Sophocles Sophocleous

43. Ο Αρχων Μιχαηλ

Γύρω στο 1500
Πελένδρι, ναός Παναγίας Καθολικής
Ανήκει στη σειρά της Μεγάλης Δέησης στο επιστύλιο του εικονοστασίου
74.8 x 13.6 - 63.7 εκ.

Ανώνυμος ζωγράφος, που φιλοτέχνησε μαζί με το εργαστήριό του το εικονοστάσιο της Παναγίας Καθολικής. Εργάζεται στην ιταλοβυζαντινή τεχνοτροπία.

Αυγοτέμπερα και φύλλα χρυσού επάνω σε ξύλινη βάση, προετοιμασμένη με ύφασμα, γύψινο επίχρισμα και αμπόλιο. Εγχάρακτος φωτοστέφανος.

Συντηρήθηκε από τον Κώστα Γερασίμου και τον Κυριάκο Παπαϊωακείμ το 1999.

Ο αρχάγγελος Μιχαήλ (=Ποιος είναι σαν τον Θεό) εμφανίζεται κυρίως στην Παλαιά Διαθήκη και την Αποκάλυψη ως αγγελιοφόρος του Θεού. Εορτάζεται μαζί με τον αρχάγγελο Γαβριήλ στις 8 Νοεμβρίου.

Το σχήμα της εικόνας υπαγορεύεται από τη θέση της κάτω από την αριστερή κλίση της ξύλινης στέγης του ναού. Ο αρχάγγελος Μιχαήλ εικονίζεται μέχρι τη μέση, γυρισμένος προς τα δεξιά, το βλέμμα όμως προς τον θεατή, φέρει το δεξί του χέρι σε δέηση προς τον Χριστό ο οποίος είναι στο κέντρο της Μεγάλης Δέησης στο επιστύλιο του εικονοστασίου. Στο άλλο χέρι κρατεί ανεπτυγμένο ειλητό όπου αναγράφεται ο 16ος στίχος του 33ου ψαλμού του Δαβίδ, ο οποίος επαναλαμβάνεται από τον άγιο Πέτρο στην πρώτη του *Επιστολή*, Γ', 12: ΟΦΘΑΛ/ΜΕΙ Κ(VΡΙΟ)V Ε/ΠΗ ΔΙΚΕΟV(C)/ Κ(ΑΙ) ΩΤα ΑVΤΟV/ ΕΙC ΔΕΗCΙΝ/ ΑVΤΩΝ.

Ενδύεται με ανοιχτό καφεκίτρινο χιτώνα, ζωσμένο στη μέση και διακοσμημένο με κεντημένο περιλαίμιο, που συνεχίζει και σχηματίζει επωμίδες. Τα μανίκια του φέρουν κεντημένες παρυφές ως επιμάνικα. Πάνω από τον χιτώνα φέρει κοκκινοπορτοκαλί ιμάτιο, ριγμένο πάνω από τον αριστερό του ώμο. Η μορφή επιφαίνεται σε χρυσό κάμπο με κόκκινο περίγραμμα, όμως στο κάτω μέρος εξέρχεται του κόκκινου πλαισίου.

Η εικόνα φέρει την ονομαστική επιγραφή Ο ΑΡΧ(ΩΝ) ΜΙΧΑΗΛ.

Σοφοκλής Σοφοκλέους

Bibliography: Sophocleous 1990, vol. I, p. 305, vol. II, p. 282, vol. III, pl. 173 a-b. Sophocleous 1994b, pp. 33, 54, fig. 22.

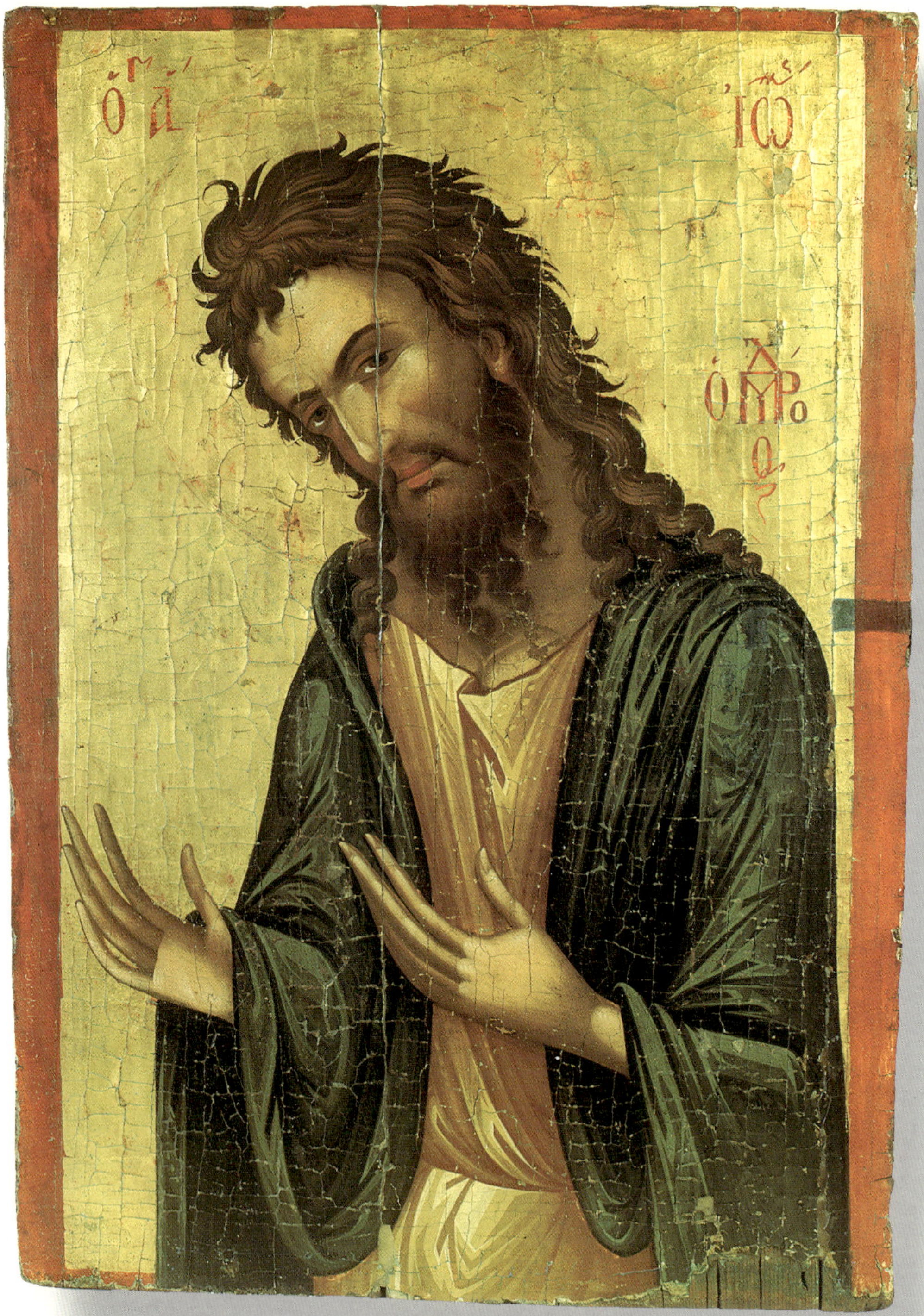

44. SAINT JOHN PRODROMOS (THE PRECURSOR)

Around 1500
Pelendri, Church of Panaghia Katholiki
The icon belongs to the Great Deisis on the epistyle of the iconostasis
73.6 x 52.1 cm

Anonymous painter who executed with his atelier the iconostasis of Panaghia Katholiki, Pelendri. He works in the Italo-Byzantine style.

Tempera and gold leaf on wooden support, primed with cloth, gesso and bole. Incised halo.

All of the gilded background was repainted in blue, the halo with bronzina and a red contour, the frame repainted brown by the monks of Stavrovouni in 1914. The legend was reinscribed. The repaintings were removed during the cleaning of the icon (specimen left on the right border) thus uncovering the original painting and inscription.

Conserved by Kostas Chasapopoulos in 1999.

St John Prodromos (the Precursor - St John the Baptist) half-length and turned three quarters to the left, has his hands raised in prayer towards Christ, who is situated in the centre of the Great *Deisis* on the epistyle of the iconostasis. His view is directed to the beholder. He wears a light brown *chiton* gathered at the waist, and a green *himation*. His long hair and beard are depicted as serpentine and unkempt according to the strict iconographic tradition of the Orthodox East, which emphasises the saint's character as a hermit. According to the iconographic prescriptions of this tradition, St John Prodromos is depicted with an ascetic and dematerialised face and body; however, here he is rendered in splendid youth, due to the aesthetic impact of Italian Humanism on the work of the anonymous painter of the icon. For the same reason the *melote* is omitted. The figure appears against a gilded background with red border.

The icon bears the nominal inscription SAINT JOHN THE PRODROMOS (The Precursor).

Sophocles Sophocleous

44. Ο ΑΓΙΟΣ ΙΩΑΝΝΗΣ Ο ΠΡΟΔΡΟΜΟΣ

Γύρω στο 1500
Πελένδρι, ναός Παναγίας Καθολικής
Ανήκει στη σειρά της Μεγάλης Δέησης στο επιστύλιο του εικονοστασίου
73.6 x 52.1 εκ.

Ανώνυμος ζωγράφος, που φιλοτέχνησε μαζί με το εργαστήριό του το εικονοστάσιο της Παναγίας Καθολικής. Εργάζεται στην ιταλοβυζαντινή τεχνοτροπία.

Αυγοτέμπερα και φύλλα χρυσού επάνω σε ξύλινη βάση, προετοιμασμένη με ύφασμα, γύψινο επίχρισμα και αμπόλιο. Εγχάρακτος φωτοστέφανος.

Ένα μεγάλο μέρος της εικόνας επιζωγραφήθηκε το 1914 από τους μοναχούς του Σταυροβουνίου: όλο το χρυσό φόντο χρωματίστηκε μπλε, ο φωτοστέφανος με χρυσαλοιφή και το κόκκινο πλαίσιο καφέ. Ο τίτλος της εικόνας επαναγράφηκε πάνω στο μπλε χρώμα φόντο. Όλες οι επιζωγραφήσεις αφαιρέθηκαν κατά τη συντήρηση της εικόνας (μικροδείγματα αφέθησαν στο δεξιό πλαίσιο), αποκαλύπτοντας έτσι την αυθεντική ζωγραφική και επιγραφή.

Συντηρήθηκε από τον Κώστα Χασαπόπουλο το 1999.

Ο άγιος Ιωάννης ο Πρόδρομος εικονίζεται μέχρι τη μέση, γυρισμένος προς τα αριστερά, με το βλέμμα όμως προς τον θεατή, φέρει τα χέρια σε δέηση προς τον Χριστό, ο οποίος είναι στο κέντρο της Μεγάλης Δέησης στο επιστύλιο του εικονοστασίου. Φέρει ανοιχτοκάστανο χιτώνα με λευκές ανταύγειες, ζωσμένο στη μέση, και πράσινο ιμάτιο. Η μακριά πλούσια κόμη του και η γενειάδα, ατημέλητες, φέρουν οφιοειδείς απολήξεις, σύμφωνα με την αυστηρή εικονογραφική παράδοση της Ορθόδοξης Ανατολής, η οποία δίνει έμφαση στον χαρακτήρα του Προδρόμου ως ερημίτη. Σύμφωνα με τις εικονογραφικές προδιαγραφές της παράδοσης αυτής ο Τίμιος Πρόδρομος παρουσιάζεται με ασκητικό και εξαϋλωμένο πρόσωπο και σώμα. Εντούτοις εδώ εικονίζεται σε μια λαμπρή νεανική όψη, που οφείλεται στην αισθητική επίδραση του ιταλικού ανθρωπισμού της Αναγέννησης στο έργο του ανώνυμου ζωγράφου της εικόνας. Για τον ίδιο λόγο παραλείπεται η μηλωτή από την αμφίεση του αγίου. Η μορφή επιφαίνεται σε χρυσό κάμπο με κόκκινο περίγραμμα.

Η εικόνα φέρει την ονομαστική επιγραφή Ο ΑΓ(ΙΟC) ΙΩ(ΑΝΝΗC) Ο ΠΡΟΔΡΟΜΟC.

Σοφοκλής Σοφοκλέους

Bibliography: Sophocleous 1990, vol. I, p. 305, vol. II, p. 292, vol. III, pls 175 c, 176 c. Sophocleous 1994b, pp. 33, 42, fig. 25.

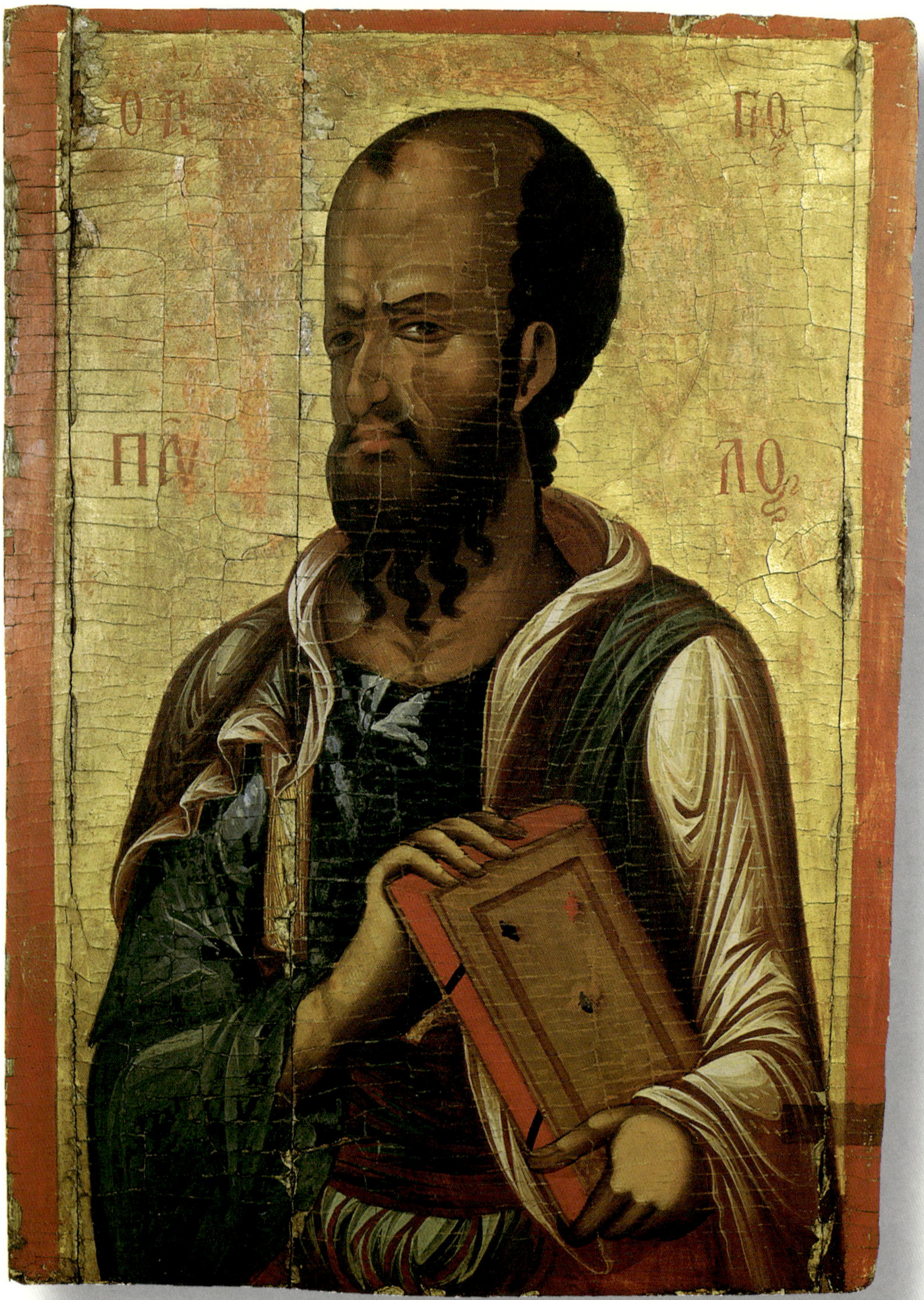

45. SAINT PAUL

Around 1500
Pelendri, Church of Panaghia Katholiki
The icon belongs to the Great Deisis on the epistyle of the iconostasis
73.8 x 53 cm

Anonymous painter who executed with his atelier the iconostasis of Panaghia Katholiki, Pelendri. He works in the Italo-Byzantine style.

Tempera and gold leaf on wooden support, primed with cloth, gesso and bole. Incised halo.

Conserved at the Atelier for Conservation of the Centre of Cultural Heritage by Gaëlle LeMen and Kyriaki Tsesmeloglou-Sophocleous in 1999 and 2000. Aesthetic reintegration by Valentina Cican in 2000.

St Paul is depicted half-length and turned three quarters to the left towards Christ, who is situated at the centre of the Great *Deisis* on the epistyle of the iconostasis. He holds a book with both hands representing his writings and his view is directed to the beholder. He wears a blue *chiton* bound at the waist with a brown *clavus* ornamented with *chrysographies* and a purple *himation* with cream and green reflexions. He is represented with a bald head and large forehead and the face characterised by an austere expression in accordance with the iconographic tradition which defines the saint's physiognomy; however, his features are produced here in a very humanised form due to the aesthetic impact of the Italian Renaissance on the work of the master who created the icon. The figure appears against a gilded background with red border.

The icon bears the nominal inscription SAINT PAUL.

Sophocles Sophocleous

Bibliography: Sophocleous 1990, vol. I, p. 306, vol. II, p. 296, vol. III, pl. 177 c-d. Sophocleous 1994b, pp. 33, 36, 57, fig. 25.

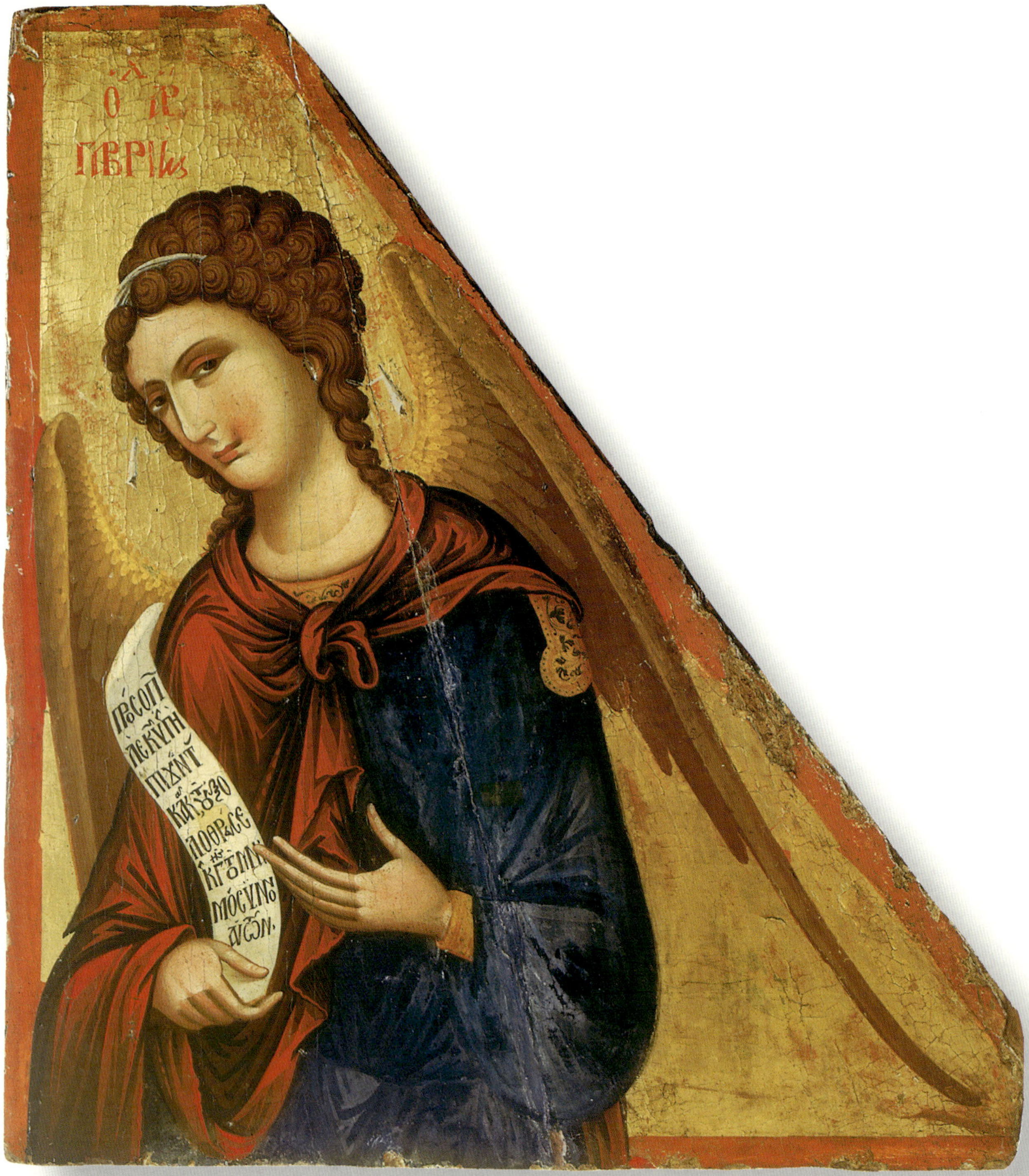

46. ARCHANGEL GABRIEL

Around 1500
Pelendri, Church of Panaghia Katholiki
The icon belongs to the Great Deisis on the epistyle of the iconostasis
74.5 x 17 - 68 cm

Anonymous painter who executed with his atelier the iconostasis of Panaghia Katholiki, Pelendri. He works in the Italo-Byzantine style.

Tempera and gold leaf on wooden support, primed with cloth, gesso and bole. Incised halo.

The gilded background was rubbed and partially repainted with gold powder and was reinscribed by the monks of Stavrovouni in 1914. The repaintings were removed during the cleaning of the icon (specimen left on the upper border) thus uncovering the original painting and inscription.

Conserved at the Atelier for Conservation of the Centre of Cultural Heritage by Vojislav Luković in 1994.

Archangel Gabriel (=Power of God) served God mainly during the Annunciation of the Virgin. His feast is together with that of the Archangel Michael on the 8th of November.

The shape of the icon is dictated by its position against the right slope of the church's roof. The Archangel Gabriel, half-length and turned three quarters towards the left, makes a gesture of prayer towards Christ, who is situated in the centre of the Great *Deisis* on the epistyle of the iconostasis. In the other hand he is holding an open scroll. He wears a blue *chiton* gathered at the waist and ornamented by an embroidered collar extended in a way to form epaulettes; its sleeves have embroidered borders which form maniples. Over the *chiton* is a red *himation* knotted around the neck. The figure appears on a gilded background with red border.

The icon bears the nominal inscription THE ARCHON (Magistrate) GABRIEL.

On the scroll is written an extract from the 33rd Psalm, verse 17: "...THE FACE OF THE LORD IS TOWARDS THEM WHO DO EVIL, TO DESTROY THEIR MEMORY FROM THE EARTH..."

Sophocles Sophocleous

46. Ο ΑΡΧΩΝ ΓΑΒΡΙΗΛ

Γύρω στο 1500
Πελένδρι, ναός Παναγίας Καθολικής
Ανήκει στη σειρά της Μεγάλης Δέησης στο επιστύλιο του εικονοστασίου
74.5 x 17 - 68 εκ.

Ανώνυμος ζωγράφος, που φιλοτέχνησε μαζί με το εργαστήριό του το εικονοστάσιο της Παναγίας Καθολικής. Εργάζεται στην ιταλοβυζαντινή τεχνοτροπία.

Αυγοτέμπερα και φύλλα χρυσού επάνω σε ξύλινη βάση, προετοιμασμένη με ύφασμα, γύψινο επίχρισμα και αμπόλιο. Εγχάρακτος φωτοστέφανος.

Το χρυσό φόντο τρίφτηκε και μερικώς επιζωγραφήθηκε με χρυσαλοιφή το 1914 από τους μοναχούς ρτου Σταυροβουνίου. Ο τίτλος της εικόνας επαναγράφηκε πάνω στο νέο φόντο. Όλες οι επιζωγραφήσεις αφαιρέθηκαν κατά τη συντήρηση της εικόνας (μικροδείγμα αφέθηκε στο άνω πλαίσιο), αποκαλύπτοντας έτσι την αυθεντική ζωγραφική και επιγραφή.

Συντηρήθηκε στο Εργαστήριο του Κέντρου Πολιτιστικής Κληρονομιάς από τον Vojislav Luković το 1994.

Ο αρχάγγελος Γαβριήλ (=Δύναμις Θεού) υπηρέτησε κυρίως το έργο του Θεού κατά τον Ευαγγελισμό της Παναγίας. Εορτάζεται μαζί με τον αρχάγγελο Μιχαήλ την 8η Νοεμβρίου.

Το σχήμα της εικόνας υπαγορεύεται από τη θέση της κάτω από τη δεξιά κλίση της ξύλινης στέγης του ναού. Ο αρχάγγελος Γαβριήλ εικονίζεται μέχρι τη μέση, γυρισμένος προς τα αριστερά, το βλέμμα όμως προς τον θεατή, φέρει το αριστερό του χέρι σε δέηση προς τον Χριστό, ο οποίος είναι στο κέντρο της Μεγάλης Δέησης στο επιστύλιο του εικονοστασίου. Στο άλλο χέρι κρατεί ανεπτυγμένο ειλητό, όπου αναγράφεται ο 17ος στίχος του 33ου ψαλμού του Δαβίδ: ΠΡΟΣΟΠ(ΟΝ)/ ΔΕ Κ(ΥΡΙΟ)Υ ΕΠΗ/ΠΙΟΥΝΤ(ΑC)/ ΚΑΚ(Α), ΤΟΝ ΕΞΟ/ΛΟΘΡΕΥCΕ/ ΕΚ ΓΗC ΤΟ ΜΝΗ/ΜΟCΥΝΟΝ/ ΑΥΤΩΝ.

Ενδύεται κυανούν χιτώνα, ζωσμένο στη μέση και διακοσμημένο με κεντημένο περιλαίμιο, που συνεχίζει και σχηματίζει επωμίδες. Τα μανίκια του φέρουν κεντημένες παρυφές ως επιμάνικα. Πάνω από τον χιτώνα φέρει κόκκινο ιμάτιο, ριγμένο πάνω στους ώμους και δεμένο μπροστά στο στήθος. Η μορφή επιφαίνεται σε χρυσό κάμπο με κόκκινο περίγραμμα.

Η εικόνα φέρει την ονομαστική επιγραφή Ο ΑΡΧ(ΩΝ) ΓΑΒΡΙΗΛ.

Σοφοκλής Σοφοκλέους

Bibliography: Sophocleous 1990, vol. I, p. 306, vol. II, p. 298, vol. III, pl. 178 d-e. Sophocleous 1994a, p. 48, pl. 25. Sophocleous 1994b, pp. 33, 36, 55, fig. 23.

Η ΒΑΪΟΦΟΡΟΣ

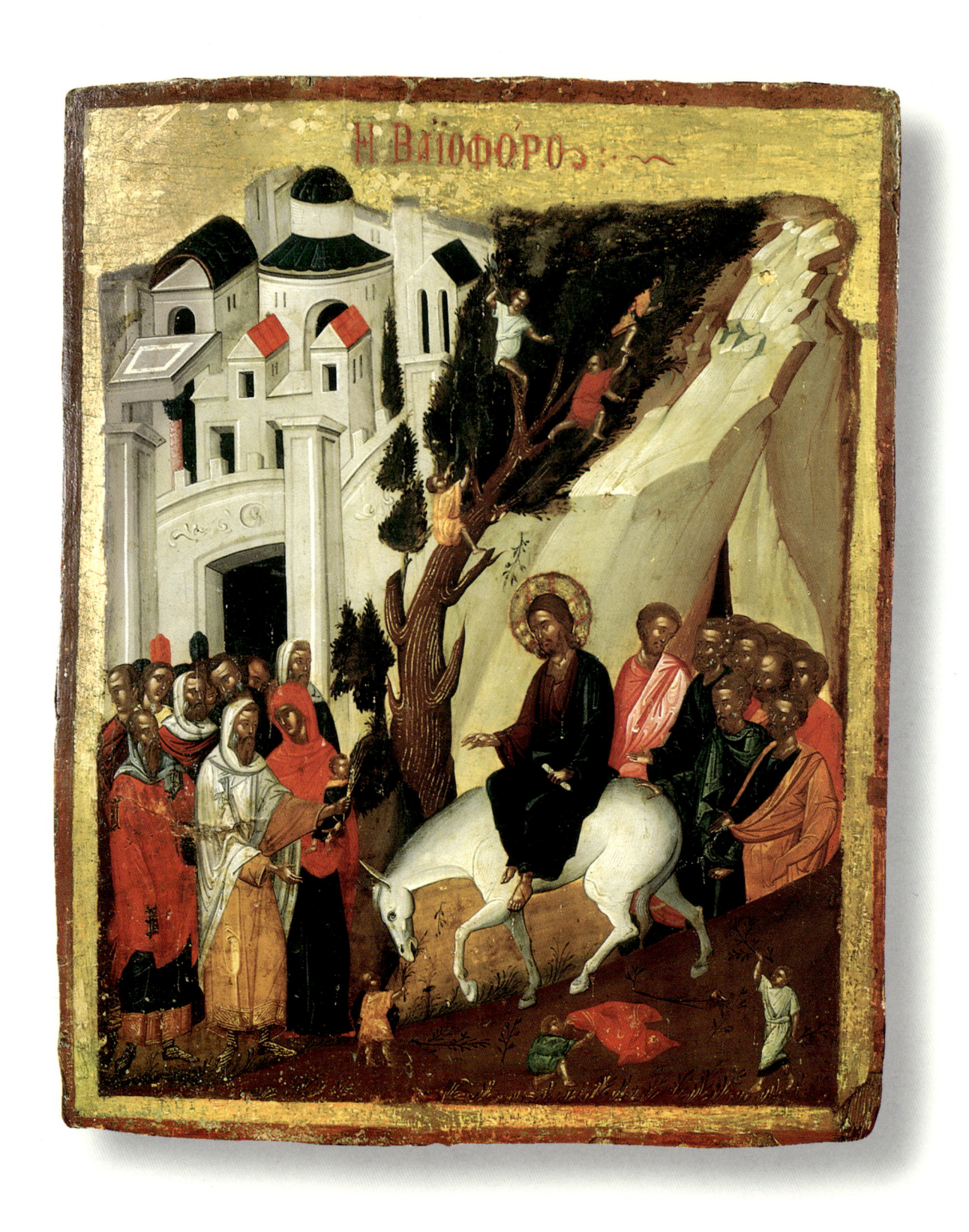

47. The Entry into Jerusalem

16th century
Galata, Church of Saint Sozomenos
Now in the Church of Panaghia, Galata
41.5 x 34 cm

Anonymous painter working close to the models established by Cretan painting with details such as the relief on the walls of Jerusalem or the patches on the *himation* of a spectator. The high quality and the splendid colours of the icon place it among the finest academic products of the mid 16th century.

Egg tempera, gold leaf and gold powder on wooden support, primed with cloth, gesso and bole.

Conserved at the Department of Antiquities by Costas Chasapopoulos in 1987.

The composition is divided into two symmetrical parts by a tree, in the centre, that bends to the right and reaches the height of the walls of Jerusalem and of a mountain. Christ, side-saddle on a pale-coloured donkey, does not come from the left, as is usual. He wears a red tunic and a dark blue *himation* and holds in His left hand a closed scroll. He bears a crucifer halo with the sign HE WHO EXISTS. He is followed by His Disciples, who appear on the rock behind. One of them touches the animal. Behind him two other Disciples converse.

On the other side of the icon, before the monumental gate of Jerusalem the group of spectators consists mainly of bearded males. A woman, holding her child, turns her head to the old men. One old man welcomes Christ holding a palm branch. The ground is strewn with branches and a red *himation* outspread by a child. A second child walks holding a branch. The animal bends naturally to eat the leaves of a branch given to it by a third child. The tall tree bends to the right. Four children have climbed the tree and are cutting branches. One of them is depicted half-hidden in the foliage.

Jerusalem is shown as a walled city with a huge arched gate with rectangular towers and ramparts. The walled city is crowded with buildings, the most important being the domed structure representing the temple of Solomon.

The icon bears the title THE ENTRY INTO JERUSALEM.

Christodoulos Hadjichristodoulou

Bibliography: Papageorghiou 1991, pp. 177 and 195, fig. 141.

47. Η Βαϊοφορος

16ος αιώνας
Γαλάτα, ναός Αγίου Σωζόμενου
Τώρα στη Γαλάτα, ναός Παναγίας
41.5 x 34 εκ.

Ανώνυμος ζωγράφος, που μένει πιο κοντά στα πρότυπα, που έχει καθιερώσει η κρητική αγιογραφία, και εκθέτει λεπτομέρειες, όπως το ανάγλυφο στα τείχη της Ιερουσαλήμ ή τα επιρράμματα στο ιμάτιο ενός από τους Ιουδαίους. Η υψηλή ποιότητα και τα λαμπρά χρώματα, που χαρακτηρίζουν την εικόνα, κατατάσσουν το έργο ανάμεσα στην ακαδημαϊκή παραγωγή των μέσων του 16ου αιώνα.

Αυγοτέμπερα, φύλλα χρυσού και χρυσαλοιφή πάνω σε ξύλινη βάση, προετοιμασμένη με ύφασμα, γύψινο επίχρισμα και αμπόλιο.

Συντηρήθηκε στο Τμήμα Αρχαιοτήτων από τον Κώστα Χασαπόπουλο το 1987.

Η σύνθεση χωρίζεται σε δύο ισόρροπα τμήματα με ένα δέντρο στη μέση της παράστασης, που ισοσκελίζει το ύψος των τειχών της Ιερουσαλήμ και της κορυφής του βουνού, γέρνοντας προς τα δεξιά. Ο Χριστός εικονίζεται καβάλλα κατά τον γυναικείο τρόπο σε σταχτί όνο, ερχόμενος όχι, όπως συνηθίζεται, από τα αριστερά. Φορεί ερυθρό χιτώνα και σκούρο κυανό ιμάτιο, και έχει το δεξί χέρι σε χειρονομία ευλογίας, ενώ στο αριστερό κρατά σφραγισμένο ειλητό. Φέρει ένσταυρο φωτοστέφανο με την επιγραφή Ο ΩΝ. Ακολουθείται απ' όλους τους μαθητές, οι οποίοι προβάλλονται στον πίσω βράχο. Ένας από αυτούς αγγίζει το ζώο στα καπούλια. Πίσω του δύο άλλοι μαθητές συνομιλούν μεταξύ τους.

Στην απέναντι πλευρά, μπροστά στη μνημειακή πύλη του τείχους της Ιερουσαλήμ, ο όμιλος των Ιουδαίων αποτελείται από γενειοφόρους άνδρες ως επί το πλείστον. Μια γυναίκα, που κρατά το παιδί της, στρέφει την κεφαλή προς τους πρεσβύτες. Ένας πρεσβύτης υποδέχεται τον Χριστό με κλάδο φοίνικα. Το έδαφος είναι στρωμένο με κλαδιά και μ' ένα κόκκινο ιμάτιο, που απλώνει ένα από τα παιδιά. Ένα δεύτερο παιδί βαδίζει, κρατώντας κλαδί. Το ζώο έχει σκύψει με φυσικότητα και τρώει τα φύλλα από το κλαδί, που του δίνει ένα τρίτο παιδί. Το ψηλό δέντρο γέρνει προς τα δεξιά. Τέσσερα παιδιά είναι σκαρφαλωμένα στο δέντρο, και κόβουν κλαδιά.

Η Ιερουσαλήμ παρουσιάζεται ως τειχισμένη πόλη με μια μεγάλη τοξωτή πύλη, με ορθογώνιους πύργους και επάλξεις. Μέσα στην τειχισμένη πόλη συνωστίζονται κτίρια με σημαντικότερο το περίκεντρο τρουλλαίο, που παριστάνει τον ναό του Σολομώντος.

Η εικόνα φέρει τον τίτλο Η ΒΑΪΟΦΟΡΟΣ.

Χριστόδουλος Χατζηχριστοδούλου

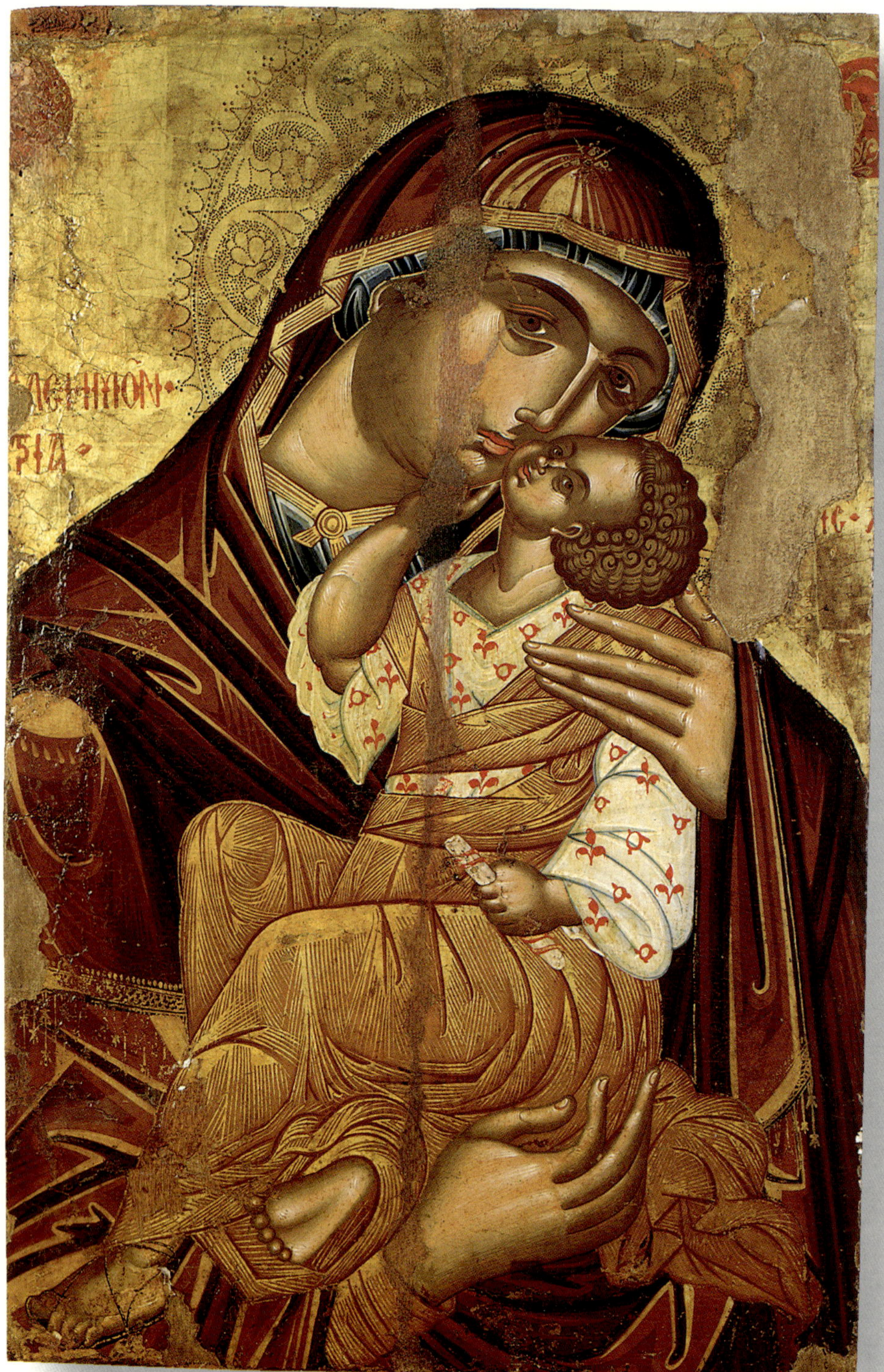

48. Mother of God Eleimonetria (The Merciful)

16th century
Mandria (Paphos), Church of Saints Andronikos and Athanasia
Now in the Monastery of Chrysorroïatissa
81.5 x 53 cm

Anonymous painter. The skilful design, the superb rendering of the faces and of the draperies, the attention given to detail, the highly elaborate ornaments on the borders of the *maphorion* (*siritia*) and in the haloes, indicate the training of the painter in one of the most important workshops of his era and also the nobility of character expressed through his work.

Egg tempera, gold leaf and gold powder on wooden support, primed with cloth, gesso and bole. Punched ornamentation in the haloes.

Conserved at the Atelier for Conservation of Icons of the Monastery of Panaghia Chrysorroïatissa by the Abbot of the Monastery Archimandrite Dionysios Papachristophorou in 1985.

The icon of the Virgin with Christ belongs to the iconographic type of the Virgin of Tenderness (*Glykophilousa*), which was widely disseminated in the Post-Byzantine period as a favourite theme of Cretan and Cypriot painters. This is the classic type of the Virgin of Tenderness as it had been established since the 12th century, of which the main example is the icon of the Virgin of Vladimir.

The Virgin is depicted holding Christ in both arms. Christ presses His cheek against His mother's face. With His right arm He touches His mother's chin, while His left arm holds a sealed scroll. He wears a sandal only on His left foot, while the sole of His right is turned outwards. Christ is dressed in a white tunic embellished with red trefoil florets and circles and a luxurious purple *himation* decorated with gold lines. The Virgin is clad in a blue tunic and a purple *maphorion*. The gold haloes are decorated with punched adornments consisting of helicoid flower-bearing tendrils on a punctated background.

The icon bears the nominal inscriptions MOTHER OF GOD THE MERCIFUL and JESUS CHRIST.

Georgios Philotheou

Bibliography: Unpublished.

48. ΜΗΤΗΡ ΘΕΟΥ Η ΕΛΕΗΜΟΝΗΤΡΙΑ

16ος αιώνας
Μανδριά (Πάφος), ναός Αγίων Ανδρονίκου και Αθανασίας
Τώρα στη Μονή Παναγίας Χρυσορροϊατίσσης
81.5 x 53 εκ.

Ανώνυμος ζωγράφος. Η επιδεξιότητα του σχεδιασμού, η εξαιρετικά επιμελημένη απόδοση των προσώπων και της πτυχολογίας, η σημασία προς τη λεπτομέρεια, η ανάταση και κατάνυξη, που αποπνέουν τα πρόσωπα, ο λεπτόλογα επεξεργασμένος διάκοσμος (σιρίτια και φωτοστέφανα) φανερώνουν την κατάρτιση του ζωγράφου σε ένα από τα σημαντικά εργαστήρια της εποχής του, αλλά και τον ανώτερο κόσμο της ψυχοσύνθεσής του, που αποδίδει μέσα από το έργο του.

Αυγοτέμπερα, φύλλα χρυσού και χρυσαλοιφή πάνω σε ξύλινη βάση, προετοιμασμένη με ύφασμα, γύψινο επίχρισμα και αμπόλιο. Έκτυπος διάκοσμος.

Συντηρήθηκε στο Εργαστήριο Συντήρησης Εικόνων της Ιεράς Μονής Χρυσορροϊατίσσης από τον Ηγούμενο της Μονής Διονύσιο Παπαχριστοφόρου το 1985.

Η εικόνα της Παναγίας με τον Χριστό ανήκει στον εικονογραφικό τύπο της Παναγίας της Γλυκοφιλούσας, ο οποίος είναι εξαιρετικά διαδεδομένος στα μεταβυζαντινά χρόνια, και ιδιαίτερα αγαπητό θέμα για τους Κρήτες και Κύπριους ζωγράφους. Πρόκειται για τον κλασσικό τύπο της Παναγίας Γλυκοφιλούσας, όπως καθιερώθηκε ήδη από τον 12ο αιώνα με κυριότερο δείγμα την εικόνα της Παναγίας του Vladimir.

Η Παναγία κρατά και με τα δύο της χέρια μέσα στην αγκαλιά της τον Χριστό, που έχει το μάγουλό του ακουμπισμένο στο πρόσωπο της Παναγίας, ενώ με το δεξί του χέρι θωπεύει το πιγούνι της μητέρας Του. Με το αριστερό του χέρι κρατά σφραγισμένο ειλητάριο, ενώ φορά μόνο ένα σανδάλι στο αριστερό πόδι. Στο άλλο πόδι δεν φορά σανδάλι, και έχει γυρισμένο το πέλμα του στον θεατή. Εσωτερικά φορά άσπρο χιτώνα, διακοσμημένο με κόκκινα τρίφυλλα λουλούδια και κύκλους. Εξωτερικά φορά πλούσιο καφετί ιμάτιο, διακοσμημένο με χρυσοκονδυλιές, και το οποίο καλύπτει το κάτω μέρος του σώματος, και περιτυλίγεται μαζί με τα ιδίου χρώματος σημεία (*clavi*) στον κορμό. Η Παναγία ενδύεται μπλε χιτώνα και πορφυρό μαφόριο. Οι χρυσοί φωτοστέφανοι κοσμούνται με ελικοειδείς ανθοφόρους βλαστούς σε στικτό κάμπο, που καταλήγει σε τριγωνικές απολήξεις στην περιφέρεια.

Η εικόνα φέρει τις ονομαστικές επιγραφές Μ(ΗΤΗ)Ρ Θ(ΕΟ)V [Η Ε]ΛΕΗΜΟΝ/ ΙΤΡΙΑ και Ι(ΗCOV)C [X(PICTO)C].

Γεώργιος Φιλοθέου

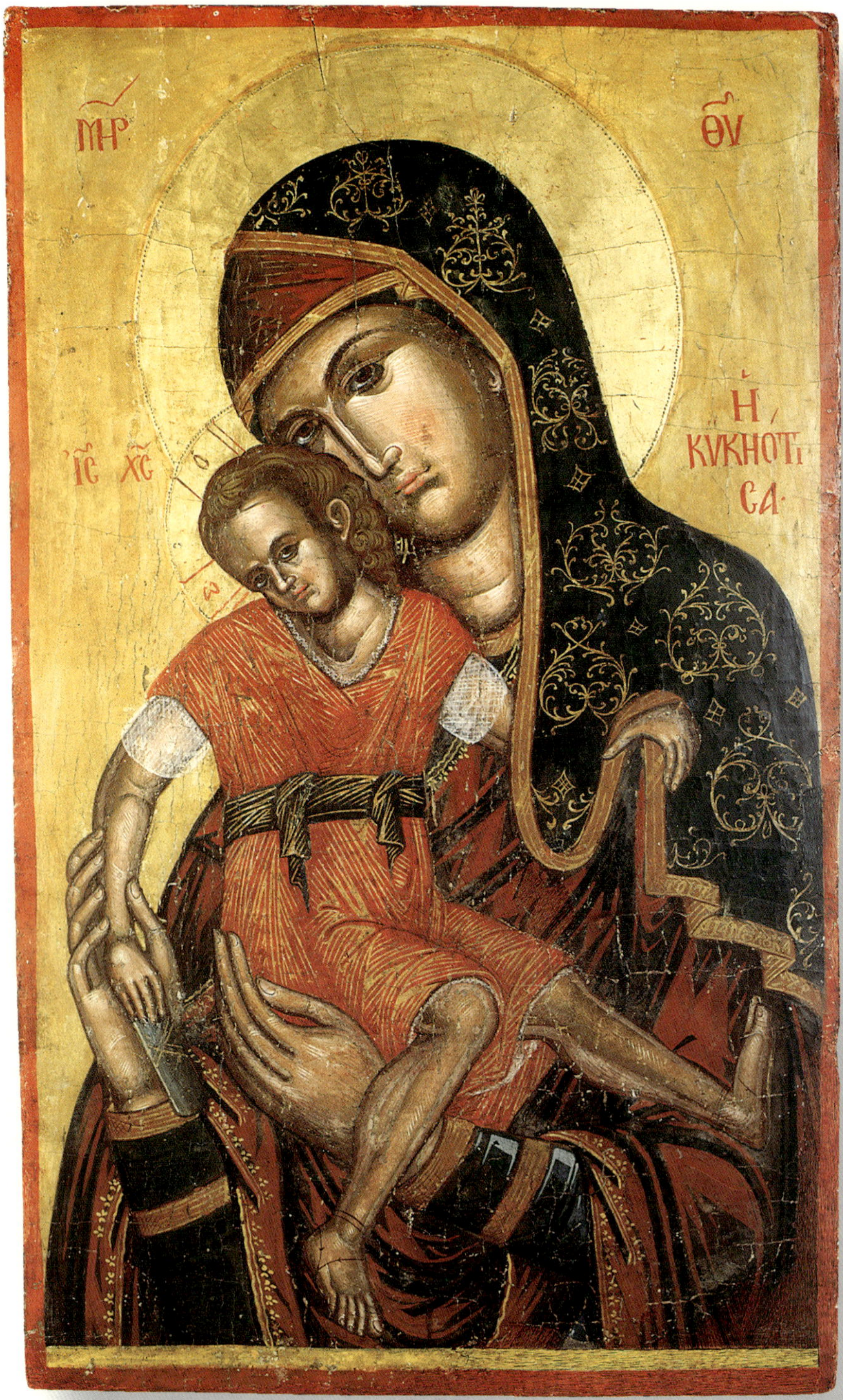
ΜΡ ΘΥ
ΙϹ ΧϹ
Η ΚΥΚΚΩΤΙ
ϹΑ

49. Mother of God Kykkotissa

16th century
Pedoulas, Church of the Holy Cross
Now in the Byzantine Museum of the community
89.5 x 54.4 cm

Signed by the painter Loukas. The art of Loukas bears the strong mark of Palaeologan reminiscences as they were developed in the 16th century by the artists who remained faithful to the rigid eastern tradition and who were not influenced to any great extent, if at all, by the Italian Renaissance spirit.

Tempera and gold leaf on a wooden support, primed with cloth, gesso and bole.

Conserved by Kostas Chasapopoulos in about 1983/84, by Christos Karis in 1990 and by Kostas Gerasimou and Kyriakos Papaïoakeim in 1999.

The most venerated icon of Cyprus is that of the Virgin Kykkotissa (*Kykiotisa* according to the oldest scripts) which constitutes the *palladion* of the Monastery of Kykkos. It was donated by the Emperor Alexius I Comnenus at the end of the 11th century together with a donation for the foundation of the homonymous monastery in Cyprus, after the efforts of the hermit Isaïas, who was leading an ascetic life on the mountain where the monastery stands today. This icon was kept in the royal palace at Constantinople, and is attributed to the hand of St Luke, who, according to tradition, painted it while the Virgin was still alive. Although the icon *palladion* of the Monastery of Kykkos is covered by a metallic icon and a woven *podea* and is not visible at all, thus it cannot be dated, its particular iconographic type spread very early, probably in a period when the icon was not covered. This iconographic type is already found in the 13th century on icons bearing the epithet *Kykiotisa*. In time it spread through many of the Orthodox countries, mainly in the Balkans and in Russia. It is also found in south Italy but without this epithet. In Cyprus the Kykkotissa type is found very frequently on portable icons under various readaptations and sporadically on murals. The oldest known icon of this iconographic type is to be found on Mount Sinai, dated to the 11th century. It represents the Virgin full-length, seated, but she does not bear the epithet of *Kykiotisa*.

On the icon of Pedoulas the Virgin is depicted down to the waist, bearing the Child on her right arm. She inclines her head toward the head of Jesus whom she holds in her left hand. One of His legs is hanging down while the other is outstretched. With her right

49. ΜΗΤΗΡ ΘΕΟΥ Η ΚΥΚΚΟΤΙΣΑ

16ος αιώνας
Πεδουλάς, Ναός Τιμίου Σταυρού
Τώρα στο Βυζαντινό Μουσείο της κοινότητας
89.5 x 54.4 εκ.

Έργο του ζωγράφου Λουκά. Η τέχνη του Λουκά φέρει έντονο το στίγμα των παλαιολόγειων αναμνήσεων όπως αυτές μετεξελίχθησαν στον 16ο αιώνα από τους καλλιτέχνες, που παρέμειναν πιστοί στην αυστηρή ανατολική παράδοση και ελάχιστα ή καθόλου επηρεάστηκαν από το ιταλικό αναγεννησιακό πνεύμα.

Αυγοτέμπερα και φύλλα χρυσού επάνω σε ξύλινο υπόβαθρο, προετοιμασμένο με ύφασμα, γύψινο επίχρισμα και αμπόλιο.

Συντηρήθηκε από τον Κώστα Χασαπόπουλο γύρω στο 1983/84, από τον Χρίστο Καρή το 1990 και από τους Κώστα Γερασίμου και Κυριάκο Παπαϊωακείμ το 1999.

Η πιο τιμημένη εικόνα στην Κύπρο είναι εκείνη της Κυκκώτισσας (Κυκιότισα κατά τις παλαιότερες γραφές), που είναι το παλλάδιο της Μονής Κύκκου. Δωρήθηκε από τον αυτοκράτορα Αλέξιο Α΄ Κομνηνό στα τέλη του 11ου αιώνα μαζί με χορηγία για την ίδρυση της ομώνυμης μονής στην Κύπρο, κατόπιν ενεργειών του ερημίτη Ησαΐα, που ασκήτευε στο βουνό, όπου βρίσκεται σήμερα η μονή. Η εικόνα αυτή φυλασσόταν στο βασιλικό παλάτι στην Κωνσταντινούπολη, και αποδίδεται στο χέρι του αποστόλου Λουκά, ο οποίος, σύμφωνα με την παράδοση, ζωγράφησε τη Θεοτόκο όσο ζούσε ακόμη. Παρόλο που η εικόνα παλλάδιο της Μονής Κύκκου είναι σκεπασμένη με μεταλλικό κάλυμμα και υφαντή ποδέα και δεν φαίνεται καθόλου, πράγμα που δεν επιτρέπει τη χρονολόγησή της, ο ιδιαίτερος εικονογραφικός της τύπος διεδόθη από πολύ νωρίς, προφανώς σε περίοδο που δεν ήταν καλυμμένη. Ήδη από τον 13ο αιώνα αυτός ο εικονογραφικός τύπος απαντάται σε εικόνες, που φέρουν το επίθετο Κυκιότισα. Διεδόθη μέσα από τον χρόνο σε πλείστες ορθόδοξες χώρες, κυρίως στα Βαλκάνια και στη Ρωσία. Συναντάται ακόμη και στη νότια Ιταλία, χωρίς όμως να φέρει το επίθετο αυτό. Στην Κύπρο ο τύπος της Κυκκώτισσας συναντάται πολύ συχνά στις φορητές εικόνες με διάφορες παραλλαγές και ενίοτε με άλλα επίθετα, και σποραδικά στις τοιχογραφίες. Η παλαιότερη γνωστή μέχρι σήμερα εικόνα του εικονογραφικού αυτού τύπου βρίσκεται στο Σινά, και ανάγεται στον 11ο αιώνα. Παρουσιάζει τη Θεοτόκο ολόσωμη και καθήμενη, δεν φέρει όμως την επωνυμία της Κυκιότισας.

Στην εικόνα του Πεδουλά η Θεοτόκος απεικονίζεται μέχρι τη μέση και σύμφωνα με τον εικονογραφικό τύπο

hand she holds the right arm of the Child. Jesus places his left hand within the folds of the Virgin's veil which overlies the *maphorion*. In His right hand He holds a sealed scroll. Apart from her habitual garments (blue *chiton* and red-purple *maphorion*) the Virgin wears the typical veil of the Kykkotissa, diagonally thrown over her head and on her left shoulder, dark blue in colour and dotted with heart-shaped and rhomboidal gold ornaments. All the garments are decorated with gold borders. Christ wears a white transparent shirt and a red-orange *chiton* with *chrysographies* fastened at the waist with a blue gilded cloth strip. On the feet He wears sandals. The two figures are depicted against an ochre-yellow background surrounded by a red frame. Only the haloes are gilded.

The icon bears the nominal inscriptions MOTHER OF GOD THE KYKIOTISA and JESUS CHRIST. On the border of the *maphorion* is the signature of the painter "THE HAND OF THE HUMBLE LOUKAS (LUKE)".

As far as the epithet of "Kykiotisa" and the toponym "Kykkos" are concerned, for which several etymologies and interpretations have been proposed, it seems that they are related to tanning and dyeing using oak apple ("κηκίς") which had already been referred to in Antiquity by Theophrastos and Dioskouridis "kikis is the fruit of the oak" (P.G. Gennadiou, *Λεξικόν Φυτολογικόν*, Athens, 1914 and 1997, p. 258) and they grow on certain species of oak trees. On the mountains of Kykkos the endemic species of oak tree, the Golden Cyprus Oak (*Quercus Alnifolia*) is thriving.

The typical additional veil of Kykkotissa appears for the first time, in Byzantine iconography on the 12th century icon of the Virgin Theoskepasti (from Kato Paphos). This icon is not of the iconographic type of the Kykkotissa, but its dating to the late 12th century, proves that the aforesaid veil could not be of western origin as proposed by Lydie Hadermann-Misguich ("La Vierge Kykkotissa et l'éventuelle origine latine de son voile", in *ΕΥΦΡΟΣΥΝΟΝ, Αφιέρωμα στον Μανόλη Χατζηδάκη*, Athens, 1991, pp. 197-204, pls 101-107). Is its presence on the icon of Theoskepasti (covered by God) the iconographic rendering of the ephithet under which the Virgin is venerated in this

της Κυκκώτισσας ως δεξιοκρατούσα. Γέρνει την κεφαλή της επάνω σε εκείνη του Ιησού, τον οποίο κρατεί επάνω στο αριστερό της χέρι, περνώντας το κάτω από τα αιωρούμενα πόδια του. Σφίγγει με το δεξί της τον δεξιό βραχίονα του Βρέφους. Ο Ιησούς περνά το αριστερό του χέρι μέσα στις πτυχώσεις του χαρακτηριστικού επιπρόσθετου πέπλου της Κυκκώτισσας. Στο δεξί του χέρι κρατεί σφραγισμένο ειλητό.

Η Θεοτόκος φέρει, εκτός της συνήθους αμφίεσης (κυανούς χιτώνας και πορφυροκόκκινο μαφόριο), το χαρακτηριστικό πέπλο της Κυκκώτισσας, διαγωνίως ριγμένο στην κόμη και στον αριστερό της ώμο, χρωματισμένο βαθυγάλανο και διάστικτο με χρυσά καρδιόσχημα και άλλα μικρά ρομβοειδή κοσμήματα. Όλων των ενδυμάτων οι παρυφές φέρουν χρυσοποίκιλτα σιρίτια. Ο Χριστός ενδύεται με λευκό διάφανο κοντομάνικο ένδυμα και χρυσοποίκιλτο κοκκινοπορτοκαλί χιτώνα σφιγμένο στη μέση με μπλε χρυσίζουσα ζώνη. Υποδύεται με λεπτά σανδάλια. Οι δύο μορφές παρουσιάζονται μέσα σε ώχρινο κίτρινο φόντο, περιγεγραμμένο σε κόκκινο πλαίσιο. Μόνο οι φωτοστέφανοι πλάθονται με φύλλα χρυσού.

Η εικόνα φέρει τις ονομαστικές επιγραφές ΜΗ(ΤΗ)Ρ Θ(ΕΟ)V Η ΚVΚΗΟΤICΑ και Ι(ΗCΟV)C Χ(ΡΙCΤΟ)C. Επάνω στο σιρίτι του μαφορίου η υπογραφή του ζωγράφου: "ΤΟV ΤΑ/ ΠΕΙΝΟV ΛΟVΚΑ/ ΧΕΙΡ"

Όσον αφορά το επίθετο "Κυκνότισα", καθώς και το τοπωνύμιο Κύκκος, για τα οποία έχουν προταθεί διάφορες ετυμολογίες και ερμηνείες, φαίνεται τελικά ότι σχετίζεται με τις βυρσοδεψικές και βαφικές κηκίδες ή κόκκους, τις οποίες και ο Θεόφραστος και ο Διοσκουρίδης αναφέρουν, "κηκίς καρπός εστί δρυός" (Π. Γ. Γενναδίου, *Λεξικόν Φυτολογικόν*, Αθήνα, 1914 και 1997, σ. 258) και οι οποίες αναπτύσσονται στα φύλλα ορισμένων ειδών δρυός. Στα βουνά του Κύκκου αφθονεί το ενδημικό είδος δρυός, κοινώς ονομαζόμενη "Λατζιά" (*Quercus Alnifolia*).

Το χαρακτηριστικό επιπρόσθετο πέπλο της Κυκκώτισσας εμφανίζεται για πρώτη φορά στη βυζαντινή εικονογραφία στην εικόνα της Παναγίας Θεοσκέπαστης του τέλους του 12ου αιώνα από τον ομώνυμο ναό στην Κάτω Πάφο. Η εικόνα αυτή δεν είναι του εικονογραφικού τύπου της Κυκκώτισσας,

church? In such case, it could be suggested that her veil makes an iconographic allusion to the descent of God under the form of the symbol of the celestial firmament.

Andreas Nicolaides and Sophocles Sophocleous

όμως η χρονολογία της δείχνει ότι το προαναφερθέν πέπλο δεν μπορεί να είναι δυτικής προέλευσης, όπως εκφράζει την πιθανότητα αυτή η Lydie Hadermann-Misguich ("La Vierge Kykkotissa et l'éventuelle origine latine de son voile", στο *ΕΥΦΡΟΣΥΝΟΝ, Αφιέρωμα στον Μανόλη Χατζηδάκη*, Αθήνα, 1991, σσ. 197-204, πίν. 101-107). Μήπως η εμφάνισή του στην εικόνα της Θεοσκέπαστης Πάφου αποτελεί την εικονογραφική απόδοση του επιθέτου με το οποίο τιμάται η Θεοτόκος στην εκκλησία αυτή; Εν τοιαύτη δε περιπτώσει θα μπορούσε να υποτεθεί ότι το πέπλο αυτό υπαινίσσεται εικονογραφικά την κάθοδο του Θεού υπό τη μορφή του συμβόλου του ουράνιου στερεώματος.

Ανδρέας Νικολαΐδης και Σοφοκλής Σοφοκλέους

Bibliography: Papageorghiou 1991, pp. 130, 136: fig. 89. Sophocleous 1993, pl. 8. Nicosia 1995, p. 145. Hadjichristodoulou 1999a, p. 12. Papageorghiou 1997b, pp. 220-1, fig. 148.

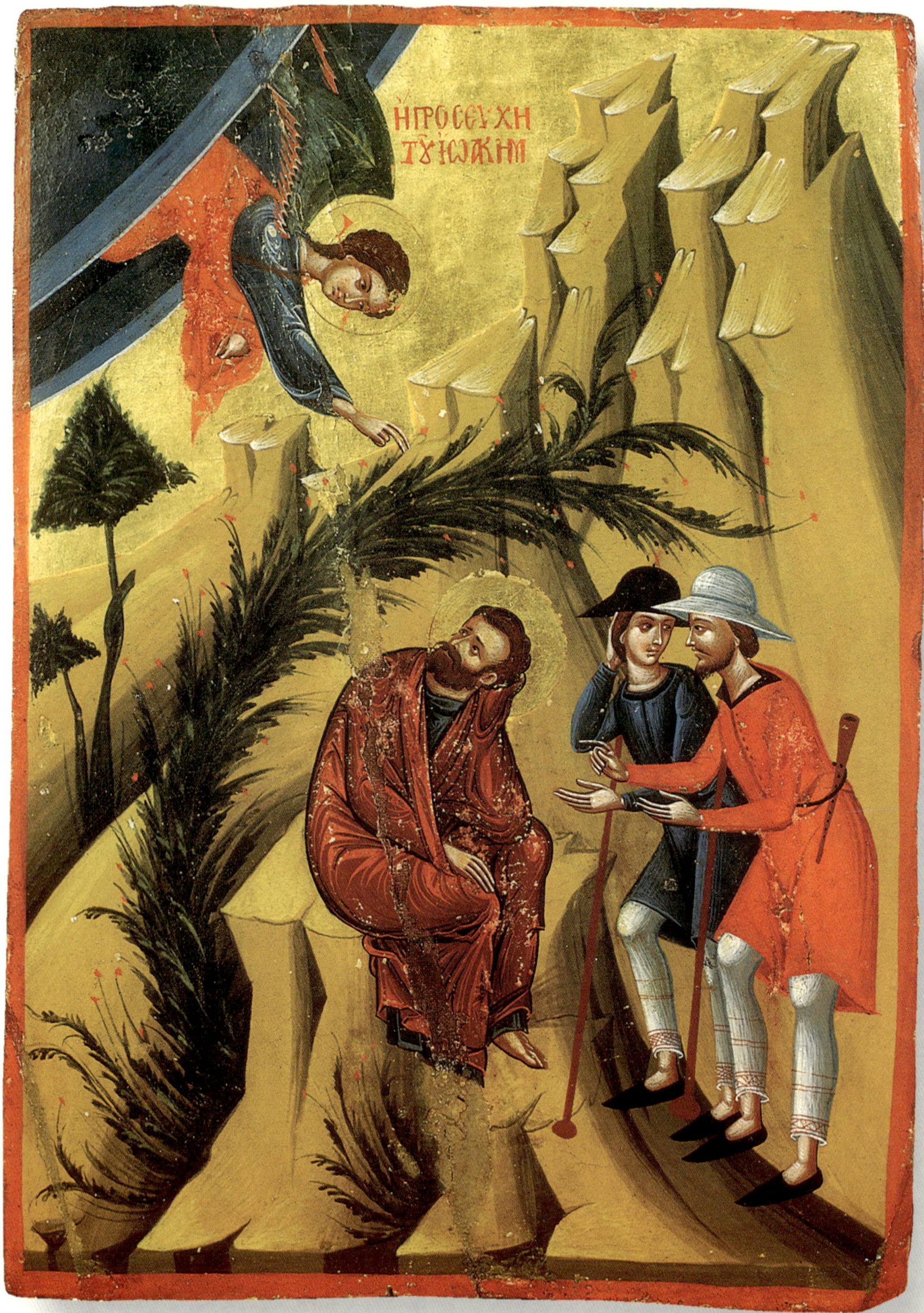
Η ΠΡΟΣΕΥΧΗ
ΤΟΥ ΙΩΑΚΗΜ

50. THE PRAYER OF JOACHIM

16th century
Klonari, Church of Saint Nikolaos
Festive cycle (Dodekaorton) of the iconostasis
38.2 x 28 cm

Anonymous painter who executed all the icons of the iconostasis. His style falls within the development of the Italo-Byzantine style in the mid 16th century. It is distinguished by its return to ascetic and dematerialized landscapes, although the painter maintains the vigorous naturalistic vegetation and the gentleness in the modelling of the faces and draperies.

Egg tempera and gold leaf on wooden support, primed with cloth, gesso and bole.

Conserved at the Department of Antiquities (Limassol) by Sotiris Hadjicharalambous in 1998.

At the centre of the icon Joachim, the father of the Virgin, is shown wearing a blue *chiton* and a red *himation* turning his head upwards where, from the upper left corner, the angel appears from an opening in the schematised sky to bless him and to bring him the joyful message that he will have a child. The message is the Divine answer to his long prayers for a child and fasts in the wilderness. The scene is set in a rocky mountainous landscape with sparse but vigorous vegetation.

Two shepherds, anachronistically portrayed in dresses of the period of the painter which are not in harmony with those of Joachim and the Angel, follow the events leaning on their staffs. Joachim and the Angel and also the landscape are depicted according to the Byzantine iconographic model, whilst the two shepherds are of clear Renaissance inspiration and style. The impulse of the angel bending the plants surrounding Joachim is also an unusual element. The scene is developed on a golden background.

The icon bears the title THE PRAYER OF JOACHIM.

Archimandrite Porphyrios Machairiotis

50. Η Προσευχη του Ιωακειμ

16ος αιώνας
Κλωνάρι, ναός Αγίου Νικολάου
Εορτολογικός κύκλος (Δωδεκάορτον) του εικονοστασίου
38.2 x 28 εκ.

Ανώνυμος ζωγράφος, ο οποίος φιλοτέχνησε όλες τις εικόνες του εικονοστασίου. Η τέχνη του αγιογράφου αυτού εντάσσεται μέσα στο πλαίσιο μετεξέλιξης του ιταλοβυζαντινού ρυθμού στα μέσα του 16ου αιώνα. Διακρίνεται για τη στροφή της προς τα ασκητικά εξαϋλωμένα τοπία, παρόλο που διατηρεί τη θάλλουσα φυσιοκρατική βλάστηση και τη ραδινότητα στο πλάσιμο των προσώπων και της πτυχολογίας.

Αυγοτέμπερα και φύλλα χρυσού πάνω σε ξύλινη βάση, προετοιμασμένη με ύφασμα και γύψινο επίχρισμα.

Συντηρήθηκε στο Τμήμα Αρχαιοτήτων από τον Σωτήρη Χατζηχαραλάμπους το 1998.

Στο μέσο περίπου της εικόνας παρουσιάζεται ο Ιωακείμ, φέροντας μπλέ χιτώνα και κοκκινόχρωμο ιμάτιο, με το κεφάλι στραμμένο προς τα πάνω, όπου από την αριστερή γωνία της εικόνας μέσα από σχηματοποιημένο άνοιγμα του ουρανού παρουσιάζεται Άγγελος να τον ευλογεί, προσκομίζοντάς του τη χαρμόσυνη είδηση ότι θα αποκτήσει παιδί. Η είδηση της γέννησης, που φέρνει ο άγγελος, αποτελεί τη Θεία απάντηση στις νηστείες και προσευχές του μελλοντικού πατέρα της Παναγίας, κατά τη διάρκεια της αυτοεξορίας του στην έρημο. Η σκηνή διαδραματίζεται σε βραχώδες τοπίο, με λιγοστή, αλλά θάλλουσα βλάστηση.

Ετεροχρονισμένα ντυμένοι, δύο βοσκοί παρακολουθούν τα τεκταινόμενα, ακουμπισμένοι στις ράβδους τους. Το σύμπλεγμα του Ιωακείμ και του αγγέλου, καθώς και το τοπίο, παρουσιάζονται σύμφωνα με το βυζαντινό εικογραφικό πρότυπο, ενώ οι δύο βοσκοί είναι καθαρά αναγεννησιακής έμπνευσης και τεχνοτροπίας, και με ενδύματα της εποχής του ζωγράφου. Η ορμή του αγγέλου, που λυγίζει το αναπτυσσόμενο γύρω από τον Ιωακείμ φυτό, είναι επίσης ασυνήθιστο στοιχείο. Όλη η σκηνή εκτυλίσσεται μέσα σε χρυσό φόντο.

Η εικόνα φέρει τον τίτλο Η ΠΡΟCΕVΧΗ/ ΤΟV ΙΩΑΚΗΜ.

Αρχιμανδρίτης Πορφύριος Μαχαιριώτης

Bibliography: Sophocleous 1990, vol. I, pp. 176-81, vol. II, p. 135, vol. III, fig. 87 c-d. Sophocleous 1994b, pp. 38, 70, fig. 37.

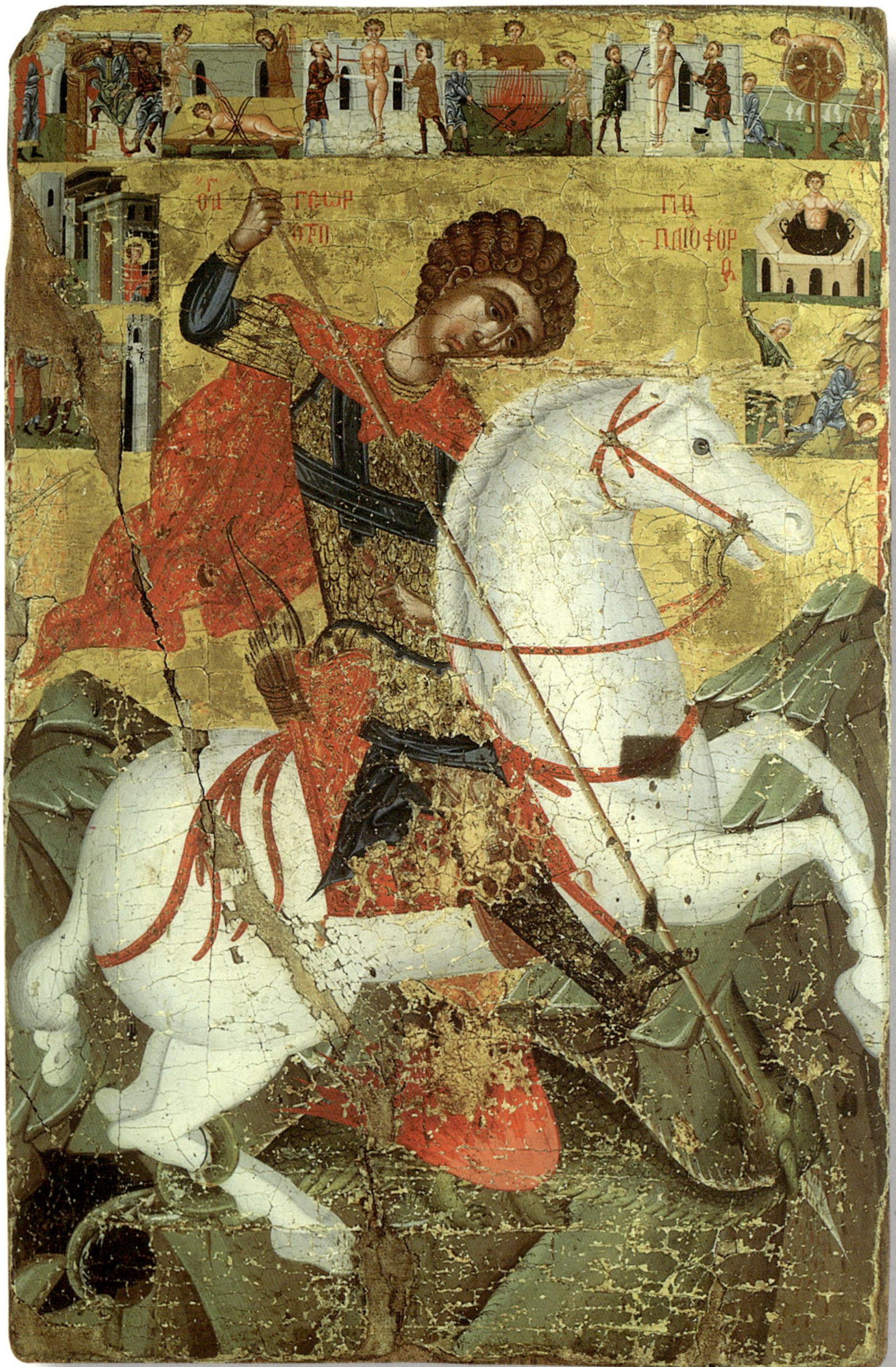

51. Saint George Slaying the Dragon

16th century
Agros, ancient monastery of Megas Agros
Now in the Church of Panaghia Agriotissa
81.6 x 53.7 cm

Anonymous painter working in a fine style within Byzantine parameters, but impregnated by the Humanism of the Italian Renaissance.

Tempera, gold leaf, gold powder and lacquers on wooden support, primed with cloth, gesso and bole.

Conserved by Kostas Gerasimou in 1993.

St George was a senior officer in the Roman army. He suffered martyrdom during the reign of Diocletian (283 - 304 AD).

Here we have a finely executed version of an iconographic type widely spread in the Late Byzantine and Post-Byzantine period. In previous periods St George had been depicted both standing and as a mounted warrior.

On the icon from Agros the saint is represented in front of a rocky landscape, on a white horse with red equipment slaying the dragon beneath his horse with his spear. He wears Roman military uniform with a short blue tunic and a red *chlamys* with golden vegetal ornaments. From his waist hang his bow and quiver. The dying dragon, in grey-green, with pink wings, winds his tail over the rear legs of the horse. The scene is set against a gilded background.

On the upper part of the frame, from left to right, are ten miniatures of the saint's martyrdom: 1. The Saint arrested in Rome and led into prison. 2. The Saint in prison. 3. The Saint before the Sovereign. 4. The flagellation of the Saint. 5. The sawing of the Saint in half. 6 The Saint in a cauldron of molten lead. 7. The Saint lacerated with forks. 8. The Saint tied on a wheel over a row of blades. 9. The Saint in a cauldron of lime. 10. The decapitation of the Saint.

The icon bears the nominal inscription SAINT GEORGE THE TRIUMPHANT.

Sophocles Sophocleous

51. Αγιος Γεωργιος Δρακοντοκτονος

16ος αιώνας
Αγρός, από την εξαφανισθείσα Μονή του Μεγάλου Αγρού
Τώρα στον Αγρό, ναός Παναγίας Αγριωτίσσης
81.6 x 53.7 εκ.

Ανώνυμος ζωγράφος, που εργάζεται σε μια εκλεπτυσμένη τεχνοτροπία, ενταγμένη μέσα στο πλαίσιο των βυζαντινών παραμέτρων αλλά διαποτισμένη από την αισθητική του ανθρωπισμού της Ιταλικής Αναγέννησης.

Αυγοτέμπερα, φύλλα χρυσού, χρυσαλοιφή και λάκες πάνω σε ξύλινη βάση, προετοιμασμένη με ύφασμα, γύψινο επίχρισμα και αμπόλιο.

Συντηρήθηκε από τον Κώστα Γερασίμου το 1993.

Ο άγιος Γεώργιος ήταν ανώτατος αξιωματικός του ρωμαϊκού στρατού. Μαρτύρησε επί αυτοκράτορος Διοκλητιανού (283 - 304 μ.Χ.).

Πρόκειται για μια κομψά φιλοτεχνημένη παραλλαγή ενός εικονογραφικού τύπου πλατιά διαδεδομένου κατά την ύστερη βυζαντινή και μεταβυζαντινή περίοδο. Κατά τις προηγούμενες περιόδους ο άγιος Γεώργιος παρουσιάζεται όρθιος ή ως έφιππος πολεμιστής.

Στην εικόνα του Αγρού ο άγιος εικονίζεται ενώπιον βραχώδους τοπίου, επάνω σε λευκό άλογο με κόκκινες εξαρτήσεις και εξοντώνοντας με το κοντάρι τον δράκο, που αναδιπλώνεται κάτω από το άλογο. Φέρει τη ρωμαϊκή στρατιωτική στολή, με βραχύ κυανούν χιτώνα και κόκκινη χλαμύδα με χρυσά φυτικά κοσμήματα. Πίσω από τη μέση του κρέμονται το τόξο και η φαρέτρα. Ο δράκος, πρασινόφαιος, με ρόδινες φτερούγες, τυλίγει την ουρά του στα πίσω πόδια του αλόγου, καθώς πεθαίνει, κεντρισμένος από το κοντάρι. Η σκηνή παρουσιάζεται σε χρυσό βάθος με κόκκινο περίγραμμα.

Στο άνω μέρος της εικόνας και από αριστερά προς δεξιά ζωγραφίζονται δέκα μικρογραφίες, που αναπαριστάνουν το μαρτύριο του αγίου: 1. Ο άγιος συλλαμβάνεται στη Ρώμη και οδηγείται στη φυλακή. 2. Ο άγιος στη φυλακή. 3. Ο άγιος ενώπιον του αυτοκράτορος. 4. Η μαστίγωση του αγίου. 5. Ο άγιος πριονίζεται στα δύο. 6 Ο άγιος σε λέβητα με λιωμένο μόλυβδο. 7. Ο άγιος γδέρνεται με μεταλλικά εργαλεία. 8. Ο άγιος δεμένος επί τροχού πάνω από σειρά λεπίδων. 9. Ο άγιος σε λέβητα με ασβέστη. 10. Η αποκεφάλιση του αγίου.

Η εικόνα φέρει την ονομαστική επιγραφή Ο ΑΓ(ΙΟΣ) ΓΕΩΡΓΙΟΣ Ο ΤΡΟΠΑΙΟΦΟΡΟΣ.

Σοφοκλής Σοφοκλέους

Bibliography: Sophocleous 1990, vol. I, pp. 120-2, vol. II, pp. 81-84, vol. III, pls 43-4. Mulhouse and Strasbourg, no. 25, p. 65. Sophocleous 1994b, pp. 126, 193, no. 59.

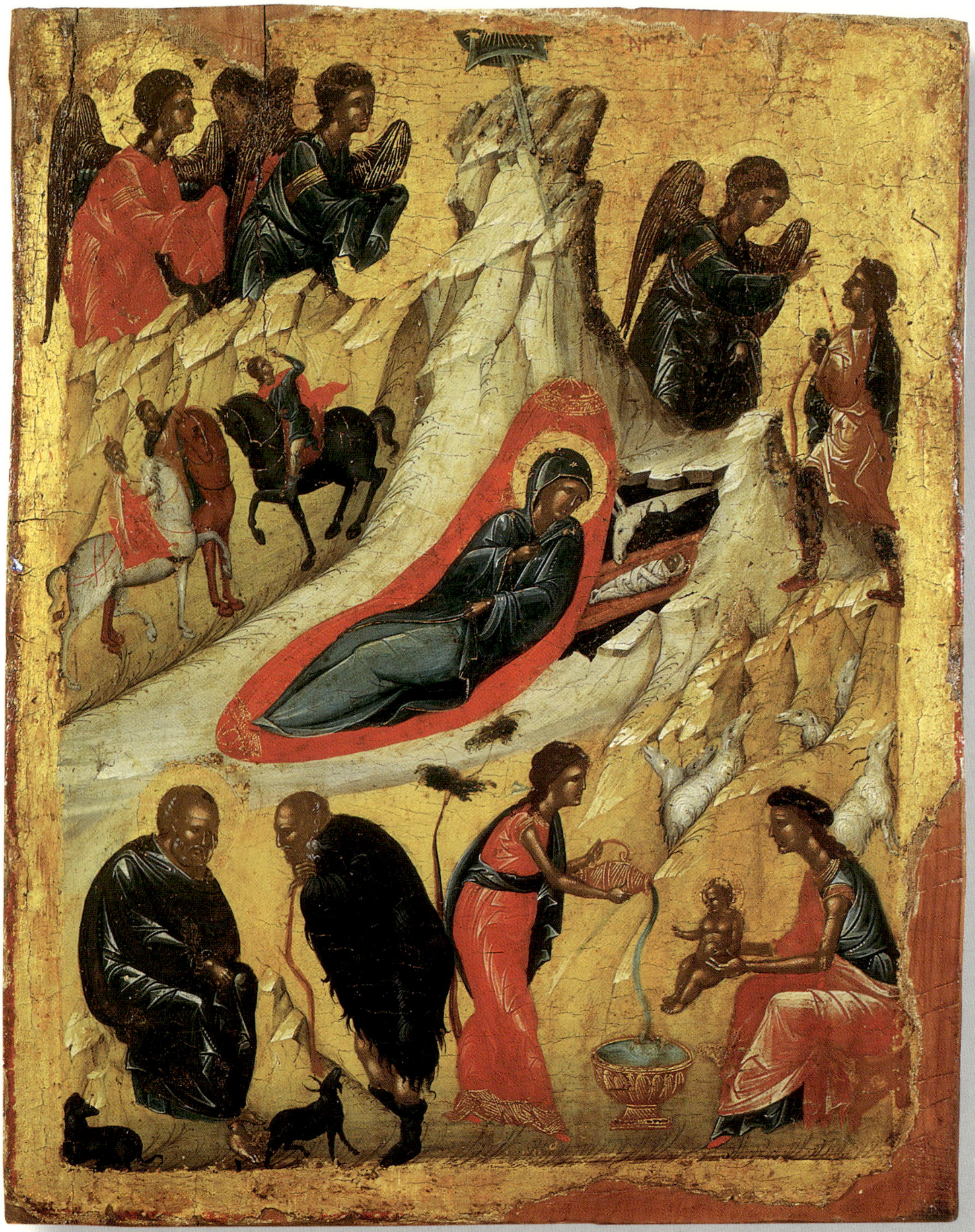

52. THE NATIVITY OF CHRIST

Mid 16th century
Paphos, Byzantine Museum
40 x 32 cm

Anonymous painter working in the Byzantine tradition derived from the Palaeologan art of the 15th century and the established prototypes of Cretan painting.

Egg tempera and gold leaf on wooden support, primed with cloth and gesso.

Conserved at the Atelier for Conservation of Icons of the Monastery of Panaghia Chrysorroïatissa by the Abbot of the Monastery Archimandrite Dionysios Papachristophorou in 1985/86.

In the icon of the Nativity of Christ, the representation of the Virgin in the centre is predominant. All the events taking place simultaneously with the Nativity of Christ are represented in a circle around the Virgin.

The mouth of the cave is depicted in a rocky landscape, with the highest peak above the Virgin. The Virgin lies in front of the cave on a dark red mattress, as is common in Byzantine art, attending to Jesus who is wrapped in swaddling clothes, laid in the manger and warmed by the animals. In a circle from the left upper corner are represented the events that followed the Nativity of Christ: The Doxology by the three angels, the Annunciation to the shepherds, the Bathing of the Child, Joseph with the shepherd and finally the three Magi on horseback.

The figures are placed in absolute equipoise. Secondary scenes, such as the Magi on horseback, although influenced by western art, are reduced in scale and do not dominate as happens in other analogous Cretan icons e.g. those of Michael Damaskinos on the same theme.

This icon is characterised by the balance and grace of the movements, the careful rendering of the garments and the charming and picturesque secondary elements of the best specimens of mid 16th century Byzantine art. Among analogous examples are the icon of the Nativity of Iosif Chouris, dated to 1544, at the Monastery of Saint Neophytos and the 16th century icon of the Nativity from Saint Nicholas in Famagusta.

Georgios Philotheou

52. Η ΓΕΝΝΗΣΗ ΤΟΥ ΧΡΙΣΤΟΥ

Μέσα 16ου αιώνα
Πάφος, Βυζαντινό Μουσείο
40 x 32 εκ.

Ανώνυμος ζωγράφος, που εργάζεται μέσα στη βυζαντινή παράδοση, όπως αυτή αναδύεται από την έντονη ανάμνηση της παλαιολόγειας τέχνης του 15ου αιώνα και τα καθιερωμένα πρότυπα της κρητικής τέχνης.

Αυγοτέμπερα, φύλλα χρυσού και χρυσαλοιφή πάνω σε ξύλινη βάση, προετοιμασμένη με ύφασμα και γύψινο επίχρισμα.

Συντηρήθηκε στο Εργαστήριο Συντήρησης Εικόνων της Μονής Χρυσορροϊάτισσης από τον Ηγούμενο της Μονής Αρχιμανδρίτη Διονύσιο Παπαχριστοφόρου το 1985/86.

Στην εικόνα της Γεννήσεως του Χριστού κυριαρχεί η απεικόνιση της Θεοτόκου στο κέντρο, διαδραματίζονται όλα τα γεγονότα, που συνέβησαν με τη Γέννηση του Χριστού, σε μία κυκλική φορά.

Σε ένα βραχώδες τοπίο, που κυριαρχεί, με την ψηλότερη κορυφή πάνω από τη Θεοτόκο, ανοίγεται το στόμιο του σπηλαίου. Μπροστά απ' αυτό, ξαπλωμένη η Παναγία, όπως συνηθίζεται στη βυζαντινή τέχνη, πάνω σ' ένα έντονα κόκκινο στρώμα, βλέπει προς τον σπαργανωμένο Ιησού, που είναι ξαπλωμένος στη φάτνη, και τον ζεσταίνουν τα άλογα ζώα. Από την αριστερή πάνω γωνία παριστάνονται σε κυκλική φορά τα γεγονότα, που συνόδευσαν τη Γέννηση του Χριστού: Η δοξολογία από τους τρεις αγγέλους, ο ευαγγελισμός των ποιμένων, το λουτρό του βρέφους, ο Ιωσήφ μαζί με τον βοσκό και τέλος οι τρεις έφιπποι μάγοι. Όλη η εικονογραφική σύνθεση παρουσιάζεται σε χρυσό φόντο.

Τα πρόσωπα είναι σοφά τοποθετημένα και με απόλυτη ισορροπία. Επιμέρους σκηνές, όπως οι έφιπποι μάγοι, αν και έντονα επηρεασμένες από τη δυτική τέχνη, λόγω της μείωσης του μεγέθους τους δεν κυριαρχούν, όπως σε άλλες ανάλογες σκηνές από την κρητική τέχνη, π.χ. σε εικόνες του Μιχαήλ Δαμασκηνού με το ίδιο θέμα.

Η εικόνα αυτή, με την ισορροπία και τη χάρη των κινήσεων, την επιμελημένη απόδοση των πτυχώσεων, τα επιμέρους χαριτωμένα και γραφικά στοιχεία, μπορεί να καταταχθεί μεταξύ των καλύτερων δειγμάτων της βυζαντινής τέχνης των μέσων του 16ου αιώνα, με αντίστοιχα παραδείγματα την εικόνα της Γεννήσεως (έργο του Ιωσήφ Χούρη του 1544, Μονή Αγίου Νεοφύτου) και την εικόνα του 16ου αιώνα από τον Άγιο Νικόλαο Αμμοχώστου.

Γεώργιος Φιλοθέου

Bibliography: Acheimastou – Potamianou 1998, pp. 92-93, no. 25, pp. 96-97, no. 26. Papageorghiou 1991, p. 198, fig. 144. Papageorghiou 1996, p. 194, fig. 130.

Ο ΑΓΙΟΣ ΣΑΒΒΑΣ
ὥσπερ οἱ ἰχθῦς ἐν τῇ θαλάσσῃ ζωογονεῖται, οὕτω καὶ ὁ μονα

53. SAINT SAVVAS

Late 16th-early 17th century
Larnaca, Bishop's Palace
50.7 x 34 cm

Signed by Emmanouel Tzanfournaris at the lower right corner: (THE HAND OF) EMMANUEL TZANFOURNARIS. This work of the painter has the formal features of his art, the smooth modelling, weakness in drawing and the combination of elements from Byzantine and Italian art. The icon of St Savvas can be added to the two other known works of Emmanouel Tzanfournaris, preserved in Cyprus (The Annunciation and St John the Theologian). The Corfiot painter Emmanuel Tzanfournaris (1570/75 - 1631), who lived almost permanently in Venice, had special relations with Cyprus, since his wife Eleni Soderini was of Cypriot origin.

Egg tempera and gold leaf on wooden support, primed with gesso and bole.

Conserved at the Atelier of the Museum of the Monastery of Kykkos by Christos Karis in 2000.

The saint (439-533 AD) is represented full-length, in frontal position, with his right hand moving outward blessing, while he holds in the other hand a deployed scroll bearing an inscription: AS THE FISH IN THE SEA IS GIVEN LIFE SO THE MONK... He wears a brown *chiton* and a red mantle, attached at the feet and the chest with oval amulets. With the movement of the right hand, the mantle opens at the waist showing the blue *analavos* (the emblem of monasticism). A similar blue cowl falls onto the shoulders, so as to leave uncovered the head with the curly hair. The head with high forehead and thin forked beard is especially small in comparison with the proportions of the rest of the tall, thin body. The modelling of the flesh is achieved by the smooth gradation of the brown of the foundation towards faintly pink areas, especially at the centre of the face, which is highlighted to a greater extent. The small almond-shaped eyes with a white dot at the left of each pupil, the elegant nose lit from the left and the red lips give a natural vivacity to the whole expression, despite the ascetic ideal which the austere monk St Savvas represents.

The icon bears the nominal inscription SAINT SAVVAS.

Stylianos K. Perdikis

Bibliography: Unpublished.

53. Ο ΑΓΙΟΣ ΣΑΒΒΑΣ

Τέλη 16ου-αρχές 17ου αιώνα
Λάρνακα, Μητροπολιτικό Μέγαρο
50.7 x 34 εκ.

Υπογραμμένη από τον Εμμανουήλ Τζανφουρνάρη στην κάτω δεξιά γωνία της εικόνας: ΕΜΜΑΝΟΥΗΛ ΤΖ(ΑΝ)ΦΟΥΡΝΑΡΟΥ (ΧΕΙΡ). Το έργο έχει τα βασικά χαρακτηριστικά γνωρίσματα της τέχνης του, το μαλακό πλάσιμο, τις σχεδιαστικές αδυναμίες και την ανάμειξη στοιχείων από τη βυζαντινή και ιταλική τέχνη. Η εικόνα του Αγίου Σάββα έρχεται να προστεθεί στα άλλα δύο γνωστά έργα του Εμμανουήλ Τζανφουρνάρη, τα οποία διασώζονται στην Κύπρο (Ευαγγελισμός Θεοτόκου, άγιος Ιωάννης ο Θεολόγος). Ο κερκυραϊκής καταγωγής ζωγράφος Εμμανουήλ Τζανφουρνάρης (1570-5 - 1631), αλλά σχεδόν μόνιμα διαβιών στη Βενετία, είχε ιδιαίτερες σχέσεις με την Κύπρο, αφού η σύζυγός του Ελένη Σοδερίνη ήταν κυπριακής καταγωγής.

Αυγοτέμπερα και φύλλα χρυσού πάνω σε ξύλινη βάση, προετοιμασμένη με γύψινο επίχρισμα και αμπόλιο.

Επανασυντηρήθηκε στο εργαστήριο του Μουσείου της Μονής Κύκκου από τον Χρίστο Καρή το 2000.

Ο άγιος Σάββας ο ηγιασμένος (439-533 μ.Χ.) παριστάνεται ολόσωμος, όρθιος κατ' ενώπιον, με το δεξί του πόδι στάσιμο και το αριστερό άνετο, σε αντίθεση με τα χέρια, όπου το δεξί, με κίνηση προς τα πλάγια, ευλογεί, ενώ το άλλο, στάσιμο, ενωμένο με το υπόλοιπο σώμα, κρατεί ξετυλιγμένο ειλητάριο, με την επιγραφή: "ΩΣΠΕΡ/ Ο ΙΧΘΥΣ/ ΕΝ ΤΗ ΘΑ/ΛΑΣΣΗ/ ΖΩΟΓΟ/ΝΕΙΤΑΙ/ ΟΥΤΩ Κ(ΑΙ)/ Ο ΜΟΝΑ/..." Φορεί καφετί χιτώνα και ερυθρό μανδύα, πορπούμενο χαμηλά στα πόδια και στο στήθος με ωοειδές φυλακτό, ο οποίος με την κίνηση του δεξιού χεριού ανοίγει στη μέση, αφήνοντας να φανεί ο γαλάζιος ανάλαβος. Στους ώμους είναι μαζεμένο το επίσης γαλάζιο κουκούλιο, ώστε το κεφάλι με τα ψαρά μαλλιά παρουσιάζεται ακάλυπτο. Το κεφάλι με το ψηλό μέτωπο και την αραιή διχαλωτή γενειάδα αποδίδεται ιδιαίτερα μικρό ως προς τις αναλογίες του λοιπού ψηλόλιγνου σώματος. Ο καφέ προπλασμός των γυμνών μερών με απαλές διαβαθμίσεις καταλήγει σε αμυδρώς ροδίζοντα σαρκώματα, που επικεντρώνονται κυρίως στο μέσο του προσώπου, ως πιο έντονα φωτιζόμενο. Τα μικρά αμυγδαλωτά μάτια με τη λευκή στιγμή στο αριστερό της κάθε κόρης, η κομψή φωτιζόμενη από τα αριστερά μύτη και τα κόκκινα χείλη προσδίδουν φυσιοκρατική ζωντάνια στην όλη έκφραση, παρά το ασκητικό ιδεώδες, που εκπροσωπεί ο αυστηρός μοναχός άγιος Σάββας.

Η εικόνα φέρει την ονομαστική επιγραφή Ο Α/ΓΙ/ΟC CA//ΒΑC.

Στυλιανός Κ. Περδίκης

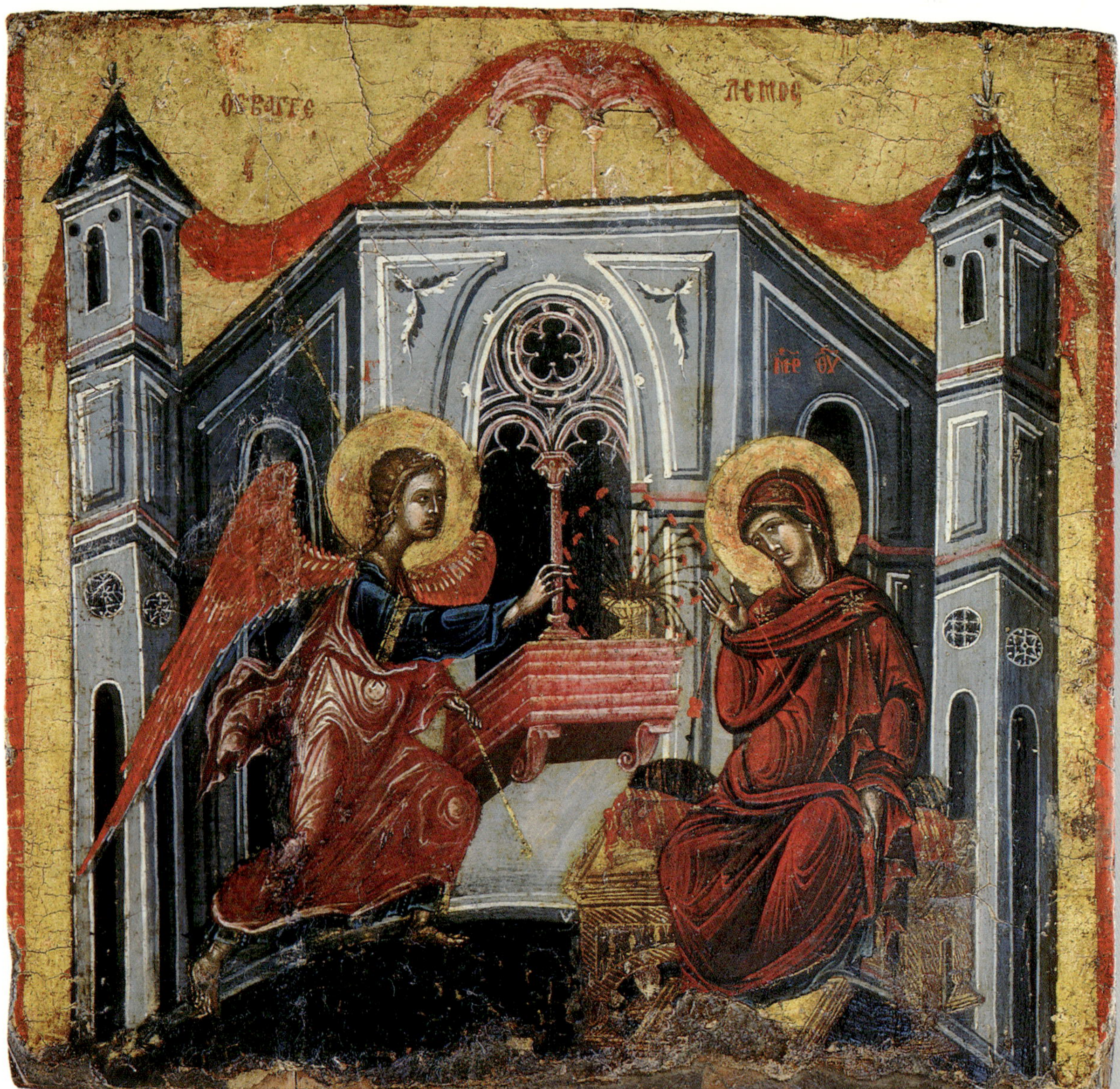
Ο ΕΥΑΓΓΕ ΛΙΣΜΟΣ
ΜΡ ΘΥ

54. The Annunciation

17th century
Origin: Cyprus (purchased in 1999)
Now in the Museum of the Monastery of Kykkos
26 x 27 cm

Anonymous painter. The iconography of the unknown painter of the Annunciation recalls that of the 16th century, particularly the church-like building, that refers to western models. Stylistically, however, the modelling of the faces and the highlighting with tonal gradation of colour, resemble 17th century works.

Egg tempera and gold leaf on wooden support, primed with cloth and gesso.

Conserved before its acquisition by the Museum of Kykkos. The aesthetic reintegration was undertaken by Christos Karis in 2000.

The Annunciation is set before a magnificent Late Gothic building, rendered in perspective, with high rectangular towers (bell-towers?) at the two ends, while in the middle an elaborate double opening leads to a balcony with flowers in bloom. Although the architecture is of western inspiration, it has on its top a canopy on fine columns, over which passes a red cloth suspended from one tower to the other, an iconographic element which constitutes a Byzantine borrowing. The architecture covers almost all the background of the icon and dominates the scene that is taking place before it. The Virgin sits on a wooden throne without a back, with fine clear chrysographies, spinning the purple thread, the spindle and the distaff in her hands. She inclines her head to the left, in an expression of acceptance of the Divine will, announced by the Archangel Gabriel. She wears a deep red *maphorion*, part of the contour of which is outlined with a thin golden line. The deep blue *chiton* is just visible around the feet. Gabriel, with outspread wings, strides towards her from the left, the border of his red-brown *himation* blowing behind. In his left hand he holds a golden staff, resting on his shoulder, while with his right he blesses the Theotokos.

On each side of the four-columned canopy the title of the icon is inscribed: THE ANNUNCIATION.

Stylianos K. Perdikis

Bibliography: Unpublished.

54. Ο Ευαγγελισμοσ τησ Θεοτοκου

17ος αιώνας
Προέλευση: Κύπρος (αγορά 1999)
Τώρα στο Μουσείο Ιεράς Μονής Κύκκου
26 x 27 εκ.

Ανώνυμος ζωγράφος. Ο άγνωστος ζωγράφος του Ευαγγελισμού εικονογραφικά διατηρεί έντονες αναμνήσεις από τον 16ο αιώνα, ιδιαίτερα ως προς το ναόσχημο οικοδόμημα, που μας παραπέμπει σε δυτικά πρότυπα. Τεχνοτροπικά όμως, ως προς το πλάσιμο των προσώπων και τις φωτοσκιάσεις με τις τονικές διαβαθμίσεις των χρωμάτων, ομοιάζει με έργα του 17ου αιώνα.

Αυγοτέμπερα και φύλλα χρυσού πάνω σε ξύλινη βάση, προετοιμασμένη με ύφασμα και γύψινο επίχρισμα.

Συντηρήθηκε πριν την απόκτησή της από το Μουσείο Κύκκου και έγινε αισθητική αποκατάστασή της από τον Χρίστο Καρή το 2000.

Ο Ευαγγελισμός της Θεοτόκου εκτυλίσσεται μπροστά από μεγαλόπρεπο υστερογοτθικό οικοδόμημα, προοπτικά αποδιδόμενο, με δύο ψηλούς ορθογώνιους πύργους (κωδωνοστάσια;) στις άκριες, ενώ στο μέσο περίτεχνο δίλοβο άνοιγμα οδηγεί σε εξώστη με ολάνθιστο ανθώνα. Παρόλο που πρόκειται για δυτικού τύπου αρχιτεκτόνημα, φέρει κουβούκλιο με λεπτούς κίονες στην κορυφή του, επάνω από το οποίο διέρχεται κόκκινο ύφασμα, που απλώνεται από τον ένα πύργο στον άλλο, βυζαντινό εικονογραφικό στοιχείο. Το αρχιτεκτόνημα καλύπτει σχεδόν όλο το βάθος της εικόνας και κυριαρχεί σε σχέση με τα έμπροσθέν του διαδραματιζόμενα. Σε ξύλινο θρόνο χωρίς πλάτη, με έντονη λεπτή χρυσοκονδυλιά, κάθεται η Θεοτόκος, γνέθοντας την πορφύρα και έχοντας στα χέρια το αδράχτι και τη ρόκα. Με συγκατάβαση γέρνει ελαφρά το κεφάλι στα αριστερά, ως έκφραση αποδοχής του θείου θελήματος, που της κοινοποίνσε ο αρχάγγελος. Φορεί σκούρο ερυθρό μαφόρι, μέρος των περιγραμμάτων του οποίου τονίζεται με λεπτή χρυσή γραμμή. Ο σκούρος μπλε χιτώνας μόλις και διακρίνεται στον ποδόγυρο. Ο Γαβριήλ, με ζωηρό βηματισμό, καταφθάνει από τα αριστερά, έχοντας ανοικτές τις ερυθρές φτερούγες, ενώ η παρυφή του ερυθροκάστανου ιματίου του κυματίζει ακόμη προς τα πίσω, δηλωτική της έντονης κίνησης. Στο αριστερό χέρι κρατεί χρυσή ράβδο, ακουμπισμένη στον ώμο, ενώ με το τεταμένο δεξιό χέρι ευλογεί τη Θεοτόκο.

Εκατέρωθεν του τετρακιόνιου κουβουκλίου του κτηρίου αναγράφεται ο τίτλος της εικόνας: Ο ΕΒΑΓΓΕ//ΛΗCΜΟC.

Στυλιανός Κ. Περδίκης

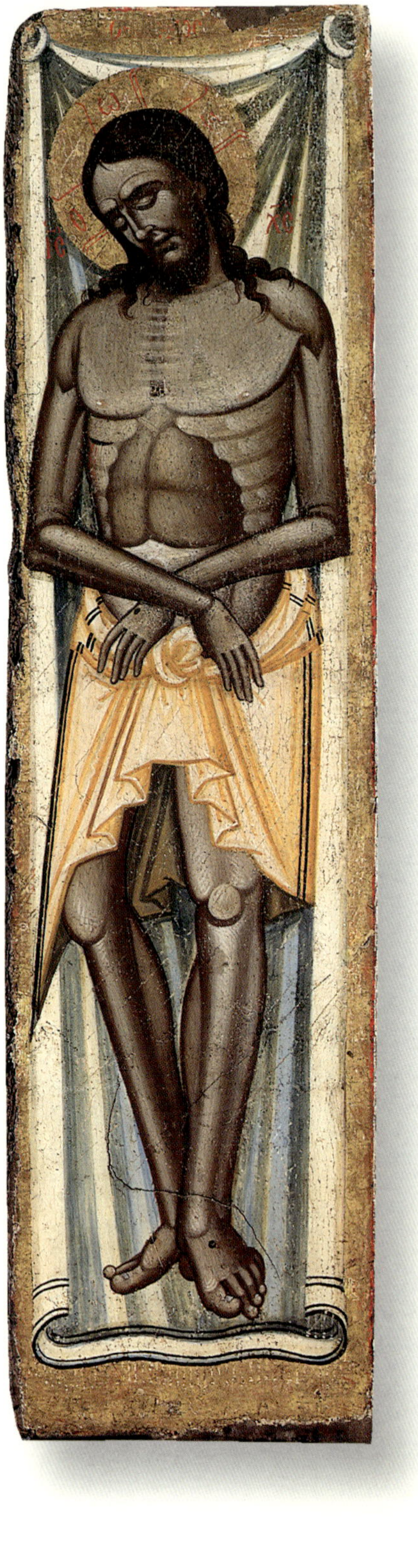

55. Epitaphios

17th century
Origin: Cyprus (purchased in 1999).
Now in the Museum of the Monastery of Kykkos
101.5 x 26.5 cm

Anonymous painter. The painter follows the iconographical type of the dead Christ alone, as it was finally perfected in Cyprus during the 16th century.

Egg tempera and gold leaf on a single plank of pine wood, primed with cloth, gesso and bole.

Conserved before the acquisition of the icon by the Museum of Kykkos. Reconserved at the Atelier of the Museum of the Monastery of Kykkos by Christos Karis in 2000.

Horizontal icons, representing Christ, were used at the ceremony on Good Friday instead of a textile epitaphios.

The dead Christ, with arms crossed over His waist, is depicted lying on a shroud half-naked, wearing a wheat-coloured loincloth around His waist, whose folds are rendered with a more intense ochre, with double black *clavi* along the edges of the cloth. The relaxation of the lifeless body is accentuated by the feet, where the left one is horizontal and the other slightly turned to the side. The exposed parts have a brown-coloured foundation, while various nuances of the same colour, highlighted with white and lines of white points, give volume and shadow. The face, marked with an expression of pain, and the loose hair are rendered similarly. From His speared flank flow blood and water, while the traces of the nails appear schematically on the hands and feet. A triple engraved circle renders the halo, enclosing a red cross with the words "He who exists". The background is gilded.

The icon bears the title THE EPITAPHIOS and the nominal inscription JESUS CHRIST.

Stylianos K. Perdikis

55. Ο Επιτάφιος

17ος αιώνας
Προέλευση: Κύπρος (αγορά 1999)
Τώρα στο Μουσείο Ιεράς Μονής Κύκκου
101.5 x 26.5 εκ.

Ανώνυμος ζωγράφος. Εικονογραφικά ο αγιογράφος του Επιταφίου ακολουθεί τον τύπο του μοναχικού νεκρού Χριστού, όπως αυτός αποκρυσταλλώθηκε στην Κύπρο κατά τον 16ο αιώνα.

Αυγοτέμπερα και φύλλα χρυσού σε μονοκόμματη σανίδα πεύκου, χωρίς ζυγούς, προετοιμασμένη με ύφασμα, γύψινο επίχρισμα και αμπόλιο.

Συντηρήθηκε πριν την απόκτησή της από το Μουσείο Κύκκου. Επανασυντηρήθηκε στο εργαστήριο του Μουσείου της Μονής Κύκκου από τον Χρίστο Καρή το 2000.

Οι στενόμακρες εικόνες, με την απεικόνιση του νεκρού Χριστού, χρησιμοποιούνταν στην ακολουθία της Μεγάλης Παρασκευής αντί υφασμάτινου επιταφίου.

Ο νεκρός Χριστός, με σταυρωμένα τα χέρια στη μέση, εικονίζεται ξαπλωμένος σε σινδόνη, ημίγυμνος, με σιτόχρωμο ζώμα στη μέση, του οποίου οι πτυχές αποδίδονται με πιο έντονη ώχρα, ενώ ο διπλός μελανός ποταμός διατρέχει το ύφασμα στις πλευρές. Η χαλαρότητα του άψυχου σώματος τονίζεται στα πόδια, όπου το αριστερό δίδεται οριζοντιωμένο και το άλλο ελαφρά διεσταλμένο και λυγισμένο στα πλάγια. Καστανόχρωμη προετοιμασία πλάθει τα γυμνά μέρη, ενώ διαφορετικές αποχρώσεις του ιδίου χρώματος, ξανοιγμένες με λευκό και επάλληλες λευκές ακμές, αποδίδουν τους όγκους και τις σκιάσεις. Με παρόμοιο τρόπο αποδίδονται το πρόσωπο με την έκφραση οδύνης και τα λυτά μαλλιά. Από τη λογχισμένη πλευρά ρέει αίμα και ύδωρ, ενώ τα σημάδια από τους ήλους δίδονται σχηματικά στα χέρια και στα πόδια. Τριπλός εγχάρακτος κύκλος αποδίδει τον χρυσό φωτοστέφανο, όπου με ερυθρό χρώμα εγγράφεται σταυρός με τις λέξεις Ο ΩΝ. Εκατέρωθεν η συντομογραφία IC XC. Βάθος χρυσό.

Η εικόνα φέρει τον τίτλο Ο [ΕΠΙΤΑΦΙ]ΟC και την ονομαστική επιγραφή Ι(ΗCΟΥ)C// X(PICTO)C.

Στυλιανός Κ. Περδίκης

Bibliography: Unpublished.

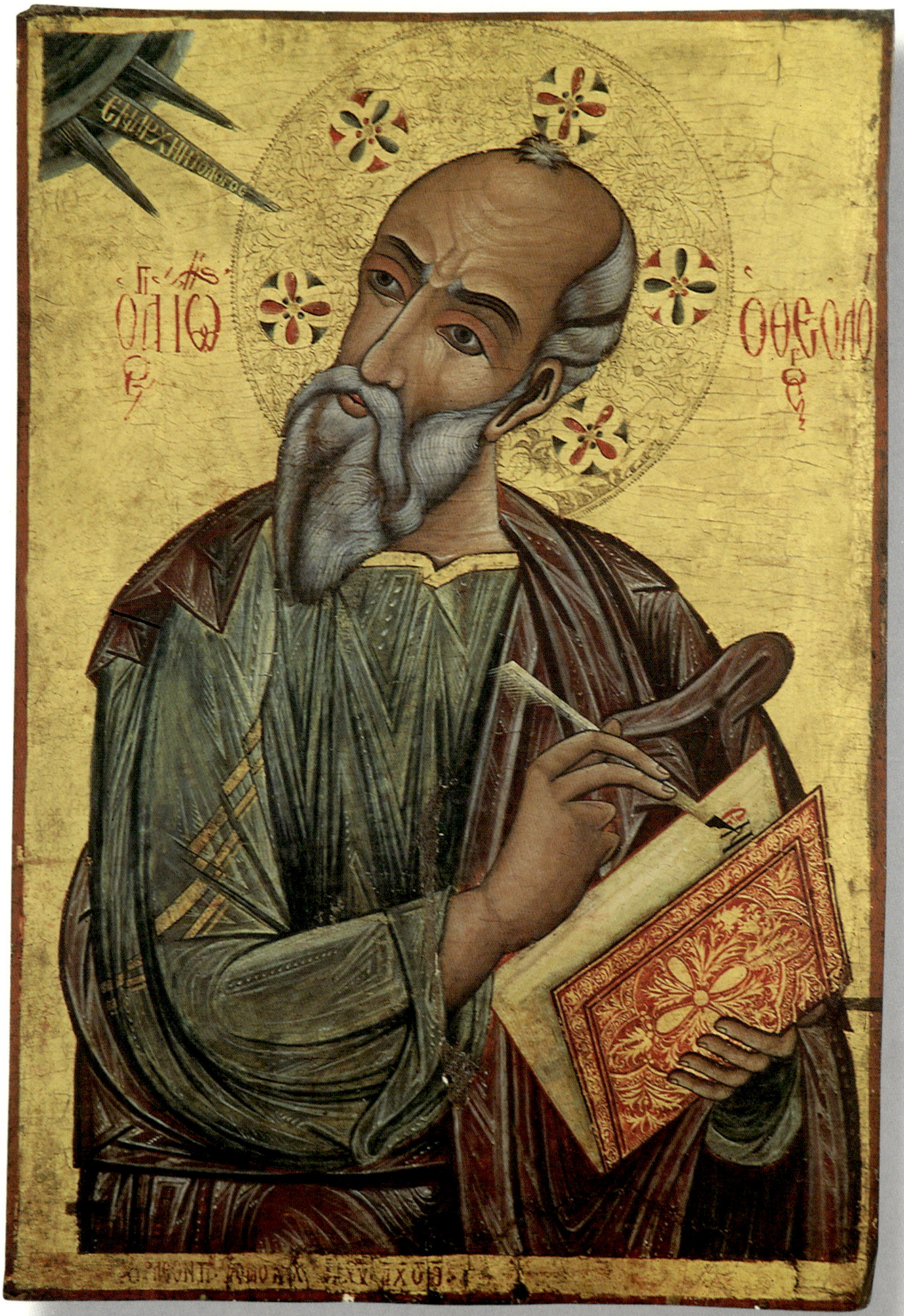

56. SAINT JOHN THE THEOLOGIAN

1679
Apsiou, Monastery of Panaghia Amirou
101.1 x 70.5 cm

Signed by the hieromonk Leontios at the bottom of the icon: "By the hand of Hieromonk Leontios 1679". The art of this painter is distinguished by a strong personal style reflecting Leontios' tendency towards simplicity, attenuated decoration and schematization that verges on distortion, with very distinctive faces.

Egg tempera, lacquers and gold leaf on wooden support, primed with cloth, gesso and bole. The *sgraffito* technique is used on the Gospel Book.

Conserved by the Atelier for Conservation of the Monastery of Chrysorroïatissa by the Abbot Dionysios Papachristophorou in 1988.

The saint is shown three-quarter length, in old age, bald, with his head turned to the left. In his left hand he holds an open Gospel Book in which can be read the opening words of his Gospel, whilst in his right he holds a pen. He wears a green/grey *chiton* and a red/purple *himation* with grey shadows.

At the upper left corner of the icon, there issues between clouds a shaft of light with the inscription: "IN THE BEGINNING WAS THE WORD...", which constitutes the first phrase of his gospel inscribed also on the book the saint is holding.

His halo is decorated with complex incised foliage decorated with painted rosettes. The cover of the Gospel Book also bears floral and foliage ornaments elaborated in the technique of *sgraffito*.

The icon bears the nominal inscription SAINT JOHN THE THEOLOGIAN.

Archimadrite Porphyrios Machairiotis

56. Ο ΑΓΙΟΣ ΙΩΑΝΝΗΣ Ο ΘΕΟΛΟΓΟΣ

1679
Αψιού, Μονή Παναγίας Αμιρούς
101.1 x 70.5 εκ.

Υπογραμμένη από τον ιερομόναχο Λεόντιο στο κάτω μέρος της εικόνας: ΧΕΙΡ ΛΕΟΝΤΙΟΥ ΙΕΡΟΜΟΝΑΧΟΥ ΑΧΟΘ (=1679). Η τέχνη του ζωγράφου αυτού διακρίνεται για το έντονο προσωπικό ύφος, το οποίο αποτελεί απαύγασμα των τάσεων του Λεόντιου προς κάποια απλοϊκότητα, τον λεπτοφυή διάκοσμο και τη σχηματοποίηση, που φθάνει στο όριο της παραμόρφωσης, με πολύ χαρακτηριστικά πρόσωπα.

Αυγοτέμπερα, λάκες και φύλλα χρυσού πάνω σε ξύλινη βάση, προετοιμασμένη με ύφασμα, γύψινο επίχρισμα και αμπόλιο. Τεχνική του *sgraffito* επάνω στο ευαγγέλιο.

Συντηρήθηκε στο Εργαστήριο Συντήρησης Εικόνων της Μονής Χρυσορροϊατίσσης από τον Ηγούμενο της μονής Αρχιμανδρίτη Διονύσιο Παπαχριστοφόρου το 1988.

Ο άγιος εικονίζεται σε προτομή, γέροντας, φαλακρός, με το κεφάλι στραμμένο προς τα αριστερά. Στο αριστερό χέρι κρατεί ανοικτό Ευαγγέλιο, στο οποίο διακρίνεται η αρχή του κειμένου του Ευαγγελίου του, ενώ στο δεξιό φέρει γραφίδα. Φορεί πρασινόφαιο χιτώνα και κοκκινοπόρφυρο ιμάτιο με γκρίζες σκιάσεις.

Στην άνω αριστερή γωνία της εικόνας μέσα από σχηματοποιημένο ουρανό εκπέμπεται δέσμη φωτός με την επιγραφή "ΕΝ ΑΡΧΗ ΗΝ Ο ΛΟΓΟΣ...", που αποτελεί την πρώτη πρόταση του ευαγγελίου του αγίου Ιωάννου, η οποία επαναλαμβάνεται και στο βιβλίο, που φέρει ο άγιος.

Ο φωτοστέφανος κοσμείται με περίτεχνο, έκτυπο και εγχάρακτο φυτικό διάκοσμο, που συμπληρώνεται με έγχρωμους ρόδακες. Το κάλυμμα του ευαγγελίου κοσμείται επίσης με περίτεχνα φυτικά κοσμήματα, επεξεργασμένα με την τεχνική του *sgraffito*.

Η εικόνα φέρει την ονομαστική επιγραφή Ο Α/ΓΙ/ΟC ΙΩ(ΑΝΝ)HC// Ο ΘΕΟΛΟ/ΓΟC.

Αρχιμανδρίτης Πορφύριος Μαχαιριώτης

Bibliography: Strasbourg 1991, pp. 23, 38, fig. 32. Sophocleous 1994b, no. 65, p. 109, pl. p. 199.

Η ΠΟΤΟΗ ΤΥ ΠΡΟΔΟΜΥ

57. The Beheading of John the Baptist

1769
Panagia, Monastery of Panaghia Chrysorroïatissa
52 x 40 cm

Anonymous painter belonging stylistically to the Byzantine tradition of Cyprus in the period of Ottoman rule, especially the 18th century when a local tradition of painting dominated.

Egg tempera, gold leaf, lacquers and glazes on wooden support, primed with cloth, gesso and bole.

Conserved at the Atelier for Conservation of Icons of the Monastery of Panaghia Chrysorroïatissa by the Abbot of the Monastery Archimandrite Dionysios Papachristophorou in 1986.

The representation of the Beheading of John the Baptist is organized in two parts. Almost the entire surface of the icon is dominated by the palace of Herod, which is depicted as a three-storeyed building: the two upper floors, of which the first is the supposed ground floor where the scene of the Symposium dominates, and the lower part, the basement, where the dungeons are, the place of the execution of the prophet John the Baptist. This is an interesting composition, where all the events are depicted in a particularly detailed manner.

On the ground floor of Herod's palace a rich table is set. In the centre of the table King Herod, seated on a throne, wears a royal costume and a crown on his head. On either side of Herod four state officials are seated wearing distinctive costumes and head coverings. The two men flanking Herod have characteristic tall hats and are dressed in fur coats, as was usual in the period of Ottoman rule. The second man on the left must be a military official, as he wears a helmet, while the fourth man, on the right, rather recalls a hermit. The painter probably wanted to depict a member of the priesthood.

Behind the King's throne crowd the courtiers and officials of the palace, with characteristic coverings on their heads. On the left a servant is depicted and on a balcony of the palace an orchestra performing with wind instruments is seated. At the lower right Salome dances and the queen already holds the head of John the Baptist on a platter.

In the basement of the palace below and in the centre of an arcade of columns the executioner has already cut off the head of John the Baptist, while a servant holding a platter stands on the staircase which leads to the ground floor, waiting to receive the head. Another

57. Η Αποτομη του Προδρομου

1769
Παναγιά, Μονή Παναγίας Χρυσορροϊάτισσης
52 x 40 εκ.

Ανώνυμος ζωγράφος, ο οποίος τεχνοτροπικά εντάσσεται μέσα στη Βυζαντινή παράδοση της Κύπρου στα χρόνια της τουρκοκρατίας, και ιδιαίτερα τον 18ο αιώνα, με έντονο τον τοπικό χαρακτήρα της ζωγραφικής, που επικράτησε αυτή την εποχή.

Αυγοτέμπερα, φύλλα χρυσού, λάκες και λαζούρες πάνω σε ξύλινη βάση, προετοιμασμένη με ύφασμα, γύψινο επίχρισμα και αμπόλιο.

Συντηρήθηκε στο Εργαστήριο Συντήρησης Εικόνων της Μονής Χρυσορροϊάτισσης από τον Ηγούμενο της Μονής Αρχιμανδρίτη Διονύσιο Παπαχριστοφόρου το 1986.

Η παράσταση της αποτομής της κεφαλής του Τιμίου Προδρόμου είναι οργανωμένη σε δύο επίπεδα. Σε όλη σχεδόν την επιφάνεια της εικόνας κυριαρχεί το παλάτι του Ηρώδη, που παριστάνεται ως τριώροφο κτίριο. Στους δύο πάνω ορόφους, όπου στο υποτιθέμενο ισόγειο κυριαρχεί η σκηνή του συμποσίου και στο κάτω τμήμα, το υπόγειο, όπου βρίσκονται οι φυλακές, και λαμβάνει χώρα η εκτέλεση του Προφήτη και Βαπτιστή Ιωάννη. Πρόκειται για μία παρά πολύ ενδιαφέρουσα σύνθεση, όπου με ιδιαίτερα λεπτομερή αφηγηματικό τρόπο παριστάνονται όλα τα γεγονότα.

Στο ισόγειο του τριώροφου παλατιού του Ηρώδη είναι στρωμένη η πλούσια τράπεζα, όπου στο κέντρο σε θρόνο κάθεται ο βασιλεύς Ηρώδης. Φέρει βασιλική στολή και διάδημα στο κεφάλι. Δεξιά και αριστερά παρακάθονται τέσσερεις αξιωματούχοι του κράτους, που φέρουν διακριτικές στολές και καλύμματα στην κεφαλή. Οι δύο άνδρες, που κάθονται δίπλα από τον Ηρώδη, φέρουν χαρακτηριστικούς ψηλούς πίλους, ενώ φορούν στολές με γούνες, όπως συνηθίζεται στα χρόνια της τουρκοκρατίας. Ο άνδρας στην αριστερή πλευρά πρέπει να είναι αξιωματούχος του στρατού από την περικεφαλαία, που φορεί, ενώ ο τέταρτος άνδρας στα δεξιά θυμίζει περισσότερο ασκητή, και ο ζωγράφος θα πρέπει να θέλει να αποδώσει εκπρόσωπο του ιερατείου.

Πίσω από τον θρόνο του βασιλιά συνωθούνται οι αυλικοί και οι αξιωματούχοι του παλατιού με χαρακτηριστικά καλύμματα στην κεφαλή. Στην αριστερή πλευρά εικονίζονται ένας υπηρέτης και σε ένα εξώστη του παλατιού κάθεται η ορχήστρα, που παίζει μουσική με πνευστά όργανα. Δεξιά κάτω μπροστά από την τράπεζα η Σαλώμη χορεύει, ενώ η βασίλισσα κρατά ήδη την

figure with a royal crown on her head attends the events from the first floor of the palace with elaborate windows and balconies. The central arch of the palace is adorned by a richly decorated red curtain.

The icon is dated to 1769, a dedication of the Oikonomos of the Monastery of Aghia Moni the hieromonk Kallinikos. The icon is particularly interesting both for its rich and detailed narrative character and for the manner in which the painter organises the rendering of several events and especially the incorporation of characteristic contemporary elements, such as the clothes and also the reproduction of elements from earlier models, such as the buildings deriving from the art of the Frankish and Venetian periods of the 15th - 16th centuries.

The icon bears the title THE BEHEADING OF PRODROMOS (The precursor). On the lower part of the icon, on the right side between two columns of the basement is a dedicatory inscription: PRAYER OF THE SERVANT OF GOD KALLINIKOS THE MONK AND OIKONOMOS OF AGHIA MONI,1769.

Georgios Philotheou

κεφαλή του Προδρόμου μέσα στο πινάκιο.

Στο υπόγειο του παλατιού, με την τοξοστοιχία να στηρίζεται σε κολώνες, ο δήμιος στο κέντρο έχει ήδη αποκόψει την κεφαλή του Προδρόμου, ενώ στη σκάλα, που οδηγεί από το ισόγειο στο υπόγειο, στέκεται υπηρέτης με το πινάκιο, και περιμένει να του δοθεί η κεφαλή του Ιωάννη. Στον πρώτο όροφο του παλατιού, με ωραία παράθυρα και εξώστες, μία άλλη μορφή, με βασιλικό διάδημα στο κεφάλι, παρακαλουθεί τα διαδραματιζόμενα. Την κεντρική καμάρα του παλατιού κοσμεί πλούσια διακοσμημένο κόκκινο παραπέτασμα.

Η εικόνα χρονολογείται στα 1769, και είναι αφιέρωμα του Οικονόμου της Αγίας Μονής Ιερομονάχου Καλλινίκου. Η εικόνα είναι ιδιαίτερα ενδιαφέρουσα, και για τον πλούσιο και λεπτομερή αφηγηματικό της χαρακτήρα, και για τον τρόπο, που οργανώνει ο ζωγράφος την απόδοση πολλών γεγονότων, και κυρίως από τα έντονα στοιχεία της εποχής του, που αποδίδει, όπως τα ενδυματολογικά στοιχεία, αλλά και την αντιγραφή στοιχείων από παλαιότερα πρότυπα, όπως τα κτήρια, που προέρχονται από την τέχνη της περιόδου της φραγκοκρατίας, και κυρίως της βενετοκρατίας του 15ου-16ου αιώνα.

Η εικόνα φέρει τον τίτλο Η ΑΠΟΤΟΜΗ ΤΟΥ ΠΡΟΔΡΟΜΟΥ. Κάτω δεξιά ανάμεσα στις δύο κολώνες του υπογείου υπάρχει η αφιερωματική επιγραφή: ΔΕΗCΙC ΤΟΥ ΔΟΥΛΟΥ/ ΤΟΥ ΘΕΟΥ ΚΑΛΛΗΝΙΚΟΥ ΙΕΡΟΜΟ/ ΝΑΧΟΥ Κ(ΑΙ) ΙΚΟΝΟΜΟΥ ΤΗC/ ΑΓΙΑC ΜΟΝΗC ΑΨΞΘ (=1769).

Γεώργιος Φιλοθέου

Bibliography: Papageorghiou 1996, figs 137, 138, 142.

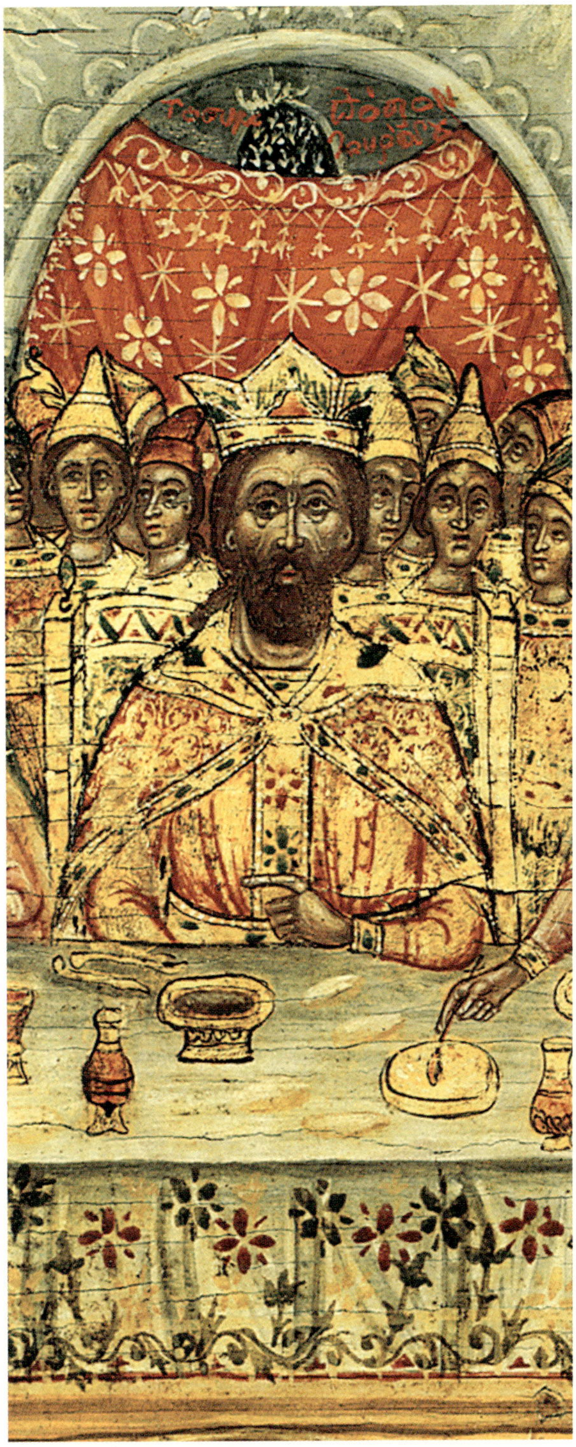

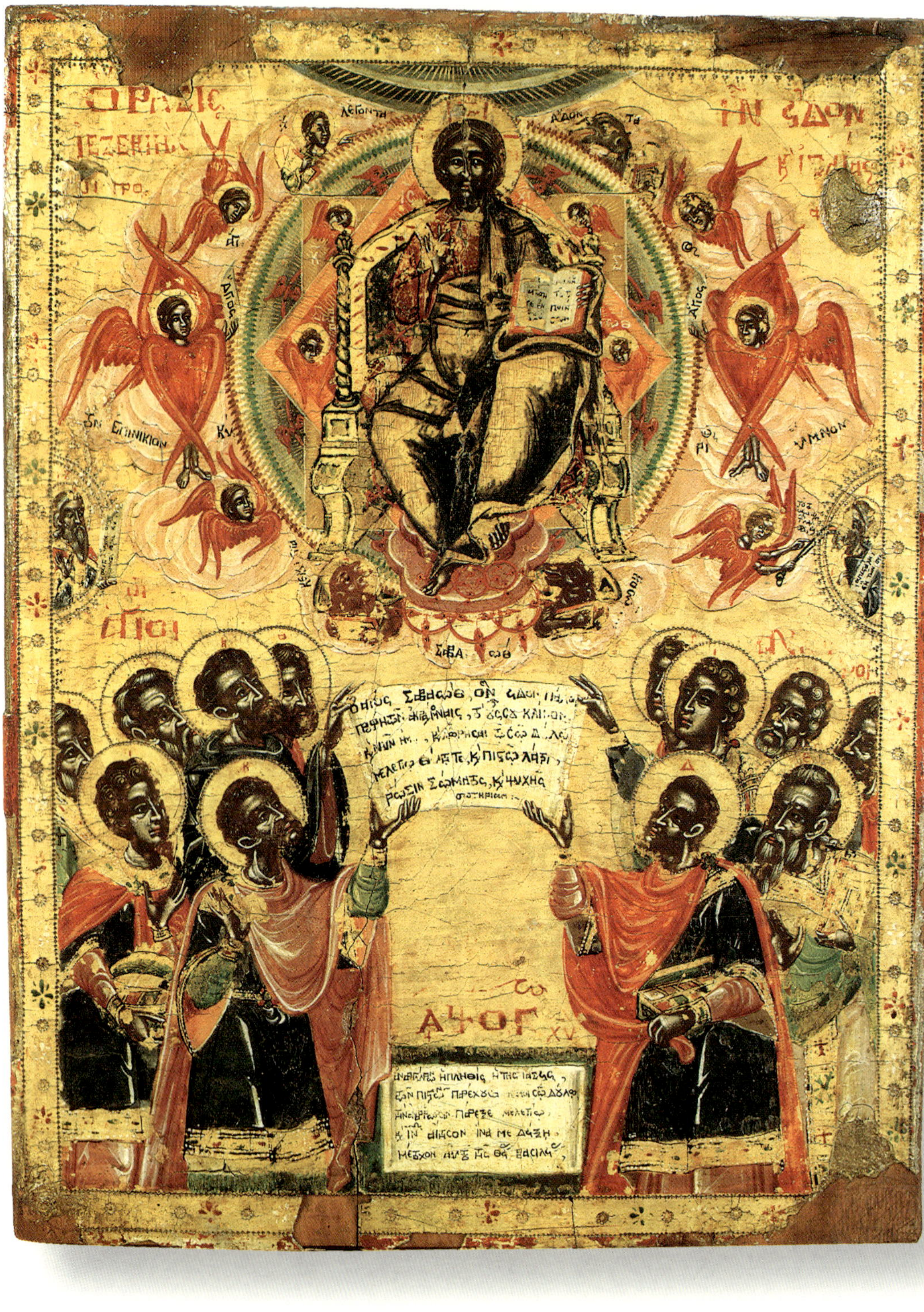

58. The Vision of the Prophets Ezekiel and Isaiah and the Saints Anargyri

1773. Above the dedicatory inscription there is the date ΑΨΟΓ (=1773)
Trachypedoula, Monastery of Saint Savvas tis Karonos
Now in the Monastery of Panaghia Chrysorroïatissa

40.5 x 31.5 cm

Anonymous painter who worked within the school of the hieromonk Ioannikios, distinguished by the intense dark proplasmus and the ascetic features of the faces.

Egg tempera, gold leaf, lacquers and glazes on wooden support, primed with cloth, gesso and bole.

Conserved at the Atelier for Conservation of Icons of the Monastery of Panaghia Chrysorroïatissa by the Abbot of the Monastery Archimandrite Dionysios Papachristophorou in 1986.

Icon with a composite theme. The upper part is dominated by the scene of the Vision of the prophets Ezekiel and Isaiah, who are depicted in small semicircles on the two sides of the icon, while on the lower part two groups of six saints Anargyri (= attending patients without fees) are represented. The first theme depicted on the upper part of the icon, that is the visions of the prophets Ezekiel and Isaiah, is an eschatological theme and the donor looks at Christ hoping for the cure of his soul and his body.

The vision of the prophets Ezekiel and Isaiah is described in the Old Testament (*Ezekiel* 1, 1-28 and *Isaiah*, 6, 1-4) and foretells the second and glorious Last Judgement of Christ. Christ is seated on the throne of Glory, within a circle of multi-coloured light. Around His throne seraphim fly and sing the *Epinikios* hymn "Holy, holy, holy Lord Sabbaoth…". Around the circle are also represented the four symbols of the evangelists, as they are described by Ezekiel: the angel, the eagle, the bull and the lion. This scene is a part of the Last Judgement.

On the lower part of the icon the twelve Anargyri saints are portrayed in two groups. Four of them, two in each group, hold an open scroll bearing the inscription: "Holy Sabaoth, whom the chief of all prophets saw, bend your ear now to us and grant to your servant Meletios the priest and faithful worshipper healing in body and salvation of the soul".

On the lower part of the icon, between the two first Anargyri, obviously Cosmas and Damian, there is another inscription: "Multitude of Anargyroi that give healing to the faithful grant recovery to Meletios and pray (to God) that He show me a partaker in His divine kingdom".

58. Ορασισ ην Ειδον Ιεζεκιηλ και Ησαϊασ οι Προφηται και οι Αγιοι Αναργυροι

1773. Στο κάτω μέρος της εικόνας, πάνω από την αφιερωματική επιγραφή υπάρχει η ημερομηνία ΑΨΟΓ (=1773)
Τραχυπέδουλα, Μονή Αγίου Σάββα της Καρόνος
Τώρα στη Μονή Παναγίας Χρυσορροϊατίσσης

40.5 x 31.5 εκ.

Ανώνυμος ζωγράφος. Εργάζεται μέσα στο πλαίσιο της σχολής του ιερομόναχου Ιωαννικίου, που διακρίνεται για τους έντονα σκούρους προπλασμούς και τα ασκητικά χαρακτηριστικά των προσώπων.

Αυγοτέμπερα, φύλλα χρυσού, λάκες και λαζούρες πάνω σε ξύλινη βάση, προετοιμασμένη με ύφασμα, γύψινο επίχρισμα και αμπόλιο.

Συντηρήθηκε στο Εργαστήριο Συντήρησης Εικόνων της Μονής Χρυσορροϊατίσσης από τον Ηγούμενο της Μονής Αρχιμανδρίτη Διονύσιο Παπαχριστοφόρου το 1986.

Πρόκειται για εικόνα με σύνθετο θέμα. Το πάνω τμήμα καταλαμβάνει η παράσταση με το όραμα του προφήτη Ιεζεκιήλ και του προφήτη Ησαΐα, που εικονίζονται σε μικρά ημικύκλια στις δύο πλευρές της εικόνας, ενώ στο κάτω τμήμα παριστάνονται οι δύο χοροί των Αναργύρων αγίων ανά έξι σε κάθε ομάδα.

Το πρώτο θέμα, που κοσμεί το πάνω τμήμα της εικόνας, δηλαδή τα οράματα των προφητών Ιεζεκιήλ και Ησαΐα, είναι ένα εσχατολογικό θέμα, και ο αφιερωτής προσβλέπει προς τον Χριστό, ελπίζοντας στην ψυχική και στη σωματική του θεραπεία.

Πρόκειται για το όραμα, που είδαν ο προφήτης Ιεζεκιήλ και ο προφήτης Ησαΐας, και περιγράφεται στα αντίστοιχα βιβλία της Παλαιάς Διαθήκης (*Ιεζεκιήλ* Α΄, 1-28 και *Ησαΐας* ΣΤ΄, 1-4), και προεικονίζει τη Δευτέρα και ένδοξη Παρουσία του Χριστού. Ο Χριστός κάθεται στον θρόνο της δόξης μέσα σε στρογγύλη πολύχρωμη δόξα, και γύρω από τον θρόνο Του πετούν τα εξαπτέρυγα, και ψάλλουν τον τρισάγιο Ύμνο: "Άγιος, Άγιος, Άγιος, Κύριος Σαβαώθ…". Επίσης γύρω από τη δόξα υπάρχουν τα τέσσερα σύμβολα των Ευαγγελιστών, όπως περιγράφονται από τον Ιεζεκιήλ: ο άγγελος, ο αετός, το βόδι και το λιοντάρι. Η σκηνή αυτή είναι μέρος από τη σκηνή της Δευτέρας Παρουσίας.

Στο κάτω τμήμα της εικόνας υπάρχει η παράσταση των 12 Αναργύρων αγίων, που είναι χωρισμένη σε δύο ομάδες. Τέσσερεις από αυτούς, δύο από κάθε ομάδα, κρατούν ένα ανοικτό ειλητό, που γράφει: «Ο άγιος Σαβαώθ όν είδον πάντων/ προφητών ακρέμονες το ους σου κλίνον/ και νυν ημάς και δώρησαι τω σω δούλω/ Μελετίω θύτη τε και πιστώ λάτρι/ ρώσιν σώματος και ψυχής σωτηρίαν".

The icon was ordered, according to the inscription, by a certain Meletios, whose identity is unknown, possibly a bishop or an abbot, in 1773 and from the inscriptions accompanying the icon it appears that it was made as a dedication for the healing of a serious disease, from which he was suffering.

The icon bears the title on its upper part THE VISION OF THE PROPHETS EZEKIEL AND ISAIAH and the nominal inscription at the lower part THE SAINTS ANARGYRI.

Georgios Philotheou

Κάτω χαμηλά ανάμεσα στους δύο πρώτους Αναργύρους, προφανώς τον Κοσμά και τον Δαμιανό, υπάρχει και άλλη επιγραφή, που αναφέρει: «Αναργύρων η πληθύς η τας ιάσεις/ των πιστών παρέχουσα σω δούλω/ την ανάρρωσιν πάρεξε Μελετίω/ και αίτησον ίνα με δείξη/ μέτοχον αυτού της θείας Βασιλείας».

Η εικόνα αυτή παραγγέλθηκε σύμφωνα με την επιγραφή, που φέρει, από κάποιον Μελέτιο, χωρίς να γνωρίζουμε άλλα στοιχεία του, πιθανώς επίσκοπο ή ηγούμενο, το 1773, και από τις επιγραφές, που συνοδεύουν την εικόνα, συμπεραίνεται ότι έγινε από τον δωρητή ως αφιέρωμα για την ιασή του από κάποια σοβαρή ασθένεια, που έπασχε.

Η εικόνα φέρει τον τίτλο στο πάνω μέρος της ΟΡΑΣΙC // ΗΝ ΕΙΔΟΝ // ΙΕΖΕΚΙΗΛ // Κ(ΑΙ) ΗΣΑΪΑΣ // ΟΙ ΠΡΟ//Φ(ΗΤΑΙ) και την ονομαστική επιγραφή στο κάτω μέρος ΟΙ / ΑΓΙΟΙ // ΑΝ(ΑΡΓΥ)/ΡΟΙ.

Γεώργιος Φιλοθέου

Bibliography: Unpublished.

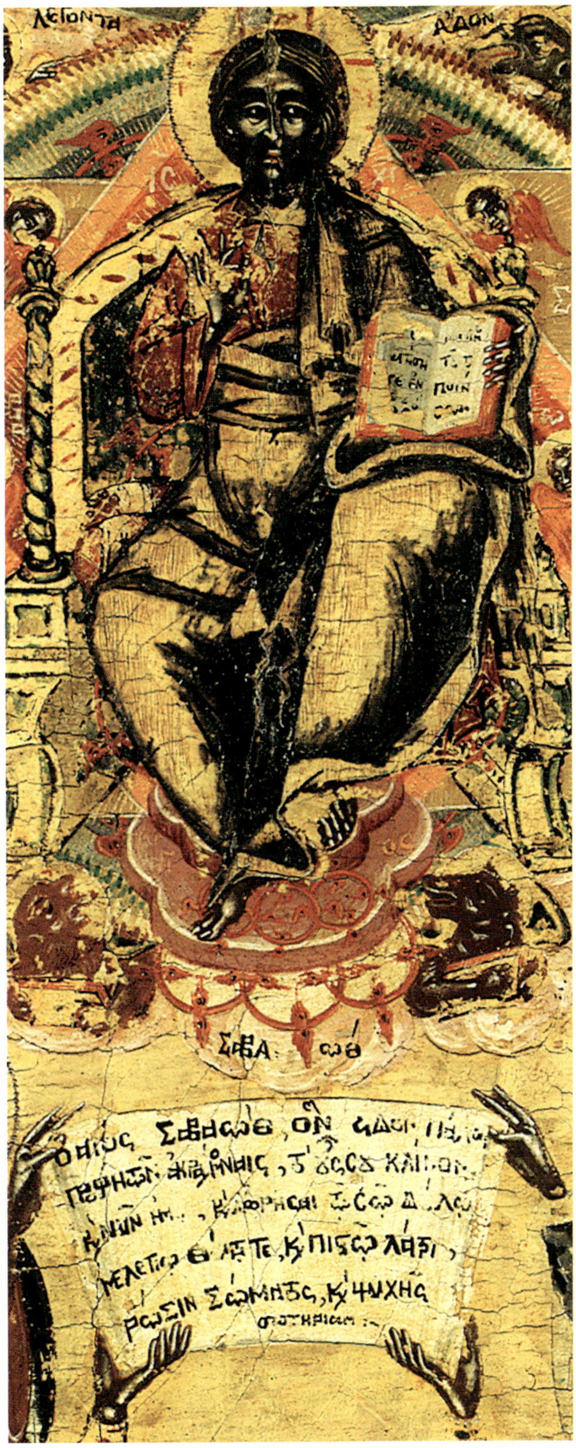

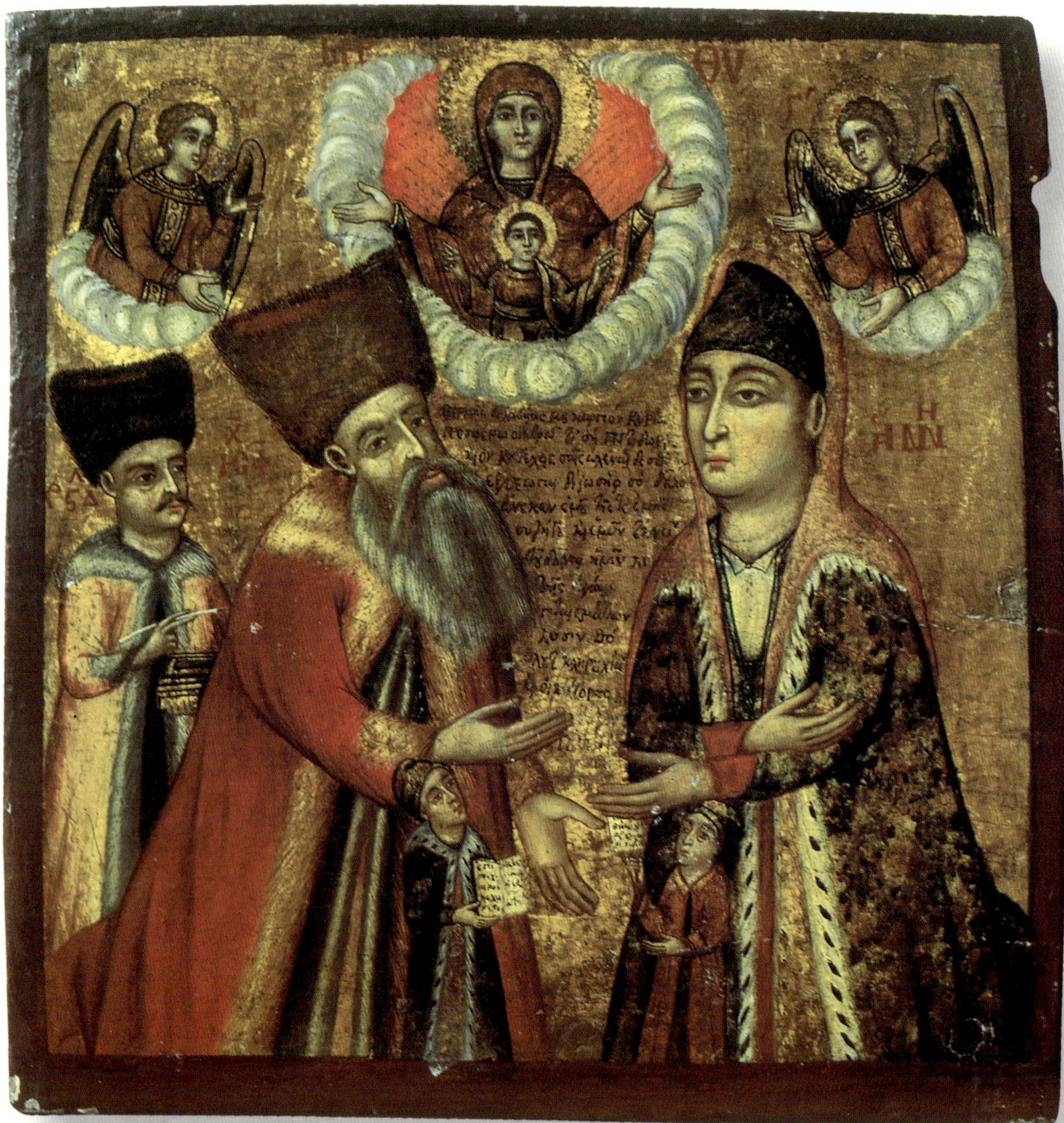

59. DEDICATORY ICON

(Virgin Orans and the family of the Dragoman Hadjiiosif)
Second half of the 18th century. Some scholars date the icon to 1776, without mentioning their sources
Old Nicosia, Church of Panaghia Phaneromeni
50 x 48.5 cm

Anonymous painter belonging stylistically to the school of Saint Heracleidios.

Egg tempera and gold leaf on wooden support, primed with cloth, gesso and bole.

The Dragoman (Interpreter) of the Serai of Nicosia, Hadjiiosif (+1780), due to his position, acquired important political and economic power. The important office of Dragoman was the highest to which a Greek could rise in Ottoman Cyprus.

The family of the dragoman Hadjiiosif is portrayed on a gilded background. They are all well-fed, dressed in expensive clothes, suggesting their social position. They are depicted in front, three-quarter length and turning to face each other, in the position of prayer. The Dragoman is kneeling on the left and his wife on the right, in the space between them the inscription: "Lady, wretchedly to your generosity I offer the fruits of my piety and invoke for your servant Joseph the mercy of the Lord you hold in your arms so that through our prayers he might grant to me, my wife and my children/ forgiveness of our sins, a share of heaven and (ma)ke us dwellers in (Paradise)" In front of each stand their two little children, whose names are not mentioned, the boy carrying an inscribed book: " Over thee, who art full of grace, rejoices all the world of the Angels", and the girl a tablet with the inscription: " Virgin Mother of God hail, full of grace". Hatziiosif with his crooked nose, rich moustache and grey, bushy beard, carries on his head a *kalpaki*, covered with brown fur. He wears a red cloak (*tzoumbe*) with auburn fur at the edges. Anne, with her soft but at the same time melancholy face, wears a head-gear covered with a long shawl, a long closed skirt and a gold-green cloak edged with fur. Behind Hadjiiosif a young, beardless man is depicted, having only a moustache, carrying in his right hand a metal inkpot and in the other a quill. He is probably the secretary of the Dragoman, and it is his name, Chr(i)st(o)d(ou)l(os), that is marked at the left, and not that of the painter of the icon (E. Rizopoulou-Egoumenidou, *Η αστική ενδυμασία της Κύπρου κατά τον 18ο και τον 19ο αιώνα*, Nicosia 1996, p. 141).

59. ΑΝΑΘΗΜΑΤΙΚΗ ΕΙΚΟΝΑ

(Παναγία Δεομένη και η οικογένεια δραγομάνου Χατζηιωσήφ)
Β´ μισό 18ου αιώνα. Ορισμένοι μελετητές δίδουν στην εικόνα τη χρονολογία 1776, χωρίς να αναφέρουν από πού αντλούν τη χρονολογία αυτή.
Παλαιά Λευκωσία, ναός Παναγίας Φανερωμένης
50 x 48.5 εκ.

Ανώνυμος ζωγράφος, που εντάσσεται στην τεχνοτροπία της σχολής του Αγίου Ηρακλειδίου.

Αυγοτέμπερα, και φύλλα χρυσού, πάνω σε ξύλινη βάση, προετοιμασμένη με ύφασμα, γύψινο επίχρισμα και αμπόλιο.

Ο Δραγομάνος (διερμηνέας) του Σεραγίου της Λευκωσίας Χατζηιωσήφ (+1780) απέκτησε, ένεκα της θέσης του, σημαντική δύναμη, πολιτική και οικονομική. Το αξίωμα του δραγομάνου ήταν το ανώτερο, στο οποίο μπορούσε να ανέλθει Έλληνας στην τουρκοκρατούμενη Κύπρο, με ευρείες εξουσίες.

Σε χρυσό βάθος εικονίζεται η οικογένεια του Δραγομάνου Χατζηιωσήφ. Όλοι αποδίδονται ευτραφείς, ντυμένοι με ακριβά ενδύματα, ενδεικτικά της κοινωνικής τους θέσης. Σε πρώτο πλάνο, αντικρυστά, σε στάση δέησης, πλάγια δοσμένοι σε ύψος τριών τετάρτων, παρουσιάζονται στα αριστερά ο Δραγομάνος και στα δεξιά η σύζυγός του Άννη, έχοντας στον μεταξύ τους κενό χώρο την επιγραφή: "Θερμής ευλαβείας μου καρπόν, Κυρία, | προσφέρω οικτρώς τι' σή παντοδωρία | καί όν κατέχεις σαίς ωλέναις δεσπότην | εξιλέωσαι δι' Ιωσήφ σό δούλο | ένεκεν εμού τής τε εμής συζήγου καί εμών τέκνων | τού δούναι ημίν λι|ταίς αγίαις | πταισμάτων | λύσιν πό|λου τε κληρουχίαν | και οικήτορας (δεί)ξον | του (παραδεί|σου).". Μπροστά από τον καθένα στέκουν τα δύο μικρά παιδιά τους, τα ονόματα των οποίων δεν αναφέρονται, κρατώντας στα χέρια, ενεπίγραφο βιβλίο το αγόρι: "Επι | σι χ|αιροι κεχα|ριτο|μενη | πασα | η (κτη | σις) | αγγ|(έλων) ", και το κορίτσι ανασηκώνει αβάκιο με τη γραφή: "Θ(εοτό)κε παρ|θένε χέ|ρε και χα|ριτωμένη". Ο Χατζηιωσήφ, με τη γαμψή μύτη, τον πλούσιο μύστακα και την ψαρή δασύτριχη πλατιά γενειάδα, φέρει στο κεφάλι καλπάκι, επικαλυμμένο με καφέ γούνα, και φοράει εξωτερικά ερυθρό επενδύτη (τζουμπέ) με πυρόξανθη γούνα στις άκριες. Η Άννη, με το αφράτο και συνάμα μελαγχολικό πρόσωπο, φέρει στο κεφάλι ψηλό κάλυμμα, και από πάνω ριγμένο μακρύ σάλι. Φορεί λευκό κλειστό πουκάμισο και χρυσοπράσινο επενδύτη με γούνα. Πίσω από τον Χατζηιωσήφ εικονίζεται νεαρός, αγένειος άνδρας, έχοντας μόνο μύστακα, να κρατεί στο δεξιό του χέρι μεταλλική μελανοθήκη και στο άλλο γραφίδα. Πρόκειται μάλλον για τον γραμματέα του Δραγομάνου, το όνομα

In the upper part of the composition the Virgin in the type of Vlachernitissa, and on either side the Archangels Michael and Gabriel emerge from the clouds.

Stylistically and esthetically the icon does not present any special interest. It is a typical work of the Cypriot school of hagiography of Saint Herakleidios, with clear imperfections in drawing. However, iconographically and as a social document, this icon is unique. The work can hardly be characterized as an icon. It is close to a secular painting. Maybe this was its original use in the house of Hadjiiosif. The presence of donors in Cypriot icons has a long tradition, but the scale between saint and donor is always greatly in favour of the saint, to whom the honour is rendered. Here the terms are obviously reversed. The emphasis on the power of the Dragoman is obvious, as well as is his distance from the other *rayiades*, reflecting the social reality of Ottoman Cyprus at the end of the 18th century.

Stylianos K. Perdikis

του οποίου είναι σημειωμένο στα αριστερά, Χρ(ι)στ(ό)δ(ου)λ(ος), και όχι για τον ζωγράφο της εικόνας (Ε. Rizopoulou-Hegoumenidou, *Η αστική ενδυμασία της Κύπρου κατά τον 18ο και τον 19ο αιώνα*, Nicosia 1996, σ. 141). Κατά πόσο ο Χριστόδουλος ήταν και γιος του Χατζηιωσήφ (Παπαγεωργίου 1997, σ. 238) δεν είμαστε σε θέση να γνωρίζομε.

Μέσα σε νεφέλες, στο πάνω μέρος της σύνθεσης, εικονίζεται η Παναγία στον τύπο της Βλαχερνίτισσας, και εκατέρωθεν σεβίζοντες οι Αρχάγγελοι Μιχαήλ και Γαβριήλ.

Τεχνοτροπικά και αισθητικά η εικόνα δεν παρουσιάζει ιδιαίτερο ενδιαφέρον. Πρόκειται για τυπικό έργο της κυπριακής σχολής αγιογραφίας του Αγίου Ηρακλειδίου, με έντονες σχεδιαστικές ατέλειες. Εικονογραφικά όμως η εικόνα είναι μοναδική, περικλείουσα κοινωνικές προεκτάσεις. Το παρουσιαζόμενο έργο με δυσκολία θα μπορούσε να χαρακτηρισθεί ως εικόνα. Ξεφεύγει από την ορθόδοξη θεολογική - προσκυνηματική έννοια και πλησιάζει τον κοσμικό πίνακα. Ίσως αυτή να ήταν και η αρχική χρήση μέσα στην οικία του Χατζηιωσήφ. Η παρουσία δωρητών σε εικόνες της Κύπρου έχει μακραίωνη παράδοση, αλλά η σχεδιαστική κλίμακα μεταξύ αγίου και δωρητή υπερτερεί εμφανώς υπέρ του αγίου, στον οποίο αποδίδεται και η προσκυνηματική τιμή. Εδώ οι όροι έχουν καταφανώς αντιστραφεί. Η οικογένεια του δραγομάνου Χατζηιωσήφ προβάλλεται επιδεικτικά, ενώ η Θεοτόκος συρρικνώθη στο άνω μέρος ως δευτερογενές στοιχείο. Είναι εμφανής η έμμεση τάση προβολής της πολυεπίπεδης δύναμης του Δραγομάνου, και η διάκρισή του από τους υπόλοιπους ραγιάδες, στοιχείο, που ευνοούσαν τα κοινωνικά δεδομένα της τουρκοκρατούμενης Κύπρου του τέλους του 18ου αιώνα.

Στυλιανός Κ. Περδίκης

Bibliography: Peristianis 1910, p. 742. Talbot Rice 1937, p. 267, fig. 140. Hill 1972, vol. IV, p. 95, pl. V. B. Christodoulou, "Χατζηιωσήφ δραγομάνος", in *Μεγάλη Κυπριακή Εγκυκλοπαίδεια*, Nicosia 1991, p. 16, Papageorghiou 1995, p. 161; E. Rizopoulou-Egoumenidou, *Η αστική ενδυμασία της Κύπρου κατά τον 18ο και τον 19ο αιώνα*, Nicosia 1996, p. 68, fig. 24 (printed reversed). Papageorghiou 1997b, pp. 238 - 39.

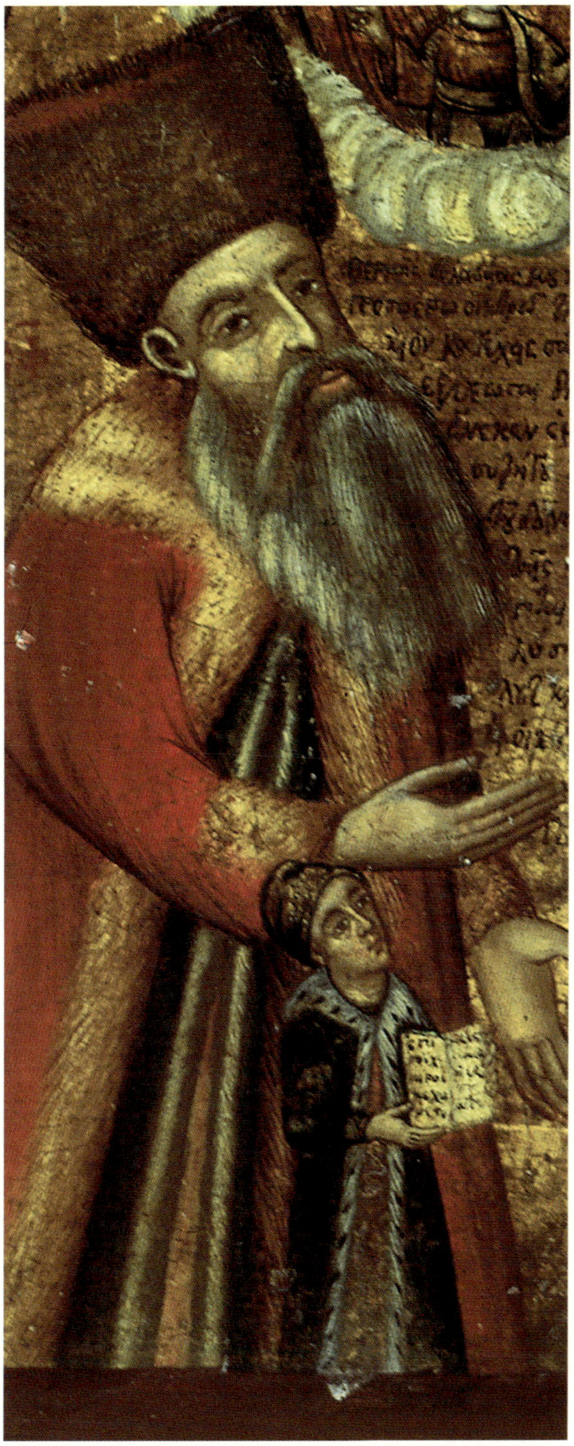

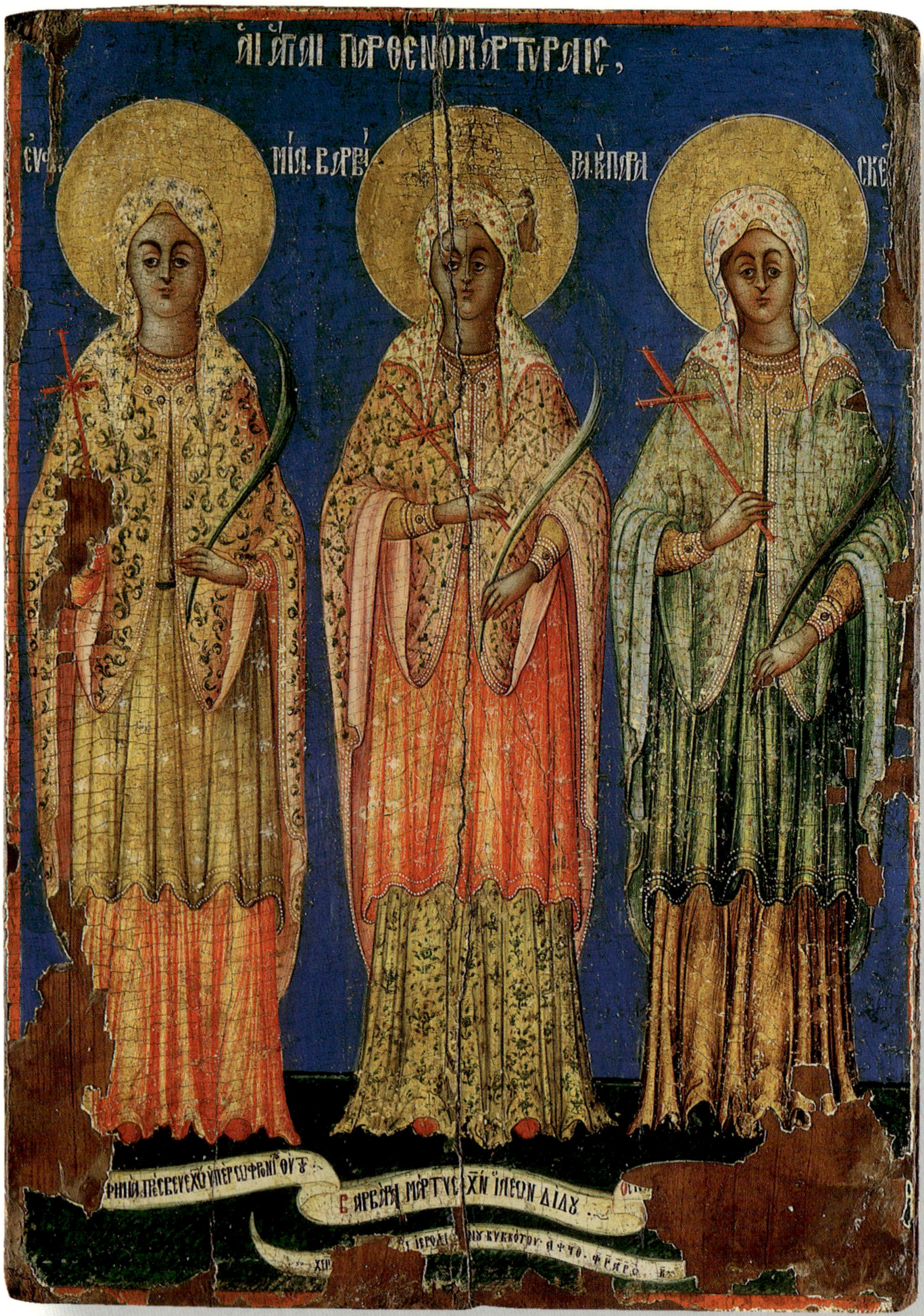

60. THE HOLY VIRGINS
EUPHEMIA, BARBARA AND PARASKEVI

20 February, 1799
Katholikon of the Monastery of Kykkos
Now in the Museum of the Monastery of Kykkos
37.3 x 27 cm

Signed by the Deacon Charalambos Kykkotis in a small band: "BY THE HAND OF DEACON CHARALAMBOS KYKKOTIS ΑΨΥΘ (1799) FEBRUARY Κ΄. (20)". The painter Charalambos is directly influenced by the style of the Cretan painter Ioannis Kornaros, who at this time was working at the Monastery of Kykkos.

Egg tempera and gold leaf on wooden support, primed with cloth, gesso and bole.

Conserved at the Atelier of the Museum of the Monastery of Kykkos by Christos Karis in 2000.

St Euphemia was from Chalcedon. She lived a virginal life and suffered martyrdom in the reign of Diocletian, in 303 AD. Her relic is preserved at the Patriarchate of Constantinople. St Barbara was descended from Nikomedeia. She was tortured cruelly and beheaded in 290 AD by her pagan father, when he found out that she was a Christian. St Paraskevi had Christian parents. She led a monastic life and preached the Christian faith. In the reign of Antoninus Pius, she was arrested, tortured cruelly and beheaded in 140 AD.

The saints are represented standing, full-length and in frontal position. They wear a long *chiton*, covered by shorter over-dresses and cloaks, richly ornamented with vegetal and floral designs, attached with buckles at the breast. The heads are covered by ash-coloured kerchiefs, which fall free on the shoulders. Their clothes are bordered with successive rows of pearls, while round stamped dots extend the decoration to the breast and to the maniples. With the same gesture of the hands, they hold in the left hand a green branch and in the other a red cross for blessing. The wide open circular eyes with the small closed lips, give an austere melancholy to the faces of the virgin martyrs. The ground, in tones of green, refers indirectly to the green of Paradise, while the background above is an indigo blue. At the bottom, in an extended white band an inscription is preserved: "SOPHRONIA INTERCEDES WITH CHRIST ON BEHALF OF THE PRIEST SOPHRONIOS. MARTYR BARBARA INVOKES CHRIST'S MERCY. HOLY MARTYR PARASKEVI."

Stylianos K. Perdikis

Bibliography: Unpublished.

60. ΑΙ ΑΓΙΑΙ ΠΑΡΘΕΝΟΜΑΡΤΥΡΑΙΣ
ΕΥΦΗΜΙΑ, ΒΑΡΒΑΡΑ Κ(ΑΙ) ΠΑΡΑΣΚΕ(ΥΗ)

20 Φεβρουαρίου, 1799
Καθολικό Μονής Παναγίας του Κύκκου
Τώρα στο Μουσείο Ιεράς Μονής Κύκκου
37.3 x 27 εκ.

Υπογραμμένη από τον ιεροδιάκονο Χαράλαμπο Κυκκώτη σε μικρού μεγέθους ταινία: "ΧΕΙΡ [ΧΑΡΑΛΑΜΠΟΥ]C ΙΕΡΟΔΙ[ΑΚΟ]ΝΟΥ ΚΥΚΚΌΤΟΥ ΑΨΥΘ (1799) Φ[ΕΒ]Ρ[ΟΥ]ΑΡ[Ι]Ω Κ΄. (20)". Ο ζωγράφος Χαράλαμπος επηρεάζεται άμεσα από την τεχνοτροπία του Κρητικού ζωγράφου Ιωάννη Κορνάρου, που την εποχή αυτή εργαζόταν στη Μονή Κύκκου.

Αυγοτέμπερα και φύλλα χρυσού πάνω σε ξύλινη βάση, προετοιμασμένη με ύφασμα, γύψινο επίχρισμα και αμπόλιο.

Συντηρήθηκε στο εργαστήριο του Μουσείου της Μονής Κύκκου από τον Καρή Χρίστο το 2000.

Η αγία Ευφημία καταγόταν από τη Χαλκηδόνα. Έζησε παρθενική ζωή και μαρτύρησε στα χρόνια του Διοκλητιανού, το 303. Το λείψανό της σώζεται στο Πατριαρχείο Κωνσταντινουπόλεως. Η αγία Βαρβάρα καταγόταν από τη Νικομήδεια. Βασανίστηκε απάνθρωπα και αποκεφαλίστηκε το 290 από τον ειδωλολάτρη πατέρα της, όταν έμαθε ότι ήταν χριστιανή. Η αγία Παρασκευή είχε χριστιανούς γονείς. Μόνασε και κήρυξε τον Χριστό. Επί αυτοκράτορα Αντωνίνου Πίου συνελήφθηκε και, αφού βασανίστηκε σκληρά, αποκεφαλίστηκε το 140.

Οι αγίες εικονίζονται όρθιες, ολόσωμες, σε μετωπική διάταξη. Φορούν ποδήρη χιτώνια, κοντά μέχρι το γόνατο ενδύματα και πλούσια διακοσμημένους με φυτικά και άνθινα σχέδια μανδύες, οι οποίοι πορπούνται στο στήθος. Τα κεφάλια καλύπτουν σταχτόχρωμα μαντήλια τα οποία πέφτουν ελεύθερα στους ώμους. Επάλληλες σειρές από μαργαριτάρια διατρέχουν τις παρυφές των ενδυμάτων, ενώ εμπίεστες κυκλικές στιγμές επιτείνουν τη διακόσμηση στο στήθος και στα επιμάνικα. Με ομοιόμορφες στάσεις των χεριών, στη μέση, κρατούν στο αριστερό χέρι χλωρό κλαδί και στο άλλο κοκκινόχρωμο σταυρό ευλογίας. Τα ορθάνοικτα κυκλικά μάτια με τα ερμητικά κλειστά μικρά χείλη προσδίδουν αυστηρότητα και μελαγχολία στις όψεις των παρθενομαρτύρων. Ο κάμπος της εικόνας αποδίδεται στις αποχρώσεις του πρασίνου, παραπέμποντας έμμεσα στο χλοερό του Παραδείσου, ενώ το βάθος δίδεται σε μπλε, λουλακί χρωματισμό. Κάτω, σε πτυσσόμενη λευκή ταινία σώζεται η επιγραφή: "[ΕΥ]ΦΗΜΙΑ ΠΡΕΣΒΕΥΕ Χ[ΡΙCΤ]Ω ΥΠΕΡ ΣΩΦΡΟΝΙΟΥ ΘΥΤΟΥ. ΒΑΡΒΑΡΑ ΜΑΡΤΥC Χ[ΡΙCΤΟ]Ν ΙΛΕΩΝ ΔΙΔΟΥ. ΟC[ΙΟΜΑΡΤΥC ΠΑΡΑΣΚΕΥΗ ...]".

Στυλιανός Κ. Περδίκης

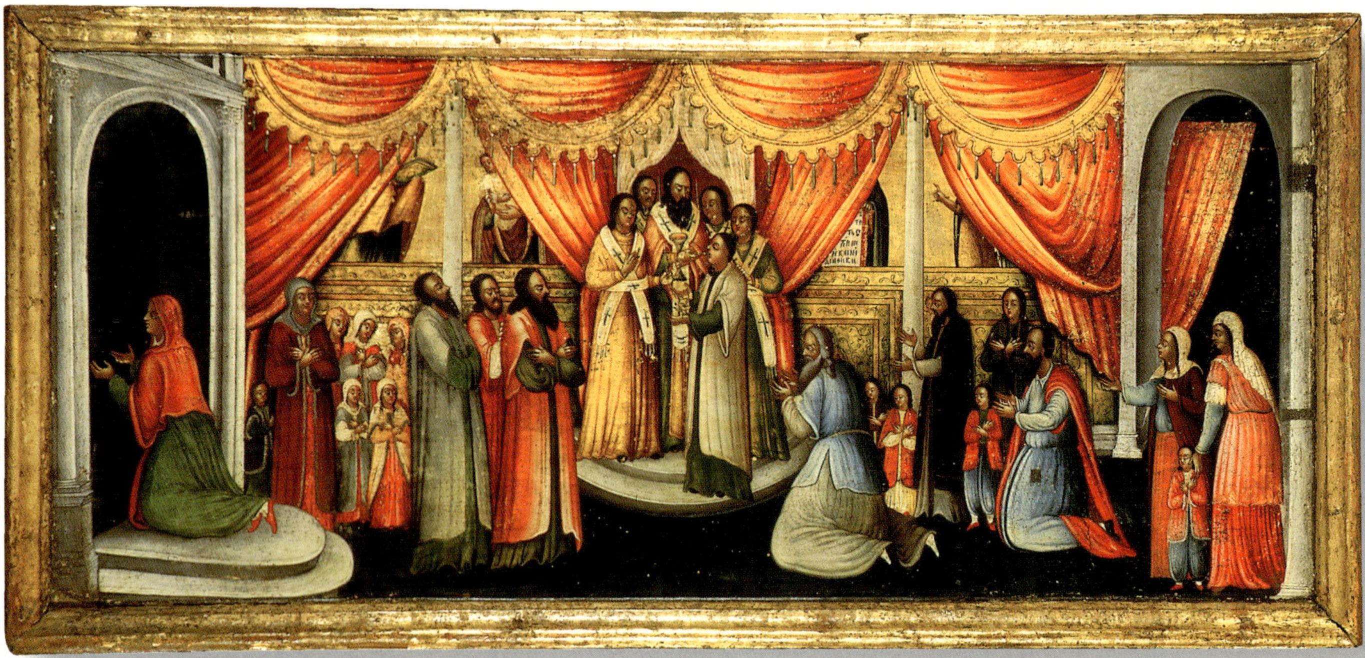

61. THE HOLY COMMUNION

Late 18th - early 19th century
Abbot's quarters of the Monastery of Kykkos
Now in the Museum of the Monastery of Kykkos
41 x 89 cm

Anonymous painter working in the style of the school of Ioannis Kornaros. Stylistically the icon can be attributed to one of the known painters of the Monastery of Kykkos of that period, possibly to the hieromonk Charalambos. The round fat faces with the narrow foreheads and the arched eyebrows, as well as the colour richness, are some of the features of his art, while his iconography rather imitates western engravings.

Egg tempera and gold leaf on walnut support, primed directly with gesso and bole.

Conserved by Andreas Pharmakas in 1990.

From the abbot's quarter of the Monastery of Kykkos comes an interesting series of compositions, depicting the seven mysteries of the Church. Five of these are preserved: The mystery of Confession, Holy Communion, Baptism, Chrism, and Marriage, which is damaged. These oblong compositions resemble icons in their technique. However, they are not intended for veneration but for the spiritual enrichment of the faithful (catechism and teaching), emphasizing the meaning of the Mysteries in the life of Christians. They are influenced by western compositions for private devotion, and were widespread in the Christian East mostly during the 18th and 19th centuries.

In the interior of the church, in front of the iconostasis where precious textiles hang from the icons, a bishop stands, surrounded by four deacons, giving Holy Communion to the faithful of all ages, who come piously from both sides. On the left, in front of the apsidal door, a woman is shown kneeling, probably confessing, according to the western model, indicating that confession is a prerequisite of Holy Communion. The depicted ceremonial objects, as well as the clothes of the people, provide important information for the culture of the late 18th century in Cyprus.

Stylianos K. Perdikis

61. ΤΟ ΜΥΣΤΗΡΙΟ ΤΗΣ ΘΕΙΑΣ ΕΥΧΑΡΙΣΤΙΑΣ

Τέλη 18ου - αρχές 19ου αιώνα
Ηγουμενείο Ιεράς Μονής Κύκκου
Τώρα στο Μουσείο Ιεράς Μονής Κύκκου
41 x 89 εκ.

Σχολή Κορνάρου. Τεχνοτροπικά μπορεί να αποδοθεί σε κάποιον από τους γνωστούς Κυκκώτες αγιογράφους της περιόδου, πιθανώς στον ιεροδιάκονο Χαράλαμπο. Τα στρογγυλά παχουλά πρόσωπα με τα ψηλά μέτωπα και τα καμαρωτά φρύδια και η χρωματική του εμβέλεια είναι μερικά από τα γνωρίσματα της τέχνης του, ενώ εικονογραφικά μάλλον έχει κατά νου δυτικά χαρακτικά.

Αυγοτέμπερα και φύλλα χρυσού, πάνω σε βάση από ξύλο καρυδιάς, προετοιμασμένη απευθείας με γύψινο επίχρισμα και αμπόλιο.

Συντηρήθηκε από τον Ανδρέα Φαρμακά το 1990.

Από το Ηγουμενείο της Ιεράς Μονής Κύκκου προέρχεται μια ενδιαφέρουσα σειρά συνθέσεων, όπου απεικονίζονται τα επτά μυστήρια της Εκκλησίας. Από αυτά έχουν διασωθεί πέντε έργα: Το μυστήριο της Εξομολογήσεως, της Θείας Ευχαριστίας, του Βαπτίσματος, του Χρίσματος και του Γάμου, το οποίο είναι φθαρμένο. Οι στενόμακρες αυτές συνθέσεις από άποψη τεχνικής, αν και έχουν όλες τις τυπικές προδιαγραφές της εικόνας, εντούτοις ξεφεύγουν από τα προσκυνηματικά πλαίσια των συνήθων εικόνων, και εντάσσονται στην κατηγορία των εικόνων για πνευματική οικοδομή των πιστών (κατηχητικές - διδακτικές), θέλοντας να τονίσουν τη σημασία των Μυστηρίων στη ζωή των χριστιανών. Είναι επηρεασμένες από Δυτικές συνθέσεις (εικόνες ιδιωτικής ευλάβειας), και διαδόθηκαν στην ορθόδοξη Ανατολή κυρίως κατά τον 18ο και 19ο αιώνα.

Στο εσωτερικό ναού, μπροστά από το εικονοστάσιο, όπου βαρύτιμα υφάσματα είναι αναρτημένα στις εικόνες, στέκει επίσκοπος, περιστοιχιζόμενος από τέσσερις διακόνους, και μεταδίδει τη Θεία Μετάληψη σε πιστούς κάθε ηλικίας, οι οποίοι προσέρχονται ευλαβικά εκατέρωθεν. Στο αριστερό άκρο, μπροστά από αφιδωτή θύρα, εικονίζεται γονυκλινής γυναίκα, πιθανόν εξομολογούμενη, κατά το δυτικό πρότυπο, τονίζοντας έμμεσα ότι η εξομολόγηση είναι προαπαιτούμενο της Θείας Μετάληψης. Τα εικονιζόμενα τελετουργικά σκεύη, καθώς και τα ενδύματα των ανθρώπων, μας παρέχουν σημαντικά πολιτιστικά στοιχεία για τα τέλη του 18ου αιώνα στην Κύπρο.

Στυλιανός Κ. Περδίκης

Bibliography: Unpublished.

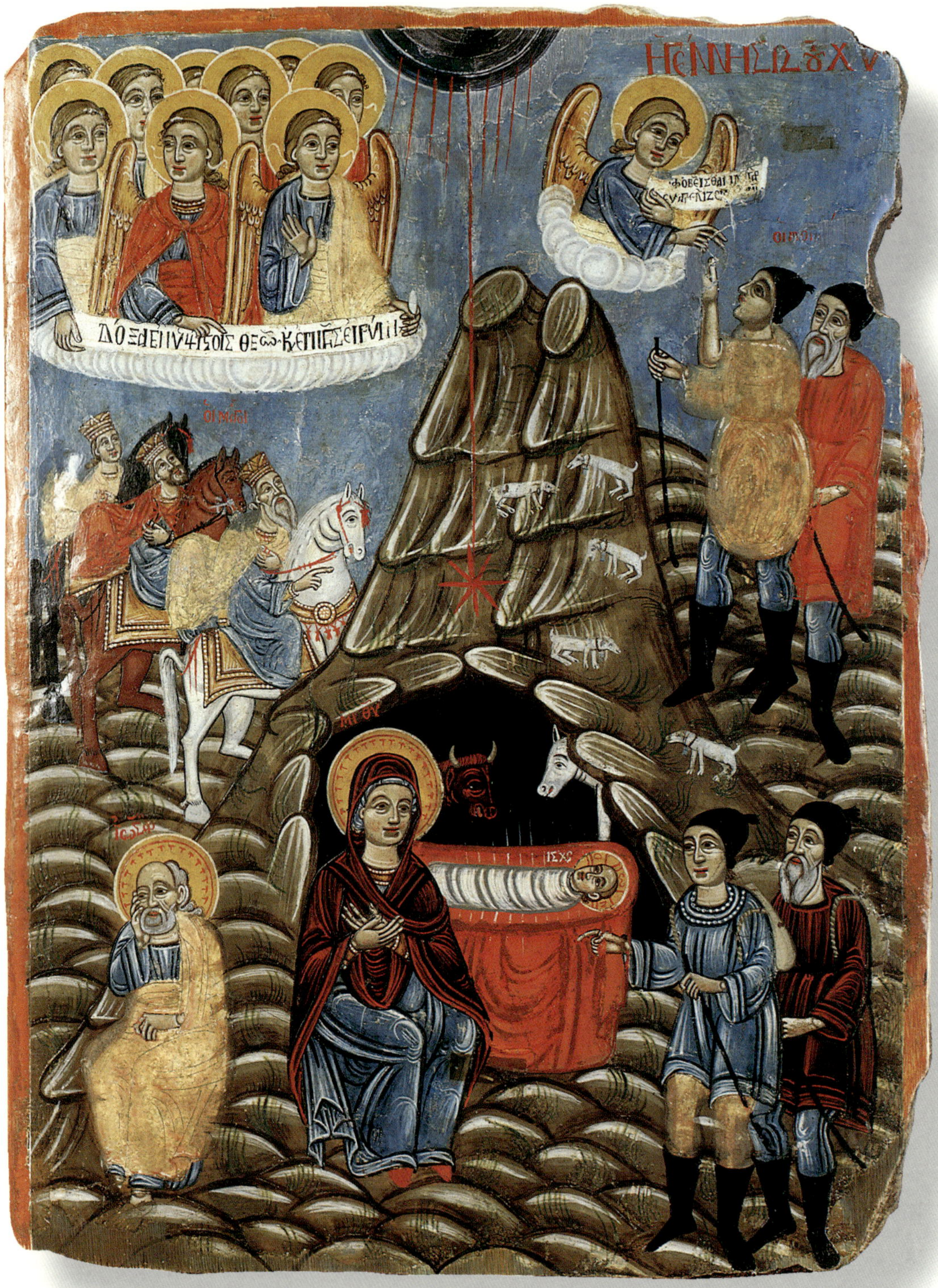

62. The Nativity of Christ

Late 18th - early 19th century
Panaghia, Monastery of Panaghia Chrysorroïatissa
52.5 x 39.5 cm

Attributed to the hieromonk Parthenios. He paints in a very personal naïve style distinguished by the very particular physiognomic features which are easily recognizable. In 1804 Parthenios painted the later wall-paintings at the church of Saint Georgios in Xylophagou and the *Dodekaorton* and the Crucifixion of the iconostasis of Saint Andronikos in Milia (Famagusta). His icons can be found all over Cyprus.

Egg tempera on wooden support, primed with cloth and gesso.

Conserved at the Atelier for Conservation of Icons of the Monastery of Panaghia Chrysorroïatissa by Patrice Corrée in 1991.

The scene of the Nativity is set in a mountainous and rocky landscape in the centre of which two peaks rise over the cave with the Theotokos and the newborn Christ.

The Virgin sits before the mouth of the cave near the newborn Christ crossing her hands on her breast, a western element introduced into the Post-Byzantine tradition, looking not at Christ but the beholder. The swaddled Infant lies in the manger that is covered with a red cloth. From the darkness of the cave, symbolizing the darkness prevailing on Earth before the coming of Christ, appear the animals, the ox and the little donkey, which warmed the Infant with their breath.

In the lower left corner Joseph is depicted as an old man sitting on the rocks, thoughtfully questioning himself on the deep meaning of the supernatural events in which Providence has appointed him to participate. Joseph turns his back to the Virgin, while the figure of the shepherd standing in front of him that is usual in Byzantine and Post-Byzantine depictions of the Nativity, is omitted.

Above Joseph, in the centre of the left side, the three Magi are depicted on horseback, carrying their gifts to the newborn Christ. According to the Hymnography of the Nativity, the Magi symbolize the pagan nations of humanity.

In the upper left corner a choir of nine angels appears, evidently the representatives of the nine orders of angels. The three half-length angels in the front row hold an open scroll inscribed "Glory to God in the Highest and on Earth peace". In the upper right

62. Η Γεννηση του Χριστου

Τέλη 18ου - αρχές 19ου αιώνα
Παναγιά, Μονή Παναγίας Χρυσορροϊατίσσης
52.5 x 39.5 εκ.

Αποδίδεται στον ιερομόναχο Παρθένιο, ο οποίος ζωγραφίζει σε μια αφελή προσωπική τεχνοτροπία, που διακρίνεται για τα πολύ ιδιαίτερα φυσιογνωμικά χαρακτηριστικά, που επιτρέπουν πολύ εύκολα την αναγνώριση των εικόνων του. Ο Παρθένιος ζωγράφισε το 1804 τις νεώτερες τοιχογραφίες στον ναό του Αγίου Γεωργίου στην Ξυλοφάγου και το Δωδεκάορτο μαζί με τη Σταύρωση του εικονοστασίου του Αγίου Ανδρονίκου στη Μηλιά Αμμοχώστου. Οι εικόνες του βρίσκονται σχεδόν παντού στην Κύπρο.

Αυγοτέμπερα πάνω σε ξύλινη βάση, προετοιμασμένη με ύφασμα και γύψινο επίχρισμα.

Συντηρήθηκε στο Εργαστήριο Συντήρησης Εικόνων της Μονής Χρυσορροϊατίσσης από την Patrice Corrée το 1991.

Η σκηνή της Γεννήσεως του Χριστού διαδραματίζεται σε ένα ορεινό και πετρώδες τοπίο, όπου στο κέντρο βρίσκεται το σπήλαιο με τη Θεοτόκο και τον νεογέννητο Χριστό, και από πάνω του δεσπόζουν δύο ψηλές βουνοκορφές.

Η Θεοτόκος κάθεται μπροστά στο σπήλαιο κοντά στον νεογέννητο Χριστό, έχοντας σταυρωμένα τα χέρια της στο στήθος, όπως συνηθίζεται στα μεταβυζαντινά χρόνια με επίδραση της δυτικής τέχνης, κοιτάζοντας προς τον θεατή, και όχι προς τον Χριστό. Ο Χριστός βρίσκεται βρέφος σπαργανωμένο στη φάτνη, που είναι σκεπασμένη με κόκκινο ρούχο. Πίσω τους μέσα στο μαύρο σκοτάδι της φάτνης, που συμβολίζει το σκότος, που επικρατούσε πριν την έλευση του Χριστού στη γη, προβάλλουν τα ζώα, που ζέσταναν με τα χνώτα τους τον νεογέννητο Χριστό, το βόδι και το γαϊδουράκι, που συμβολίζουν τον κόσμο των άλογων ζώων.

Στην κάτω αριστερή γωνία εικονίζεται ο Ιωσήφ ως άνδρας μεγάλης ηλικίας, να κάθεται στους βράχους και να βρίσκεται βυθισμένος στις σκέψεις του, και να απορεί για το βαθύτατο νόημα των υπερφυσικών γεγονότων, στα οποία η Θεία Πρόνοια του όρισε να συμμετέχει. Ο Ιωσήφ έχει στραμμένα τα νώτα προς την Παναγία, ενώ παραλείπεται ο βοσκός, που στέκει μπροστά του, όπως συνηθίζεται στις παραστάσεις της Γεννήσεως των Βυζαντινών και μεταβυζαντινών χρόνων.

Πάνω από τον Ιωσήφ, στο κέντρο της αριστερής πλευράς εικονίζονται έφιπποι οι τρεις μάγοι να προσέρχονται με τα δώρα τους στον νεογέννητο Χριστό. Οι μάγοι συμβολίζουν, σύμφωνα και με την υμνογραφία

corner of the icon is depicted the Annunciation of shepherds by an angel holding a scroll bearing the phrase "Fear not for I bring you tidings of joy... " A second group of shepherds in the lower right corner approaches the cave of the Nativity. The four wearing characteristic black shepherds' caps are divided into two pairs, each one of a young and an old man, holding staffs. A group of five sheep, the flock of the shepherds, grazing scattered on the rocky landscape above the cave of the Nativity, completes the scene. Finally, from a semicircular feature with circles on the upper part of the icon, rays diffuse of which the brightest ends at the star above the mouth of the cave.

Iconographically, the icon belongs to the Byzantine tradition apart from a few features such as the stance of the Virgin, while stylistically, the inability of Byzantine art to renew itself during this period is discernible. The rendering of the mountains is so schematic that it could be characterized as unskilful. The rest of the figures are characterized by grace in their movements, and certainly by a picturesque naïve simplicity.

The icon bears the title THE NATIVITY OF CHRIST.

Georgios Philotheou

της Γεννήσεως, τα ειδωλολατρικά έθνη της ανθρωπότητας.

Στην πάνω αριστερή γωνία παριστάνεται χορός εννέα αγγέλων, προφανώς είναι οι εκπρόσωποι των εννέα αγγελικών ταγμάτων. Οι τρεις πρώτοι άγγελοι σε προτομές κρατούν ανοιχτό ειλητό με την επιγραφή "Δόξα εν υψίστοις Θεώ και επί γης ειρήνη". Στην πάνω δεξιά γωνία της εικόνας εικονίζεται ο ευαγγελισμός των ποιμένων από ένα άγγελο, που κρατά ειλητό με τη φράση "Μη φοβήσθε· ιδού γαρ ευαγγελίζομαι... ". Ακόμα μία ομάδα βοσκών στην κάτω δεξιά γωνία προσέρχεται προς το σπήλαιο της Γεννήσεως. Οι τέσσερεις βοσκοί είναι χωρισμένοι σε δύο ομάδες, οι δύο πρώτοι, που δέχονται το μήνυμα των αγγέλων, ένας νέος και ένας γέρος, και αντίστοιχα πάλι η άλλη ομάδα με ένα νέο και ένα γέρο. Όλοι κρατούν ραβδιά, και φορούν χαρακτηριστικούς μαύρους σκούφους.

Η σκηνή συμπληρώνεται με μία ομάδα πέντε προβάτων, που αποτελούν το κοπάδι των βοσκών, που βόσκουν διασκορπισμένα στους βράχους πάνω από το σπήλαιο της Γεννήσεως. Τέλος από ένα ημικύκλιο με κύκλους στο πάνω μέρος της εικόνας ξεκινούν ακτίνες, και η πιο φωτεινή καταλήγει στο αστέρι πάνω ακριβώς από το στόμιο του σπηλαίου.

Εικονογραφικά η εικόνα είναι πιστή στη βυζαντινή παράδοση, εκτός από ελάχιστα στοιχεία, όπως η στάση της Θεοτόκου, αλλά τεχνοτροπικά διακρίνει κανείς την αδυναμία της βυζαντινής τέχνης να ανανεωθεί στα χρόνια αυτά. Η απόδοση των βουνών είναι τόσο σχηματοποιημένη, που μπορεί να χαρακτηριστεί σχεδόν αδέξια, αλλά τα υπόλοιπα πρόσωπα διακρίνονται από τη χάρη στις κινήσεις, και σίγουρα δεν λείπει η γραφικότητα και η απλοϊκότητα.

Η εικόνα φέρει τον τίτλο Η ΓΕΝΝΗΣΙΣ ΤΟΥ Χ(ΡΙΣΤΟ)V.

Γεώργιος Φιλοθέου

Bibliography: Unpublished.

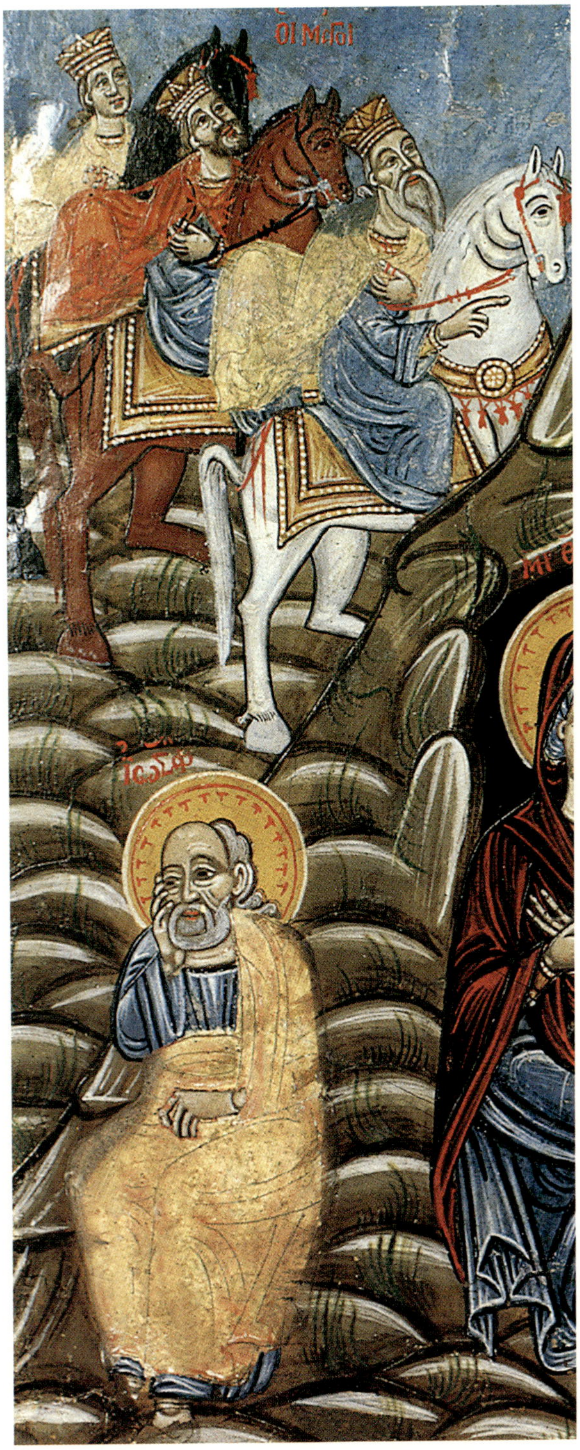
ΟΙ ΜΑΓΟΙ

Ὁ ἅγιος Τρύφων

ὁ μεγαλομάρτυς

ἐπ᾿ ἀρχιθύτου Κυπριανοῦ

Κύριε ὁ Θεός, ἐξαπόστειλον τὸν ἄγγελόν σου πατάξαι πᾶν γένος κακούργων θηρίων τῶν λυκύντων ἐν ἀμπέλοις χώρας καὶ κήπου τῶν ἀγρῶν

Δ ω Κ

Ὁρκίζω ὑμᾶς κακὰ θηρία, κάμπη, σκώληκα, σκωληκοκάμπη, σκάθαρι, βρύχε, ἀκρίδα, ἐπίμαλο, καλιγάριο,
μακρόποδα, μυρμηκα, φθείρα, ῥυπτή, ψωμίτη, κισσόκολπο, ἐρυσιβη, κοχλέα, χαλίτη, καὶ ἔτι ἄλλο προσφυσὸν
καὶ μαραῖνον, τὸν καρπὸν τῆς σταφυλῆς, καὶ πᾶν εἶδος χρήσιμον λαχανῶν, ὁρκίζω ὑμᾶς κατὰ τῶν πολυομμάτων χερουβὶμ
καὶ τῶν ἑξαπτερύγων σεραφίμ, τῶν ἱπταμένων κύκλῳ τοῦ θρόνου, καὶ κραζόντων, το, ἅγ. ἅγ. ἅγ. Κύριος Σαβαὼθ,
εἰς δόξαν Θεοῦ πατρὸς, ὁρκίζω ὑμᾶς, μὴ ἀδικήσητε τὸ ἐντεῦθεν, μήτε τὴν ἄμπελον, μήτε τὰ σιτοφόρα, μήτε τοὺς κήπους,
τῶν χρησίμων λαχανῶν, τῶν ἀγρῶν τοῦ Θεοῦ, τῶν δι' ἐμοῦ ἐπικαλουμένων, τὸ ὄνομα τῆς δόξης αὐτοῦ. Ἀμήν.

63. Saint Tryphon the Great Martyr
1820
Peristerona (Nicosia District), Church of Saints Barnabas and Hilarion
54.2 x 40.3 cm

Anonymous painter, whose style formed part of the lively non-elite trends of the first decades of the 19th century, not influenced at all by the school of Ioannis Kornaros which had already imposed its strong impact on Cypriot painting of the period.

Tempera, gold leaf, lacquer and glaze on a wooden board, primed with cloth, gesso and bole. *Sgraffito* technique on most of the chrysographies.

Conserved by Kostas Gerasimou and Kyriakos Papaïoakeim in 1999.

St Tryphon, from Lampsacus in Phrygia, suffered martyrdom in Nicaea during the reign of Decius (249-251). He is considered as the protector of the fields and of agriculture.

The saint is depicted, half-length, frontal, beardless with long chestnut-fair hair. He wears a blue *chiton* belted at the waist and a red cloak - both with rich *chrysographies*. Both the cloak and the belt are fastened with buckles decorated with precious stones. In his right hand he holds a cross that symbolises his martyrdom and a green shoot indicating that he is the miracle-working protector of the fields and of agriculture, whilst in his left hand he carries a deployed scroll with the prayer: "LORD GOD SEND YOUR ANGEL TO STRIKE DOWN ALL KINDS OF EVIL BEASTS THAT HARM VINEYARDS FIELDS AND GARDENS OF YOUR SERVANTS".

At the upper right corner Christ appears seated on a cloud, blessing the saint and holding an orb. The background of the icon is blue. Below, a horizontal deployed scroll bears the following inscription: "I ENJOIN YOU, EVIL BEASTS, GRUBS, WORMS, CATERPILLARS, BEATLES, GRASSHOPPERS, LOCUSTS, SLUGS, SMALL SNAILS, LONG-LEGGED INSECTS, ANTS, LICE, TICKS, FLEAS, WOOD-WORM, BLIGHT, SNAILS, CENTIPEDES AND ALL ELSE THAT ATTACKS AND WITHERS THE FRUIT OF THE VINE AND ALL KINDS OF USEFUL VEGETABLES, I ENJOIN YOU IN THE NAME OF THE HOLY MANY-EYED CHERUBIM AND THE SIX-WINGED SERAPHIM THAT FLY AROUND THE THRONE AND CRY "HOLY HOLY HOLY LORD GOD SABAOTH" TO THE GLORY OF GOD THE FATHER", ENJOIN YOU DO NOT HARM WHAT IS HERE, NEITHER THE VINEYARD NOR THE CORNFIELDS NOR THE GARDENS OF USEFUL VEGETABLES BELONGING TO THE

63. Ο Άγιος Τρύφων ο Μεγαλομάρτυς
1820
Περιστερώνα (Λευκωσίας), ναός Αγίων Βαρνάβα και Ιλαρίωνος
54.2 x 40.3 εκ.

Ανώνυμος ζωγράφος. Η τεχνοτροπία του εντάσσεται στα μη ακαδημαϊκά ρεύματα, που επεκράτησαν κατά τις πρώτες δεκαετίες του 19ου αιώνα, και τα οποία δεν επηρεάστηκαν καθόλου από τη σχολή του Ιωάννη Κορνάρου που είχε ήδη στιγματίσει καίρια την κυπριακή αγιογραφία της εποχής εκείνης.

Αυγοτέμπερα, φύλλα χρυσού, λάκες και λαζούρες επάνω σε ξύλινο υπόβαθρο προετοιμασμένο με ύφασμα, γύψινο επίχρισμα και αμπόλιο. Τεχνική του *sgraffito* στο μεγαλύτερο μέρος των χρυσοκονδυλιών.

Συντηρήθηκε από τον Κώστα Γερασίμου και Κυριάκο Παπαϊωακείμ το 1999.

Ο άγιος Τρύφων καταγόταν από τη Λάμψακο της Φρυγίας. Μαρτύρησε στη Νίκαια επί Δεκίου (249-251). Θεωρείται ο προστάτης των αγρών και της γεωργίας.

Ο άγιος παρουσιάζεται στηθαίος και μετωπικός, αγένειος, με καστανόξανθη μακριά κόμη. Ενδύεται με κυανούν χιτώνα ζωσμένο στη μέση, και κόκκινο μανδύα, και οι δύο χρυσοποίκιλτοι. Τόσο ο μανδύας, όσο και η ζώνη φέρουν πόρπες με πολύτιμους λίθους. Στο δεξί του χέρι κρατά σταυρό, που συμβολίζει το μαρτύριό του, και φυτικό βλαστό, που υπαινίσσεται την ιδιότητά του ως θαυματουργού προστάτη των αγρών και της γεωργίας, ενώ στο αριστερό του χέρι φέρει ανεπτυγμένο ειλητό με την επίκληση: ΚΥΡΙΕ Ο ΘΕΟΣ/ ΕΞΑΠΟΣΤΕΙΛΟΝ/ ΤΟΝ ΑΓΓΕΛΟΝ ΣΟΥ/ ΤΟΥ ΠΑΤΑΞΑΙ/ ΠΑΝ ΓΕΝΟΣ/ ΚΑΚΟΥΡΓΩΝ/ ΘΗΡΙΩΝ. ΤΩΝ/ ΑΔΙΚΟΥΝΤΩΝ/ ΑΜΠΕΛΟΥΣ/ ΧΩΡΑΣ ΚΑΙ/ ΚΗΠΟΥΣ. ΤΩΝ/ ΔΟΥΛΩΝ ΣΟΥ.

Στην άνω δεξιά γωνία εμφανίζεται καθήμενος σε νεφέλωμα ο Χριστός, ευλογώντας τον άγιο και κρατώντας σφαίρα. Το βάθος της εικόνας χρωματίζεται μπλε, ενώ στο κάτω μέρος αναπτύσσεται οριζοντίως ειλητό με το ακόλουθο κείμενο: ΟΡΚΙΖΩ VΜΑC ΚΑΚΙCΤΑ ΘΗΡΙΑ ΚΑΜΠΗ, CΚΟΛΗΚΑ, CΚΩΛΗΚΟΚΑΜΠΗ, CΚΑΝΘΑΡΟC, ΒΡΟVΧΟC, ΑΚΡΙΔΑ, ΕΠΙΜΑΛΟC, ΚΑΛΙΓΑΡΙΟC,/ ΜΑΚΡΟΠΟΔΑ, ΜVΡΜΙΚΑ, ΦΘΕΙΡΑ, ΡVΓΙΤΗC, ΨVΛΛΙΤΗC, ΚΑVCΟΚΟΠΟC, ΕΡVCΙΒΗ, ΚΟΧΛΟC, ΨΑΛΙΤΗC, ΚΑΙ ΕΤΙ ΑΛΛΟ, ΠΡΟCΦVCΟVΝ,/ ΚΑΙ ΜΑΡΑΙΝΟΝ, ΤΟΝ ΚΑΡΠΟΝ ΤΗC CΤΑΦVΛΗC ΚΑΙ ΠΑΝ ΕΙΔΟC ΧΡΗCΙΜΩΝ ΛΑΧΑΝΩΝ, ΟΡΚΙΖΩ VΜΑC, ΚΑΤΑ ΤΩΝ ΑΓΙΩΝ ΠΟΛVΟΜΜΑΤΩΝ ΧΕΡΟVΒΙΜ,/ ΚΑΙ ΤΩΝ ΕΞΑΠΤΕΡVΓΩΝ CΕΡΑΦΕΙΜ, ΤΩΝ ΙΠΤΑΜΕΝΩΝ ΚVΚΛΩ ΤΟV ΘΡΟΝΟV, ΚΑΙ ΚΡΑΖΟΝΤΩΝ, ΤΟ, ΑΓΙΟC, ΑΓΙΟC, ΑΓΙΟC, ΚVΡΙΟC, CΑΒΑΩΘ,/ ΕΙC ΔΟΞΑΝ

SERVANTS OF GOD WHO THROUGH ME INVOKE THE NAME OF HIS GLORY. AMEN".

On the blue background is written the nominal inscription ST TRYPHON THE GREAT MARTYR and the commemorative inscription IN THE TIME OF KYPRIANOS, HIGH PRIEST OF CYPRUS. 1820.

This icon is part of a series of icons of this saint that were commissioned from several ateliers in 1820 on the orders of Archbishop Kyprianos and were placed in all parishes, because of the plague of locusts in Cyprus at the time. This was about a year before the Archbishop's execution by the Ottoman Authorities on 9th July 1821.

Sophocles Sophocleous and Andreas Nicolaïdes

ΘΕΟΥ ΠΑΤΡΟC, ΟΡΚΙΖΩ VΜΑC, ΜΗ ΑΔΙΚΗCΗΤΕ ΤΟ ΕΝΤΕΥΘΕΝ, ΜΗΤΕ ΤΗΝ ΑΜΠΕΛΟΝ, ΜΗΤΕ ΤΑ CΙΤΟΦΟΡΑ, ΜΗΤΕ ΤΟΥC ΚΗΠΟΥC, ΤΩΝ ΧΡΗCΙΜΩΝ ΛΑΧΑΝΩΝ, ΤΩΝ ΔΟΥΛΩΝ ΤΟΥ ΘΕΟΥ, ΤΩΝ ΔΙ' ΕΜΟΥ ΕΠΙΚΑΛΟΥΜΕΝΩΝ, ΤΟ ΟΝΟΜΑ ΤΗC ΔΟΞΗC ΑΥΤΟΥ, ΑΜΗΝ:

Στο βαθυγάλαζο βάθος της εικόνας αναγράφεται η ονομαστική επιγραφή Ο ΑΓΙΟC/ ΤΡΥΦΩΝ // Ο ΜΕΓΑΛΟΜΑΡΤVC και η αναμνηστική επιγραφή: ΕΠ' ΑΡΧΙΘΥΤΟΥ Κ(ΥΠΡΟ)Υ/ ΚΥΠΡΙΑΝΟΥ// ΑΩΚ (=1820).

Η εικόνα αυτή αποτελεί μέρος σειράς εικόνων του ιδίου αγίου, οι οποίες παραγγέλθηκαν σε διάφορα εργαστήρια αγιογράφων το 1820 κατά προτροπή του Αρχιεπισκόπου Κύπρου Κυπριανού και εναποτέθησαν σε όλες τις ενορίες λόγω της ακρίδας, που είχε κατακλύσει τότε την Κύπρο. Αυτό έγινε ένα περίπου έτος πριν τον απαγχονισμό του εθνομάρτυρος Κυπριανού την 9η Ιουλίου 1821 από τις οθωμανικές αρχές.

Σοφοκλής Σοφοκλέους και Ανδρέας Νικολαΐδης

Bibliography: Unpublished.

ΕΓΑΛΟΜ/ΡΤΥΣ.

ΚΥΡΙΕ ὁ ΘΕῸ
ἐξαπόςειλον
τὸν ἄγγελόν σ[ου]
πατάξαι
τὸ γένος
τῶν

ΟΙ ΑΓΙΟΙ ΚΩΝΣΤΑΝΤΙΝΟΣ ΚΑΙ ΕΛΕΝΗ

64. Saints Constantine and Helen

1911
Zakaki, Church of Saint Barbara
100 x 70 cm

Attributed to the monks Kyrillos and Niphon who were working in the Russian style of the late 19th and early 20th century, characterised by strong naturalism.

Egg tempera (?) and gold leaf on wooden support, primed with cloth and gesso.

Conserved at the Atelier for Conservation of the Centre of Cultural Heritage by Alexa Ebel Bedelian in 2000.

The *Isapostoloi* (=Apostle's equals) Constantine and Helen are represented on a background gilded above and green below standing on a floor paved with flagstones. They hold a high Latin radiating cross supported on a luxurious base.

St Constantine is portrayed as a young man, with a small beard and long, loose hair falling onto his back. He wears a *himation*, a *sakkos* with a golden *loros* and a luxurious red royal mantle. On his head is a gold mitre. He holds a royal sceptre in his left hand and the Cross in his right hand. St Helen wears the same garments and her head is covered with a white scarf which is fastened at her breast, her right hand holding the cross and her left hand a palm branch. The relief haloes were formed using a comb.

At the site of the present great Church of Saint George (of Chavouza), in the village of Aghia Phylaxis of Limassol, there was a small monastery, established in 1903. In that monastery lived for a while the Athonite monks and painters Kyrillos and Niphon with their followers. During the archiepiscopal question the monks sided with Kyrillos III (of Kyrenia), 1916-1933. After his accession to the Archiepiscopal throne Kyrillos II (of Kition) 1909-1916, persecuted the monks and the monastery closed.

The icon bears the nominal inscription SAINTS CONSTANTINE AND HELENA and the inscription "painted in the new Monastery of Saint George of Aghia Phylaxis 1911- at the expense of Kyriakos Markou".

Christodoulos Hadjichristodoulou

64. Άγιοι Κωνσταντινοσ και Ελενη

1911
Λεμεσός, Εκκλησία Αγίας Βαρβάρας Ζακακίου
100 x 70 εκ.

Αποδίδεται στους μοναχούς Κύριλλο και Νήφωνα, οι οποίοι εργάζονταν στη ρωσσική τεχνοτροπία του τέλους του 19ου και των αρχών του 20ού αιώνα, που χαρακτηρίζεται από έντονο νατουραλισμό.

Αυγοτέμπερα(;) και φύλλα χρυσού πάνω σε ξύλινη βάση, προετοιμασμένη με ύφασμα και γύψινο επίχρισμα.

Συντηρήθηκε στο Εργαστήριο Συντήρησης του Κέντρου Πολιτιστικής Κληρονομιάς από την Alexa Ebel Bedelian το 2000.

Σε χρυσό πάνω και πράσινο κάτω κάμπο εικονίζονται οι ισαπόστολοι Κωνσταντίνος και Ελένη να πατούν σε πλακοστρωμένο δάπεδο. Κρατούν ψηλό σταυρό λατινικού τύπου, που ακτινοβολεί, στηριγμένο σε πολυτελή βάση.

Ο άγιος Κωνσταντίνος εικονίζεται σε νεαρή ηλικία με μικρό γένι και μακριά λυτά μαλλιά, που πέφτουν στην πλάτη του. Φορεί ιμάτιο, σάκκο με χρυσούς λώρους και πολυτελή κόκκινο βασιλικό μανδύα. Στο κεφάλι φορεί χρυσή μίτρα. Με το δεξί χέρι κρατεί βασιλικό σκήπτρο και με το αριστερό κρατεί τον σταυρό.

Η αγία Ελένη φορεί ίδια ενδύματα, και έχει καλυμμένο το κεφάλι με λευκό μαντίλι, που καρφιτσώνει στο ύψος του στήθους. Με το δεξί κρατεί τον σταυρό, και με το αριστερό βάιο. Τα φωτοστέφανα είναι ανάγλυφα, σχηματισμένα με κτένι.

Στη θέση, όπου σήμερα είναι κτισμένη η μεγάλη εκκλησία του Αγίου Γεωργίου (Χαβούζας) του χωριού Αγίας Φυλάξεως Λεμεσού, υπήρχε μικρό μοναστήρι, που ιδρύθηκε το 1903. Στο μοναστήρι αυτό έζησαν για ένα διάστημα οι αυτάδελφοι Αθωνίτες μοναχοί και ζωγράφοι Κύριλλος και Νήφων με τη συνοδεία τους. Το 1912 οι μοναχοί μετακινήθηκαν στη Μονή του Αγίου Γεωργίου του Αλαμάνου, οπότε η Μονή του Αγίου Γεωργίου της Χαβούζας εγκαταλείφθηκε.

Η εικόνα φέρει την ονομαστική επιγραφή ΟΙ ΑΓΙΟΙ / ΚΩΝΣΤΑΝΤΙΝΟΣ // ΚΑΙ ΕΛΕΝΗ και την επιγραφή "Εζωγραφίσθη εν Νέα Μονή Αγίου Γεωργίου Αγίας Φυλάξεως 1911. Δαπάνη Κυριακού Μάρκου".

Χριστόδουλος Χατζηχριστοδούλου

Bibliography: Chr. Hadjichristodoulou, K. Gerasimou, *Ιερός Ναός Παναγίας Χρυσαϊψυλιώτισσας Αγίας Φυλάξεως Λεμεσού. Ιστορία και κειμήλια. Εορταστική έκδοση 30 χρόνων λειτουργίας Ιερού ναού Χρυσαϊψυλιώτισσας*, Larnaca, 1998, pp. 22-25; Chr. Hadjichristodoulou (ed.), *Αγία Βαρβάρα. Ενοριακό Κέντρο Αγίας Βαρβάρας Ακακίου*, Nicosia 1999, p. 23.

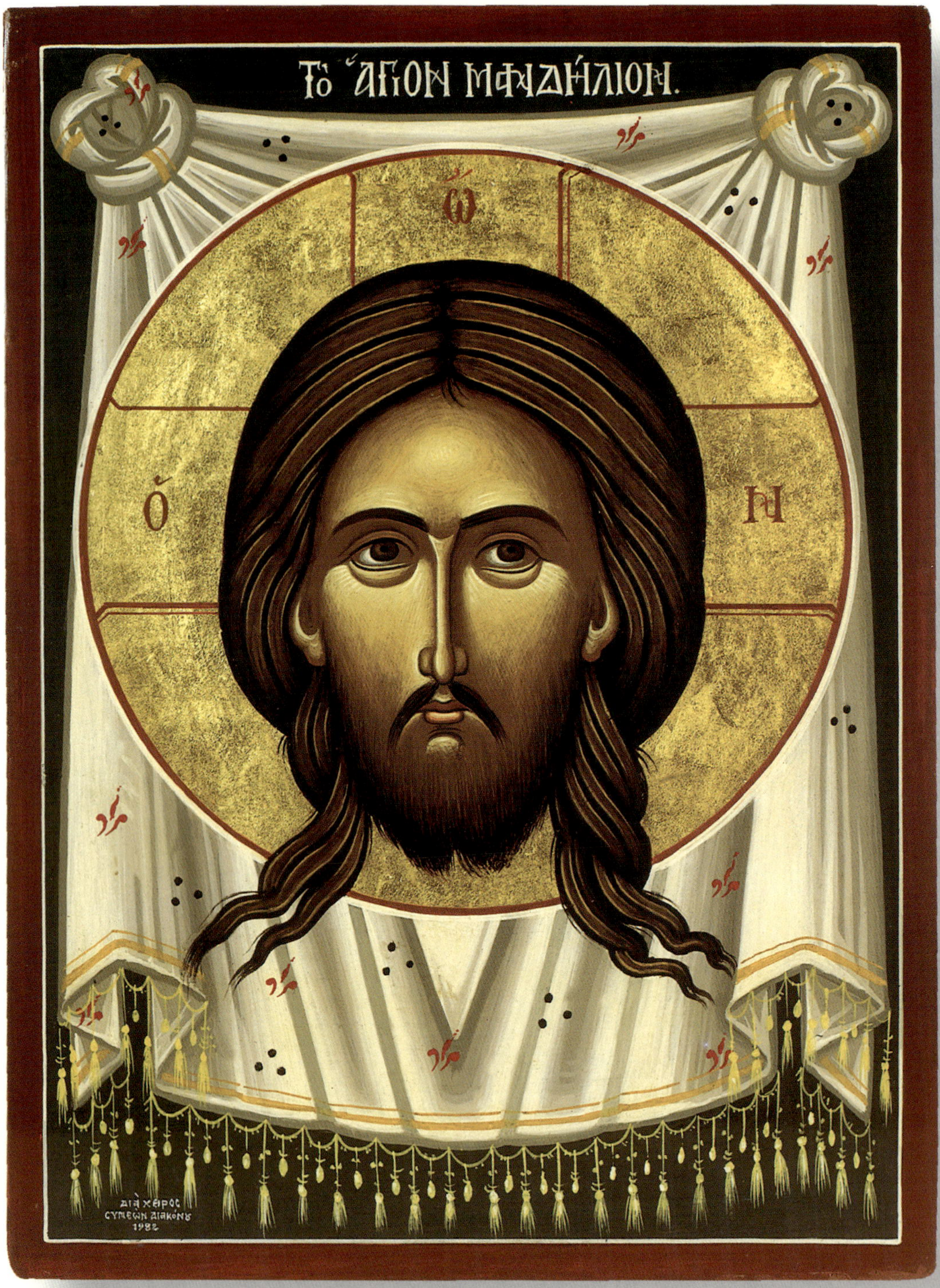
ΤΟ ΑΓΙΟΝ ΜΑΝΔΗΛΙΟΝ.
Ο ΩΝ
ΔΙΑ ΧΕΙΡΟΣ
ΣΥΜΕΩΝ ΔΙΑΚΟΝΟΥ
1982

65. AGHION MANDYLION
(THE HOLY HANDKERCHIEF)
1982
Larnaca, Monastery of Saint George Mavrovouniou
30.1 x 21.2 cm

Deacon Symeon. His style falls within the framework of the return to the genuine Byzantine strict tradition.

Egg tempera and gold leaf on wooden support, primed with cloth and gesso.

On a dark blue background is represented the Aghion Mandylion (The Holy Handkerchief) bearing the head of Christ in a gold halo with the apocalyptic inscription "HE WHO IS". The upper edges of the grey-white handkerchief are tied in knots, while its lower part is embroidered with a fringe. The cloth is embellished with red and black motifs. The wheat-coloured face of Christ expressing restrained grief, follows the models of Cretan painting, characterized by slender faces on a dark under-layer.

The icon bears the title THE HOLY HANDKERCHIEF and the inscription BY THE HAND OF DEACON SYMEON 1982.

Christodoulos Hadjichristodoulou

65. AGHION MANDYLION
(THE HOLY HANDKERCHIEF)
1982
Λάρνακα, Μονή Αγίου Γεωργίου Μαυροβουνίου
30.1 x 21.2 εκ.

Διάκονος Συμεών. Η τεχνοτροπία του εγγράφεται μέσα στο πλαίσιο επιστροφής στην αυστηρή βυζαντινή παράδοση.

Αυγοτέμπερα πάνω σε ξύλινη βάση, προετοιμασμένη με ύφασμα και γύψινο επίχρισμα.

Σε σκούρο μπλε κάμπο εικονίζεται το Άγιον Μανδήλιον με την κεφαλή του Χριστού μέσα σε χρυσό κυκλικό σταυροφόρο φωτοστέφανο, με την αποκαλυπτική επιγραφή Ο ΩΝ. Το γκριζόλευκο μανδήλιο έχει τις πάνω άκρες του δεμένες σε κόμπους, ενώ κάτω είναι κεντημένα κρόσσια. Το ύφασμα δικοσμείται με κόκκινα και μαύρα μοτίβα.

Το σιταρένιο πρόσωπο του Χριστού, με συγκρατημένη θλίψη, ακολουθεί πρότυπα της κρητικής ζωγραφικής, με χαρακτηριστικό τα στενά πρόσωπα με τους σκούρους προπλασμούς.

Η εικόνα φέρει τον τίτλο ΤΟ ΑΓΙΟΝ ΜΑΝΔΗΛΙΟΝ και την επιγραφή ΔΙΑ ΧΕΙΡΟΣ / ΣΥΜΕΩΝ ΔΙΑΚΟΝΟΥ / 1982.

Χριστόδουλος Χατζηχριστοδούλου

Bibliography: Unpublished.

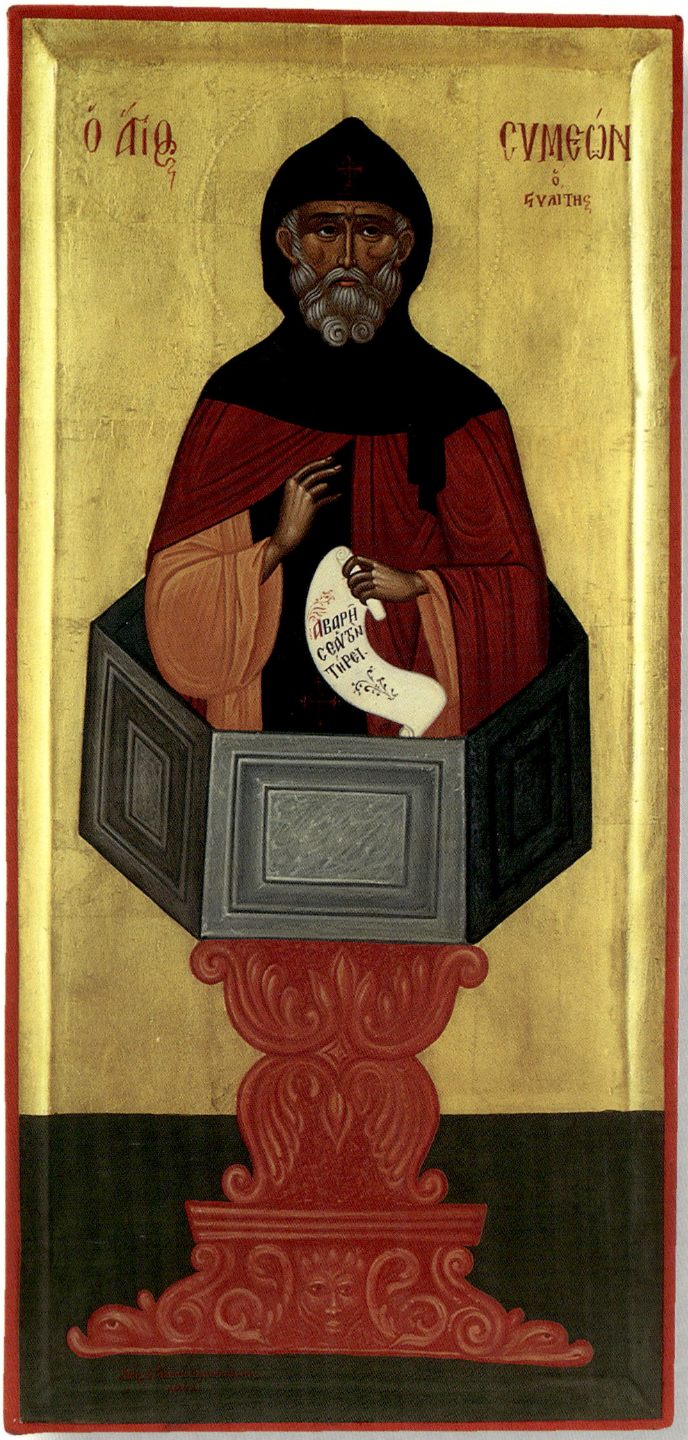
CΥΜΕΩΝ
ΑΒΑΡΗ
CΕΑΥΤΟΝ
ΤΗΡΕΙ

66. Saint Symeon the Stylite

1991
Larnaca, Monastery of Saint George Mavrovouniou
57.3 x 28 cm

Archimandrite Symeon Symeou. His style falls within the framework of the return to the genuine Byzantine strict tradition.

Egg tempera and gold leaf on wooden support, primed with cloth and gesso. Carved, raised frame.

St Symeon the Stylite was born in Syria in 392 AD. At an early age he became a monk at the monastery of Mandra (Symeon of Mandra). After a decade he withdrew to a place in the desert for a more intense ascesis and for peace. Finally, for a higher ascesis and for a spiritual achievement he became a Stylite, that is he lived on a high column for 47 years. He died in 461 AD.

St Symeon is presented half-length, in frontal position and standing on the top of his column, which is in the form of a fountain with *thorakion*, raising his right hand in a gesture of blessing, the left hand holding an opened inscribed scroll: "Keep yourself light". He is dressed in monastic vestments, orange-coloured tunic with wide sleeves, dark blue *analavos* with a red cross, red mantle and cowl forming a triangular top and having on the forehead a red cross. The background is gilded in the upper part and green in the lower part of the icon. The circle of the halo has been punched onto the gilded background. The sculptured base of the column, decorated with a mask and dolphins imitates similar motifs of the 15th -16th centuries from painted and carved wooden iconostases. Archimandrite Symeon copies, to a great extent, the icon of St Symeon (18th century) from the church of Chryseleousa at the village of Emba in Paphos district.

The icon bears the nominal inscription SAINT SYMEON THE STYLITE and the inscription BY THE HAND AND WITH THE PRAYER OF ARCHIM. SYMEON and KEEP YOURSELF LIGHT.

On the back of the icon are two notes written by Archimandrite Symeon and also a fragment of stone from the base of the column of St Symeon: "October the 8th in the year 1991 on Tuesday, took place at Constantinople the obsequies of the defunct Oecumenical Patriarch Dimitrios I The humble and serene Patriarch, may his memory be eternal". "From the base of the Style of St Symeon the Stylite Syria 23 July, 1994".

Christodoulos Hadjichristodoulou

Bibliography: Unpublished.

66. Ο Αγιος Συμεων ο Στυλιτης

1991
Λάρνακα, Μονή Αγίου Γεωργίου Μαυροβουνίου
57.3 x 28 εκ.

Αρχιμανδρίτης Συμεών Συμεού. Η τεχνοτροπία του εγγράφεται μέσα στο πλαίσιο επιστροφής στην αυστηρή βυζαντινή παράδοση.

Αυγοτέμπερα και φύλλα χρυσού πάνω σε ξύλινη βάση, προετοιμασμένη με ύφασμα και γύψινο επίχρισμα. Σκαμμένο έξεργο πλαίσιο.

Ο άγιος Συμεών ο Στυλίτης γεννήθηκε στη Συρία το 392 μ.Χ. Από πολύ νωρίς μόνασε στη Μονή Μάνδρας (εξ ου και Συμεών ο της Μάνδρας). Ύστερα από δεκαετία αποσύρθηκε για εντονότερη άσκηση και ησυχία σε έρημο τόπο. Τέλος για υψηλότερη άσκηση και πνευματική αγωγή έγινε Στυλίτης, δηλ. έζησε πάνω σε ψηλό στύλο για 47 χρόνια. Απεβίωσε το 461 μ.Χ.

Ο άγιος εικονίζεται ημίσωμος, μετωπικός και όρθιος στην κορυφή της κολώνας του, η οποία έχει τη μορφή κρήνης με θωράκιο. Υψώνει το δεξί μπροστά στο στήθος σε σχήμα ευλογίας, και με το αριστερό κρατεί ανοικτό ενεπίγραφο ειλητό: "Αβαρή σεαυτόν τήρει". Φορεί μοναχικά ενδύματα, πορτοκαλόχρωμο χιτώνα με φαρδιά μανίκια, σκούρο μπλε ανάλαβο με κόκκινο σταυρό, κόκκινο μανδύα και κουκούλιο με τριγωνική κορυφή και κόκκινο σταυρό στο μέτωπο. Το βάθος είναι χρυσό πάνω και πράσινο κάτω. Ο κύκλος του φωτοστέφανου έχει κτυπηθεί πάνω στο χρυσό βάθος. Η γλυπτή βάση του κίονα με προσωπείο και δελφίνια αντιγράφει παρόμοια θέματα του 15ου - 16ου αιώνα από γραπτά τέμπλα και ξυλόγλυπτα εικονοστάσια.

Ο αρχιμανδρίτης Συμεών αντιγράφει με μικρές διαφορές την εικόνα του αγίου Συμεών (18ος αιώνας) από τον ναό της Χρυσελεούσας στο χωριό Έμπα Πάφου.

Η εικόνα φέρει την ονομαστική επιγραφή Ο ΑΓΙΟΣ // CYMEΩN / Ο / CTVΛITHC και τις επιγραφές "Χειρ κ(αι) δέησις Συμεών Αρχιμ. / Α..α" και ΑΒΑΡΗ / CEAVTON / THPEI. Στην πίσω πλευρά της εικόνας υπάρχουν δύο χειρόγραφες ενθυμήσεις του π. Συμεών και τμήμα λίθου από τη βάση του στύλου του αγίου Συμεών: "Οκτωβρίου 8 έτους 1991/ ημέρα τρίτη, τελέστηκε/ εν Κωνσταντινουπόλει η/ κηδεία του εκλιπόντος/ Οικουμενικού Πατριάρχου Δημητρίου του Α΄ / Του ταπεινού και γαληνοτάτου/ Πατριάρχου αιωνία η μνήμη", "Από την βάσιν του Στύλου / του αγίου Συμεών του Στυλίτου / Συρία ΚΓ΄ Ιουλίου Α....Δ".

Χριστόδουλος Χατζηχριστοδούλου

Ο ΑΓΙΟΣ
ΑΝΤΩΝΙΟΣ Ο ΜΕΓΑΣ.
ΕΙΔΟΝ ΕΓΩ ΤΑΣ
ΠΑΓΙΔΑΣ ΤΟΥ ΔΙ
ΑΒΟΛΟΥ ΗΠΛΩ
ΜΕΝΑΣ ΕΝ ΤΗ
ΓΗ Κ ΕΙΠΟΝ. ΤΙΣ
ΔΥΝΑΤΑΙ ΕΚΦΥ
ΓΕΙΝ ΤΑΥΤΑΣ ΚΕ
ΠΕ ΜΟΙ ΑΓΓΕΛΟΣ
Η ΤΑΠΕΙΝΟΦΡ
ΟΣΥΝΗ.

67. Saint Anthony

1995
Nicosia, Collection of Marlen Triantaphyllidou
79 x 25.7 cm

Signed by the hieromonk Kallinikos Stavrovouniotis on the lower right side: THE HAND OF KALLINIKOS STAVROVOUNIOTIS THE MONK, 1995. His style falls within the framework of the return to the strict Byzantine tradition. Kallinikos studied at the atelier of Photis Kontoglou in Athens in the early 1960's.

Egg tempera and gold leaf on wooden support, primed with cloth and gesso.

St Anthony is the father of monasticism and is named The Great for his contribution to asceticism in the desert in Egypt. He was Egyptian and lived between 251 and 356 AD. He temporarily left his ascetic life, and went to Alexandria to defend Orthodoxy against the heresies. The monastery which was founded at the site of his hermitage is still in existence.

St Anthony is portrayed full-length and in frontal position, holding with his right hand a crutch (*tempeloxylo*) and in the other hand a deployed scroll with an excerpt from his works: I SAW THE SNARES OF THE DEVIL SPREAD ON THE EARTH AND I SAID WHO CAN ESCAPE FROM THEM AND AN ANGEL REPLIED TO ME HUMILITY. He wears monastic vestments: a light brown tunic and over that the *analavos* (the emblem of monasticism), both tightened at the waist by a leather belt, and over them a violet mantle and a blue cowl on his head bearing a red cross at the front. The saint is presented on a gold background on the upper part and green on the lower.

The icon bears the nominal inscription SAINT ANTHONY THE GREAT.

Sophocles Sophocleous

67. Ο ΑΓΙΟΣ ΑΝΤΩΝΙΟΣ

1995
Λευκωσία, Συλλογή Μάρλεν Τριανταφυλλίδου
79 x 25.7 εκ.

Υπογραμμένη από τον ιερομόναχο Καλλίνικο Σταυροβουνιώτη στην κάτω δεξιά γωνία ως εξής: ΧΕΙΡ/ ΚΑΛΛΙΝΙΚΟΥ ΜΟΝΑΧΟΥ/ ΣΤΑΥΡΟΒΟΥΝΙΩΤΟΥ/ Α.ΥΕ (=1995). Η τέχνη του αγιογράφου εντάσσεται στο πλαίσιο της επιστροφής στη βυζαντινή αυστηρή παράδοση. Ο Καλλίνικος μαθήτευσε στο εργαστήριο του Φώτη Κόντογλου στην Αθήνα στις αρχές της δεκαετίας του 1960.

Αυγοτέμπερα και φύλλα χρυσού πάνω σε ξύλινη βάση, προετοιμασμένη με ύφασμα και γύψινο επίχρισμα.

Ο άγιος Αντώνιος είναι ο πατέρας του μοναχισμού, κι επονομάζεται Μέγας για τη συμβολή του στους ασκητικούς αγώνες στην έρημο της Αιγύπτου. Καταγόταν από την Αίγυπτο, κι έζησε από το 251 μέχρι το 356. Δεν δίστασε να αφήσει για λίγο τον ασκητικό βίο, προκειμένου να πάει στην Αλεξάνδρεια και να υπερασπιστεί την Ορθοδοξία κατά των αιρέσεων. Το μοναστήρι, που ιδρύθηκε στον χώρο της άσκησής του, λειτουργεί μέχρι τις μέρες μας.

Ο άγιος Αντώνιος εικονίζεται ολόσωμος και μετωπικός. Φέρει στο δεξί του χέρι ράβδο (τεμπελόξυλο) και στο άλλο χέρι ένα ξετυλιγμένο ειλητό με απόσπασμα από δική του ρήση, σύμφωνα με το βιογράφο του: ΕΙΔΟΝ ΕΓΩ ΤΑC/ ΠΑΓΙΔΑC ΤΟΥ ΔΙ/ΑΒΟΛΟΥ ΗΠΛΩ/ΜΕΝΑC ΕΝ ΤΗ/ ΓΙ Κ(ΑΙ) ΕΙΠΟΝ ΤΙC/ ΔΥΝΑΤΑΙ ΕΚΦΥ/ ΓΕΙΝ ΤΑΥΤΑC Κ(ΑΙ) ΕΙ/ΠΕ ΜΟΙ ΑΓΓΕΛΟC/ Η ΤΑΠΕΙΝΟΦΡ/ΟCΥΝΗ. Φορεί μοναχικά ενδύματα: ανοικτό καφέ χιτώνα και πάνω από αυτόν ανάλαβο (το έμβλημα του μοναχισμού), και τα δύο δεμένα στη μέση με δερμάτινη ζώνη, και από πάνω ιώδη μανδύα, και μπλε κουκούλιο στο κεφάλι του, το οποίο φέρει κόκκινο σταυρό στην προμετωπίδα. Ο άγιος παρουσιάζεται σε χρυσό βάθος στο πάνω μέρος και πράσινο στο κάτω.

Η εικόνα φέρει την ονομαστική επιγραφή Ο ΑΓΙΟC// ΑΝΤΩΝΙΟC/ Ο ΜΕΓΑC.

Σοφοκλής Σοφοκλέους

Bibliography: Unpublished

Glossary
by Sophocles Sophocleous

Akra Tapeinosis (Ἄκρα Ταπείνωσις = Man of Sorrows): Iconographic type of the dead Christ upright in or in front of his tomb represented by a sarcophagus, and sometimes in front of a cross (icon no. 33). The icons of this theme can bear inscriptions with various titles: Jesus Christ, *Apokathilosis, Akra Tapeinosis, Epitaphios Thrinos*...

Anastasis (Η Ανάστασις = Resurrection): The traditional byzantine representation of the Resurrection of Christ, depicting the Descent to Hades (icon no.15). The image of Christ rising out of a sarcophacus is a borrowing from italian iconography.

Archimandrite (ο Αρχιμανδρίτης): Rank open to unmarried priests. Originally archimandrites were the abbots of monasteries; the two first archimandrites known historically were saint Savvas, the founder of the homonymous monastery near Jerusalem, and saint Theodosios the Cenobiarch.

Bole or Bolus ground (το αμπόλιον): Clay containing iron oxide, mingled with an agglutinative, applied most frequently on the surfaces of the icon to be gilded or silvered, after preparation of the support with gesso and the incision of the design. Most frequently the colour is of a tint varying between red and orange. The yellow tint is more scarce (icon no. 14 back).

Cecryphalus (ο Κεκρύφαλος): Part of the female costume going back to Greek antiquity. It consists of a sort of kerchief covering the hair from the forehead to the neck. Most frequently only the part covering the forehead is visible under the *maphorion* (icons no. 20, 22, 25, 26).

Chiton (ο χιτών = tunic): Inner garment going back to Greek antiquity, worn under the *himation* as a tunic (icon no. 3).

Chrysographies (οι χρυσογραφίες): Golden decoration of more or less linear form on mosaics, icons and miniatures, consisting sometimes of broad and sometimes of refined lines, decorating or highlighting the garments, particularly those of Christ (they symbolise His divine nature), but also the garments of the Virgin and other persons (icons no. 25, 36, 40, 48), as well as the wings of angels (no. 38, 41), the thrones of Christ and Virgin and more rarerly other iconographic elements of an icon.

Clavus (το σημείον, ο ποταμός): Strip painted in purple or in other colours, frequentlyl decorated with Chrysographies (icons no. 32, 39), placed verically on the two sides of the chiton (tunic) and sometimes on the sleeves of Christ (icons no. 21, 22, 25, 27, 32), of the apostles (nos 3, 35a-b), of the angels (nos 17), of prophets (no. 19) and on the sticharia of the old archiepiscopal costume (nos 4, 5, 7, 38). Clavus comes from the costume of Roman Senators.

Deisis (η Δέησις = prayer): Iconographic theme bringing together the Virgin and saint John the Baptist with hands held in prayer towards Christ *Pantokrator* in the centre, interceding for the salvation of humanity (see also **Great Deisis**).

Descent to Hades or Descent to Limbo (see **Anastasis**)

«Despotic»
"despotic" icons (δεσποτικές εικόνες)
"despotic" tier (δεσποτική σειρά)
From the greek term Δεσπότης (Despotes = Lord), applied to Christ and from its feminine Δέσποινα (Despoina), applied to the Virgin. "despotic" icons are the large icons of the lower tier of an iconostasis (see Fig. 7).

Dodekaorton (see **Festive Cycle**)

Eleousa (Η Ελεούσα = The Merciful): Epithet of the Virgin inscribed frequently on the icons of Virgin with Child, most often independently from the iconographic type (icons no. 14 front, 16, 21) which is considered the same as the *Glykophilousa* (*see infra*).

Emmanuel (Εμμανουήλ): Symbolic name of Jesus, signifying "God with us" (cf. *Matthew*, I: 21-3 and *Isaiah*, VII: 14). Iconographically rendered by the young unbearded Jesus, represented most frequently half length and blessing with His right hand. He may wear an ear-ring.

Epigonation (το επιγονάτιον, *subcingulum* in latin): Part of the costume of various dignitaries of the Church. It is a lozenge of embroidered cloth, which has replaced the *encheirion*, suspended on the belt on the right hand side over the knee (icons no. 2, 5, 8).

Epimanikion or epimanikon (in plural *epimanikia* or *epimanika*) (το επιμανίκιον or το επιμάνικον = the maniple): Embroidered cuffs on the sleeves of the sacerdotal *sticharion* (icons no. 2, 5, 7, 8).

Epitrachilion (το επιτραχήλιον, *epitrachelium* in latin): Part of the sacerdotal costume consisting of an embroidered stole passed round the neck and falling in front of the body. Worn over the *sticharion* and under the *phelonion* and *omophorion* (icons no. 2, 5, 8).

Festive Cycle or Dodekaorton (το Δωδεκάορτον): The series of icons representing the most important feasts of the year which concern the life of Christ and the Virgin. It is placed on the epistyle of the iconostasis (see Fig. 7). Although the name "Dodekaorton" implies the existance of twelve icons, the number of the icons is dictated by the width of the iconostasis which is dictated in its turn by the with of the church (see for instance the iconostasis of the Panaghia Katholiki at Pelendri which had originally twenty three icons in the tier of the festive cycle (Fig. 7).

Gesso (= gypsum, plaster): Technical word of italian origin employd to denote the plaster preparation mingled with an agglutinative, with which the painter coats the wooden support or the cloth he has glued on it before designing the composition, applying the gildings and spreading the pigments.

Glaze: Varnish slightly coloured, particularly applied in yellowish tint on the silver foils of an icon, to give them a golden texture. Sometimes glazes are made from pigments of very diluted colours, so as to give for example the impression of a transparent cloth or to modify the tint of the underlying pigments. All the glazes are transparent. The glaze made with a varnish is in fact a lacquer as far as the material is concerned but it is qualified as glaze as far as its destination and functionality is concerned.

Glory (Η δόξα): The luminous radiation of the body of Christ. It symbolizes the divinity of Christ and more rarely it appears around of the body of the Virgin. It can take round (icon no. 58), oval (icon no. 1), almond shaped or other form. It is a mandorla only where it is almond-shaped. The word glory is used in *Luke*, IX: 32, where this term designates the brilliance of the light emanating from the body of Christ during the Transfiguration. The same term designates also the brilliant light under which Christ appeared to saint Paul on the road to Damascus (Acts, XXII: 11). The glory is also mentioned on the occasion of the Ascension of Christ (*First Epistle of saint Paul to Timothy*, III: 16). In two verses of the Apocalypse of saint John the light of the glory of an angel is mentioned (XVIII: 1), as well as that of God (XXI: 23).

Glycasmus (ο γλυκασμός): Colour made by diluting and mixing the pigments of the sarkome and the proplasmus, and used to make more gradual the transition between the two. The more ancient technique consists in applying first the proplasmus, then the glycasmus and after that the sarkomes, the highlights (=*phota*) and other finishings.

Glykophilousa (Η Γλυκοφιλούσα = Virgin of Tenderness): Epithet of the Virgin defining the iconographic type of the Virgin with Child, where the Mother tenderly touches her cheek to the Child's cheek or head. The same iconographic type is also called "Eleousa". However, the iconographic type does not always receive these appellations as legends on the icons (icons no. 22, 25, 34, 48).

Great Deisis (Μεγάλη Δέησις = Great Prayer): Series of icons on the epistyle (architrave) of an iconostasis, having in the centre the three icons of the *Deisis* and on both sides, and according to the width of the iconostasis, the icons of the apostles and other saints from among the seventy disciples of Christ. At the two extremities the series can finish with the icons of the archangels Michael and Gabriel. (see Fig. 7).

Hieromonk (ο ιερομόναχος): An unmarried priest.

High lights (see **phota**)

Himation (το ιμάτιον): Outer garment going back to Greek antiquity, worn over the *chiton* (tunic) as a mantle (icon no. 3).

Hodegetria (*Η Οδηγήτρια* = The Guide): Epithet of the Virgin denoting the iconographic type of the Virgin with Child, where the Virgin points to Christ as the way to salvation tending her hand to Him in a gesture which could also be interpreted as the gesture of prayer. The archetypal icon of this iconographic type was in the Monastery of the Guides (*Μονή των Οδηγών*) in Constantinople and it was attributed to the hand of saint Luke. This iconographic type does not always bear this appellation as legend on the icons (icons no. 20, 21, 26 front, 28 front,).

Iconostasis (*το εικονοστάσιον*): The icon screen universal in orthodox churches, a partition, most frequently in gilded and painted carved wood, separating the sanctuary from the nave, with an opening in the middle, the Royal Door and one or two openings at the two extremities, according to the width of the church. It is a frame for icons in one or several tiers (see Fig. 7). Sometimes the iconostasis is called a *templon*, a term more often used for the simpler screen usually in marble, stone or wood which existed before the propagation of richly scultped, gilded and painted iconostases.

Katholikon (*το καθολικόν*): The principal church of a monastery.

Kokkinadia (*τα κοκκινάδια* = the reds, called also *πυρροδισμοί*): Colour made with red and yellow ochre, very diluted to be fine and transparent as a glaze, employed as a finishing on certain parts of the sarkomes in order to give them a rose tint.

Kykkotissa (*Η Κυκκώτισσα* = The Virgin of Kykkos): On the icons is always inscribed *Κυκιότισα* (*Kykiotisa*). Iconographic type of the Virgin with Child which can be considered a Cypriot variant of the *Eleousa* (*Glykophilousa*), widely found aslo outside Cyprus, because of the veneration accorded to the icon *palladion* of the Monastery of Kykkos (see description of this type in entry no. 49).

Lacquer or Lac (*vernice della Cina* in italian): Transparent preparation made from a varnish and a colouring, employed particularty for the glazes or the decoration applied on gilded surfaces with foils. Whole areas of an icon (garments, ornaments and other elements) can be executed with lac on a gilded or silvered background, a technique common over the whole island particularly since the last quarter of the 18th century with the domination of the Kornaros school (icons no. 2, 5, 7, 8, 28 front, 51, 56, 57, 58, 60, 63). When the lac preparation is not limited to ornemental motifs and covers entirely or partially a surface of a gilded or silvered area so as to give a different tone, then the lac becomes a material to make a glaze.

Loros (*ο λώρος*): Strip of cloth, long and wide, richly embroidered with gold and decorated with precious stones, particularly with pearls), which is part of the costume of the Byzantine emperors (icon, no. 64). It is worn over the garments and passed around the body. The *loros* is also worn by the archangels.

Lypiro (*Lypira* in plural) (*το λυπηρό-ά*): The icons of the Virgin and Saint John the Evangelist on either side of the Crucifixion on the top of the iconostasis, the frames usually having carved adornments (see Fig. 7).

Man of Sorrows (see **Akra Tapeinosis**)

Mandorla (see **Glory**)

Maniple (see **Epimanikion**)

Maphorion (*το μαφόριον*): Outer garment of women's costume worn over the *chiton* (tunic) and covering the head, the shoulders and a part of the body, according to its length.

Melote (*η μηλωτή*): Sheep's or goat's skin usually worn by hermits. Saint John the Baptist and the prophet Elijah frequently wear the melote (icons no. 19, 26 back, 31, 57). As far as the Baptist is concerned, st Matthew, describing the saint's costume, says that it was made of camel hair and a leather belt (*Matthew*, III: 3).

Omophorion or omophoron (*το ωμοφόριον, το ωμόφορον*): Part of the archiepiscopal costume since the 4th century, consisting of a wide long strip embroidered and decorated with crosses. It is worn over the *phelonion*, passed around the neck and the two extremities fall in front and behind the body (icons no. 1, 2, 4, 5, 7, 8).

Palladion (*το παλλάδιον*): The historic icon or the cult object par excellence of a church or of a monastery, which was in most cases the reason for the establishment of the cult at that place. This word goes back to antiquity, where it designated a miraculous statue of the goddess Athena.

Panaghia (*η Παναγία* = The All-holy): Most frequent designation of the Virgin.

Pantokrator (*ο Παντοκράτωρ* = Almighty): Most frequent designation of Christ. It is applied to the iconographic type of Christ in half or full-length or seated on a throne, blessing with His right hand and holding a gospel book in the other (icons no. 1, 27, 32). However, the icons depicting this iconographic type bear various legends, such as *Pantokrator*, *Soter* (the Saviour), *Eleïmon* (the Merciful) and others.

Patina (*patina* in italian): On a painting, the patina is the result of the evolution of the pictorial matter and of the original varnish through time, which confers on the work of art the aspect of age. The patina must be respected during interventions on the original layer of varnish and the general cleaning of the icon or other painted work of art.

Perizoma or perizonium (*το περίζωμα, το περιζώνιον*): The cloth which covers the waist and the thighs of the naked Christ (icons no. 28 back, 30b, 33, 55).

Phelonion (*Phelonia* in plural) (*το φαι(ε)λόνιον or ο φελόνης*) (*paenula* in latin): Sort of mantle, part of the sacerdotal costume worn by priests and bishops over the *sticharion*. It is generally of white colour and decorated with black crosses, called in this case *polystavrion phelonion* (icon no. 5), but it can also be of plain colour (icons no. 2, 4, 5, 7, 30a, 38). It corresponds to the chasuble of the catholic sacerdotal costume.

Phota (*τα φώτα*): Highlights. They can consist of thin or thick juxtaposed white lines or of other white brush-strokes, applied as finishings on the volumes of the draperies or of the fleshes (the sarkomes) in order to accentuate them and indicate the light. Also designated as *psimmythies* (see this term *infra*).

Prodromos (*Ο Πρόδρομος* = The Precursor): From the greek word *Πρόδρομος* which signifies the Precursor. The most frequent designation of St John the Baptist.

Proplasmus (*ο προπλασμός, proplasmo* in italian): First layer of colour, applied on the gesso and after having gilded the background and/or other parts of the iconographic composition. It can be of various tints according to the place of its use (sarkomes, garments, architecture, vegetation, etc).

Psimmythies (*οι ψιμμυθιές*): From the greek word *psimmythi* (*ψιμμύθι*), which is one type of white. This term can also be applied for the highlights (=phota; see this terme *supra*).

Sakkos (*ο Σάκκος* = the dalmatic): Tunic with short, wide sleeves which covers the body down to the knees. It is sumptuously embroidered. In the past it was reserved only for the Patriarch, but today is equally worn by bishops (icons no. 1, 8, 38). *Sakkos* is also worn by Christ in the iconographic type of the High Priest (*Megas Archiereus*). It corresponds to the dalmatic of the catholic archiepiscopal costume.

Sarkome (*το σάρκωμα or σάρκα*): Bright colour added on the proplasmus in order to indicate the lighter flesh tones.

Sanctuary Doors (*τα Βημόθυρα*): The two leaves which close the opening of the Royal Door in the centre of an iconostasis (icon no. 38 and Fig. 7).

Sgraffito: Technique of decoration on gilded or silvered surfaces. First the ornamental composition is incised, then a layer of plain colour is appplied on these surfaces over a transitional layer of shellac. In a further stage the painter takes off with his scalpel the colour covering the background in order to leave coloured ornament on a gilded or silvered background or he takes off the colour covering the ornament in order to leave gilded or silvered ornament on a coloured background (icons no. 3, 8, 9, 56, 63).

Shellac (*gomma lacca* in italian): Varnish derived from a mixture of animal and vegetal resin. It can also be used on gilded or silvered surfaces before applying colours on them, for example in the case of the *sgraffito* technique or where the pigments of the composition extend onto the gilded or silvered surfaces.

Sticharion (*το στιχάριον*): Inner garment of the sacerdotal costume consisting of a long tunic of light colour which corresponds to the aube of the catholic sacerdotal costume. It is decorated with *clavi* on the two vertical sides (icons no. 1, 2, 5, 8, 38).

Templon (*το τέμπλον*): see under Iconostasis.

Theotokos (*η Θεοτόκος* = She who bore God): Very frequent designation of the Virgin.

Thorakion (*thorakia* in plural) (*το θωράκιον*): The panel wich closes the space under every icon of the lower register of an *iconostasis* or *templon* (see Fig. 7).

Trimorphon (*το τρίμορφον*): The group of three figures of the *Deisis*, Christ the Judge in the centre, with the Virgin and St John the Baptist on either side, who intercede with Him for the salvation of Humanity (icon no. 1).

Chronological Table

Byzantine Period
Phryni Hadjichristophi

45.AD. The Apostles Paul and Barnabas visit Cyprus; the Proconsul L. Sergius Paulus converts to Christianity.
51. The Apostle Barnabas' second visit to the island, accompanied by his cousin Mark.
116. Uprising of the Jews who had settled in Cyprus from 70 AD, following the destruction of Jerusalem by Titus.
293. Cyprus together with south-east Asia Minor, Syria and Palestine, comes under the administration of the Dioscese of the East, having Antioch as its capital.
313. Edict of Milan.
325. Three Cypriot bishops take part in the First Ecumenical Council of Nicaea.
327-
330. Saint Helen visits Cyprus and the monastery of Stavrovouni is founded.
332. An earthquake destroys Paphos.
342. Salamis is destroyed by an earthquake, which is rebuilt and renamed Constantia. The new city replaces Paphos as the island's capital.
343. Twelve bishops take part in the Council of Sardica.
386. Saint Epiphanius is elected Metropolitan of Salamis-Constantia.
403. Death of Saint Epiphanius.
410. The Archbishop of Antioch tries to abolish the independence of the Church of Cyprus.
431. The third Ecumenical Council at Ephesus. In its eighth canon, the Church of Cyprus is recognised as autocephalous.
488. Discovery of the remains of the Apostle Barnabas, with the Gospel of St. Matthew on his chest. Archbishop Anthemios appears in person before the Byzantine Emperor Zeno and presents him with the Gospel. The emperor confirms the autocephalous status of the Church of Cyprus and confers Imperial privileges on the Archbishop and his successors (namely, to sign with red ink, to wear a deep purple mantle and to hold an imperial sceptre, replacing the traditional bishop's pastoral staff).
537. With the reorganization of the Empire by Justinian, Cyprus comes under the jurdiction of *quaestor Justinianus exercitus* based at Odessos. Cyprus asks from the emperor to be administered directly from Constantinople.
609. The Emperor Heraklius visits Cyprus on his way from Alexandria to Constantinople.
619. Persian campaign against Syria, Palestine and Cyprus.
649-
650. First Arab raid on Cyprus, under the leadership of caliph Muawiya. Cypriot captives are transported to the Dead Sea.
653. Second Arab raid on Cyprus; the island is captured.
680. Three bishops of Cyprus represent the autocephalous Church of the island at the sixth Ecumenical Council at Constantinople.
688. A treaty is signed between Justinian II and caliph Abd-al-Malik. Cyprus is recognised as neutral, but has to pay taxes to both the Byzantines and the Arabs.
689. Justinian II forces the Cypriots to emigrate to Bithynia, where they found the city of Nea Ioustiniani, near Cyzicus.
691. The Council "in Trullo" reconfirms the autocephalous status of the Church of Cyprus and, although the Hellespont is within the jurisdiction of the Patriarch of Constantinople, gives the Archbishop of Cyprus the right to exercise power in the area. "Nea Ioustiniani" is added to the title of the Archbishop of Cyprus.
723. Saint Willibald (son of St. Richard, King of the West Saxons) visits Cyprus.
726. Beginning of iconoclasm in the Byzantine Empire, although it is not imposed in Cyprus.
743. Arab campaign against Cyprus, with the accusation that they have broken the treaty of 688.
753-
770. Iconophile monks exiled to Cyprus.

ΧΡΟΝΟΛΟΓΙΚΟΣ ΠΙΝΑΚΑΣ

Βυζαντινή περίοδος
Φρύνη Χατζηχριστοφή

45.μ.Χ. Επίσκεψη των αποστόλων Παύλου και Βαρνάβα στην Κύπρο και προσηλυτισμός του ρωμαίου ανθύπατου Σέργιου Παύλου στο χριστιανισμό.
51. Δεύτερη επίσκεψη στο νησί του Απόστολου Βαρνάβα με τον εξάδελφό του Μάρκο.
116. Εξέγερση των Ιουδαίων που είχαν εγκατασταθεί στην Κύπρο από το 70 μ.Χ. μετά την καταστροφή των Ιεροσολύμων από τον Τίτο.
293. Η Κύπρος με τη νοτιο-ανατολική Μικρά Ασία, τη Συρία και την Παλαιστίνη ανήκουν διοικητικά στην Διοίκηση της Ανατολής με πρωτεύουσα την Αντιόχεια.
313. Διάταγμα των Μεδιολάνων.
325. Τρεις Κύπριοι επίσκοποι λαμβάνουν μέρος στην Α΄ Οικουμενική Σύνοδο της Νίκαιας.
327-
330. Επίσκεψη της Αγίας Ελένης στην Κύπρο και ίδρυση του μοναστηριού του Σταυροβουνίου.
332. Σεισμός καταστρέφει την Πάφο.
342. Σεισμός καταστρέφει τη Σαλαμίνα που ξανακτίζεται και μετονομάζεται Κωνστάντια. Η καινούργια πόλη αντικατέστησε την Πάφο σαν πρωτεύουσα του νησιού.
343. Δώδεκα επίσκοποι συμμετέχουν στη Σύνοδο της Σαρδικής.
386. Ο Άγιος Επιφάνιος εκλέγεται Μητροπολίτης Σαλαμίνας-Κωνστάντιας.
403. Θάνατος του Αγίου Επιφανίου.
410. Έναρξη προσπαθειών του Πατριαρχείου Αντιοχείας να υποτάξει την εκκλησία της Κύπρου.
431. Γ΄ Οικουμενική Σύνοδος στην Έφεσσο. Με τον 8ο κανόνα της αναγνωρίζει το αυτοκέφαλο της Εκκλησίας της Κύπρου.
488. Αποκάλυψη στη Σαλαμίνα του λειψάνου του αποστόλου Βαρνάβα με το κατά Ματθαίον Ευαγγέλιο στο στήθος του. Ο αρχιεπίσκοπος Ανθέμιος παρουσιάζεται αυτοπροσώπως στον αυτοκράτορα Ζήνωνα και του χαρίζει το κατά Ματθαίον Ευαγγέλιο. Ο αυτοκράτορας επικυρώνει το Αυτοκέφαλο της Εκκλησίας της Κύπρου και χαρίζει στον Αρχιεπίσκοπο τα αυτοκρατορικά προνόμια (Να φορεί πορφυρό μανδύα, να κρατά σκήπτρον αντί ποιμαντορικής ράβδου και να υπογράφει με κιννάβαρι).
537. Με την αναδιοργάνωση της αυτοκρατορίας από τον Ιουστινιανό η Κύπρος περιέρχεται κάτω από τη διοίκηση του *quaestor Justinianus exercitus*, ο οποίος εδρεύει στην Οδησσό. Στη συνέχεια όμως, η Κύπρος ζητά από τον αυτοκράτορα να εξαρτάται απευθείας στην Κωνσταντινούπολη.
609. Επίσκεψη του αυτοκράτορα Ηράκλειου στην Κύπρο κατά την διαδρομή του από Αλεξάνδρεια προς Κωνσταντινούπολη.
619. Περσική επιδρομή εναντίον Συρίας, Παλαιστίνης και Κύπρου.
649-
650. Πρώτη αραβική επιδρομή, υπό την ηγεσία του χαλίφη Μωαβία, εναντίον της Κύπρου. Κύπριοι αιχμάλωτοι μεταφέρονται στη Νεκρά Θάλασσα.
653. Δεύτερη αραβική επιδρομή εναντίον της Κύπρου και κατάληψη του νησιού.
680. Τρεις επίσκοποι της Κύπρου αντιπροσωπεύουν την αυτοκέφαλο Εκκλησία του νησιού στην ΣΤ΄ Οικουμενική Σύνοδο στην Κωνσταντινούπολη.
688. Σύναψη συνθήκης μεταξύ του Ιουστινιανού Β΄ και του χαλίφη Abd-al-Malik. Η Κύπρος αναγνωρίζεται ουδέτερη αλλά πληρώνει φόρους και στους Βυζαντινούς και στους Άραβες.
689. Ο Ιουστινιανός Β΄ υποχρεώνει τους Κυπρίους να μετοικήσουν στη Βιθυνία όπου εγκαθίστανται στη Νέα Ιουστινιανούπολη, κοντά στην Κύζικο.
691. Η εν Τρούλλω Πενθέκτη Οικομενική Σύνοδος επιβεβαιώνει το αυτοκέφαλο της Εκκλησίας της Κύπρου, παρ' όλο που η περιοχή του Ελλησπόντου υπαγόταν στη δικαιοδοσία του Πατριάρχη Κωνσταντινουπόλεως, και δίνει στον Αρχιεπίσκοπο Κύπρου το δικαίωμα να επεκτείνει τη δικαιοδοσία του στην περιοχή. Ο Αρχιεπίσκοπος Κύπρου προσθέτει στον τίτλο του και τον τίτλο "Νέας Ιουστινιανούπολης".
698. Επαναπατρισμός εξορίστων Κυπρίων.
723. Ο Άγιος Βιλλιβάλδος (γιος του αγίου Ριχάρδου, "Βασιλιά" των Δυτικών Σαξόνων) επισκέπτεται την Κύπρο.

780. The Cypriot Paul IV is proclaimed Patriarch of Constantinople.
870-
877. Temporary capture of Cyprus by the Byzantines.
912. The last Arab campaign against Cyprus.
965. The emperor Nicephorus Phocas frees Cyprus from the Arabs and makes it part of the Byzantine Empire.
1054. The Great Schism between the Orthodox and Latin Churches.
1071. Defeat of the Byzantines at Manzikert in Asia Minor by the Seljuk Turks, who within a decade capture all of Anatolia, Syria and Palestine. Cyprus remains untouched and becomes an important centre on the eastern frontier of Byzantium.
1081. The Comnenian dynasty ascends the Byzantine throne (-1185).
1093-
1100. Philokales Eumathios is the governor of the island.
1094. Foundation of the Monastery of Kykkos.
1096-
1099. First Crusade. Capture of Jerusalem and establishment of the Kingdom of Jerusalem.
1100-
1105. Constantine Euphorbenus Catalan is governor of Cyprus.
1134. Saint Neophytus is born in Lefkara.
1147-
1149. Second Crusade.
1156. Reynaud de Chatillon, Prince of Antioch, with the help of Thoros I, Prince of Armenia, attacks Cyprus.
1157. Attack by Egyptian fleet.
1158. St. Neophytus withdraws to his hermitage near Paphos.
1170. St. Neophytus founds the monastery of the Enkleistra.
1185-
1191. Isaac Comnenus tricks his way to the governorship of Cyprus and declares himself emperor, severing connections with Constantinople, where the Agneli dynasty is in power.
1186. Battle of Hattin and capture of Jerusalem by Saladin.
1190-
1192. Third Crusade.

Frankish Period
Phryni Hadjichristophi

1191. Richard the Lionheart, King of England, defeats Isaac Comnenus and captures Cyprus. He sells the island to the Knights Templar.
1192. The Cypriots rise against the Templars, who return the island to Richard. He re-sells it to Guy de Lusignan, deposed king of Jerusalem. Establishment of the Frankish (Latin) kingdom.
1194. Death of Guy de Lusignan. He is succeeded by his brother, Aimery.
1196. Establishment of the Latin Church, which seizes the property of the Orthodox Church.
1198. The free areas of the Kingdom of Jerusalem are united with the Kingdom of Cyprus.
1202-
1204. Fourth Crusade - capture of Constantinople by the crusaders.
1205-
1218. Reign of Hugh I.
1218-
1253. Reign of Henry I.

726. Έναρξη εικονομαχίας στο Βυζάντιο αλλά δεν διαδίδεται στην Κύπρο.
743. Αραβική επιδρομή εναντίον της Κύπρου με την κατηγορία ότι παραβίασαν την συνθήκη του 688.
753-
770. Εικονόφιλοι μοναχοί εξορίζονται στην Κύπρο.
780. Ο Παύλος Δ΄, Κύπριος, χειροτονείται Πατριάρχης Κωνσταντινουπόλεως.
870-
877. Προσωρινή κατάληψη της Κύπρου από τους Βυζαντινούς.
912. Τελευταία αραβική επιδρομή εναντίον της Κύπρου.
965. Ο αυτοκράτορας Νικηφόρος Φωκάς ελευθερώνει την Κύπρο από τους Άραβες και την εντάσσει στη Βυζαντινή αυτοκρατορία.
1054. Σχίσμα μεταξύ της Ορθόδοξης και της Λατινικής Εκκλησίας.
1071. Ήττα του βυζαντινού στρατού στο Μαντζικέρτ της Μικράς Ασίας από τους Σελτζούκους τούρκους οι οποίοι σε δέκα χρόνια θα καταλάβουν όλη την Ανατολία, τη Συρία και την Παλαιστίνη. Η Κύπρος θα παραμείνει ανενόχλητη και σημαντικό κέντρο στα ανατολικά σύνορα του Βυζαντίου.
1081. Η δυναστεία των Κομνηνών ανεβαίνει στο θρόνο του Βυζαντίου (-1185).
1093-
1100. Φιλοκάλης Ευμάθιος Κυβερνήτης του νησιού.
1094. Ιδρύεται το μοναστήρι του Κύκκου.
1096-
1099. Πρώτη Σταυροφορία. Κατάληψη των Ιεροσολύμων και δημιουργία του βασιλείου των Ιεροσολύμων.
1100-
1105. Κωνσταντίνος Euphorbenus Catalan Κυβερνήτης της Κύπρου.
1134. Γέννηση του Αγίου Νεοφύτου στα Λεύκαρα.
1147-
1149. Δεύτερη Σταυροφορία.
1156. Επιδρομή στην Κύπρο του Renaud de Chatillon, πρίγκηπα της Αντιόχειας, με τη βοήθεια του Θόρου Α΄, αρμένιου πρίγκηπα.
1157. Επιδρομή αιγυπτιακού στόλου.
1158. Ο Άγιος Νεόφυτος αποσύρεται στο ερημητήριό του, κοντά στην Πάφο.
1170. Ιδρύεται το μοναστήρι της Εγκλείστρας από τον Άγιο Νεόφυτο.
1185-
1191. Ο Ισαάκ Κομνηνός γίνεται με δόλιο τρόπο Κυβερνήτης της Κύπρου και αυτοκηρύσσεται αυτοκράτορας διακόπτοντας τις σχέσεις του με την Κωνσταντινούπολη, όπου βασιλεύει η δυναστεία των Αγγέλων.
1186. Μάχη του Χαττίν και κατάληψη των Ιεροσολύμων από το Σαλαντίν.
1190-
1192. Τρίτη Σταυροφορία.

Φραγκοκρατία
Φρύνη Χατζηχριστοφή

1191. Ο Άγγλος βασιλιάς Ριχάρδος ο Λεοντόκαρδος νικά τον Ισαάκιο Κομνηνό και καταλαμβάνει την Κύπρο· πουλά το νησί στους Ναΐτες.
1192. Οι κύπριοι εξεγήρονται εναντίον των Ναϊτών, οι οποίοι επιστρέφουν το νησί στο Ριχάρδο. Ο Ριχάρδος ξαναπουλά την Κύπρο στον έκπτωτο βασιλιά των Ιεροσολύμων Γκυ ντε Λουζινιάν. Εγκαθίδρυση του Φραγκικού βασιλείου.
1194. Θάνατος του Γκυ ντε Λουζινιάν. Τον διαδέχεται ο αδελφός του Αιμερύ ντε Λουζινιάν.
1196. Εγκατάσταση της Λατινικής Εκκλησίας. Σφετερισμός της περιουσίας της ορθοδόξου Εκκλησίας από τη Λατινική.
1197. Ο Αιμερύ ντε Λουζινιάν στέφεται βασιλέας της Κύπρου.
1198. Οι πόλεις και οι περιοχές του βασιλείου των Ιεροσολύμων που έμειναν ελεύθερες ενώθηκαν με το βασίλειο της Κύπρου.

1219(?). Death of St. Neophytus.

1219. Synod of Limassol which resolves on the subjection of the Orthodox Church to the Latin Church.

1222. Synod of Famagusta which decides to reduce the number of Orthodox bishops from 14 to 4 and proposes the abolition of the post of Orthodox Archbishop.

1230. On the orders of Eustorge de Montegu, Latin Archbishop of Nicosia, the thirteen monks of Kantara that refused to convert to Roman Catholicism are burnt alive.

1248-
1254. Seventh Crusade. King Louis IX of France in Cyprus from September 1248 to May 1249.

1250. The Mameluk Sultanate established in Egypt.

1253-
1267. Reign of Hugh II.

1255. Germanos Pesimandros, Orthodox Archbishop of Cyprus, visits Pope Alexander IV in Rome to protest against the persecution of the Church.

1260. Pope Alexander IV promulgates the *Bulla Cypria* that confirms the restriction of the Orthodox sees to four, the abolition of the post of Orthodox Archbishop and the subjection of the Church of Cyprus to the Roman Church.

1261. Michael Palaeologus, emperor of Nicaea, recaptures Constantinople. The Byzantine empire is restored.

1261-
1453. Palaeologan dynasty on the Byzantine throne.

1274. Council of Lyon. Proclamation of the Union of the Orthodox and Latin Churches.

1267-
1284. Reign of Hugh III.

1284-
1285. Reign of John I.

1285-
1324. Reign of Henry II. In 1285, he is crowned King of Jerusalem in Tyre. From 1287 to 1291, Acre and other fortresses in the Holy Land fall to the Mameluks. Cyprus receives many refugees. In 1291, Henry gives large estates at Limassol to the Templars and the Hospitallers.

1308-
1324. Prosecution and imprisonment of the Templars of Cyprus.

1324-
1359. Reign of Hugh IV.

1359-
1369. Reign of Peter I. Between 1362 and 1365 he travels in the West, seeking support for a new crusade.

1360. Capture of Korykos and Attaleia in Asia Minor by Peter I.

1365. Looting of Alexandria by the troops of Peter I.

1369. Murder of Peter I by a group of knights.

1369-
1382. Reign of Peter II.

1372. Confrontation between the Venetians and Genoese in Famagusta.

1373. Surrender of Attaleia to the Turks.

1373-
1374. War with Genoa. Cyprus compelled to accept terms of large monetary compensation and surrender of Famagusta.

1378-
1417. The "Great Schism" in the West. The Latin Church of Cyprus becomes autonomous.

1382-
1398. Reign of James I.

1202-
1204. Τέταρτη Σταυροφορία. Κατάληψη της Κωνσταντινούπολης από τους Σταυροφόρους.
1205-
1218. Βασιλεία του Ούγου Α΄.
1218-
1253. Βασιλεία του Ερρίκου Α΄.
1219. (;) Θάνατος του Αγίου Νεοφύτου.
1219. Σύνοδος της Λεμεσού, στην οποία αποφασίζεται η υποταγή της Ορθοδόξου Εκκλησίας στη Λατινική.
1222. Σύνοδος στην Αμμόχωστο, η οποία αποφασίζει τον περιορισμό του αριθμού των ορθοδόξων επισκόπων από 14 σε 4 και προτείνει την κατάργηση του Αρχιεπισκοπικού αξιώματος.
1230. Με διαταγή του καθολικού Αρχιεπισκόπου της Λευκωσίας, Ευστόργιου του Μοντεγκιού οι δεκατρείς Μοναχοί της Καντάρας που αρνήθηκαν τον καθολικισμό καίγονται ζωντανοί.
1248-
1254. Έβδομη Σταυροφορία. Ο βασιλιάς της Γαλλίας Λουδοβίκος Θ΄ διαμένει στην Κύπρο από το Σεπτέμβριο του 1248 μέχρι το Μάιο του 1249.
1250. Οι Μαμελούκοι σουλτάνοι εγκαθίστανται στην Αίγυπτο.
1253-
1267. Βασιλεία του Ούγου Β΄.
1255. Ο αρχιεπίσκοπος Κύπρου Γερμανός Πησιμάνδρος επισκέπτεται τον Πάπα στη Ρώμη, Αλέξανδρο Δ΄, διαμαρτυρόμενος για τις διώξεις εναντίον της Ορθόδοξης Εκκλησίας.
1260. Έκδοση από τον Πάπα Αλέξανδρο Δ΄ της *Bulla Cypria* η οποία επιβεβαιώνει τον περιορισμό των ορθοδόξων επισκόπων σε 4 και την υποταγή της Ορθοδόξου Εκκλησίας της Κύπρου στη Λατινική Εκκλησία της Ρώμης.
1261. Ο Μιχαήλ Η΄ Παλαιολόγος, αυτοκράτορας της Νίκαιας, ανακτά την Κωνσταντινούπολη. Παλινόρθωση της Βυζαντινής αυτοκρατορίας.
1261-
1453. Η δυναστεία των Παλαιολόγων βασιλεύει στο Βυζάντιο.
1267-
1287. Βασιλεία του Ούγου Γ΄.
1274. Σύνοδος της Λυών. Διακήρυξη της ενωποίησης της Ορθοδόξου και της Λατινικής Εκκλησίας.
1284-
1285. Βασιλεία του Ιωάννη Α΄.
1285-
1324. Βασιλεία του Ερρίκου Β΄. Το 1285 ο Ερρίκος Β΄ στέφεται στην Τύρο βασιλιάς των Ιεροσολύμων. Από το 1287 έως το 1291 η Άκρα και άλλες οχυρές θέσεις των Αγίων Τόπων πέφτουν στα χέρια των Μαμελούκων. Η Κύπρος δέχεται πολλούς πρόσφυγες. Το 1291 ο Ερρίκος παραχωρεί στους Ναΐτες και τους Ιωαννίτες μεγάλα κτήματα στη Λεμεσό.
1308-
1314. Δίωξη και φυλάκιση των Ναϊτών της Κύπρου.
1324-
1359. Βασιλεία του Ούγου Δ΄.
1359-
1369. Βασιλεία του Πέτρου Α΄. Από το 1362 μέχρι το 1365 ο βασιλιάς μεταβένει στη Δύση σε αναζήτηση βοήθειας για την οργάνωση μιας καινούριας σταυροφορίας.
1360. Κατάκτηση της Κορύκου και της Αττάλειας από τον Πέτρο Α΄.
1365. Λεηλασία της Αλεξάνδρειας από τα στρατεύματα του βασιλιά της Κύπρου.
1369. Εξέγερση και δολοφονία του Πέτρου Α΄ από ομάδα ιπποτών.
1369-
1382. Βασιλεία του Πέτρου Β΄.
1372. Αντιπαράθεση μεταξύ Ενετών και Γενουατών στην Αμμόχωστο.
1373. Παράδοση της Αττάλειας στους Τούρκους.

1393. James I. obtains the crown of Armenia and adds its symbols to his coat of arms.
1398-
1432. Reign of Janus.
1426-
1428. Invasion by the Mameluks of Egypt. Janus captured and imprisoned in Cairo.
1432-
1458. Reign of John II. In 1442, he marries Helen, daughter of Theodore II Palaeologus, Desport of Morea.
1438-
1439. Council of Ferrara-Florence, where the Terms of Union between the Latin and Orthodox Churches are signed.
1453. Capture of Constaninople by the Ottomans and dissolution of the Byzantine Empire. Refugees arrive in Cyprus.
1458-
1459. Reign of Charlotte. In 1459, she marries Louis of Savoy.
1460-
1473. James II. "The Bastard" seizes the throne and civil war commences. Charlotte exiled first in Rhodes and then in Rome. She remains the rightful queen until her death in 1487.
1464. Surrender of Famagusta to James by the Genoese. Kyrenia surrenders and the civil war ends.
1472. Arrival of the Venetian Caterina Cornaro and her coronation in Nicosia during the celebration of her marriage to James II.
1473. Death of James II and the end of the Lusignan Dynasty. His son, James III, is born after his death.
1474-
1489. Reign of Caterina Cornaro.
1474-
1475. The Catalans, Sicilians and Neapolitans are driven out of Cyprus and their property seized after an attempted Catalan coup. James III dies.

Venetian Period
Phryni Hadjichristophi

1489. Caterina Cornaro hands over control of Cyprus to the Venetian Republic. Power is officially transferred on 26th February and Caterina leaves for Italy where the town of Asolo (N.W. of Venice) is given to her. There she maintains her court until her death in 1510.
1516-
1517. Capture of Syria and Egypt by the Ottomans and fall of the Mameluk Sultanate.
1522. Fall of Rhodes to the Ottomans.
1533. The Venetians of Cyprus attack a section of the Turkish fleet.
1539. Attack of the Turks on Limassol.
1540. Peace Treaty between Venice and the Turks.
1558. Turks lay claim to Cyprus. Defence works commence for the protection of the cities of Cyprus.
1562. Iakovos Diassorinos, on the basis of a nationalist ideology, foments an uprising against Venetian rule, which is put down. He is put to death.
1570. The Ottoman army of Sultan Selim II invades Cyprus, under the command of Lala Mustapha. Nicosia captured.

Ottoman Period
Kyprianos Louis

1571. Famagusta falls. Cyprus becomes a province of the Ottoman Empire, with a new system of administration. The Greeks are allowed freedom of worship and the right to buy, own and sell land.

1373-
1374. Πόλεμος με τη Γένουα. Η Κύπρος υποχρεώνεται να δεχτεί τους όρους των Γενουατών για μεγάλη χρηματική αποζημίωση και παραχώρηση της Αμμοχώστου.
1378-
1417. Το "Μέγα Σχίσμα" της Δύσης, Αυτονομία της Λατινικής Εκκλησίας της Κύπρου.
1382-
1398. Βασιλεία του Ιάκωβου Α΄.
1393. Ο Ιάκωβος Α΄ απέκτησε το στέμμα της Μικράς Αρμενίας και πρόσθεσε το θυρεό της Αρμενίας στα δικά του βασιλικά οικόσημα.
1398-
1432. Βασιλεία του Ιανού.
1426-
1428. Εισβολή των Μαμελούκων της Αιγύπτου στην Κύπρο. Ο Ιανός συλλαμβάνεται και φυλακίζεται στο Κάϊρο.
1432-
1458. Βασιλεία του Ιωάννη Β΄. Το 1442 παντρεύτηκε την Ελένη, κόρη του Θεόδωρου Β΄ Παλαιολόγου, Δεσπότη του Μορέως.
1438-
1439. Σύνοδος της Φερράρας-Φλωρεντίας όπου υπογράφεται ο Όρος της Ενώσεως της Λατινικής και της Ορθόδοξης Εκκλησίας.
1453. Άλωση της Κωνσταντινουπόλεως από τους Οθωμανούς και διάλυση της βυζαντινής αυτοκρατορίας. Πρόσφυγες καταφεύγουν στην Κύπρο.
1458-
1459. Βασιλεία της Καρλόττας. Το 1459 παντρεύτηκε τον Λουδοβίκο της Σαβοΐας.
1460-
1473. Σφετερισμός του θρόνου από τον Ιάκωβο Β΄ το Νόθο και αρχή εμφυλίου πολέμου. Η Καρλόττα εξόριστη αρχικά στη Ρόδο και έπειτα στη Ρώμη παρέμεινε η δικαιούχος βασίλισσα μέχρι το θάνατό της το 1487.
1464. Παράδοση της Αμμοχώστου από τους Γενουάτες στον Ιάκωβο. Τον ίδιο χρόνο παραδίνεται και η Κερύνεια βάζοντας τέρμα στον εμφύλιο πόλεμο.
1472. Άφιξη της Ενετής Αικατερίνης Κορνάρο στην Κύπρο και στέψη της στη Λευκωσία κατά τη διάρκεια της τελετής του γάμου της με τον Ιάκωβο Β΄.
1473. Θάνατος του Ιάκωβου και τερματισμός της μοναρχίας των Λουζινιανών. Τον Αύγουστο του ίδιου χρόνου, μετά τον θάνατό του, γεννιέται ο γιός του Ιάκωβος Γ΄.
1474-
1489. Βασιλεία της Αικατερίνης Κορνάρο.
1474-
1475. Οι Καταλανοί, οι Σικελοί και οι Ναπολιτάνοι εκδιώκονται από την Κύπρο και οι περιουσίες τους κατάσχονται. Θάνατος του Ιάκωβου Γ΄.

Ενετοκρατία
Φρύνη Χατζηχριστοφή

1489. Η Αικατερίνη Κορνάρο παραχωρεί την άμεση διακυβέρνηση της Κύπρου στη Δημοκρατία της Βενετίας. Στις 26 Φεβρουαρίου παραδίδεται επίσημα η εξουσία και η Αικατερίνη αναχωρεί για την Ιταλία όπου της παραχωρήθηκε η πόλη του Asolo (ΒΔ της Βενετίας), όπου θα διατηρήσει την αυλή της μέχρι το θάνατό της.
1510. Θάνατος της Αικατερίνης Κορνάρο που εξακολουθεί να φέρει τον τίτλο βασίλισσα της Κύπρου, των Ιεροσολύμων και της Αρμενίας.
1516-
1517. Κατάκτηση της Συρίας και της Αιγύπτου από τους Οθωμανούς και πτώση του σουλτανάτου των Μαμελούκων. Η Κύπρος συνεχίζει να είναι φόρου υποτελής στον Τούρκο Σουλτάνο της Κωνσταντινούπολης.

1572. Restoration of the Orthodox Church. A Patriarchal Synod in Constantinople recognises the Cypriots as Orthodox. The first archbishop is elected.
1579. Soon after the capture of Cyprus, conversions to Islam begin.
1586. The first French Consulate is established in Larnaca.
1587. Archbishop Timotheos writes to Philip II of Spain asking him to liberate Cyprus.
1605. An English Consulate established in Larnaca.
1606. Cyril Lukaris, as Patriarch of Alexandria, comes to Cyprus to solve a crisis in the Church. He enthrones Christodoulos as archbishop. Leontios, Bishop of Paphos, and five lay leaders appeal to Philip III of Spain to liberate Cyprus. Rising of Petros Aventanios and Bishop Leontios against the abduction of boys for the Janissary corps. Armed rising of Victor Zebetos (-1611).
1608. Piero Guneme, first known Dragoman (official intermediary between Ottoman rulers and subject people).
1609. Appeal of Archbishop Christodoulos, Leontios of Paphos and clergy and laity to Charles- Emmanuel I, Duke of Savoy (1580-1630) to send forces to liberate Cyprus.
1660. Rights granted to the Church of Cyprus: the archbishops are to represent the Orthodox subjects and convey their complaints to the Porte; the right to collect part of the taxes and retain a portion.
1662. Building of the church of St. John in Nicosia under Archbishop Nikephoros - completed in 1674.
17th century Import of icons by Cretan masters.
1668. Archbishop Nikephoros calls a synod of Cypriot bishops, senior clergy and laity to condemn Calvinism.
1670. Cyprus comes under the Kapudan Pasha, Turkish High Admiral, together with the Aegean Islands. In 1687, it comes directly under the Porte and in 1703 directly under the Grand Vizier. There is always a local governor (Mussellim, later Muhassil). There are constant changes to the administrative status of Cyprus throughout Ottoman rule.
1680. Mehmet Aga Boyiatsoglou leads a rising against high taxation; he is executed in 1692.
1730. The church of St. John becomes the Cathedral church of the Archbishopric of Cyprus.
1735. Part of Famagusta destroyed by an earthquake. The Russian monk Basil Barsky arrives in Cyprus.
1741. Founding of the Greeek School (Hellenomuseion) in Nicosia by Archbishop Philotheos.
1750. Murder of the Dragoman Christofakis.
1754. A decree of the Sultan recognises the ethnarchy of the Church. The archbishop and bishops are the peoples' representatives with direct access to the Porte. The Church is responsible for collecting taxes.
1764-
1768. Rising against the Government by Turkish notables.
1779-
1809. Hadjigeorghakis Kornesios is Dragoman.
1783. Archbishop Chrysanthos and the bishops appeal to Constantinople against oppression and Governor Hajibakki is removed.
1788. Archimandrite Kyprianos publishes his *Chronological History of the Island of Cyprus* in Venice.
Late 18th The Cretan painter Ioannis Kornaros in Cyprus together with his pupil Ioannikios, he paints the icons of the Cathedral Church of St. John the Theologian in Nicosia.
1804-
1808. Rising of Muslims and Christians against high taxation. Killing of Christians and looting in Karpasia.
1809. Hadjigeorghakis Kornesios executed.
1810. Archbishop Chrysanthos exiled to Euboea. Kyprianos becomes Archbishop.
1812. Kyprianos founds the Greek School in Nicosia.
1819. Greek School opened in Limassol.

1522. Πτώση της Ρόδου στους Οθωμανούς.
1533. Οι Ενετοί της Κύπρου επιτίθενται εναντίον μοίρας του τουρκικού στόλου.
1539. Επιδρομή των Τούρκων εναντίον της Λεμεσού.
1540. Υπογραφή συνθήκης ειρήνης μεταξύ των Ενετών και των Τούρκων.
1558. Οι Τούρκοι αρχίζουν να διεκδικούν την Κύπρο. Αρχίζουν τα οχυρωματικά έργα για προστασία των πόλεων της Κύπρου.
1562. Ο Ιάκωβος Διασσωρίνος υποκινεί, μέσω εθνικιστικής ιδεολογίας, εξέγερση εναντίον της Ενετικής εξουσίας. Η εξέγερση καταπνίγεται με τη σύλληψη και τη θανάτωση του Διασσωρίνου.
1570. Ο οθωμανικός στρατός εισβάλει στην Κύπρο. Άλωση της Λευκωσίας.

Οθωμανική περίοδος
Κυπριανός Λούης

1571. Πτώση της Αμμοχώστου. Η Κύπρος γίνεται επαρχία της οθωμανικής Αυτοκρατορίας. Εγκαθιδρύεται νέας μορφής εξουσία και αλλάζει το διοικητικό σύστημα. Οι Έλληνες αποκτούν προνόμια ελευθερίας θρησκείας, δικαίωμα να αγοράζουν, να κατέχουν και μεταβιβάζουν γη.
1572. Αποκατάσταση της Ορθόδοξης Εκκλησίας της Κύπρου. Πατριαρχική σύνοδος στην Κωνσταντινούπολη αναγνωρίζει τους Κύπριους ως ορθόδοξους. Εκλογή πρώτου αρχιεπισκόπου.
1579. Αμέσως μετά την κατάκτηση αρχίζουν εξισλαμισμοί στην Κύπρο.
1586. Ίδρυση του Γαλλικού προξενείου της Λάρνακας.
1587. Επιστολή του αρχιεπισκόπου Τιμοθέου προς τον βασιλιά της Ισπανίας Φίλιππο Β΄ για απελευθέρωση της Κύπρου.
1605. Ίδρυση Αγγλικού προξενείου στη Λάρνακα.
1606. Ο Κύριλλος Λούκαρις, ως Πατριάρχης Αλεξανδρείας, έρχεται στην Κύπρο για επίλυση της εκκλησιαστικής κρίσης· χειροτονεί τον Χριστόδουλο αρχιεπίσκοπο Κύπρου. Έκκληση του επισκόπου Πάφου Λεόντιου και πέντε λαϊκών προς το βασιλιά της Ισπανίας Φίλιππο Γ΄ για απελευθέρωση της Κύπρου. Εξέγερση στην Κύπρο από τον Πέτρο Αβεντάνιο και τον επίσκοπο Πάφου Λεόντιο για αποφυγή του «φόρου του παιδομαζώματος». Ένοπλη εξέγερση Βίκτωρα Ζεμπετού (-1611;).
1608. Ο Πέτρος Γουνέμης πρώτος γνωστός Δραγομάνος (αξιωματούχος μεσάζων μεταξύ των Οθωμανικών αρχών και του υπόδουλου λαού).
1609. Εκκλήσεις αρχιεπισκόπου Χριστόδουλου, επισκόπου Πάφου Λεοντίου, κληρικών και λαϊκών προς τον Δούκα Σαβοΐας Κάρολο-Εμμανουήλ Α΄ (1580-1630) για αποστολή βοήθειας για απελευθέρωση της Κύπρου.
1660. Παραχωρούνται προνόμια στην Εκκλησία της Κύπρου. Οι Αρχιερείς εκπροσωπούν τους υπόδουλους και υποβάλλουν τα παράπονα τους στην Πύλη. Αποκτούν το δικαίωμα επιμερισμού και είσπραξης τμήματος των φόρων.
1662. Θεμελίωση και ανέγερση του ναού του Αγίου Ιωάννη του Θεολόγου στη Λευκωσία επί αρχιεπισκόπου Νικηφόρου (- 1674).

17ος
αιώνας Εισαγωγή εικόνων από κρητικούς καλλιτέχνες.
1668. Ο αρχιεπίσκοπος Νικηφόρος συγκαλεί στο μοναστήρι του Αρχαγγέλου (στη σημερινή περιοχή Λακατάμειας) σύνοδο Κυπρίων επισκόπων, ανωτέρων κληρικών και λαϊκών για καταδίκη του Καλβινισμού.
1670. Η Κύπρος διοικείται από τον Αρχιναύαρχο του Οθωμανικού στόλου Καπουδάν Πασά, μαζί με τα νησιά του Αιγαίου. Το 1687 υπάγεται απευθείας στη δικαιοδοσία της Πύλης, και το 1703 διοικείται απευθείας από το Μεγάλο Βεζίρη. Υπάρχει πάντοτε ένας τοπικός διοικητής (Μουσελίμης, αργότερα Μουχασίλης) με περιορισμένες διοικητικές αρμοδιότητες. Υπάρχουν συνεχείς αλλαγές στο διοικητικό καθεστώς της Κύπρου καθόλη τη διάρκεια της οθωμανικής διακυβέρνησης.
1680. Αποσχιστικό κίνημα του Μεχμέτ Αγά Μπογιατζήογλου εξαιτίας της φορολογίας· αποκεφαλίζεται το 1692.
1730. Ο ναός του Αγίου Ιωάννη γίνεται ο καθεδρικός ναός της Αρχιεπισκοπής Κύπρου.
1735. Ισχυρός σεισμός καταστρέφει μέρος της Αμμοχώστου. Επίσκεψη του Ρώσσου μοναχού Βασιλείου Μπάρσκυ στην Κύπρο.

1820. Kuchuk Mehmet is appointed Mühassil. Antonios Pelopidas (member of the Philike Etairia) in Cyprus. October: Alexandros Ypsilantis' letter to Archbishop Kyprianos.
1821. Kuchuk Mehmet disarms the Christians. Archbishop Kyprianos' Encyclical tries to calm the inhabitants. Ottoman troops arrive and atrocities commence against the population, 9 July: hanging of the Archbishop, beheading of three bishops and a total of over 400 community leaders, clergy and lay. Special envoys of the Sultan sell the properties of Christians who have fled. Ioachim is appointed Archbishop.
1826. Attempted landing by Greek fleet at Ayia Napa.
1828. Foundation of the "Ottoman Library" by Sultan Mahmoud II.
1839. Tanzimat (Reform) of the Ottoman Empire.
1846. Greek Sub-Consulate established at Larnaca.
1859. First use of a church bell (St John's. Nicosia) after Ottoman reforms.
1860. Nineteen schools (including two for girls) in operation.
1861. Cyprus under the Porte as a separate region. Census shows a population of 165,000 (120,000 Orthodox, 44,000 Moslem, 1000 Roman Catholics and Armenians).
1865. Sultan's Berat confirms the rights of the Church and forbids forcible conversion to Islam.

British Period
Phryni Hadjichristophi

1878. Congress of Berlin reviews the Treaty of San Stefano which had terminated the Russo-Turkish war. Disraeli obtains Cyprus from the Ottomans on a 'lease', in exchange for a guarantee of the Sultan's Asiatic possessions. The rent is £92,799, the purported existing surplus of Cyprus' revenues and remains as a tax on Cypriots even after World War I, to compensate holders of Ottoman bonds. Sir Garnet Wolsley is the first High Commissioner and a Legislative Council is established. First demands for Enosis (union with Greece). 83 Greek schools and 65 Moslem schools exist.
1880. Major Kitchener commences Cyprus Survey.
1881. First British census of the Island: population 186,177 [137,631 Greeks (73.9%); 45,438 Turks (24.4%). Urban population 18.7%, rural 81.3%].
1883. First Legislative Council elections.
1889. Archiebishop Sophronios visits London.
1893. Foundation of the Pancyprian Gymnasium and the Pancyprian Teachers' College.
1900-
1908. Archiepiscopal throne vacant.
1907. Winston Churchill visits Cyprus as a Minister in the Colonial Office.
1912. Demands for Enosis during the Balkan Wars.
1915. Entry of Turkey into First World War against Britain leads to formal annexation of Cyprus by Great Britain. Cyprus offered to Greece in consideration for entering the war. Offer subsequently withdrawn.
1923. Treaty of Lausanne. Turkey formally abdicates rights to Cyprus.
1925. Cyprus becomes a Crown Colony.
1927. 'Tribute' finally abolished.
1926-
1933. Governorship of Sir Roland Storrs.
1929-
1931. Political crisis.
1931. Disturbances: Government House burnt. 12 Cypriots killed - use of British troops. Legislative Council and all elections abolished. Stiffer control established by British administration. Prelates exiled.
1933. Death of Archbishop Cyril III. No successor elected.
1936. First airport built at Larnaca.

1741. Ίδρυση της Ελληνικής Σχολής (Ελληνομουσείον) από τον αρχιεπίσκοπο Φιλόθεο στη Λευκωσία.
1750. Δολοφονία του δραγομάνου Χριστοφάκη.
1754. Με σουλτανικό διάταγμα αναγνωρίζεται η εθναρχική ιδιότητα της Ορθόδοξης Εκκλησίας: ο αρχιεπίσκοπος και οι μητροπολίτες γίνονται επίτροποι του λαού με δικαίωμα άμεσης προσφυγής στην Πύλη. Η Εκκλησία είναι υπεύθυνη για την είσπραξη των φόρων.
1764-
1768. Εξέγερση Τούρκων αξιωματούχων εναντίον της Κυβέρνησης εξαιτίας της φορολογικής καταπίεσης.
1779-
1809. Δραγομάνος ο Χατζηγεωργάκης Κορνέσιος.
1783. Ο αρχιεπίσκοπος Χρύσανθος και οι μητροπολίτες προσφεύγουν στην Κωνσταντινούπολη εναντίον της καταπίεσης και καταφέρνουν να απομακρύνουν τον Μουχασίλη Χατζημπακκή.
1788. Ο Αρχιμανδρίτης Κυπριανός εκδίδει στη Βενετία την *Ιστορία Χρονολογική της νήσου Κύπρου*.
Τέλος
18ου
αιώνα Ο κρητικός ζωγράφος Ιωάννης Κορνάρος στην Κύπρο. Ζωγραφίζει μαζί με τον μαθητή του ιερομόναχο Ιωαννίκιο τις εικόνες του εικονοστασίου του καθεδρικού ναού του Αγίου Ιωάννου του Θεολόγου στη Λευκωσία.
1804-
1808. Εξέγερση μουσουλμάνων και χριστιανών εναντίον της βαριάς φορολογικής επιβάρυνσης. Σφαγές και λεηλασίες χριστιανών στην Καρπασία.
1809. Αποκεφαλίζεται ο Χατζηγεωργάκης Κορνέσιος στην Κωνσταντινούπολη.
1810. Με αυτοκρατορικό διάταγμα απομακρύνεται ο αρχιεπίσκοπος Χρύσανθος και εξορίζεται στην Εύβοια. Ο Κυπριανός εκλέγεται αρχιεπίσκοπος Κύπρου.
1812. Ίδρυση Ελληνικής Σχολής στη Λευκωσία από τον Κυπριανό.
1819. Λειτουργία Ελληνικής Σχολής στη Λεμεσό.
1820. Ο Κουτσιούκ Μεχμέτ διορίζεται Μουχασίλης της Κύπρου. Ο Αντώνιος Πελοπίδας (μέλος της Φιλικής Εταιρείας) έρχεται στην Κύπρο. Επιστολή Αλέξανδρου Υψηλάντη προς τον αρχιεπίσκοπο Κυπριανό.
1821. Ο Κουτσιούκ Μεχμέτ προχωρεί στον αφοπλισμό των χριστιανών. Εγκύκλιος του αρχιεπισκόπου Κυπριανού, με την οποία προσπαθεί να καθησυχάσει το πλήρωμα της εκκλησίας. Οθωμανικά στρατεύματα φτάνουν στο νησί και επιδίδονται σε βιοπραγίες. 9 Ιουλίου: απαγχονισμός του αρχιεπισκόπου Κυπριανού, καρατόμηση ιεραρχών, προκρίτων και άλλων λαϊκών. Ειδικοί απεσταλμένοι του σουλτάνου δημεύουν και πωλούν τις περιουσίες των χριστιανών που διέφυγαν. Ο Ιωακείμ διορίζεται αρχιεπίσκοπος.
1826. Αποβατική επιχείρηση Ελλήνων στην Αγία Νάπα.
1828. Ίδρυση της «Οθωμανικής Βιβλιοθήκης» στη Λευκωσία από το σουλτάνο Μαχμούτ Β΄.
1839. Τανζιμάτ (Μεταρρύθμιση) της οθωμανικής Αυτοκρατορίας.
1846. Λειτουργία ελληνικού υποπροξενείου στη Λάρνακα.
1859. Πρώτη ελεύθερη χρήση καμπάνας στην εκκλησία ιου Αγίου Ιωάννη στη Λευκωσία.
1860. Λειτουργούν δεκαεννέα σχολεία (τα δύο παρθεναγωγεία).
1861. Η Κύπρος στη δικαιοδοσία της Υψηλής Πύλης ως ανεξάρτητη διοικητική περιφέρεια. Πληθυσμός 165.000 (120.000 Ορθόδοξοι, 44.000 Μουσουλμάνοι, 1000 Καθολικοί και Αρμένιοι).
1865. Σουλτανικό Βεράτιο επιβεβαιώνει τα προνόμια της εκκλησίας της Κύπρου και απαγορεύει τον εξισλαμισμό.

Αγγλοκρατία
Φρύνη Χατζηχριστοφή

1878. Το Συνέδριο του Βερολίνου αναθεωρεί τη Συνθήκη του Αγίου Στεφάνου που τερμάτισε το Ρωσοτουρκικό πόλεμο. Αμυντική Συμφωνία μεταξύ Υψηλής Πύλης και Μ. Βρετανίας όπου η κατοχή και νομή της Κύπρου εκχωρείται στην Αγγλία. Η τελευταία σε αντάλλαγμα υπόσχεται την καταβολή ενός ενοικίου και την "ένοπλη εγγύηση" της εδαφικής ακεραιότητας της Οθωμανικής Αυτοκρατορίας σε περίπτωση ρωσικής επίθεσης. Ο Sir Garnet Wolsley είναι ο πρώτος Ύπατος Αρμοστής. Εγκαθιδρύεται Νομοθετικό Συμβούλιο. Πρώτες αξιώσεις για Ένωση (ένωση με την Ελλάδα). Λειτουργούν 83 ελληνικά σχολεία και 65 μωαμεθανικά.

1947. Leontios elected Archbishop. He dies and Makarios II is elected.
1950. Makarios III electged Archbishop. Referendum organised by the Church gives 95.7% majority for Enosis.
1954. Declaration in British parliament that Cyprus can never enjoy self-determination. First appeal to U.N. General Assembly.
1955. Start of EOKA campaign by G. Grivas.
1956. Breakdown of talks between Archbishop Makarios and Governor Sir John Harding, probably under pressure from Colonial Secretary Lennox-Boyd. Makarios exiled to Seychelles.
1957-
1958. Inter-communal clashes after founding of Turkish secret organisation TMT by Rauf Denktash.
1959. Zurich/London agreements for the independence of Cyprus. Archbishop Makarios returns and is elected first President of the Republic, with F. Kuchuk as Vice-President.

1960- Independent Republic

16 August Independence. Departure of the last Governor, Sir Hugh Foot. Population is 573,566 (Greeks 79.8%, Turks 18.2%, Others 2%).

1963-
1964. Inter-communal clashes.
1974. Turkish invasion and de facto partition of the island. One third of the population become refugees.

1880. Ο υπολοχαγός Kitchener αρχίζει τη συστηματική χωρομέτρηση και χαρτογράφηση της Κύπρου.
1881. Πρώτη επίσημη απογραφή του πληθυσμού του νησιού: 186.173 [137.631 Έλληνες (73,9%), 45.438 Τούρκοι (24,4%).
1883. Πρώτες βουλευτικές εκλογές για το Νομοθετικό Συμβούλιο.
1889. Ο αρχιεπίσκοπος Σωφρόνιος Γ΄ επισκέπτεται το Λονδίνο.
1893. Έναρξη λειτουργίας του Παγκύπριου Γυμνασίου και του Παγκύπριου Διδασκαλείου.
1900-
1910. Αρχιεπισκοπικό ζήτημα.
1907. Ο Winston Churchill επισκέπτεται την Κύπρο ως υφυπουργός Αποικιών της Μ. Βρετανίας.
1912. Κατά τη διάρκεια των Βαλκανικών πολέμων οι Κύπριοι ζητούν την ένωση με την Ελλάδα.
1915. Η είσοδος της Τουρκίας στον Α΄ Παγκόσμιο Πόλεμο εναντίον της Μεγάλης Βρετανίας οδηγεί στην περαιτέρω προσάρτηση της Κύπρου από τη Βρετανία. Η Κύπρος προσφέρεται στην Ελλάδα εις ένδειξη εκτίμησης για τη συμμετοχή της στον πόλεμο. Η προσφορά θα αποσυρθεί αμέσως.
1923. Συνθήκη της Λωζάνης. Η Τουρκία παραιτείται από κάθε δικαίωμα στην κυριαρχία της Κύπρου.
1925. Η Μ. Βρετανία ανακηρύσσει την Κύπρο σε αποικία του Στέμματος.
1927. Καταργείται ο φόρος υποτελείας.
1926-
1933. Κυβερνήτης ο Sir Ronald Storrs.
1929-
1931. Πολιτική κρίση.
1931. Αναταραχές: πυρπολείται το Κυβερνείο. Επέμβαση αγγλικών στρατευμάτων και δώδεκα Κύπριοι νεκροί. Κατάργηση του Νομοθετικού Συμβουλίου και διάλυση πολιτικών κομμάτων. Απελάσεις κληρικών. Επιβολή λογοκρισίας από τη βρετανική διακυβέρνηση.
1933. Θάνατος του αρχιεπισκόπου Κύριλλου Γ΄· παραμένει κενός ο αρχιεπισκοπικός θρόνος.
1936. Λειτουργία του πρώτου αεροδρομίου στη Λάρνακα.
1947. Ο Λεόντιος Γ΄ εκλέγεται αρχιεπίσκοπος· πεθαίνει και στη θέση του εκλέγεται ο Μακάριος Β΄.
1950. Ο Μακάριος Γ΄ εκλέγεται αρχιεπίσκοπος. Διοργανώνεται δημοψήφισμα από την εκκλησία που δίνει 97.7% υπέρ της Ένωσης με την Ελλάδα.
1954. Δήλωση στη Βουλή των Κοινοτήτων ότι η Κύπρος ουδέποτε θα απολαύσει αυτοδιάθεση. Πρώτη προσφυγή της Ελλάδας στη Γενική Συνέλευση του ΟΗΕ.
1955. Έναρξη του Απελευθερωτικού Αγώνα της ΕΟΚΑ από το Γεώργιο Γρίβα.
1956. Διακοπή διαπραγματεύσεων Μακαρίου-Χάρτιγκ, πιθανόν κάτω από τις πιέσεις του Γραμματέα Αποικιών Λέννοξ-Μπόϋντ. Ο Μακάριος εξορίζεται στις Σεϋχέλες.
1957-
1958. Βίαιες συγκρούσεις μεταξύ των δύο κοινοτήτων μετά την ίδρυση της τουρκοκυπριακής οργάνωσης ΤΜΤ από το Ραούφ Ντενκτάς.
1959. Συμφωνίες Ζυρίχης-Λονδίνου για εγκαθίδρυση της Κυπριακής Δημοκρατίας. Ο αρχιεπίσκοπος Μακάριος επιστρέφει στην Κύπρο και εκλέγεται πρώτος πρόεδρος της Δημοκρατίας, με το Φ. Κουτσιούκ σαν αντιπρόεδρο.

1960- Ανεξαρτησία

16 Αυγούστου
1960. Ανακήρυξη της Κυπριακής Δημοκρατίας. Αναχώρηση του τελευταίου Κυβερνήτη, Sir Hugh Foot. Πληθυσμός 573.566 (Έλληνες 79.8 %, Τούρκοι 18.2%, Άλλοι 2 %).
1963-
1964. Συγκρούσεις μεταξύ των δύο κοινοτήτων.
1974. Τουρκική εισβολή και de facto διχοτόμηση του νησιού. Το ένα τρίτο του πληθυσμού προσφυγοποιείται.

SELECTED BIBLIOGRAPHY
By Phryni Hadjichristophi

EXHIBITION CATALOGUES

Athens 1964: *Byzantine Art, An European Art/L'art byzantin, art européen.* Ninth Exhibition held under the auspices of the Council of Europe, Zappeion Exhibition Hall, Athens, 1964.

Geneva 1968: *Trésors de Chypre*, Musée d'Art et d'Histoire, Génève, 1968.

Athens 1976: Papageorghiou, A., *Βυζαντινές εικόνες της Κύπρου*, Benaki Museum, Athens, 1976.

Moscow 1976: *Treasures of Cyprus*, Moscow, 1976.

Athens 1985: *Cyprus. The Plundering of a 9000 Year-old Civilization*, Athens Academy, Athens, 1985.

London 1987: *From Byzantium to El-Greco: Greek Frescoes and Icons*, Royal Academy of Arts, London, 1987.

Baltimore 1988: Vikan, G., ed., *Holy Image, Holy Space: Icons and Frescoes from Greece*, Walters Art Gallery, Baltimore, 1988.

Strasbourg 1991: Sophocleous, S., *Icônes byzantines de Chypre, 12e-19e siècle*, Council of Europe, Strasbourg, 1991.

Paris 1991: *La France aux portes de l'Orient: Chypre XIIème – XVème siècle*, Mairie du Ve arrondissement, Paris, 1991.

Mulhouse and Strasbourg 1994: *A l'image de Dieu: icônes byzantines de Chypre du 12e siècle à nos jours*, Mulhouse and Strasbourg, 1994.

Nicosia 1995: Papageorghiou, A., *Η Αυτοκέφαλος Εκκλησία της Κύπρου*, Βυζαντινό Μουσείο Ιδρύματος Αρχιεπισκόπου Μακαρίου Γ΄, Nicosia, 1995.

New York 1997: *The Glory of Byzantium: Art and Culture of the Middle Byzantine Era A.D. 843-1261*, The Metropolitan Museum of Art, New York, 1997.

Thessalonike 1997: Papanikola-Bakirtzi, D., Iacovou, M., ed., *Βυζαντινή Μεσαιωνική Κύπρος: Βασίλισσα στην Ανατολή και Ρήγαινα στη Δύση*, Nicosia, 1997.

Athens 1998: *Conversation with God: Icons from the Byzantine Museum of Athens (9th-15th centuries)*, The Hellenic Centre, London, Athens 1998.

MONOGRAPHS AND COLLECTIVE WORKS

Acheimastou-Patamianou 1998: Acheimastou-Potamianou, M., *Εικόνες του Βυζαντινού Μουσείου Αθηνών*, Athens, 1998.

Beraud 1974: Beraud, S., *La culture française dans l'espace chypriote de 1192-1571 et de 1800-1971* (PhD thesis at the University of Lille, 1974), Nicosia, 1990.

Boase 1977: Boase, T.S.R., "The Arts in Cyprus. An Ecclesiastical Art", in Setton, K.M. *et al. A History of the Crusades*, vol. IV: *The Art and Architecture of the Crusader States*, Madison, 1977, pp. 165-95.

Constantinides 1988:	Constantinides, D., *L'image byzantine et la représentation du lieu* (PhD thesis), Strasbourg, 1988.
De Collenberg 1980:	De Collenberg, W.H.R., "Les Lusignans de Chypre", Επετηρίς Κέντρου Επιστημονικών Ερευνών Κύπρου 10 (1979-80), pp. 85-319.
De Mas Latrie 1852, 1855 and 1861:	De Mas Latrie, L. *Histoire de l'île de Chypre sous le règne de la Maison de Lusignan*, vol. I (1852), II, (1855), III (1861).
Derbes 1980:	Derbes, A., *Byzantine Art and the Dugento: Iconographic Sources of the Passion Scenes in Italian Painted Crosses* (PhD thesis), University of Virginia, Cherlottesville, 1980.
Derbes 1995:	Derbes A., "Images East and West: The Ascent of the Cross" in R. Ousterhout and L. Brubaker (eds), *The Sacred Images East and West*, Illinois Byzantine Studies, 4, Chicago and Urbana, 1995, pp. 110-31.
Enlart 1899 (or Reedition of 1987):	Enlart, Camille, *L'art gothique et la Renaissance en Chypre*, 2 vols, Paris, 1899; reedited in Brussels, 1966; translated and reedited in English in 1987 by Sir David Hunt.
Frigerio-Zeniou 1998:	Frigerio-Zeniou, S., *L'art "Italo-byzantine à Chypre au XVIe siècle. Trois témoins de la peinture religieuse: Panagia Podithou, la Chapelle latine et Panagia Iamatikê*, Vénise, 1998.
Frinta 1981:	Frinta, M. S., "Raised Gilded Adornment of Cypriot Icons and the Occurrence of the Technique in the West", *Gesta* 20 (1981), pp. 333-47.
Frinta 1982:	Frinta, M. S., "Relief Decoration in Gilded Pastiglia on the Cypriot Icons and Its Propagation in the West", in *Acts of the IInd International Congress of Cypriot Studies, Nicosia 1982*, vol. II, Nicosia, 1986, pp. 539-44.
Garidis 1969:	Garidis, M., "La peinture chypriote de la fin du XVe au début du XVIe siècle, et sa place dans les tendances générales de la peinture orthodoxe après la chute de Constantinople", in *Acts of the Ist International Congress of Cypriot Studies, Nicosia 1969*, vol. II, Nicosia, 1972, pp. 25-32.
Garidis 1987:	Garidis, M., "Peintures murales à Chypre pendant la seconde moitié du XVe siècle: Traditions byzantines, apports du gothique et de la Renaissance", *Cahiers Balkaniques* 11 (1987), pp. 25-57.
Gunnis 1936 and 1947:	Gunnis, R., *Historic Cyprus*, London, 1936. Revised edition, 1947.
Hadjichristodoulou 1999a:	Hadjichristodoulou, Ch., *Maps and the Cultural Heritage of Cyprus in the Post-Byzantine Period. Abstracts of the 18th International Conference on the History of Cartography*, Athens, 1999.
Hadjichristodoulou 1999b:	Hadjichristodoulou, Ch., Βυζαντινό Μουσείο Πεδουλά, Pedoulas,1999.

Hadjichristodoulou 1999c:	Hadjichristodoulou, Ch., Εκκλησιαστικό Μουσείο Βάσας Κοιλανίου, Nicosia, 1999.
Hadjidakis 1987:	Hadjidakis, M., Έλληνες ζωγράφοι μετά την Άλωση (1450-1830). Με εισαγωγή στην ιστορία της ζωγραφικής της εποχής, Athens, 1987.
Hill 1940-1972:	Hill, G. Sir, A History of Cyprus, 4 vols, Cambridge, 1940-1972.
Makarios 1997:	Archibishop of Cyprus Makarios III, Κύπρος η Αγία νήσος, Nicosia, 1997 (plates without number).
Mango 1976:	Mango, C., "Chypre, carrefour du monde byzantin", in *Actes du XVe Congrès Intrnational d'Etudes Byzantines. (Rapports et co-rapports)*, Athens, 1976, pp. 3-13.
Kalopisi-Verti 1982:	Kalopisi-Verti, S., "Διακοσμημένοι φωτοστέφανοι σε εικόνες και τοιχογραφίες της Κύπρου και του Ελλαδικού χώρου", in *Acts of the IInd International Congress of Cypriot Studies, Nicosia 1982*, vol. II, Nicosia, 1986, pp. 555-560.
Mango and Hawkins 1996:	Mango, C., Hawkins E., "The Hermitage of Saint Neophytos and its Wall Paintings", *Dumbarton Oaks Papers* 20 (1966), pp. 119-206.
Mouriki 1986:	Mouriki, D., "Thirteen-Century Icon Painting in Cyprus", *The Griffon* (Gennadius Library) 1-2 (1985-1986), pp. 9-80, pls 1-65.
Pace 1979:	Pace, V., "Icone di Puglia, della Terra Santa e di Cipro. Appunti preliminari per un'indagine sulle ricezione bizantina nell'Italia meridionale duecentesca", in *Il Medio Oriente e l'Occidente dell'arte del XIII secolo. Atti del XXIV congresso internazionale sull'arte, Bologna 1979*, Bologna, 1982, pp. 181-91.
Pace 1985:	Pace, V., "Presenze e influenze cipriote nella pittura duecentesca italiana", in *XXXII corso di cultura sull'arte ravennate e bizantina (seminario internazionale di studi su Cipro e il mediterraneo orientale"), Ravenna, 23-30 Marzo 1985*, Ravenna, 1985, pp. 259-98.
Papageorghiou 1965:	Papageorghiou, A., *Masterpieces of the Byzantine Art of Cyprus*, Nicosia, 1965.
Papageorghiou 1969a:	Papageorghiou, A, *Icons of Cyprus*, Geneva, 1969.
Papageorghiou 1969b:	Papageorghiou, A., *Ikonen aus Zypern*, München, 1969.
Papageorghiou 1969c:	Papageorghiou, A., *Icônes de Chypre*, Genève, 1969.
Papageorghiou 1970:	Papageorghiou, A., Θησαυροί της Κύπρου, Zappeion, Athens, 1970.
Papageorghiou 1972:	Papageorghiou, A., "Ιδιάζουσαι βυζαντιναί τοιχογραφίαι του 13ου αιώνος εν Κύπρω", *Acts of the Ist International Congress of Cypriot Studies, Nicosia 1969*, vol. II, Nicosia, 1972, pp. 202-12.
Papageorghiou 1974:	Papageorghiou, A., "Κύπριοι ζωγράφοι του 15ου και 16ου αιώνα", *Report of the Department of Antiquities, Cyprus* 1974, pp. 195-209, pls 30-35.
Papageorghiou 1975:	Papageorghiou, A., "Κύπριοι ζωγράφοι φορητών εικόνων του 15ου και 16ου αιώνα", *Report of the Department of Antiquities, Cyprus* 1975, pp. 159-82, pls 21-28.

Papageorghiou 1976:	Papageorghiou, A., "Δύο βυζαντινές εικόνες του 12ου αιώνα", *Report of the Department of Antiquities, Cyprus* 1976, pp. 267-74, pls 41-46.
Papageorghiou 1982:	Papageorghiou, A., "L'art byzantin de Chypre et l'art des Croisés. Influences réciproques", *Report of the Department of Antiquities, Cyprus* 1982, pp. 217-26.
Papageorghiou 1983:	Papageorghiou, A., *Archibishop Makarios III Foundation. Byzantine Museum* (catalogue), Nicosia, 1983.
Papageorghiou 1987a:	Papageorghiou, A., *Ιερά Μητρόπολις Πάφου, Βυζαντινό Μουσείο* (catalogue), Nicosia, 1987.
Papageorghiou 1987b:	Papageorghiou, A., "Icon painting in Cyprus", supplement to *From Byzantium to el Greco. Icons and Frescoes from Greece*, Royal Academy of Arts, London, 1987.
Papageorghiou 1988:	Papageorghiou, A., "Δύο Υστεροκομνήνειες εικόνες, *Report of the Department of Antiquities, Cyprus* 1988, 2nd vol., pp. 242-44, pl. 74.
Papageorghiou 1989:	Papageorghiou, A., "Syrie et les icônes de Chypre. Peintres Syriens à Chypre", *Report of the Department of Antiquities, Cyprus* 1989, pp. 171-76, pls 46-57.
Papageorghiou 1991:	Papageorghiou, A., *Εικόνες της Κύπρου*, Nicosia, 1991.
Papageorghiou 1996:	Papageorghiou, A, *Ι. Μητρόπολη Πάφου, Ιστορία και Τέχνη*, Nicosia, 1996.
Papageorghiou 1997a:	Papageorghiou, A., "Η βυζαντινή τέχνη της Κύπρου (12ος-15ος αιώνας)", in **Thessalonike 1997**, pp. 95-128, figs 47-59.
Papageorghiou 1997b:	Papageorghiou, A., "Η βυζαντινή τέχνη της Κύπρου (15ος-18ος αιώνας)", in **Thessalonike 1997**, pp. 207-55, figs 143-68.
Perdikis 1997:	Perdikis, S., *Οδηγός επισκεπτών Μουσείου Ιεράς Μονής Κύκκου*, Nicosia, 1997.
Peristianis 1910 and 1995:	Peristianis, I.K., *Γενική ιστορία της νήσου Κύπρου*, Nicosia, 1910. Reedition 1995.
Richard 1987:	Richard, J., "Culture franque et culture grecque: le royaume de Chypre au XVe siècle", *Byzantinische Forschungen* 11 (1987), pp. 399-415.
Ševšenko-Moss 1999:	Ševšenko, N.P., Moss, Ch. F. (ed.), *Medieval Cyprus: studies in art, architecture, and history in memory of Doula Mouriki*, Princeton and New Jersey, 1999.
Sophocleous 1986:	Sophocleous, S., "Νέα στοιχεία για την παραμονή και το έργο του κρητικού ζωγράφου Ιωάννη Κορνάρου στην Κύπρο", *VIIth International Congress of Cretan Studies, Chania, 24-30 August 1986*; communication published in *Κυπριακαί Σπουδαί* 50 (1986), pp. 227-56.
Sophocleous 1987a:	Sophocleous, S., "Ο ιερέας Θωμάς και ο Θεοφάνης, δύο Κύπριοι αγιογράφοι του 17ου και 18ου αιώνα στη Λεμεσό", *Ζ΄ Συμπόσιο Βυζαντινής και Μεταβυζαντινής Αρχαιολογίας και Τέχνης, Αθήνα, 24-26 Απριλίου 1987* (fascicle with the summaries of the communications).

Sophocleous 1987b:	Sophocleous, S., "Εκκλησίες και μοναστήρια της Λεμεσού", *Αρχαιολογία* 24 (1987), pp. 34-40.
Sophocleous 1987c:	Sophocleous, S., "Ο ζωγράφος Ιωάννης Κορνάρος και η σχολή του", *Αρχαιολογία* 25 (1987), pp. 64-70.
Sophocleous 1990:	Sophocleous, S., *Le patrimoine des icônes dans le Diocèse de Limassol. 12e-16e siècle*, 3 vols, Strasbourg et Limassol, 1990 (PhD thesis), University of Strasbourg, October 1990.
Sophocleous 1991a:	Sophocleous, S., "Some recently discovered medieval Cypriot icons", *The Sweet Land of Cyprus. The 25th Jubilee Spring Symposium of Byzantine Studies*, University of Birmingham, 25-28 March 1991.
Sophocleous 1991b:	Sophocleous, S., "Εικονοστάσι των αρχών του 16ου αιώνα στον ναό της Παναγίας Καθολικής στο Πελένδρι Κύπρου", *11ο Συμπόσιο Βυζαντινής και Μεταβυζαντινής Αρχαιολογίας και Τέχνης, Αθήνα, 30 Μαΐου-2 Ιουνίου 1991* (fascicle with the summaries of the communications).
Sophocleous 1991c:	Sophocleous, S., "Byzantine and post-Byzantine icons recently discovered in the Diocese of Limassol, Cyprus", *XVIIIth International Congress of Byzantine Studies, Moscow 8-14 August 1991* (Acts not published).
Sophocleous 1991d:	Sophocleous, S., "L'évolution de la peinture chypriote durant la période franque et vénitienne" in **Paris 1991,** pp. 135-144.
Sophocleous 1992:	Sophocleous, S., *Οι δεσποτικές εικόνες της Μονής του Μεγάλου Αγρού*, Nicosia, 1992.
Sophocleous 1993:	Sophocleous, S., "Η εικόνα της Κυκκώτισσας στον Άγιο Θεόδωρο του Αγρού", *Επετηρίδα Κέντρου Μελετών Ιεράς Μονής Κύκκου* 2, Nicosia, 1993, pp. 329-37, pls 1-13.
Sophocleous 1994a:	Sophocleous, S., "L'art des icônes byzantines et post-byzantines à Chypre", in **Mulhouse and Strasbourg 1994,** pp. 17-24 and 63-69.
Sophocleous 1994b:	Sophocleous, S., *Icons of Cyprus, 7th – 20th century*, Nicosia, 1994.
Sophocleous 1998:	Sophocleous, S., *Panagia Arakiotissa, Lagoudera, Cyprus. A Complete Guide*, Nicosia, 1998.
Sotiriou 1935:	Sotiriou, G., *Τα Βυζαντινά μνημεία εν Κύπρω*, Athens, 1935.
Stylianou 1985 and 1997:	Stylianou, A. and J., *The Painted Churches of Cyprus*, Athens, 1985. Revised edition 1997.
Stylianou 1996:	Stylianou, A. and J., "Η βυζαντινή τέχνη κατά την περίοδο της Φραγκοκρατίας (1191-1570)", in Papadopoulos, Th. (ed.), *Ιστορία της Κύπρου, τόμος Ε´, μέρος Β´*, Nicosia, 1996, pp. 1229-1407, pls CCXXVI, figs 1-273.
Talbot Rice 1937:	Talbot Rice, D. (with the collaboration of R. Gunnis and of T. Talbot Rice), *The Icons of Cyprus*, London, 1937.
Talbot Rice 1972:	Talbot Rice, D., "Cypriot Icons with Plaster Relief Back-ground", *Jahrbuch der Österreichischen Byzantinistik* 21 (1972), pp. 269-278, figs 1-12.
Tomadakis 1948:	Tomadakis, N., "Ιωάννης Κορνάρος Κρης ζωγράφος (1745-1796)", *Κρητικά Χρονικά* 2, 1948.

Weitzmann 1966:	Weitzmann, K., "Icon Painting in the Crusader Kingdom", *Dumbarton Oaks Papers* (20) 1966, pp. 49-83.
Weitzmann 1984:	Weitzmann, K., "Crusader Icons and Maniera Greca", in *Byzanz und der Westen*, Wien, 1984.
Weyl Carr and Morrocco 1991:	Weyl Carr, A., Morrocco, L. J., *A Byzantine Masterpiece Recovered, The Thirteenth-Century Murals of Lysi*, Cyprus, Japan, 1991.
Winfield 1969:	Winfield, D., "Haghios Chrysostomos, Trikomo, Asinou, Byzantine Painters at Work", *Acts of the Ist International Congress of Cypriot Studies, Nicosia 1969*, vol. II, Nicosia 1972, p. 285 and pls L-LX.
Young 1983:	Young, S., *Byzantine Painting in Cyprus during the Early Lusignan Period* (PhD Thesis), Pennsylvania State University, 1983.